检察建设初论

JIANCHA JIANSHE CHULUN

检察发展研究丛书八

2016年度最高人民检察院检察理论研究课题《检察建设基本问题研究》（课题编号[GJ2016D40]）成果

总主编：李乐平 胡玉鸿

李乐平 韩彦霞 著

中国检察出版社

图书在版编目（CIP）数据

检察建设初论/李乐平，韩彦霞著. —北京：中国检察出版社，2016.12
ISBN 978 - 7 - 5102 - 1823 - 1

Ⅰ.①检…　Ⅱ.①李…②韩…　Ⅲ.①检察机关 – 工作 – 中国 – 文集
Ⅳ.①D926.3 – 53

中国版本图书馆 CIP 数据核字（2017）第 009375 号

检察建设初论

李乐平　韩彦霞　著

出版发行：中国检察出版社
社　　址：北京市石景山区香山南路 111 号（100144）
网　　址：中国检察出版社（www.zgjccbs.com）
编辑电话：（010）68682164
发行电话：（010）88954291　88953175　68686531
　　　　　（010）68650015　68650016
经　　销：新华书店
印　　刷：保定市中画美凯印刷有限公司
开　　本：710 mm×960 mm　16 开
印　　张：19.75
字　　数：357 千字
版　　次：2016 年 12 月第一版　2016 年 12 月第一次印刷
书　　号：ISBN 978 - 7 - 5102 - 1823 - 1
定　　价：60.00 元

检察发展研究丛书总序

人类政治文明发展的历史，实际上就是一部公权力从集权到分权，从分权到制约的历史。检察制度就是诉讼分权制约的产物。资产阶级革命胜利后的人类社会发展史也已经表明，作为诉讼分权制约而诞生的检察制度本身的存在与否，已经成为一个国家政治制度及其结构文明化的标志之一，检察制度已经成为现代法治国家政治制度不可缺少的重要组成部分。然而，尽管检察制度已深深扎根于现代政治文明之中，但是其表现形态仍然存在多种模式，并且是一种不断变换的动态模式，对任何一个国家而言，选择哪一种模式，都是一个艰难的过程。

伴随着共和国成长，我国人民检察制度从无到有、从小到大、从弱到强、从局部到全面，为共和国的繁荣昌盛发挥了不可替代的护航作用。放眼寰宇，在当今世界各国多元并立的检察模式中，我国的人民检察制度独树一帜，以其崇高的宪法地位、特色鲜明的检察职能、严密完整的组织体系和日趋专业的检察队伍为标志，成为独一无二的"中国样本"，屹立于世界检察之林。对于 20 多万中国检察人而言，检察职业的荣誉感首先来自对检察职业的自信，而检察职业的自信，源于对检察职业的认同，而认同的基础，则源于对检察制度正当性、合理性的认知。然而，对检察制度正当性、合理性问题，学界和实务界始终存在不同的声音，导致中国检察人，尤其是基层检察人，对职业自信一度存在或多或少的困惑。

马克思主义哲学的基本原理告诉我们，事物的发展尤其是人类社会某一新制度的发展，往往经历一个螺旋式的、曲折上升的发展历程。而导致这一曲折发展的根本原因，就在于新制度的最终结局的未知性和当前态势的不成熟性，以及新旧制度之间力量对比的渐进性和反复性。如何准确理解和把握中国特色社会主义检察制度正当性、合理性，以下三个视角不可不引起足够关注：

一是广义司法制度层面中的检察制度。警察制度是与国家、阶级与生俱来，历史悠久，从未中断；审判制度的成熟虽稍后于警察制度，但也历史悠久，在人类政治文明史中都是无可争议的成熟的制度文明。讲到警察制度和审判制度，人们脑海中都会不自觉地形成清晰的模板，但是说到检察制度，在大部分人的思维中还是轮廓不很清晰、体系不很成熟。作为近代资产阶级革命的产物，检察制度形成的历史相比于警察制度和审判制度显得特别短暂和年轻，因此从制度史的层面加以考量，检察制度的成熟性和稳定性尚需假以时日。人们对检察制度的正当性、合理性的评判，往往形而上学地和警察制度、审判制度简单加以比较，由此得出的结论难免有失偏颇。

二是全球检察制度史相对短暂，尤其是中国检察制度才经历了区区百年史。放眼全球，无论是英美法系还是大陆法系，检察官制度和检察制度的产生不过是近几百年的历史，直到上世纪末以来全球检察制度才有较大的发展，尚且表现为多样性和不系统性，最典型的莫过于当代美国的"独立检察官"制度，也不过是昙花一现。中国检察制度自1906年移植于德国、日本以来，经历了无比曲折的发展历程；人民检察制度诞生80余年特别是共和国检察制度建立60余年以来，也曾一度中断，人民检察制度真正发展壮大也不过是1978年检察机关恢复重建以来30多年的历史。

三是当今全球检察制度发展中的多元化特征。从全球来看，检察权的性质、检察机关的地位、检察机构体系、检察职能范围、检察官产生的方式、甚至检察官的名称等等都各不相同。如果说法律制度可以用英美法系、大陆法系等来归类，人们可以从中求解审判制度和警察制度的不同归属，当今检察制度则很难以这种标准加以归类，同一法系不同国家的检察制度依然呈现多样性特征，即便是同一个国家不同的联邦或司法区的检察制度也存在很大差异。如英国不同联邦之间的检察制度的差异就很大，美国不同司法区的检察制度也有很大差异，在美国仅检察官就有近十种不同的称呼。可以说，检察制度的发展在当今全球呈现一种多元化特征，这虽然与各国的法律传统、政治制度有一定关联，但关键还是因为检察制度产生的时间非常短暂。

以上三个视角，在检察制度研究中、在把握检察工作规律中、在分析评判检察制度正当性合理性中不可不加以关注。有些人对中国检察制度的研究，或者简单地与审判制度和警察制度加以比较，或者截取西方某一种典型的检察制度和当今中国检察制度加以检讨和批判，这样的研究方法显然难以得出合乎逻辑的结论，难以得出对当今中国检察制度正当性、合理性的基本判断。这种学术研究上的误判，加上当今检察实践发展中客观存在的一些偏差，容易导致检察人对检察职业自信的迷茫。

黑格尔曾经说过："存在即合理。"这种理念昭示我们，应持有与追求纯粹公平正义的绝对合理性相对应的，一种看待现实事物相对合理性的态度。西方"三权分立"的思想，并非人类权力形态的永恒和终极。如果我们跳开"三权分立"的思想而认真看待检察权，就会发现它是为了制约侦查权和司法权而诞生的一种新的权力，它的权力内容的范围也是规制在制约性的界限之内而不得任意越界，它的外在表现对被制约的权力而言就是一种法律监督的形象。因此，检察权的本质是制约权，形式是法律监督。它首先实现的是对侦查权和审判权的制约，这在刑事诉讼制度中表现的最为典型，但从发展趋势看，也必然逐渐实现对行政权的制约，我国当下检察发展改革的实践也体现了这个趋势。检察权作为一种制约权，其制约性表现为不仅具有制约其他权力的使命，也必须自觉接受其他权力的制约，还要自觉保持自身内部的制约性，这正是权力制约的本质要求。当我们把检察权看成一种制约权性质时，我们就能够理解作为一种独立、全新的国家权力，我国检察权为何是以有限侦查权、公诉和诉讼监督这三大权能所构成的"权力包"形式了。这种"权力包"

并不要求其内部的构成要素即各权能之间存在必然的逻辑自恰，它只要求其符合经验理性并经实践检验而符合该权力设置的根本目的和达到其价值即可。这样，我们或许就不必拘泥于我国检察权权能边际和检察机关性质定位问题的争议，从而能对我国检察机关的建设就有了一个开阔坦然的心态，有一个基于现有检察实际的宽广视野。

苏州大学检察发展研究中心为苏州大学校级科研机构，依托苏州大学法学院科研力量和长三角地区检察机关研究力量为主体，吸纳全国法学界、实务界专家学者共同参与，中心提供科研支持。中心致力于理论和实践相结合，以检察制度史、检察基础理论、检察实务研究为基础课题，侧重研究并推进检察工作科学发展，致力于研究人民检察制度"中国样本"的科学性、正当性和体系的完备性。中心编辑检察发展研究丛书，每年出版1－2卷；同时通过媒体专栏、主题研讨等形式，构建主题突出、方向多元、开放包容、广泛合作的综合性成果展示和推广平台，集中展示检察理论研究之最新成果，使得检察发展实践优势与检察理论研究互动互促，能呈现给学界、实务界较为完整的整体形态。同时，我们也试图通过这一平台，展示检察实践生动而真实的脉动，从中折射对检察实践和思索的理性光芒，以此为促进检察理论研究的吐故纳新，推动人民检察制度的发展完善尽绵薄之力。

苏州大学检察发展研究中心主任
江苏省无锡市人民检察院副检察长
李乐平

苏州大学王健法学院院长
教授、博士生导师
苏州大学检察发展研究中心副主任
胡玉鸿
二〇一二年八月十七日

序

对检察命题的研究，常集中于检察某个方面问题的论证或归纳。这种以小见大的研究方式，常常把问题的本质归结于某一点，容易产生研究中的顾此失彼。检察自身建设作为一个整体要求检察系统的内在规定是辩证统一的。因此，检察命题的系统化研究需要克服研究中的偏颇，尽力保障对检察实践指导的相互协调。在检察命题的比较研究方面，则需要强调对中国问题的回归与体悟。由于不同检察制度之间的差异、制度进化程度的差异，以及各自所处的政治环境和国情世相，一些检察命题的域外结论，更是不能直接为我所用，其中的理念或技术往往需要甄别和转换。

时下，我国检察正处于转型与进化加速期。以改革为主导进行体制建设和机制完善，此轮检察改革与既往改革在诸多方面存在根本不同。首先，党的十八届三中、四中以及五中全会对于司法改革的部署力度前所未有，顶层设计对司法改革产生了实质性的推进。其次，检察改革不只是检察体系或司法体系的内在改革，其最终是作为我国转型时期全面深化改革的一个环节而存在，政治、经济和文化领域的改革均与此密切相关。最后，检察改革集中于体制层面的深刻调整，涉及司法责任制的重新建构、办案组织的重新塑造、检察人员的分类管理等，检察体制层面的去行政化和去地方化特征明显。据此，检察机制和检察工作方式将被进行技术性调整，检察理念和检察思维将被检察改革的成果重新确定，检察体系与政治体系、行政体系、审判体系的权力逻辑关系将更加清晰。居于改革进行中的检察建设动态视角，对于检察建设中的理论逻辑、制度设计以及对于改革风险预判等进行的系统化研究，不仅必要，而且紧迫。

基于现实需求，本著作针对检察理论、检察价值、检察理念、检察政策、检察法律规范、检察评价体系、检察职能体系、检察机制、检察工作方式、检察监督、检察组织、检察保障、检察公共关系、检察官职业以及基层检察院建设等关于检察建设十五个部分的内容进行研究，以此对检察命题进行体系化梳理、逻辑性论证和创新性回应。本著作以独立权力形态理论贯穿检察建设的全方位问题，并在不同章节侧重权力性质和权力表现形式的理论体现。对于每个问题或者从历史中省思、或者进行规范性论证、或者进行实证性分析，对于具体问题的历史背景、现实情势及未来发展等问题进行了全面、深入的阐释和论证。

值得一提的是，本著作克服既往研究中采行的单一理论基点，在独立权力形态的创新理论视阈下，采用权力形态、权力性质以及权力表现形式的分层次研究方式，体现出一种全新的研究思路和更优的研究范式。若只从权力性质或表现形式层面对检察权定位进行讨论，难免存在理论上的局限。本著作从宏观层面将检察权定位为独立权力形态，能够从理论上解决检察体系化研究相关问题，更能为检察权功能、配置以及检察改革、检察实务等检察建设问题奠定理论基础。可以说，本著作的研究思路和范式更能保证检察理论的逻辑严密性和检察实践问题的现实回应性。

独立权力理论的提出，为本著作奠定了重要的理论基础。既然作为独立权力形态，检察权建设等问题需要考量的核心就应在于国家权力的整体配置、总体布局，而不是囿于诉讼法学层面的检察权性质或其他角度的理论羁绊。检察建设理论的依据除了制度建构者的立法考量外，更应与时下的政治权力结构的整体安排有关，检察权作为制约权的权力本质将在理论层面为检察建设理论打开一条通道。总体而论，国家权力的整体配置、总体布局等共同决定了检察权建设的维度、张力与边界，检察权建设的此三要素需围绕国家层面权力的布设、指陈及政治制度框架。检察建设在职权范围变动方面无一不遵循独立权力形态的检察权定位。不仅在检察权职权范围变动方面，检察权运行方式也表现出一定的恒动性。从独立权力形态视域完善建设理论，为思考当代检察制度提供了一个更为完美的内在视觉，不仅可以推进检察制度中国样本的本土重塑，还可以丰富世界范围检察权发展的多样性。更为重要的是，检察权的运行将与其保证宪法法律统一正确实施的宪法功能更加匹配，更加有利于国家整体权力的实现。

该著作对于检察建设中的理论和实践面向给予同样的关注。不仅首次创新性提出独立权力形态理论，并以此作为全文问题研究的理路铺垫，并且在此理论指引下，总结出关于检察理念的作用机理、提炼出检察价值的若干形态、并对检察公共关系、检察评价体系等范畴进一步作出界定。同时，对检察实践中的问题给予足够的关注，探索出从检察体制、机制到方式的不同体系、层次的构建方向、构建原则和具体方案。此著作对推进中国特色检察监督体系建设进行了较为系统的阐述，对推进检察监督体系进一步成熟定型作出了可贵的探索。

中国人民大学法学院教授、博士生导师

2016 年 12 月 1 日

目　　录

第一章　检察理论建设

　　检察理论建设是检察工作的重要组成部分，也是党的政治法律理论建设的重要组成部分，与检察事业乃至整个党和国家事业发展都密不可分。理论上的成熟是政治上坚定的基础，理论上的与时俱进是行动上锐意进取的前提。检察理论建设是完善检察制度和检察体系的客观需求，是推进检察权运行和检察事业发展的现实要求。检察事业的非凡历程和国内外形势的深刻变化，要求我们更要重视检察理论建设。

第一节　检察理论研究的回顾

　　政治文明的发展、进步中始终贯穿着两条主线：一是政治制度从君主专制制度向人民民主制度的演变，也就是政治民主化的主线；二是政治体制和机制从高度集权模式向分权制衡模式的演变，也就是从体制、机制上对政治权力的运行加以监督制约的主线。检察制度同样遵循着这种基本的规律，作为思想上层建筑的检察理论反映并反作用于这种制度的发展。

一、制度创立及合法论证阶段的理论服从于政治（1949 年至 1987 年）

　　1949 年，依据《中国人民政治协商会议共同纲领》的要求和《中央人民政府组织法》的规定，审检分立的检察制度开始在全国建立。但是由于检察理论的几近空白，尽管建立检察制度有中央文件的支持，检察制度的合法性问题仍然得不到全体的承认，直到 1954 年《宪法》颁布之前，国家政权中是否设置检察机关在实践中仍然存在争议。董必武曾讲过，"中央还未确定哪些机关应裁并，哪些机关应合署办公，地方上就动起手来，有的地方就将检察署裁撤了。有的同志向我反映这种情况，我向毛主席请示，才决定检察署不裁撤"。① 因此新中国成立初期，检察理论一方面需要对为什么创立检察制度进

---

　　① 董必武：《在第二届全国检察工作会议上的讲话》，载《董必武法学文集》，法律出版社 2001 年版，第 179～180 页。

行论证以坚定各界的政治立场，另一方面又要研究如何建设人民检察制度，如何确立检察机关的性质和任务以及如何行使中国的检察权。

这一时期，已有系统研究检察制度理论的论著。20 世纪 50 年代公开出版的李六如的《检察制度纲要》和陈启育的《新中国检察制度概论》，是两本运用比较的方法研究检察制度的启蒙读物。其中，作为新中国第一本检察专著，李六如的《检察制度纲要》全面介绍了检察制度的起源及其功能；并从比较法的视角介绍和归纳了资本主义各国、苏联以及新中国的检察制度特点；尤其是分析论证了新中国检察制度与苏联检察制度的不同。其在书中指出，"苏联是已经没有了剥削与被剥削阶级，而中国则是阶级复杂的社会，而且解放不久，暗害分子还多。因此，刑事检举（察）在目前恐怕还占相当重要地位"。"苏联的检察机关，是由总检察长负责，而新中国的最高人民检察署，则采取委员会共同负责，如有意见不同，才取决于检察长，以适合于民主集中制"。在解放战争尚未完全结束的情况下，法律建设需要适应当时的斗争形势以巩固新生政权，此著作在分析我国检察制度特点及与苏联检察制度区别的同时，客观上起到了证明检察制度合法性的效果。《新中国检察制度概论》比较研究了英美法德日等资本主义国家及苏联和东欧社会主义国家的检察制度，对新民主主义中国检察制度的建立和任务进行了阐述。书中提出的新中国的检察制度"由于条件的不同，不能完全和社会主义苏联的检察制度相同"，"必须适应于当前的现实，和一定的历史条件"等观点，直至今天仍有其现实意义。

除此之外，还有周新民的《人民检察院的性质和任务》（1954 年），王桂五的《关于人民检察院的职权和组织原则》（1955 年）、《人民检察制度的优越性》（1955 年）和《人民检察院的性质和任务》（1956 年）等一批研究成果，"这些文章集中介绍了新中国检察制度的职权范围、领导方式、与公安、审判、监察等其他机关的外部关系及权力界限等，对于宣传检察制度，明确检察职权产生了重要的影响，为勘定检察制度奠定了理论基础，同时也为今天我们了解新中国检察制度设计提供了重要的原初参照"[①]。

1958 年，党内主要领导人中出现了否定法治的一些言论，随着政法界反右派斗争的不断扩大，一些法治原则不断遭到诋毁和批判。"当时，最高人民检察院党组成员、运输检察院副检察长刘惠之因提出检察机关要加强对国家机关和干部违法现象的监督，就被指责为'把检察机关对敌专政的锋芒指向国

① 龙滔、王守安、李勇：《检察理论研究的发展历程及启示》，载《武汉大学学报（哲学社会科学版）》2012 年第 3 期。

家机关和干部'；他因提出党委的领导应该是方针、政策的领导，而不是干涉纯业务性质的问题，结果被批判为反对党的领导，是借口'健全法制'来以法抗党。"① "1958 年到 1965 年，对检察理论研究中一些观点的批判性研究，如程超明的《检察工作战线的两条路线斗争》（1958 年），谭政文的《巩固检察工作上两条路线斗争的胜利，为彻底肃清残存的资产阶级法律观点影响而斗争》（1958 年），李示文的《检察机关的专政性质和监督职能是统一的》（1958 年）等。"② 1978 年，王桂五在《人民日报》上率先发表了《政法战线也要冲破禁区》一文，对 20 世纪 50 年代后期以来受"左倾"思想影响的一些重大理论问题进行了拨乱反正，"并从国家政治制度与司法制度这两个层面论述了法律监督的地位和功能，论证了法律监督与人民民主专政、依法独立行使检察权与党的领导、法律监督职能与诉讼职能的统一性"③。

从检察制度创立之初的必要性论证到政治运动来临或者重大改革时期的合法性论证，检察理论研究工作都体现出法律服务于政治的关系特征。国家是所有政治问题的核心，法与国家的关系，集中地反映了法与政治的关系。"法律是组建国家机构的有效工具。""法律制度和法律体系是国家的构成要素之一，法律是实现国家职能的工具。""总之，法律离不开国家，从属于国家，国家是法律存在与发展的政治基础。"④ 以上是我国现行法理学教材中对于法与政治关系最具代表性的表述。因此，现行理论主要是"形式论"和"工具论"，即法是政治的形式和工具。我国检察制度建立近 30 年来，检察理论的许多研究都在从服务政治建设的角度进行论证，尽管在进行必要性和合法性论证的同时，检察制度自身的法律特性也得到阐释，但其理论动机往往是出于法律对于政治的服从。

二、体系形成及质疑回应阶段的理论辅助于政治（1988 年至 2008 年）

自 20 世纪 80 年代始，检察理论研究开始向相对完整的学科体系方向发展，检察理论体系逐渐形成。2000 年的全国首届检察理论年会召开，此后全国检察理论年会每年召开一次，对各方面的检察工作主题进行不断深入的研究。10 年来的检察理论研究主题主要分布于以下几个方面：一是检察制度的

---

① 程超明：《检察工作战线的两条路线斗争》，载《政法研究》1958 年第 1 期。
② 张智辉：《回首检察理论研究六十年》，载《人民检察》2009 年第 20 期。
③ 朱孝清：《检察理论研究 30 年的回顾和展望》，载《人民检察》2008 年第 16 期。
④ 张文显：《法理学》，高等教育出版社 2007 年版，第 372 页。

内涵、政治基础、检察机关法律地位以及法律监督职能等关于检察权正当性的研究；二是检察权的性质和定位、检察权的监督制约机制以及检察权的优化配置等关于检察权理论的研究；三是检察体制和工作机制改革、检察工作规律以及关于检察实践运行理论的研究；四是检察理念、检察文化以及检察伦理等关于检察实体上层建筑的研究。由此，基本完成了从理念到行为再到制度，从人到载体再到体制机制，从宏观检察权到不同性质检察微观权力的理论研究，检察理论研究体系逐渐形成。

同时，作为研究不断成熟标志的检察学科建设也取得了显著成就。2007年石少侠的《检察学：学科构建的必要与可能——兼谈检察学与其他法学学科的关系》和张智辉、李哲的《检察学的学科使命与理论体系》以及2008年樊崇义的《检察学：如何才能成为一门学科》和龙宗智的《中国法学学科体制中检察学的定位》、2009年向泽选、陈坚的《论检察学的学科结构》、2010年朱孝清的《检察学的研究对象》和2011年龙宗智的《我国检察学研究的现状与前瞻》以及2013年王守安的《检察学研究现状与发展路径》等系列文章著述从不同角度对检察学作为学科的各方面问题进行了较为系统的研究，检察学作为一门新的法律学科逐渐成熟。

关于检察制度和检察权的研究中，学术界一些刑事诉讼法领域的专家受专业知识和研究视野的局限，对中国特色检察制度持批判和质疑态度，否定检察制度的独立价值，否定检察权作为国家权力的宪法独立品质。有观点将检察制度归类为行政制度，另有观点对检察权的定位限定为公诉权，质疑检察机关的有限侦查权、诉讼监督权、审查逮捕权等。出现这种研究怪相的原因更多的是研究方法的错误，这些研究没有从政治制度史、司法制度史，具备宪法学、法理学、政治学、诉讼法学等多学科的角度，仅限于某一个学科知识或者仅从诉讼法的视野试图对检察制度进行完整研究，常常陷于对细枝末节或技术性问题的纠缠。这种研究方法的不当直接导致了检察权扩权与否的长期论战。这种论战在2000年左右最为激烈，有观点认为，检察改革的目标应当是强化法律监督，扩展法律监督的空间，增强检察机关法律监督能力。另有观点认为，取消检察机关的法律监督权，将其定位为西方检察机关式的公诉机关，这种观点从实质上主张削弱现有检察职能。还有观点认为，应当调整我国检察机关现有职能，改变国家法律监督机关性质，只承担公诉职能和司法监督职能。由于研究方法的失范，10年前的检察理论研究中出现了许多这种无谓的争辩，检察职能等问题常常遭到外界质疑。

随着最高人民检察院《关于检察理论研究工作绩效考评办法》等一批旨在激励检察基础理论研究的政策出台，检察理论研究成果不仅在数量上出现成倍增长，研究成果品质也呈现质的飞跃。2005 年以来，检察理论研究更注重检察制度的本土构建，针对检察基础理论和检察具体职权方面的研究逐渐回归本质和理性。这个时期的检察理论研究"增强了对检察基础理论研究的重视，从国家政治体制、司法规律及检察制度科学发展的角度对检察制度合理性与必然性的研究和探讨纠正了学界部分学者对检察制度的偏见，通过加强交流，赢得了法学界的理解与支持。"① "对检察机关一般监督权的研究回归理性，从历史的视角考量检察监督对于中国政治制度纠偏的意义及如何合理构建对行政权的监督。"② 截至 2007 年，针对检察权的理论依据、检察机关的法律地位、检察职能的优化配置等延续多年的检察理论核心问题的研究成果，进行了梳理和统合，趋于共识的理论成果逐渐清晰并占据主流话语，部分偏颇的理论观点逐渐淡出日后的检察理论研究视野。

政治斗争的彻底结束舒缓了法律与政治的异常亲密关系，法律自由发展的空间得以释放，法律由对于政治的服从转化为对于政治的辅助，法律的独立价值不断得到体现，法律的政治职能实现方式发生转变。法律与政治关系的如此变化与党内处理法律与政治关系的倾向发生变化有着直接的因果关系。历史上，党内主要领导人对于法律与政治的关系有着不同的见解，"在毛泽东看来，法律是实行专政的一项重要内容，它同人民的军队、警察一样，是整个有组织的暴力的一部分，是人民压迫敌对阶级的工具"③ 尤其是 1957 年以后，法律虚无主义盛行，决定了法律功能的实现是以服从政治任务为前提的。20 世纪 80 年代以来，这种关系倾向逐渐发生了变化，邓小平曾经强调，"进行这种斗争，不能采取过去搞政治运动的办法，而要遵循社会主义法制的原则。这场斗争是政治斗争，但是一定要在法律范围内进行"④。这种高层关系思维的变化直接决定了法律与政治的关系走向，法律以其独立价值辅助政治功能的实现。

三、改革面向及制度提升阶段的政治受制于法律（2009 年至今）

2009 年是检察改革承上启下的一年。2008 年 11 月，中共中央政治局原则

① 龙滔、王守安、李勇：《检察理论研究的发展历程及启示》，载《武汉大学学报（哲学社会科学版）》2012 年第 3 期。

② 龙滔、王守安、李勇：《检察理论研究的发展历程及启示》，载《武汉大学学报（哲学社会科学版）》2012 年第 3 期。

③ 张淑明：《毛泽东与邓小平法律政治职能观之比较》，载《广东技术师范学院学报》2003 年第 2 期。

④ 邓小平：《邓小平文选》（第 2 卷），人民出版社 1994 年版，第 371 页。

同意中央政法委《关于深化司法体制和工作机制改革若干问题的意见》。随后，最高人民检察院出台《关于贯彻落实〈中央政法委员会关于深化司法体制和工作机制改革若干问题的意见〉的实施意见——关于深化检察改革2009—2012年工作规划》，对未来检察改革进行整体规划。改革措施更加针对检察工作的保障性尤其是机制性障碍，"2009年法院、检察院等机构的改革姿态由积极张扬转为保守低调，并在不同场合反复强调这一轮司法改革重在'机制改革'，但现有部分改革措施如优化司法职权配置、改革政法经费保障机制等其实力度较大，直接涉及司法体制的转型"①。2010年的检察改革基本延续了2009年的改革基调，改革局限于检察工作机制的范围内，并且改革理念趋于保守，改革的政治色彩有增无减。尽管2009年对于职务犯罪案件逮捕决定权上提一级、深化检察委员会制度改革以及深化人民监督员制度改革等方面的研究略有起色；尽管2010年在刑事证据规则出台、完善审查逮捕程序以及加强刑事立案监督等方面的改革措施有所深化。但是机制层面的改革始终呈波浪式前进，改革的小步前进的节奏始终无法领跑承载检察改革的重任。2010年，广为关注的赵作海案再次拷问刑事证据制度以及相关检察改革。同年5月，最高人民法院、最高人民检察院、公安部、国家安全部和司法部联合发布《关于办理死刑案件审查判断证据若干问题的规定》和《关于办理刑事案件排除非法证据若干问题的规定》。但作为多方利益博弈、商谈甚至妥协的产物，科学及可操作的证据改革远未完成。刑事证据制度不合理、对于侦查权制约的严重不足以及检法关系异化、律师地位低下、司法地方化与行政化等种种问题的严峻，给检察改革带来前所未有的压力。2012年适逢两大诉讼法相继修改，为研究者提供了丰富的研究内容。

尽管检察理论研究中，体制性障碍成为制约改革的瓶颈业已成为共识，但是体制层面的改革迟迟难以推进。事实上，司法往往是最受转型国家忽视的部门，它极易受到政治、经济和文化权力的挤压。司法改革难以深入推进在于改革理论难以凝聚各方共识，而难以凝聚共识在于检察规律的研究不够透彻。"司法规律研究是反思和推进司法改革的基础性工作；司法规律研究是建构中国法治话语体系的必要理论准备；司法规律研究是纠正违背司法规律行为的有效方法。"②"司法规律问题是当前司法改革面临的'元问题'，也是值得学界

---

① 徐昕、卢荣荣：《中国司法改革年度报告（2009）》，载《政法论坛》2010年第3期。

② 参见罗梅、寻锴：《司法规律的理论和现实问题——十八大以来的司法规律研究文献综述》，载《法制与社会发展》2015年第3期。

深入研究的反映时代呼声的'真问题'。司法改革和法治中国建设的历史进程和实践已经给理论界提出了新的、迫切的要求和期待。这种要求和期待就是，以理论的视角回答涉及司法规律的基础性、根本性、原理性的重大问题，为司法实践提供强有力的理论指导。"① 近 10 年来，尽管研究针对的仍是检察理论的核心问题，但研究深度明显不同于前 10 年，基础原理的重点突破与全面综合、检察规律的深度把握以及深层次体制机制问题的不断揭示成为近年来检察理论研究的显著特征。张文显对中国司法的现实问题进行了更为全面的归纳，认为新一轮司法体制改革，可以用"一个目标"、"两去"、"四化"来概括，其中"两去"指去行政化和去地方化，"四化"包括司法公开化、人权司法保障法治化、司法职权配置科学化、司法职业化。② 检察改革倒逼检察理论向规律研究层次潜入，近年来的检察规律研究的题域基本都是分布于"两去"和"四化"的问题之中，检察改革的深层次问题在规律层面得到深刻揭示。检察改革已从规律层面为改革储备了较为充分的理论支撑。2013 年，最高人民法院院长周强履新，以司法公开和防范冤案等为切入点，率先在法院系统进行务实性的改革。此后，"审判独立日益受到重视，'三个至上'等政治性话语淡出人们的视线，'能动司法'、'调解优先'的司法政策被弱化……司法改革朝着符合司法规律的方向小步前行。检察机关加大反腐力度、建立违法侦查行为防范机制、加强刑事申诉检察工作、强化民事诉讼检察监督、推进检务公开，沿着既定的计划推进。"③ 2013 年的司法改革，"整体上观望气氛明显，都在等待中国共产党十八届三中全会的定调"④。以十八届三中、四中全会在体制层面深入推进改革的依法治国之解为标志，问题倒逼改革、改革倒逼理论研究，在这种情势下，以深入理论研究心脏的原理、规律性研究取得基本的成果，基本完成了启动检察改革的理论供给。

"作为社会公共权力机关的国家，从它诞生那一天开始，就注定了它的工具性质。它是应经济基础的需要——反作用（实质就是服务）于经济基础而产生的。无论掌握国家这个工具的是谁，都必须按照由符合生产力发展和要求

---

① 参见罗梅、寻锴：《司法规律的理论和现实问题——十八大以来的司法规律研究文献综述》，载《法制与社会发展》2015 年第 3 期。

② 参见张文显：《全面推进法制改革，加快法治中国建设——十八届三中全会精神的法学解读》，载《法制与社会发展》2014 年第 1 期。

③ 徐昕、黄艳好、汪小棠：《中国司法改革年度报告（2013）》，载《政法论坛》2014 年第 2 期。

④ 徐昕、黄艳好、汪小棠：《中国司法改革年度报告（2013）》，载《政法论坛》2014 年第 2 期。

的正确文化转化而来的——法的要求，不折不扣地将法贯彻于社会，以实现社会的整体利益，从而实现正确文化之治——即政治。"① 法是国家管理社会和社会信任国家的中介，无论是国家对于社会的管理还是社会对于国家的信任都需要一种"获得所有人承认之事物"，这就是法律。"为此，国家（公权力）与'法律'建立了特别的联系，国家（公权力）被看成是通过'法律'来设置并赖以推行法律的一整套机构，'法律'成为社会生活中常规的和主要的调控标准，不仅国家（公权力）通过'法律'对社会进行统治，而且国家（公权力）本身也为'法律'所支配，社会领域乃至政治领域的大量问题得以转化为法律问题而从权利义务的视角来观察、分析和解决，从而日渐形成以法治国家为核心的现代法律文明，国家（公权力）与社会（个人）的关系由此得到较好的解决与协调，成为构建理想社会形态的基石。"②

第二节　检察理论研究的成效

历经 60 余年的检察理论研究，我国的检察理论体系初步形成。

一、基本确立了范畴体系

检察理论范畴是对于检察领域各种现象及其特性、关系的本质概括和反映，其包含着检察制度及其实践的一切矛盾的萌芽。检察理论范畴的功能在于针对不同层次检察理论的逻辑整合，其科学性、稳定性及系统性反映并决定着检察理论的发展程度及发展空间。近 10 年来，在检察理论研究过程中对检察理论体系中的基本范畴进行思考，基本确立了以中心范畴、基本范畴和重点范畴为框架的范畴体系。诉讼监督、检察监督和法律监督是中心范畴，检察权、检察官、检察院③等检察学的理论框架是基本范畴，检察改革等是重点范畴。检察理论作为相对独立的知识体系，应该包含哪些范畴，不同范畴之间存在哪些联系以及体系范畴与其他法学范畴的层次关系等都是检察理论研究中需要解决的重要问题。"范畴及其体系是人类在一定历史阶段理论思维发展水平的指

---

① 许小牙：《法与政治之关系新解》，载《汕头大学学报（人文社会科学版）》2012年第 3 期。

② 刁菊波：《司法·公正·论》，山东大学 2007 年硕士学位论文。

③ 参见贾志鸿：《检察学基本范畴及其理论体系的构建——基于检察理论知识生产和系统论的视角》，载《中国刑事法杂志》2009 年第 2 期。

示器，也是各门学科成熟程度的标志。"① 检察理论范畴体系的基本确立，改变了检察理论研究初始阶段基本范畴不适应法制建设和检察理论发展需要的状况，以范畴为基础的规范性基础理论研究得以开展。范畴体系的基本确立是检察理论研究走向成熟的必经之路。

二、基本明确了研究板块

（一）检察原理和检察规律

检察原理是检察制度理论的核心要素，其可以从政治权力结构、权力制衡理论、法制统一实施以及正当程序等多个维度进行论证。注重对于检察原理的探究，可以从权力的自然属性层面分析检察在政治权力格局中的地位和功能，是对于否定检察制度和检察权的法律监督性质最有力的论证。我国检察制度的短暂历史决定了检察实践中存在大量亟须解决的现实问题，对策法学的研究方法以其效果直接的特点在检察理论研究中被普遍采用。但是对策法学的研究方法却不能触及检察制度中存在的深层次问题，以此方法得出的研究结论无法从理论高度回应针对检察制度的质疑，更无法统合检察理论研究的支流以承载检察理论体系构建的重任。历经 60 余年的发展，检察理论从通过权力表面特征、权力的实在法规定以及政权稳定的现实需要等角度的论证，转入对于检察原理等深层次问题的论证上来。陈国庆在《检察制度原理》（2009 年）一书中，从检察制度产生和发展的政治动因在于权力的制衡的制度原理高度，对检察制度的主要理论问题进行了系统论证。樊崇义在其《检察制度原理》（2009 年）中专门研究了中国检察制度的原理问题。他认为，"中国检察制度基本原理可概括为权力模式、权力制衡、公平正义、公共利益、法制统一、人权保障、正当程序等七大原理"②。"如果将检察制度比喻成一个运动着的物体，权力模式原理与权力制衡原理揭示的是该物体的内部构造，正当程序反映的是该物体运行的轨道，而其他原理则是该物体运行所指向的目标。"朱孝清在其《中国检察若干问题研究》（2008 年）中"系统地阐述了我国的检察机关为什么是法律监督机关而不仅仅是公诉机关，作为法律监督机关的检察机关如何适应现代诉讼结构特别是控辩平等和维护审判权威的要求，批捕权和职务犯罪侦查权由

---

① 张文显：《法学基本范畴研究》，中国政法大学出版社 1993 年版，绪论篇。
② 刘卉：《溯本正源：辨析中国特色检察制度基本原理——访〈检察制度原理〉主编、中国政法大学教授樊崇义》，载《检察日报》2009 年 12 月 29 日。

检察机关行使的必要性和合理性"①。"这就回应了一些人认为应当取消检察机关的诉讼监督职能乃至国家监督机关性质的错误观点，廓清了理论误区，对于捍卫和完善中国特色社会主义检察制度，具有重要理论意义。"② 王守安 2012 年在《探究检察原理关注制度运行》一文中指出，当前检察理论"研究主题深入，重视基本原理阐释"。随着检察理论发展到从制度原理的高度进行研究论证，不仅从理论上回应了检察研究中的重大理论悬念，而且将检察理论研究与其他国家权力的研究站在共同的理论高度进行学术对话。尽管从检察制度原理的高度对检察理论的研究仍然只处于初级阶段，但是他却为检察理论的深度研究找到了突破口，完善了检察理论研究体系。

检察原理衍生了检察规律，检察规律是检察权运行中决定检察行为各要素之间的内在本质联系。对于检察规律的研究可以通过检察活动中的表面现象看到支配检察权运行内在规定要素之间的必然联系，避免司法运行之外因素的谜面思考。我国检察理论初始阶段的研究大都拘泥于对检察权属性和特征的理解层面，没能深入探究支配检察权运行的深层次规律，因而提出的解决对策并不能为检察实践带来具有可持续性的指导。近 10 年来的检察理论研究不断触及检察原理以及检察规律等深层次问题的研究。向泽选、曹苏明在其《检察规律及其启示》（2010 年）一书中，开创性地提出检察规律的六项外延，拓展了对于检察规律的基础研究。"第一，检察活动必须在与其价值目标相适应的机制中实施，表现出对其所依托的运行机制的依附性。第二，检察主体在检察活动中要具备同等的法律地位，呈现地位上的平等性。第三，检察活动的实施要受到正当程序的规制，表现出程序上的正当性。第四，检察活动的实施要排除外界因素的干扰，表现出意志上的独立性。第五，检察活动的启动者要亲自接触和审查涉案事实，呈现出与涉案信息的亲历性。第六，检察活动的启动者应当全面收集和认定涉案事实，呈现出'信息掌握上的全面性'。"龙宗智在其《探讨检察规律 深化理论研究》（2011 年）专著中认为，"研究检察规律更需研究各项检察业务活动自身的规律性要求。各项检察业务活动的规律，是在确定检察职能及其实现职能的目标后，对检察运行机制、工作方式方法的要求。其中有检察业务活动的基本规律，也有具体业务的规律性要求，这些不同层级、不同类别的规律性要求，构成检察规律的主体部分。研究检察规律，还必须研究诉讼监督的规律。诉讼监督是我国检察机关的特色，也应遵循相应的

---

① 谢鹏程：《做理论上的明白人——读朱孝清的〈中国检察若干问题研究〉》，载《法制日报》2009 年 5 月 13 日。

② 朱孝清：《刑诉法对诉讼监督新规定的意义》，载《检察日报》2012 年 8 月 22 日。

规律，而我们长期以来对此研究不足。研究检察规律，不能忽略检察组织建设和管理的内在要求"。

（二）检察制度、体制、机制和方式

基本厘清了检察政策、检察制度、体制、机制、方式的关系。从改革的层面看，检察制度是宪法规定的，不存在改革的问题；检察工作机制是建立、健全和修正的问题，也不存在改革的问题；检察工作方式是一个地方化和时间性问题，也不属于改革的范畴。只有体制是属于改革的范畴，这就需要研究哪些属于体制性问题，哪些体制性问题需要改革。

检察制度、体制、机制和方式处于检察系统的不同层次，各有自身的特殊规定、特点和功能定位，发挥着不同的作用。检察制度属于宏观层面，它规定着检察体制、机制和方式的基本内容和主要特点，检察体制、机制和方式都为实现检察制度服务。检察体制是检察制度的表现形式和实现方式，检察体制既可以将检察制度的原则性规定具体化，使其具有可操作性，又能促进制度的巩固、发展和完善；检察机制隶属并内含于检察制度和检察体制中，侧重于运行；处于超微观层面的检察工作方式或执法方式则与检察机制联系紧密，有些检察工作方式和执法方式的探索还会上升为检察机制。它们相互之间既存在一致性、关联性、层次性，又存在交叉性和可能存在的不同步现象。

检察理论研究中，要破除将检察制度与其具体体制、机制和方式混同起来的错误观念，积极稳妥地推进检察体制、机制改革和检察工作方式、执法方式的探索实践。理论界及实务界有种现象，即对检察体制、检察机制和方式存在的某些缺陷，由于对其蕴含的法理基础不甚了解，不加区别地加以批评直至质疑现行宪法规定下的检察制度。而检察实践中，确也存在只知探索、创新，不求其法理基础的现象。笔者以为，任何一项涉及检察体制、机制的改革，任何有关检察工作方式和执法方式的探索创新，只有首先厘清其法理基础，才可以稳妥推进。

制度层面，我国已形成与我国基本国情和政治制度相适应的检察制度。近年来对于具有中国特色检察制度的研究主要体现在制度的理论基础和制度的中国特色两个方面。我国检察制度的社会主义内涵和特色、中国特色社会主义检察制度的理论和政治基础等基础理论命题得到充分论证。在对我国检察制度进行研究的同时，对中外检察制度的原理和规律共性以及不同政治制度下检察制度的差异进行了比较研究。不仅从宏观检察制度层面，对于微观检察制度中公诉制度、民事行政检察制度、职务犯罪侦查乃至未成年人检察制度等具体检察职能的研究逐渐细化并分别形成体系化。对于检察制度的研究更多基于对宪法等实在法的分析论证之上，从检察制度的自然秉性视角论证的仍然不够，对于检察制度的公益代表性和程序正当性等的论证仍然不够深入，这种理论储备不足也直接限制了民事行政等下游检察制度的深入研究与理论统合。今后对于检察制度的论证更应侧重对检察制度自然属性的分析。

体制是上承制度实现之使命下启机制顺畅运行之关键，我国的检察制度是适应我国基本国情和政治制度建立的，但是检察制度的实现却有赖于体制层面问题的解决。检察制度运行中产生的许多问题都是由于体制制约而导致，体制成为检察制度实现的瓶颈。当前我国检察体制中最为根本的问题在于上命下从的检察一体化。我国按照行政区域设置了四级检察机关，体现了严密的"检察一体"组织体制。从检察制度的自然属性角度讲，"检察一体"与人权保障的现代检察制度理念相悖，但近年来，各种名义的"检察一体"又似乎为各级特别推崇，并且，随着当前我国正在进行的省级统管改革的推进，"检察一体"被进一步强化的风险可能还会增加。我国对"检察一体"的移植只对其制度表征进行迁移，并未对其制度原理进行关注。我国的"检察一体"法治化问题的研究仍然有很大空间，"检察一体"法治化的理论研究将使检察体制中的理论研究问题迎刃而解，将破解制约检察权运行的许多深层次问题。

检察机制隶属并内含于检察制度和检察体制中，侧重于运行；检察制度稳定性强，检察体制相对稳定，检察机制则具有可变性；检察机制依赖于检察制度和体制，有助于检察制度和体制的运行和实现，不良的机制又可能对制度和体制起到反作用。虽然中国近10年的改革始于司法机制层面，是以机制的调适来适应检察体制，但是从应然角度，改革始于体制层面成于机制层面，并且，以十八届三中、四中全会为标志的新一轮司法改革大多集中于体制层面的改革，因此，过往的许多机制层面的改革成果将转化为改革对象，司法机制的诸多不适将面临重新调整和建构。过往的检察理论研究更注重对制度体制层面问题的研究，对于机制的研究往往仅限于对个别机制的研究，对于检察机制群的研究鲜有关注。检察机制通常不是单独起作用，机制之间往往存在互相增效、互相抵销的集合效应。并且，对于检察机制的研究可以突破体制框架的限制，检察机制具有广阔的可设计空间。体制变革遵循的是立法推进道路，机制完善则要重视司法推进路径，因此，要重视检察机制的实证研究。

（三）检察理念和检察行为

检察理论研究过程中，对于检察理念的关注较晚，专门研究成果也较少，检察理念的研究大多分散于其他检察理论的研究之中。检察理念的研究最早始于对刑事司法理念的研究，2000年以后，检察刑事司法理念的研究逐渐兴起，但研究规模仍旧较小，无论从数量方面还是研究水准上都远不及对司法理念的研究，人们对于司法理念的关注主要集中于对裁判理念的探究。检察理念属于观念上层建筑，检察制度属于政治上层建筑，二者之间存在相互联系、相互制约的关系。政治上层建筑是在一定的思想观念指导下、通过人们的意识建立起来的，是思想的"物质附属物"；政治法律制度和设施一旦形成又在很大程度上反作用于人们的思想，因此，恩格斯把国家看作"第一个支配人的意识形态的力量"①。我国的检察理念同样深受检察制度支配，对于权力性质的不同认识衍生不同的检察理念，检察权是司法权、行政权抑或其他权力的性质争论一直影响着检察理念的发展。权力制约理念、监督理念或者人权保护理念等都来源于对检察权性质的不同理解，全面监督还是有限监督理念的树立都有赖于检察权的不同定位。检察理念又可反作用于检察制度，检察理念对检察机关内部各项检察权能设计和改革具有促进和完善的作用。检察理念与检察制度密不可分，过往对于检察理念的研究与检察制度的结合还不够紧密，更有从社会现象和个人心理角度对其进行研究，因而无法形成制度基础上的理念体系。从检察制度本质、检察机关发挥职能作用的目标以及检察权的基本运行规律衍生出检察理念的框架进而形成检察理念体系是今后研究的方向。党中央一直在强调理念先行，但是理念如何形成，理念形成以后如何转化为行动，如何转化为制度，理念与行动、制度之间有什么样的关系等，这些问题都有待进一步研究。

在探讨行为科学的前沿问题时，我们将行为问题限定为个体、组织与社会水平上的行为问题。检察理论的三个范畴中，检察制度的实现以及检察机关的各种活动都通过检察官完成。检察官是检察制度的承载者。检察理念包含检察制度的理念和检察人员的理念，检察行为是建立在检察理念基础上的实践理性。针对检察行为的研究还存在很多不足，其一，根据行为科学理论，行为是一种复杂的社会现象，具有系统性，组成行为系统的要素及要素之间的关系便是行为结构。行为与行动不是同义语，也不是同一层次的概念，行为只是行为结构的一个子系统，一个要素，行动是动作的集合。行为的结构是动机体系、行动体系、结果体系的有机构成。当前，在检察行为方面仍缺乏科学、系统、实证的研究，对于集体行为与错案发生的关系研究尚不多见。其二，行为科学研究的主要内容是人类行为的动机与组织，即人类行为是由什么原因引起和推动的，行为的发展变化受哪些因素支配，有什么规律，以期对人类的行为进行预测和控制。当前，对行为规律的研究成果还较为少见。就司法行为的规范而言，人们通常比较重视对司法机构行为的规范、对诉讼行为的规范、对一般司法事项的一般性规范，而比较容易忽视对每一个具体司法岗位尤其是在权力岗位上的司法人员的司法行为的规范。这就是司法管理理念上存在的一个重大差

---

① 《马克思恩格斯选集》（第4卷），人民出版社1995年版，第249页。

异。对检察权进行依法规范，需要通过规范的形式明确规定每一个检察岗位上"应该做什么"、"应该怎么做"和"不能做什么"。从检察司法活动的现实情况来看，规范检察岗位上的检察人员的检察行为，才算是规范了检察司法的"根基"。检察机关案件管理机构在各级检察机关的设置、《检察机关司法工作基本规范》的编制应用和《全国检察机关统一业务应用系统》的推行等，虽然是检察司法规范化建设的重大进展，但它们都不是以每一个司法岗位的全部司法行为的操作规程为对象的制度性规范。这些规范性制度，都不是检察司法岗位上的制度集成，只是司法机构、司法流程上的制度集成，即只是"面"和"线"的制度集成，而不是"点"的制度集成。① 精准型司法模式下，应科学设置节点，以此法律解释的空间越来越小，检察权被严格限制在检察规律下，错案的发生概率低。检察行为分为检察机关的行为、检察委员会的行为、检察内设机构的行为、检察办案组织行为以及检察官个人行为等，对于不同主体的行为都应进行相关研究。

第三节　检察理论研究的不足与改进

近30年来，伴随着检察理论的研究，检察理论的研究方法也成为反复讨论的话题。检察理论研究的方法规律尚未把握，检察理论研究至今仍没有自己的研究方法，检察理论研究的方法体系远未形成。方法成为制约检察理论研究的一个不可忽视的因素，检察学缺乏研究方法依然是学科不健全的标志。"中国学者究竟如何研究法学，这对中国司法有何影响？这个问题看似简单，但却是法学界讨论30年而未能解决的问题。"② "学界同人和实践者们尝试在注释法学、规范法学、社科法学等方法论上进行不懈探索，却仍然没有对其中取得的成就进行系统的反思和评估，因而许多有价值的探索难免淹没在'口水仗'中。"③

---

① 参见薛献斌：《检察执法岗位操作规程的制度建设》，载《人民检察》2014年第4期。

② 熊谋林：《三十年中国法学研究方法回顾——基于中外顶级法学期刊引证文献的统计比较（2001—2011）》，载《政法论坛》2014年第3期。

③ 熊谋林：《三十年中国法学研究方法回顾——基于中外顶级法学期刊引证文献的统计比较（2001—2011）》，载《政法论坛》2014年第3期。

一、规范层面的检察理论研究

（一）为什么要进行规范研究

规范研究是指从事物的本质联系层面对其进行学理分析。任何学科都包含本学科研究需要解决和无法回避的基本"元问题"，任何学科在任何研究阶段都需要进行规范研究。规范研究区别于实证研究，"假如说实证研究是将事实还原，因而重视将复杂的关系顺理为简单明晰的状态的话，那么规范研究在这一方面恰恰表现出努力穿透简单的事实表象，致力揭示现象背后的复杂关系结构。对于一个规范研究者来讲，他不是一个社会现象的记录者或分析者，而是一个指出这些社会现象相互之间复杂关联的理解者"①。规范研究与实证研究共享双方的研究成果，实证研究是建立在规范研究关于学科基本问题和基本价值基础之上的，实证研究又为规范研究提供流动的研究标本。采用规范研究还是实证研究与研究者研究的问题和研究者的方法驾驭能力有关，两种方法可以在同一个问题的研究中交替使用。任何一个学科的基本问题和重大问题的研究是实证研究无法包办的，最终都须由规范研究来完成，并且从阶段性来看，"规范研究的结论是不是能够成立，无须交由经验事实来衡量，而取决于学术共同体对于它的承认"②。因此，对于争议尚未完全平息的检察制度，对于处于发展途中的检察学理论，对于缺乏学术共同体高度认同的检察理论研究而言，规范研究的方法不仅确有必要，而且还需要不断被强化。

就检察理论研究而言，尽管我国的检察理论研究历经60余年，但检察制度自身的不成熟性以及中国特色检察制度理论的从无到有建立，检察基础理论的研究仍较为薄弱。支撑检察制度与实践的基础理论研究仍不能适应社会发展与检察制度自身发展的现实要求，面对社会转型中出现的大量的法律监督问题，现有检察基础理论所能提供的理论支持是比较有限的。从检察学的基本概念到基本范畴，从理论研究的原则到具体的学科体系，目前还没有形成有机的、具有内在逻辑的知识体系。

（二）当前规范研究的不足

一是有些检察理论研究只是基于实在法层面的论证。学术研究的逻辑起点决定了研究的方向和结论，如果不解决理论研究的逻辑起点问题，无论多么严

---

① 任剑涛：《试论政治学的规范研究与实证研究的关系》，载《政治学研究》2008 年第 6 期。

② 任剑涛：《试论政治学的规范研究与实证研究的关系》，载《政治学研究》2008 年第 6 期。

密的论证都只会使学术研究陷于无谓的争论。检察理论研究的许多研究仅是基于实在法的论证，因出发点不同，所以根本无法形成理论观点实质交锋。60年来检察理论研究过程中，很多结论的推演都基于宪法或诉讼法层面，规范研究的方法严重缺乏。长期以来，关于检察理论中基础理论的研究都始于实在法的理论基点，得出的结论始终不具有充分的理论说服力。不仅如此，现有宪法的规定在一定程度上造成了检察理论研究中的概念与逻辑混乱，尤其在关于批捕权、公诉权以及职务犯罪侦查权与法律监督权的关系论证等方面。以现有宪法文本为研究前提的检察理论研究，将检察机关定位为法律监督机关，将检察权定位为法律监督权，是以结论推导结论，而不是以定论推导结论。从论证角度看，宪法的具体规定是一个事实。但是，宪法如何规定，同样只能作为检察理论研究的阶段性成果，绝不能作为研究的公理。有学者甚至认为"如果检察院的研究人继续以宪法为挡箭牌的话就是一种失职。要研究问题一定要讲道理，以宪法规定作为理由是很牵强的"①。还有限于某一学科或具体诉讼制度的专业背景，对具体的检察职权的研究，如在民事诉讼程序中否定检察机关的法律监督权，在刑事诉讼程序中否定检察机关的审查逮捕权、审判监督权。对中国特色检察制度的研究，有些学者没有站在人民代表大会制度这个层面并将其作为研究的逻辑起点。而是站在三权分立这种制度原理上，对中国特色检察制度进行批判和质疑。这种研究缺陷导致自信不足与盲目扩权的冲突。因此，"在社会转型很多大的问题还没有定论的情况下，作为一个法律人，仅仅把自己的思维停留在实在法层面，可能是远远不够的"。

二是有些检察理论研究仍仅限于对策法学的研究范式。自中国的检察理论研究伊始，其就处于一种"问题解决"的思路之中，检察理论研究常常以问题解决者的面孔出现。"这一理论思考的前提乃是将当下中国司法笼统地界定为一个'问题的司法'，把中国司法系统看成是一个'有问题'的地方。而也正是在这种问题意识或者研究立场的统摄下，当下中国有关司法问题的理论研究就被简单地看成是一个'发现问题，解决问题'的思维实践活动。"② 单纯的对策法学研究范式大多是在较小程度上解决检察实践中的阶段性、局部性现实问题，并不能形成一种理论支点以支撑规律下的检察权长效运行，其被动型、短视性的特点也使对策研究的范式无法回应检察理论研究中的许多重大问

---

① 谢佑平：《检察监督的政治性与司法性》，2007年3月30日于中国政法大学演讲录音。

② 方乐：《从问题中国到理解中国——当下中国司法理论研究立场的转换》，载《法律科学（西北大学学报）》2012年第5期。

题。"法学者应当对那种单纯的对策法学、引进法学和移植法学方法作出深刻的反思，并抛弃那种将理论问题意识形态化，孤立地看待刑事诉讼问题的研究方式，真正从法学各学科交叉的角度，来发现新的前沿课题。"①

（三）如何加强规范研究

加强检察理论的规范研究就要加强检察基础理论研究。党的十八届四中全会指出："坚持用马克思主义法学思想和中国特色社会主义法治理论全方位占领高校、科研机构法学教育和法学研究阵地，加强法学基础理论研究，形成完善的中国特色社会主义法学理论体系、学科体系和课程体系。""检察学研究发展的核心任务是进一步有效整合并创新发展检察基础理论研究，为实践发展提供明确的理论推动力"尤其是"关涉我国检察学研究创新发展、体现检察学研究范式发展规律的重大检察基础理论研究成果。"②

加强检察理论的规范研究就要加强检察专题研究。检察制度是晚来制度，没有审判制度和侦查制度成熟，检察宏观制度层面的许多重大理论问题尚未完全解决，中观层面的体制层面问题正亟须理论的支持，检察微观机制、方式层面的一些阶段性、局部性问题尚未得到充分研究甚至问题尚未被发现。无论是作为不同性质的检察权还是运行规律不同的检察权，都需要进行专题研究，检察理论专题研究的空间较大。从检察学发展的总体要求看，以宏大叙事为主的宏观的研究思路需要向以微观问题研究为主的专题化的方向发展。从某种意义上讲，专题化的研究是衡量学科发展水平的重要标志，反映理论研究积累的具体成果。加强检察理论的规范研究要求以专题的形式穷尽从范畴到体系，从性质到规律的对于每个问题体系化的研究。

二、本土层面的检察理论研究

（一）为什么要加强本土研究

检察学本土化是指检察制度的普遍原理与国家或地区实际相结合，确立检察学研究的主体性，使检察学成为能够合理地解释本国检察制度现象的学术体系。任何一种社会制度都要适应本区域的实际情况，这是由矛盾的特殊性决定的，事实上，任何一个国家的检察制度都经历了或长或短的本土化过程，并通过本土化过程形成了各具特色的检察学理论体系。我国的检察制度自从苏联引进就经历着各方面的不确定因素，并且特殊的政治制度和复杂的民意社情又决

---

① 陈瑞华：《刑事诉讼法学研究范式的反思》，载《政法论坛》2005 年第 3 期。
② 徐鹤喃：《检察学研究的范式及实践参与》，载《人民检察》2013 年第 9 期。

定了我国检察制度发展的特殊性和曲折性，因此，我国检察制度更需要较高程度的本土化过程。检察制度的中国样本仍存在许多需要完善的地方，在未来的宪法学发展中推动"宪法学中国化"具有重要的理论与实践价值。

（二）当前本土研究的不足

全球检察制度具有多样性，但是我国的检察理论研究中，简单地设定国外或者域外检察制度的某一种样本作为研究的参照，对中国特色检察制度进行比较，加以批判或产生质疑。"我们有关中国司法问题'问题化'处理的判准，不是以西方司法的指导思想、目标和原则为参照系，就是以西方司法的制度、理论或者概念为出发点。换言之，我们不仅习惯于以西方为标准来观察、切割或者压缩、简化当下中国的司法问题，而且还经常把西方司法发展过程中所遇到的问题以及解决问题的经历和感受原封不动地移植到我们自己身上。"① 这种做法不仅导致了检察制度的理论认同，也阻碍了新的检察理论证成。

也因此导致了检察理论国际交流的单向性。为适应检察学的发展和提升中国特殊检察制度的内在品质，我国检察学必须具有更高深的价值取向和更广阔的学术视野，要关注人类社会发展中将共同面对的司法问题，要以司法影响力的提高推动我国在国际社会的政治话语地位。尽管近年来我国检察学不断扩大同国际检察学的交流，但总体上还处于负输出阶段，仍不能与国际理论平等对话，具有国际学术影响力的检察理论还不多。作为社会主义国家的检察制度，我国的检察制度尚不能为其他社会主义国家检察制度提供基本制度层面的借鉴，向国际社会传递东方法律精神的力量仍较为薄弱，检察制度的中国样本仍需进一步完善。

（三）如何加强本土研究

加强检察理论的本土研究需要研究立场的转换，既要关注制度的特征，更要关注制度的原理和背景。近年来，检察改革和检察实务发展中越来越关注对域外检察制度研究成果的借鉴和移植。但是在研究和借鉴中，普遍存在只关注制度特征而忽视制度原理的问题，往往知其然不知其所以然，往往只关注制度的现状而没有研究制度的来龙去脉，造成一些工作中的反复。关于"检察一体化"体制等的借鉴和研究方面尤其存在这种缺陷，若解决这种南橘北枳的制度尴尬，就需要以中国的政治框架和检察理论为基础，密切结合中国的社会现实，建立符合中国检察规律的体制机制。

---

① 方乐：《从问题中国到理解中国——当下中国司法理论研究立场的转换》，载《法律科学（西北大学学报）》2012年第5期。

三、实证层面的检察理论研究

(一) 为什么要加强实证研究

司法面临的永远是一个富于变化的社会系统,新问题的层出不穷不断挑战着相对稳定的司法体系,因此,仅依靠定性分析常常使得很多理论命题处于不确定的状态之中。检察是精确的科学,定量与实证方法可以提高司法经验的精确性,为检察学研究成果获得社会检验提供合理的依据。检察学的研究对象都具有典型的实践性,以思辨为主的规范研究主要应用于建立检察学的基本体系和宏观构架方面,检察学的应用学科属性决定了检察理论离不开实证方法的应用。事实上,由于审判权经历了长时间的发展,其学科成熟度远高于检察权,审判权的研究早已开始以实证研究为主的阶段。2008 年,国家检察官学院组织的关于法学研究方法讨论会上,王敏远教授即明确提出,“实证研究应当在法学研究方法中提倡”[1],并特别强调这是法学研究的一种富有理论意义的根本方法。

(二) 当前实证研究的不足

2009 年以来,许多研究者已指出检察学研究中实证分析的不足,“2009 年,北师大组织的以法学研究方法为主题的讨论会,指出目前中国法学实证分析不足的现实,并充分肯定法律实证分析和社会统计学相结合等定量研究方法。2011 年,《法学研究》组织的讨论会上,与会学者再次批评了中国民法学实证研究的不足。”[2] 通过将检察研究和审判研究的成果进行对比分析可见,审判研究中注重对司法案例的引证和分析,不仅论文引证比例多,并且引用司法案例作为佐证和反证的论据。并且,“中国学者受外国理论学术著作的影响较大,但对外国司法案例关注较少”[3]。不仅如此,仅有的实证因方法失范,在研究中并不能达到实证研究的目标。“研究中实证研究者却未能从实证研究方法中获得比书斋中的刑事理论推延更新更多的新发现、形成新观点,实证获得的资料不过是既已存在的研究成果的实际情况注脚,是这种方法应用中存在的明显不足。”[4]

---

[1] 王敏远等:《法学研究方法》,载《国家检察官学院学报》2008 年第 3 期。

[2] 左卫民:《从引证看中国刑事诉讼法学研究》,载《法学研究》2013 年第 5 期。

[3] 熊谋林:《三十年中国法学研究方法回顾——基于中外顶级法学期刊引证文献的统计比较 (2001—2011)》,载《政法论坛》2014 年第 3 期。

[4] 樊崇义、夏红:《刑事诉讼法学研究方法的转型——兼论在刑事诉讼法学研究中使用实证研究方法的意义》,载《中国刑事法杂志》2006 年第 5 期。

（三）如何加强实证研究

应改变实证研究即感性认知的方法误读，按照规范的实证方法进行科学论证，"按照法律的生命有机体理论，法学者应从经验事实出发，将问题作为法学研究的起点和基础，将对问题的分析、解释和预测作为研究的归宿，并运用科学的实证方法，按照提出假设、进行论证、对相反命题进行证伪以及将得到论证的命题一般化等基本程序，组织和安排法学研究活动"[①]。

对于长期困扰检察理论并制约检察改革的问题从实证的角度获得可操作性方案。比如，去行政化问题，什么是检察工作的行政化，行政化有哪些表现，哪些行政化是不利于检察权运行的，哪些检察权的行政化是必要的、是必须保留和优化的，实践和研究中，我们听到的声音几乎都是对行政化一概持否定态度的，其实很多人还是没搞清楚，检察工作中的行政化究竟是怎么一回事。比如，去地方化问题，地方化在检察工作中的具体表现有哪些，检察权地方化这个概念究竟应该怎么看，检察职能履行方式是不是存在一个因地制宜的客观要求，为什么没人否定行政权的地方化，地方立法权和中央立法权的关系，比如，检察机关领导体制问题，审判机关上下之间的关系问题，两者与独立行使检察权与独立行使审判权之间的关系问题。在确定一个研究课题之后，尽可能穷尽相关研究资料，从中进行梳理、比较、鉴别和区分，证伪和证真相结合。

[①] 陈瑞华：《刑事诉讼法学研究范式的反思》，载《政法论坛》2005年第3期。

第二章　检察价值建设

　　检察价值反映检察制度对于主体的满足程度。检察制度本质上是关于各种价值的讨论，所有其他都只能是技术问题。关于价值，人们对于法或法律的价值探讨较多，对于检察价值鲜有关注。20 世纪著名的美国法学家、社会法学派代表人物庞德认为，价值问题是一个困难的问题，但它是法律科学所不能回避的。在每一种场合，人们都使用各种价值准则适应当时的法学任务，并使它们符合一定时间和地点的社会理想。① 同样作为制度上层建筑，检察制度的设计和运行中均包含着法的因素，检察价值中同样包含着法的价值的种子。但较之于法的价值，检察价值又有其特殊性。作为晚来制度的一员，中国检察制度的发展同样经历了各种曲折，甚至受到了一些质疑。长期以来，对于检察的关注更多地集中于制度功能角度，对于制度价值的研究不够充分。关注价值的检察制度不一定是先进的检察制度，但是不关注价值的检察制度一定不会是先进的检察制度。对于检察价值的研究有助于提升现实社会法的理性层次，有助于检察制度主体地位的复归与确立，有助于推动检察制度的价值理论的形成。

第一节　检察价值的意义

一、检察价值是检察制度实施的需求

　　检察制度的施行需要价值的指导，检察价值是检察制度施行的思想保障。首先，不同的检察制度具有不同的价值取向，价值取向的差异影响着检察制度施行的效果。检察制度包含的价值多元，但是权力制约、权利救济、保护公益是所有检察制度都努力追求的价值，这些基本的价值取向是引导检察制度施行的有力保障。其次，检察制度施行主体对于检察制度的认知不同影响着检察制度的施行效果。检察制度施行主体是检察制度具体实现的至关重要的因素，其

---

　　① 参见 ［美］庞德：《通过法律的社会控制法律的任务》，转引自卓泽渊：《法律价值论》，法律出版社 1999 年版，第 21 页。

对检察价值认知的程度影响着检察制度实现的程度。检察制度施行主体的检察价值观影响着其对立法原意的解读、法律文本的理解和对事实认定的内心确定，这些因素最终影响作用于他们的自由裁量权。最后，检察价值与公民价值取向的关系影响着检察制度的施行。一个国家一个时期的检察价值与普通公民的价值取向之间的关系是不确定的，二者之间有时是较为契合的，有时是相互背离的。如果检察价值和普通公民的价值取向之间呈现契合关系，则检察制度的实施即可取得较好的效果，反之，就会对检察制度的实施起到相反的作用。例如检察机关在审查起诉时，对于非法证据排除价值的不同价值取向与普通公民的价值取向之间往往存在一定的背离，检察制度实施主体关注的是非法证据制度包含的人权保护价值，而普通公民关注的往往是公共利益。如果二者之间的分歧达到比较严重的程度，就会无限放大因非法证据排除而有可能放纵犯罪的负面社会影响。事实上，我国从有罪推定到疑罪从有、疑罪从轻再到无罪推定的演变过程中，检察制度施行主体与普通公民之间的价值关注点始终是存在分歧的，所以，检察制度施行的过程中往往伴随着检察公信力的不确定性发展。

二、检察价值是检察制度演进的动因

作为晚来制度的检察制度，其以更快于侦查权和审判权乃至行政权的速度进化在人类法治文明的快车道内。适应人类法治文明和公权力运行模式的检察制度经过历史的积淀更稳定地存在于检察制度史中，不符合社会发展方向和司法规律的检察制度必定消失在历史的尘烟中。"凡在人类历史领域中是现实的，随着时间的推移，都会变成不合理的，因而按其本性来说已经是不合理的，一开始就包含着不合理性。"① 各种历史类型的检察制度，在产生之初，本身就包含着当时的合理性和未来的不合理性。新型检察制度代替旧型检察制度的历史演进过程，都不是简单的历史现象或事件的巧合。其中，一定包含着代表历史前进方向的内在精神依据和精神动力，这些精神依据和精神动力即构成了检察价值的合理内核。因此，检察价值是检察制度进化的内在动因。

三、检察价值是推动法治文明的指引

任何权力都包含着价值，检察制度同样包含着公权力的共同价值和独有的价值体系。与审判权、侦查权以及其他行政权力不同，检察权作为制约权的权力本质决定了检察权价值体系中必然包含着不同于其他价值体系的特殊价值。

---

① 《马克思恩格斯全集》（第21卷），人民出版社2006年版，第307页。

同时，检察权在公权力格局中的制衡地位也决定了检察价值对于其他价值体系的特殊关联。检察制度的创设不仅在于保障刑事司法权行使的客观性，并且还可以控制警察活动的合法性，除此之外，检察制度还肩负保障人权的特殊使命，可以说，检察制度是人类历史上的伟大创举。有观点认为，检察官是客观的法律守护人，乃世界上最客观的官署，检察权是一项高贵的权力。因此，检察制度需要也必然代表先进的价值体系，检察价值也必然对其他公权力的价值体系产生正的能量，可以说，检察价值是推动法治文明的指引。

第二节　检察价值的目标

检察价值的目标与检察权的定位密切相关，而不同政治制度下的检察权定位又不尽相同。"检察权的定位实际上是由人为选择的，是各个国家依据不同的或相同的理论基础，结合本国的国情而自由选择的结果。虽然检察权的基本职能都是相似的，但各个国家的具体国情不同，对国家机关及其分配职权是不一样的，所采用的理论基础也是不一样的，而运用检察权以达到治理国家的目的则是相同的，这不仅仅是一个法律问题，也是一个国家的政治问题。是在法律基础上由各个国家的政治现实所决定的。由此可以说检察权的性质是一个国家的政治与法律博弈的结果。"① "由于特定的社会历史环境，法制文化传统，尤其是宪治制度不同，各国检察制度建构中呈现出多样化的实践模式，其中蕴涵了不同的价值选择趋向。从所实现和发挥法治功能的角度来看，现代国家的检察制度发展形成了三类模式，分别是英美法系的以权利为主线的检察制度模式、大陆法系以权力为主线的检察制度模式、以及苏联法系的以监督为主线的检察制度模式。因此，不同政体下检察权的差异也导致了检察价值目标的不同，检察价值既有共同的目标，又有个体的目标。"②

一、检察的权力制约价值

（一）检察权的本质是制约权

关于检察权的本质，争议由来已久。较早并产生一定影响的一类观点，是从权力性质层面定位检察权。这类观点以西方"三权分立"政治制度为大前提，对检察权的性质进行论辩，进而得出检察权为司法权、行政权或兼具司

---

① 徐静磊：《论检察权——政治与法律的博弈》，中国政法大学 2007 年博士学位论文。

② 郭立新：《中国特色社会主义检察制度专题》，载《中国检察官》2014 年第 8 期。

法、行政属性的混合型权力等若干结论。后来，有观点对该论证的前提提出反驳，认为"三权分立"是人类先进的政治制度之一，但不是唯一的模式。进而以我国政治制度为基础从宪法的实在法层面对检察权和法律监督权的关系进行学理阐述，认为检察权既不属于行政权，也不属于司法权，而是独立的法律监督权。这种观点将作为控权手段的法律监督看作行为的本质，不符合马克思主义哲学中对于事物本质的定义。诸如以上的类似研究均始于对权力性质的研究或停留于诉讼法的研究层面，所以得出的结论不仅不能反映检察权的本质，同时也造成针对检察权功能、检察权配置以及检察改革和检察实务等问题研究的负面影响，甚至还一度引发对于检察权正当性的质疑。

因此，应提升研究视域，站在国家政治制度的层面先行研究权力的形态。无论是"三权分立"下的司法权还是"议行合一"下的检察权，从权力理论角度，都应首先被定位为独立的权力形态。其中，形态的"形"指形象，是空间尺度概念；"态"指发生着什么。二者合一则指在某空间尺度发生着变化。检察权有其存在的独立空间组织结构和随社会发展的动态变革，因此，其在公权力理论中，亦应被视为独立的权力形态。检察权这种独立的权力形态主要通过司法程序对审判权和行政权进行制约。我国检察权的独立权力形态定位事实上早已为我国宪法所确认，当前已经成为一种明确的政治方向，独立权力形态理论或将在宏观层面定位检察权。"与其追问检察权的本质是什么而莫衷一是，不如厘清中国的检察权是什么，承载着什么样的价值与使命；与其在本体论的泥沼中挣扎，不如以价值论的视角重新审视中国的检察权。"①

居于此层面，我们不难发现检察权首先是为了制约侦查权和审判权而诞生的一种新的权力。它的权力内容的范围也是规制在制约性的界限之内而不得任意越界，它的外在表现对被制约的权力而言就是一种法律监督的形象。因此，检察权的本质是制约权，形式是法律监督。它首先实现的是对侦查权和审判权的制约，这在刑事诉讼中表现得最为典型。但从发展趋势看，也必然逐渐实现对行政权的制约，我国当下检察发展改革的实践也体现了这个趋势。当我们把检察权看成一种制约权时，我们就能够理解作为一种独立、全新的国家权力，我国检察权为何是以有限侦查权、公诉和诉讼监督等权能所构成的"权力包"形式了。这种"权力包"并不要求其内部的构成要素即各权能之间存在必然的逻辑自洽，它只要求其符合经验理性并经实践检验而符合该权力设置的根本目的和达到其价值即可。这样，我们或许就不必拘泥于我国检察权权能边际和检察机关性质定位问题的争议，从而对我国检察机关的建设有一个开阔坦然的

---

① 江涌：《检察权研究的哲理性反思》，载《法学论坛》2010 年第 3 期。

心态，有一个基于现有检察实际的宽广视野。①

考察中外检察制度产生和发展的历史，我们不难发现，无论是在宪治制度层次上还是在具体司法制度层次上，设置独立行使检察权的检察机关的基本制度意义，就在于在国家权力的运行中构建以权力制约权力的监督制约体制和机制。权力制约理论能够深入权力行使的本质中去，即清晰地指出了检察机关在司法运作中所处的地位和所应当发挥的作用，而不单纯地从机构安排、权属关系等表象去理解检察权本质。具体而言，检察权的产生，一是基于刑事追诉活动正当程序化的需要，是在追诉程序中建构以权力制约权力的监督制约的体制和机制的需要；二是基于审判活动的正当程序化的需要，是在广义的审判程序（包括二审和再审程序）中建构以权力制约权力的监督制约的体制和机制的需要；三是基于对行政权和地方政权实行法律监督，保障法律在全国范围统一正确贯彻实施的需要。

（二）对于侦查权、审判权、行政权的制约

我国议行合一政治制度下，二级国家权力分立为行政权、审判权以及检察权，其中，检察权以专门的法律监督的手段与其他国家权力之间形成制约关系，从而实现了国家权力的自我控制，确立了中国特色的政治制度。"在宪法中，把检察权作为与行政权和审判权并列的一种独立权力设置的根本动因，既不是让检察机关与行政机关分享行政权，也不是让检察机关与审判机关分享审判权，而是为了用检察权来监督和制约行政权和审判权。"②

虽然我国刑事诉讼法将公检法三机关的关系规定为互相制约、互相配合的关系，但是这种规定是存在历史局限性的。事实上，公检法三机关之间存在配合关系，但不是互相配合的关系。我国的侦查权历来异常的强大，作为天生负有控制警察权力的检察权，其与侦查权之间应该是单向的配合关系，检察权对侦查权应该保持单向的制约。从刑事诉讼规律讲，侦诉审三环节对事实的查明和证据认定应该坚持越来越高的标准，这也要求检察引导侦查，而不是配合侦查。从保护人权角度，检察权更应对侦查权进行制约。

我国检察权具有诉讼监督的职能，诉讼监督是检察权对审判权的单向制约。"实践证明，检察权的程序性、中间性与审判权的实体性、终局性相得益彰，促进了审判权的独立行使和公正行使，从根本上维护了司法权威。"③

行政权向来是最容易滥用的权力，我国自古以来政法合一的公权力运行模

---

① 参见李乐平、刘继春：《检察软实力研究》，法律出版社 2014 年版，总序。

② 张智辉：《检察权与法律监督》，载《检察日报》2004 年 2 月 16 日。

③ 王艺霖：《宪政视角下的刑事审判监督制度》，青岛大学 2011 年硕士学位论文。

式也使得事实上的行政权异常庞大。由于现实中检察权、审判权在人财物方面对于行政权的依赖，检察机关和审判机关的实际地位存在宪法地位、政治地位、法律地位、实际地位的依次递减。因此，检察权和审判权对于行政权的制约现实中实现较难。并且司法权由于其被动性和不告不理等原则又缺乏对行政权进行有效制约的形式和条件。理论上，只有检察权是司法权对行政权进行制约的链接渠道，同时又对司法权进行监督，促进权力的合理运行。

（三）权力制约价值

国家权力只有在权力制约中才能达到权力运行的平衡，权力制约价值体现了公权力规范运行对于人民民主和法治国家的满足程度。作为独立权力形态的检察权，其在国家权力体系中的独立性保证了权力制约价值的有效性。

民主是政治文明的核心特征之一。在古希腊、罗马时期的政治理念就认为，"全体人民乃是政权的最高根源"[1]，近代资产阶级启蒙运动中，民主更是被视为政治世界的圭臬，在社会主义国家，民主同样被奉为人类政治文明的最高追求。

"在民主、共和政治下，'法治'理论呼之欲出——城邦共同体属全体公民所有，共同体内各种力量平等共存，他们以及他们与城邦之间的相处之道，只能是充分协商基础上的'契约'或协议。希腊、罗马人政治生活中的'法治精神'就这样合乎逻辑地产生了。"[2] "柏拉图意识到人性的不足给权力带来的危险，设想以法律控制权力的任意，他把法治的有无提升到国家存亡兴衰的高度来认识；在西方政治思想的源头，权力已经被套上了法律的枷锁。"[3] 建立普遍的法的统治，树立至高无上的法律权威，是政治文明国家普遍的基本追求。对权力的制约构成了依法治理的基本前提，只有法治能保障公权力的规范运行。

---

[1] ［俄］塞尔格耶夫：《古希腊史》，缪灵珠译，高等教育出版社1955年版，第187页。

[2] 孙季萍：《民主·共和·法治——古希腊、罗马权力制约三大要义》，载《法律文化研究》2008年。

[3] 孙季萍：《民主·共和·法治——古希腊、罗马权力制约三大要义》，载《法律文化研究》2008年。

二、检察的保护公益价值

（一）从检察制度的起源分析，保护公益作为检察的独立价值存在

检察权的制约权力价值中已包含保护公益的应有之义，但检察的保护公益价值更是一项独立的价值。联合国《关于检察官作用的准则》中规定，检察官除应在刑事诉讼、监督调查的合法性和监督法院判决执行中发挥作用外，还应在作为公众利益的代表行使其他职能发挥积极作用。检察制度萌芽和发展过程中，检察机关作为国家和社会公共利益代言人的制度也在不断发展进化中，公益保护原则始终是检察机关行使公诉权所追求的目标或活动的一项基本准则。正如英国前检察长萧克罗斯勋爵所言："有犯罪嫌疑就必须起诉，这从来就不是我们国家的方针，……只有当罪行和犯罪时的情形具有这样一个特点，即对该案的起诉符合公共利益，检察官才应该起诉。公共利益仍然是我们应当考虑的首要问题。""起诉无论到头来成功与否，都要考虑到对公众情绪和公共秩序造成的影响，及其对任何其他公共政策的影响。"[①] 在美国，检察官出庭公诉担负的义务便是"代表国家和人民"的利益，因而美国司法部的箴言是，"当公民在法院获得了公正，美国就赢得了胜利"。检察制度启蒙时的法国国王代理人可以对危害公益行为提起告诉，也可以对各封建领地侵害王室权益的行为提起告诉，这正是检察保护公益价值的最初体现。在法国，检察机关可以对法律和判决执行情况实行监督，当涉及公共政策及公共利益时，检察机关自动承担法律和判决的执行。正如柏拉图所言，真正的检察权，应当代表人民大众的利益，而非像封建王朝时的御史大夫那样，仅仅服务于皇室利益。检察制度产生的过程从本质上来说就是公诉制度产生的过程，而公诉制度是以实现对公共利益的特殊保护为目的。

（二）从检察制度的本质分析，检察权最适合代表公益、保护公益

首先，社会公共利益需要专门的公共权力来维护。任何社会都存在公共的利益，不论其社会性质和社会形态存在如何的差异。公共利益虽然与每位公民都存在关系，但是公共利益与每位公民个体存在的是不必然的、间接的甚至是抽象的关系。公共利益与公民关系的特殊性决定了公民关心个体利益胜于关心公共利益，甚至为了个体利益去牺牲甚至主动侵犯公共利益。即使少数公民能够以公共利益为重，但因其不能代表公共利益，进而也就无力保护公共利益。

---

① ［英］沃克：《牛津法律大辞典》，光明日报出版社 1988 年版，第 699 页、第 734 页。

所以，公共利益天然具有易被侵害性，需要代表公众利益的专门的国家权力来保护。其次，公共利益需要通过中立性质的公共权力来保护。检察机关通过支持、督促起诉或者提起民事、行政公益诉讼的形式来保护公共利益，虽然由检察机关提起，但是裁判结果并不对检察机关发生效力，所以检察机关在公益诉讼中具有超然的地位，可以保持中立的地位，更有利于公共利益的维护。"一个法治健全的国家，公共利益总是居于政府所关注的重要地位，并得到法律的有效保障。然而，在公共利益诉讼中，政府常常充当着不同的角色。在大陆法国家，公民信赖政府的代表会为全社会谋求共同利益；而英美法国家的公众则认为，政府不能代表公共利益，宁愿由社区代言人来代表公共利益。因此，为调和政府与公共利益之间的矛盾，有必要在政府、公民和社会的三维结构体系中，增加一个相对独立于这三者的力量来充当公民利益的代言人。于是，世界各国在法治实践中将维护公共利益的使命赋予了检察机关。"[①] 早在 1990 年，第八届联合国预防犯罪和罪犯待遇大会通过的《关于检察官作用的准则》，就规定检察官除应在刑事诉讼、监督调查的合法性和监督法院判决执行中发挥作用外，还应在作为公众利益的代表行使其他职能中发挥积极作用。最后，公共利益的保护需要有足够能力的公共权力来施行。公共利益的保护过程中，常常面对的是强大的行政权或其他社会组织，如果由不具有足够能力的公共权力来施行，不但不能对公共利益起到保护作用，甚至还会对公共利益造成二次伤害。检察权作为制约权，本质上具有制约其他公共权力的天然优势，更适合担当保护公共利益的法定机关。

实际上，大多数国家的检察机关，从产生到现在，也都被设置为公共利益的代言人。社会公益性是检察权发展的时代特征，近代检察制度形成后，检察权在民主法制的制约下，由过去代表国家利益进化到代表民众维护社会公共利益阶段，反映了人类法制选择民主、文明进步的过程。检察机关作为最高法律秩序和道德的代表，开始越来越多地参与到维护普通民众利益甚至弱势群体的民事、行政诉讼中来，尤其体现在对那些涉及"集体性利益"和"扩散性利益"的民事、行政案件的干预以及对弱势群体的公权支持。在西方国家，虽然对检察机关直接参与民事诉讼有较多限制，但对涉及公共利益案件的诉讼，检察机关则被视为"最高法律秩序和道德秩序"的代表参与其中。在社会主义国家，继苏联之后，保加利亚、波兰、捷克斯洛伐克、匈牙利等东欧国家在其民事诉讼法中，均对检察机关参与民事诉讼作出规定，赋予了检察机关通过

---

① 参见［美］维拉·兰格：《大陆法及英美法制度中的公共利益问题：检察官的作用》，莱夫译，载《法学译丛》1989 年第 1 期。

民事诉讼维护社会公益的职权。作为对现代意义的公益诉讼最早实施立法的国家，美国的民事公益诉讼制度较为完备，检察官代表政府对涉及政府利益和公共利益的案件，提起和参加诉讼，案件范围从反垄断案、欺骗政府案到侵犯消费者权益案、环境污染案，以及具有典型个性色彩的职务令请求诉讼、禁令请求诉讼等。综上，保护公益是法治文明进程中公权力必须具备的基础价值，只有对公益进行公权力保护的依法之治才能称之为文明的法治。

（三）保护公益价值

通过程序实现公共利益的权力保护，实现公共利益保护的法治化。"公共利益也表现出从法律外的抽象政治理念到具有实质内容法律概念的现代转向，公共利益法律化的主要内容在于寻求公共利益的确定法律内涵。"① 由检察机关提起公益诉讼，不仅能够使侵害社会公益的行为得到有效的遏制，而且可以提高诉讼的标准和质量，实现诉讼的效率与效益。由检察权对公共利益进行保护，可以从程序和实体两个层面对公共利益进行全面保护。并且，由检察权对公共利益进行保护，将公共利益的保护纳入诉讼的程序，公共利益与国家利益或私人利益之间的冲突可经由司法获得更好的平衡。法律与利益的联系具有必然性，本质上，法律是一种利益的表达机制和保障机制，经法律选择和确认的利益成为法律权利。法律利益从一般利益中分离出来形成法律权利，它追求的是以法律为唯一标准和依据设计自己的生存和人与人之间交往的理想状态。古今中外的法律，无论其价值取向如何，但都无法对利益问题作出回避，都要对相关的利益关系作出安排与协调，现代国家更是如此，"现代国家法律的使命，就是通过安排一种合适的利益分配机制，在宏观上满足公民的基本利益需要。"② 因此，从宏观的角度来说，"法律本来就是人们利益问题的一个关系框架，法律自身所表达的，就是人们的利益诉求；离开人们的利益关系，法律几乎就没有存在的必要了"③。

作为检察制度的使命之一，通过检察权的运行实现对公共利益保护的制度化。将对公共利益的保护纳入一个国家的司法制度，将保证利益被保护的法定性和恒定性，理论上不会因行政权、人为干预等偶然、外在因素使公共利益处于保护缺席的状态。

---

① 倪斐：《公共利益法律化：理论、路径与制度完善》，载《法律科学》2009 年第 6 期。

② 谢晖：《法哲学讲演录》，广西师范大学出版社 2007 年版，第 312～313 页。

③ 谢晖：《法哲学讲演录》，广西师范大学出版社 2007 年版，第 389 页。

三、检察的权利救济价值

（一）权利救济价值存在的独立性

权利救济在许多国家的宪法中是作为独立的价值原则进行规定的，英国是近代宪法的发源地，它有着世界上最长的宪治历程，著名宪法学家戴雪对权利救济的宪治精髓如是评论，"在英宪之下，法律的全副精神注意救济方法。这是要说，法律务须有一定方式进行，然后法律下之权利方见尊重，然后名义上的权利可化成实在权利"。美国亨金教授认为，"美国的人权观意味着可以获得维护人权的救济手段"。在世界范围内，程序性权利的发展普遍呈现宪法化的发生趋势，资产阶级革命时期对于民主的程序性确认后，程序性权利已成为世界主要法治国家宪法所确定和保障的重要权利之一。

早在古罗马时期的"有权利即有救济"观念和制度到后来英国中世纪兴起的"救济先于权利"法律理念和制度的发展，直至18世纪以来各国宪法对权利救济问题进行了普遍规定。如果说对权力的制约从控权角度体现了政治制度的文明，对权利的救济则从人权角度衡量着政治文明的维度。权利救济的有无体现了静态的权利观念和制度是否可以转化为动态的权利实现。只有权利的实现才能将内在的权利外化为社会连续、一致而稳定的秩序。观念中的权利和制度预设中的权利并不能保证其在事实上或在现实社会中不会受到侵害。创设对极有可能受到侵害的权利获得及时救济的机制，是政治文明中的制度必要。"在任何类型的文明社会，都设有担负裁判与处罚职能的公共权力和相应的公共设施，并辅之以一定范围和状况下的私力救济（正当防卫）。当社会成员就各自的'应得'、'应有'发生争执，或者当法定的资格、利益、力量或主张遭到否定时，能够诉诸裁判，获得救济。历史证明，任何一种法治或追求法治的社会都相信一个近乎绝对的法律真理：有权利必有救济，有侵害必有保护的衡量社会法治的标准。如果说制度化权利设定给法治以生命，则救济制度的存在和运作给法治以行动和活力。救济既是对法定权利的保护，也是对道德权利的宣示。'无救济即无权利'的确是至理之言。正是在这样的意义上，救济本身可以被看作'第二权利'。而获得救济及承认救济的权利也在国际性的人权公约中一再得到强调。"① 例如，（1）1948年12月通过的《世界人权宣言》第8条明确规定：任何人当宪法或法律所赋予他的基本权利遭受侵害时，有权由合格的国家法庭对这种侵害行为作有效的补救。（2）1966年通过的《公民

---

① 陈焱光：《公民权利救济论》，武汉大学2005年博士学位论文。

权利和政治权利国际公约》第 2 条第 3 款也规定：本公约每一缔约国承担：
1）保证任何一个侵犯了本公约所承认的权利或自由的人，能得到有效的补救，尽管此种侵犯是由官方资格行为的人所为；2）保证任何要求此种补救的人能由合格的司法、行政或立法当局或由国家法律制度规定的任何其他合格当局断定其在这方面的权利，并发展司法补救的可能性；3）保证合格当局在准予此等补救时，确能付诸实施。(3) 1998 年 11 月通过的《欧洲理事会保护人权和基本自由公约经第 11 号及第 1、4、6 和 7 号议定书修订》中的第 13 条明确规定获得有效救济的权利，即任何人在其为本公约所宣示的权利和自由受到侵犯时，应获得国家有关当局的有效救济，即使上述侵犯行为系由担任公职的人员所实施。另外，《美洲人权公约》第 25 条司法保护的权利中的条文内容，也明确了救济的一般规定。①

检察的权力制约价值中不必然包含权利救济价值，例如，尽管刑事诉讼过程中检察权对侦查权的制约部分包含着对犯罪嫌疑人的权利救济，但刑事被害人的权利救济却基本游离于权力制约的利益之外。因此，与检察的公益保护价值一样，检察的权利救济价值作为检察的独立价值而存在。

（二）检察对权利的救济

"历史总的趋势是限制权利受侵害者的私力救济，但由于侵害可能造成无法挽回的损失，故在特别严格的条件下，私力救济在一定范围内存在亦有其合理性。同时，随着公私域的划分和行为对统治社会秩序和法律价值的影响程度之别，又有民事、刑事和行政等救济手段的不同。"② 救济应具有合道德性、正当性及合法性，检察的权利救济即具有合法性。

在民事、行政检察权中，尽管现行的民事、行政检察监督的方式仍存在一定的局限，但其通过抗诉等方式以公权力启动权利救济程序，对案件当事人所具有的权利救济效应却是巨大的。

追诉犯罪和保障人权一直是刑事检察权中同等重要的价值追求，"从新《刑事诉讼法》关于执业阻碍救济、侦查违法救济、非法证据排除和羁押必要性审查等条款的内容来看，其制度设计的根本目的在于保障人权，将诉讼中的权利救济职能赋予检察机关是对其司法属性的一种强调。从文本结构来看，法律首先对诉讼参与人进行赋权，明确了其所享有的诉讼权利和在权利遭受侵害时的请求救济权，之后规定了检察机关的基本救济程序，从权利到救济构成了

---

① 参见陈焱光：《公民权利救济论》，武汉大学 2005 年博士学位论文。
② 参见陈焱光：《公民权利救济论》，武汉大学 2005 年博士学位论文。

一个完整的权利保障系统。"①

（三）权利救济价值

检察的权力救济价值本质上是宪法价值。宪法是一张书写着权利的纸，宪法是人权的宣言书和保护书。无权利保障即无宪法，当今世界主要法治国家的宪法文本均以"公民的基本权利"或"公民的权利"作为宪法结构的重要组成部分，马克思主义的宪法观也认为，宪法的核心和最高价值目标是保障人权。从此角度，权力制约价值也是为权利救济价值服务的，权利救济价值是法治国家中宪法层面的价值，是民主社会的终极价值。

检察的权利救济价值与法的秩序价值息息相通。但是检察的权利救济价值要高于法的秩序价值，公民权利救济体现和促进的不是低层次的法律秩序，而是法治秩序、民主秩序，不是人治社会的冰冷的秩序。法能保证形成法律秩序，却不一定能保障形成法治秩序，法治秩序的产生必须具备一定的宪法条件，即宪法中赋予公民权利救济的权利，并配置保障权利救济的公权力。尽管如此，这种纸面上权利保护在转换成现实的公民权利时，却需要具备权利救济价值的国家制度来实现，且实现的过程会充满各种阻力。"冲突一方面意味着打破了原有规范权利体系的表面和谐，使原有的冲突激烈化、尖锐化；另一方面也意味着冲突已把静态意义上的规范权利带入了一个动态的过程，并为规范权利向现实权利转化准备着力量。救济既是权利冲突的必然结果，也就必然通过对冲突的遏制或解决把规范中的权利引入了一个现实的过程。"② 这种把规范权利不断转化为现实权利的过程也即是检察权运行的表现。

检察的权利救济价值本身具有超越权利救济价值的价值。"救济体系和程度不足的影响是全方位的，从微观上看，涉及公民自身权益实现、对法律的信仰、对国家的忠诚和信任、对社会的责任感和为社会公益建设贡献自己力量的程度；从宏观上看，涉及国家法律秩序的有效性，国家目标的实现、国际形象的好坏。更影响到损害政府和司法权威，社会稳定、权力滥用和腐败的控制，尽管权力滥用和腐败是导致权利救济不能实现或不充分的原因之一。"③

四、检察程序的独立价值

（一）检察权主要是一项程序性权力

审判权包括实体性权力和程序性权力，检察权与此不同，检察权主要是一

---

① 詹建红：《程序性救济的制度模式及改造》，载《中国法学》2015年第2期。
② 程燎原、王人博：《权利及其救济》，山东人民出版社1998年版，第361页。
③ 程燎原、王人博：《权利及其救济》，山东人民出版社1998年版，第361页。

项程序性权力。"实体性权力是关于'利益'的一种分配、还原和保障，程序性权力是关于'行为'的一种推进，具有很强的过程性和链接性。"① 刑事诉讼过程中，无论是提起公诉还是作出不起诉决定，检察权行使的都主要是程序性权力。检察机关依据刑事实体法中关于犯罪与刑罚的规定提起公诉，是检察行为合乎利益的选择，是检察权本质为程序性权力的一种体现。对于不起诉决定，是由于案件本身事实及证据方面的原因，使得检察行为已不具有合乎利益选择的条件，由此导致检察行为的自动终结。虽然此终结行为在客观上附带产生了实体结果，但该结果并不具有本质上的判断性，这种终结主要是一种程序的终结。无论是不同法系还是不同政治权力结构下的检察权，其主要通过诉讼程序的启动和终结来解决法律实体问题，它本身不对权利义务进行实质分配，本质上不属于实体处分权。

（二）检察程序存在特殊性

程序作为推动行为的方式和次序，其在不同性质权力中的价值取向及具体设置不同。检察程序的价值取向和具体设置，又取决于检察权在一国国家权力结构中所处的地位和在国家权力划分中的归属。我国检察权的权力性质和权力边界清晰，且具有自己独特的任务和使命。作为履行宪法规定的法律监督职能的我国当代检察权，其主要职能是履行审查、批准逮捕及提起公诉，专门行使职务犯罪侦查权以及在诉讼程序之内对侦查权、审判权和行政权进行法律监督。尤其是在诉讼程序中，检察权作为上承侦查权下启审判权的中间环节，检察权程序的特殊性最为明显。"保持司法活动总量不变的情况下，根据法的实现过程中客观因素的变化，如道德因素、法自身内部的因素、公民权利因素、国家权力因素等，司法活动运行中的侦查权、检察权、审判权等进行权限的重新分配和调整。在这种调整变化中，检察权因其具有附加性和制约性特点受影响波动最大。它或游移贴近侦查行为，具有极强的行政属性，或游移靠近审判权，表现诸多司法属性。伴随刑事诉讼职能的推进，其谷间带动态链接特质使检察权具有其他权力所没有的模糊性和不确定性。"② 这种模糊性、不确定性以及承接性，决定了检察程序的特殊性。只有检察程序保持与检察权性质内在一致的矛盾特殊性，才能实现检察程序的特殊价值和使命。

---

① 王戬：《不同权力结构因子中检察权的共性表征》，载《中国刑事法杂志》2009 年第 11 期。

② 王戬：《不同权力结构因子中检察权的共性表征》，载《中国刑事法杂志》2009 年第 11 期。

（三）检察程序应保持检察权的内在规定

由于检察程序存在特殊性，因此，检察程序应保持检察权的内在规定。但是，当前检察程序的属性、价值取向及具体设置仍没有体现或遵循其特殊的内在规定。尤其，作为检察程序的精神原则，检察程序的价值取向，事关检察程序存在的意义，是检察程序理论中具有导向性的重要命题，所有其他关于检察程序的理论与实践问题，均以检察程序的价值界定作为起点和归宿。检察程序价值的研究对象是人们应依据科学的检察工作标准来论证、构建和实践一项检察程序，以及通过这种检察程序是否可以达到对检察制度的有效实现。由于检察制度是在刑事诉讼分工的基础上自然进化的制度，刑事检察程序的理论界分与实践运行均相对成熟。但对于检察权中较晚产生且各国差异较大的民事、行政检察程序而言，其在价值定位、功能区分以及具体设计等方面则具有明显的不足。以民事检察程序为例，许多民事检察程序的设计明显是对于民事审判程序的改造和模仿。"这种'检察权的审判化'说明民事检察工作的基本定位出现了严重偏差，错误地把民事审判的功能（权利救济）作为民事检察的功能，错误地把民事审判中不告不理的当事人主义思想引入民事检察，从而导致民事检察的对象、方法和程序陷入'审判化'误区。"① "民事检察和行政检察都是查控违法的检察制度之组成部分，因此民事检察程序和行政检察程序都应当按照查控违法的职责予以设计和安排。"② "要实现从'审判化'到'检察化'回归，民事检察工作就必须有自己的、不同于民事审判的功能和指导思想，必须有不同于民事审判的案件、方法和程序，才能有真正的民事检察制度。"③

五、检察的法律统一价值

（一）法律统一价值是检察权的宪法功能定位

尽管检察权的研究不能局限于实在法的规定，但是在法律规范层面，我国的宪法将检察权的功能界定为法律监督。我国 1982 年《宪法》第 129 条和 1979 年《人民检察院组织法》第 1 条均明确规定："中华人民共和国人民检察院是国家的法律监督机关。" "法律监督是中国法治实践与检察学理论研究中的专门术语。在我国现行体制和法治状况下，法律监督指专门的国家机关根据

---

① 孙加瑞：《民事行政检察的审判化误区与检察化回归》，载《国家检察官学院学报》2012 年第 3 期。

② 孙加瑞：《检察监督的基本内容是查控违法》，载《检察日报》2011 年 3 月 23 日。

③ 孙加瑞：《民事行政检察的审判化误区与检察化回归》，载《国家检察官学院学报》2012 年第 3 期。

宪法和法律的授权，运用法律规定的手段和程序，对法律实施中的守护法律、制衡国家权力、保障公民权利等具体情况进行监察、督促并能产生法定效力的专门工作。"① 具体而言，法律监督即指检察机关通过羁押审查权、起诉权、诉讼监督权和有限侦查权等几项职权，保障国家法律在全国范围内得到统一、正确的实施，以此实现社会公平正义。法律监督的直接目的是为维护法律的统一、正确实施，终极目的是为实现对国家权力的制约和对公民权利的救济，从这一角度，检察的法律统一价值是为检察的权力制约价值和检察的权利救济价值服务的。

（二）检察的法律统一价值主要通过行使公诉权、诉讼监督和有限侦查权等形式实现

检察的法律统一价值的实现具有专门性、程序性和法律性的特点。程序性是检察的法律统一价值实现的主要特征，这意味着检察机关的法律监督必须遵循宪法、人民检察院组织法、诉讼法等法律规范规定的程序要求，且检察机关法律监督只会引发相应的程序性法律效果。1996 年和 2012 年修正的《刑事诉讼法》以及 2013 年 1 月 1 日起施行《人民检察院刑事诉讼规则（试行）》均规定了人民检察院通过履行职责，保障国家刑事法律的统一、正确实施；在民事诉讼制度方面，1991 年通过并经 2007 年和 2012 年两次修正的《民事诉讼法》三个法律文本，均作出人民检察院有权对民事诉讼实行法律监督的相同规定；在行政诉讼制度中，原有以及 2014 年修正的《行政诉讼法》也规定人民检察院有权对行政诉讼实行法律监督。"因而，我国的'法律监督（权）'应当是以公诉监督权能为核心，以职务犯罪侦查权能和诉讼监督权能鼎力支撑，及其他附属或延伸权能辅助的权力结构体系，其主要目的是通过追诉犯罪和纠正法律适用中的违法行为来保障法律在全国范围内统一、正确实施。"②

（三）法律统一价值的意义

法律统一首先具有重要的政治意义。我国已经形成较为完备的社会主义法制体系，在司法层面保证法律的统一、正确实施应是今后工作的重点面向。"形成法律体系并不等同于法治建设的大功告成，要把法律规定变成实践，还有大量的工作要做，切实做到严格执法将成为我国法治建设的一项更加重要的

---

① 韩兵：《当代中国法律监督权研究》，吉林大学 2013 年博士学位论文。
② 韩兵：《当代中国法律监督权研究》，吉林大学 2013 年博士学位论文。

任务。"① 我国地域广阔，存在差异，能够既体现个案公正又保证法律在本质上的正确、统一实施才可以提高司法公信力，进而促进政治公信力的提升。法律统一其次具有重要的法治意义。"在中国特色社会主义法律体系形成后，需要构筑中国特色社会主义法治体系，从法律体系再到法治体系是目前中国法治进程的一大特点，当法治体系构筑起来之时，就是全面推进依法治国局面形成之时，全面建成小康社会目标中的法治目标就会实现。"② 法律的生命在于实施，立有再好的法律，如果没有法律的统一、正确实施，法治社会也不可能实现，检察的法律统一在法制国家向法治国家发展过程中是必备的价值条件。

第三节　检察价值的实现

一、检察价值实现的条件

检察价值的实现实质上是检察制度实现的组成部分。检察制度的实现是指检察制度中的精神原则和具体规则等经过实施转化为社会现实的过程与结果。检察价值的实现在检察制度的实现中具有特殊的意义，因为，检察价值是检察制度的精神内核。没有实现检察价值的检察实践，就会走向检察制度本身所期望的反面。只有实现了相应的检察价值，才能有真正意义的检察制度的实现。

（一）检察制度内涵良好的价值预设

首先，检察价值应在检察制度中明确设定。检察价值有在检察制度中明确设定的必要，其是检察制度设立意图得以贯彻的重要环节。检察价值是引导检察制度实现的必要指引，其贯彻于对检察制度的施行、遵守和监督等所有环节之中。

任何国家的检察制度的创设和发展的过程中都包含着一定的价值追求，尽管这种价值精神不是都用文字直接表达出来。即使有直接体现检察价值精神的条文规定，至多也只能是一些原则性的表述。检察价值更多的还是蕴含在具体的制度规定之中，但这并不表示检察价值的设定不明确。"立法中的法的价值设定不是一个简单地将法的价值写入法律条文之中的小事。它往往是一个十分复杂的过程。它需要立法者具有良好的法律意识状况、高超的文字表达技巧。

---

① 陈斯喜：《中国特色社会主义法律体系的形成、特征与完善》，载《中国党政干部论坛》2011 年第 5 期。

② 徐显明：《学习把握十八大报告关于法治建设的新思想新亮点》，载《法制日报》2012 年 11 月 28 日。

它是一个专门化的技术性工作。它需要将法的价值的精神恰当、自如地融会于每一个原则、规范、程序之中。"①

其次，检察价值应在检察制度中正确设定。居于方向引导的层面，价值犹如一把双刃剑，法律价值的优劣对于检察制度的建设会产生重大影响。

检察价值的选择首先取决于一个国家的政党价值、法治程度乃至制度格局，可以说，检察价值的选择和确立是受到一个国家整体的意识形态限制和影响的。尽管理论上检察价值应当是民主的体现，但其最初的选择往往是统治阶级意志的直接体现，其后这种价值才会在检察制度的运行过程中与民主发生联系。

最后，检察价值应在检察制度中贯彻始终。检察价值不仅应体现在制度的原则规定中，更应体现在具体规则中，检察制度从宏观制度、体制到微观的程序、机制都应该体现检察价值的精神。

（二）司法解释应遵循良好的检察价值

首先，司法解释具有体现检察价值的功能。不仅检察价值只能以少数原则精神的形式进行明示，检察权运行的具体规范中的检察价值承载也是有限的。在我国，检察机关的司法解释在检察权的运行中起到重要的作用，因此，检察价值必将延续至检察机关的司法解释之中。从某种意义上，检察机关司法解释对于检察价值的传递功能更强于国家立法层面的检察规范，因为国家层面的检察规范通常没有站在检察权的立场思考问题。

其次，检察价值对于司法解释具有引导作用。司法解释是在理解立法和制度精神的前提下对法律不确定性的解释，其必须遵循一定的价值原则的引导。规范是为制度服务的，检察制度中包含的原则在制度的宏观层面可以引导检察权运行中具体规范进行的解释。"法律解释不可能脱离法的价值。法律解释应当不受解释主体自身价值认识的影响。法律解释主体也应当努力忠于法律的本身的价值设定，消除自己主观价值认识对于法律解释的影响。"②

（三）检察人员具有良好的检察价值修养

检察人员是检察制度实现的主要主体，检察价值是否内化为检察人员的内心修养，直接关系到检察价值的实现状况。检察人员对于检察价值的理解和尊重状况在一定程度上决定了检察价值实现的高度。

首先，检察价值应内化为检察人员的内心修养。价值属于精神层面的引

---

① 卓泽渊：《法的价值总论》，中国社会科学院研究生院 2000 年博士学位论文。

② 卓泽渊：《法的价值总论》，中国社会科学院研究生院 2000 年博士学位论文。

导，本身不具有强制性，价值的引导和实现更多地依靠良好的法治环境、和谐的制度建构以及检察价值在多大程度上内化为检察人员的内心自觉。检察价值只有内化为检察人员的内心修养，其才能在检察司法行为中不排斥检察价值，才能在个案处理中自觉将检察价值运用其中。

由于检察价值不是浅显地表露于检察制度或检察规范之中，其往往蕴含或深藏其中，没有一定的价值修养就无法识别检察价值的追求。我国刑事诉讼法中尚未明确规定无罪推定原则，但如果能将检察制度中包含的人权保护价值内化于心，就能在检察司法行为过程中做到疑罪从无。能通过制度价值去把握检察制度，在具体的司法行为中不偏离价值观照下的制度，必须要具备一定的价值修养。

又由于检察价值的精神性和抽象性，不具备一定的价值修养便无法准确认知检察价值。检察价值是一个关涉各种价值权衡的深刻问题，权力制约、权利救济、公益保护以及法律统一等，站在不同的立场就会得出不同的价值诠释。价值的标准在理论上不确定而多元，在实践中动态化而多变，检察价值之间存在矛盾和冲突，没有一定的价值修养，便无法把握检察价值。价值之于制度，犹如情绪之于画面，情绪往往在画面之外，许多价值都是制度本身无法驾驭的，因此，只有将检察价值内化于心，才能将检察价值实现于惟妙惟肖之中。

还由于检察价值和检察人员内心关于检察的认知是不一致的。检察人员对于检察价值的最初认知与检察价值的本真面目会产生一定的差距，其中掺杂了检察人员个体的情感因素、个人阅历以及自我的价值观等检察价值之外的复杂因素，这些因素交糅在一起对检察价值的正确认知产生一定的不确定影响。因此，检察价值只有经过理性的二次内心区分和确认，并最终内化于心，才能将个人的检察价值观统一于制度中的检察价值。

其次，检察人员应能体悟检察价值的设定。检察价值潜藏于检察制度和检察法律规范之中，对检察价值的认识不仅需要具有坚实的检察知识基础，更需要对检察价值进行体悟。严格意义上，具备检察知识基础的检察人员还不能称之为检察职业人员，只有能对检察价值进行体悟的人才能称之为检察官。严格意义上，能够体悟检察价值是检察行为正确施行的前提条件，因为检察价值是检察制度和检察法律规范的内在质的规定。

对检察价值的体悟，首先要求具备坚实的检察知识基础，没有对检察知识基础的正确把握，就没有检察行为主体在检察价值层面的提升。检察知识基础在检察元素的基本定性、检察元素之间的内在联系以及检察元素与外在环境的互相作用等方面保障价值认知不偏离基本的方向。检察知识基础是体悟检察价值的第一个前提条件。

对检察价值的体悟，其次要求具备丰富的社会知识基础，检察制度是属于一个国家重要的上层建筑，检察制度有时与法律制度是密不可分的国家制度，无论是作为重要的政治制度还是其中包含的法律制度，都运行在复杂的社会有机体之中。检察是社会中的检察，法律是社会中的法律，检察价值与法律价值、社会中的其他价值体系互相联系，相互交换。缺少对社会知识基础的全面把握，同样也就没有检察行为主体在检察价值层面的提升，对社会知识基础的全面把握是体悟检察价值的又一个前提条件。

对检察价值的体悟，最后要求具备足够的道德修养。道德与法律密不可分，法律规定或多或少都以道德为基础。体悟检察价值，不仅要求检察人员自身具备足够的道德修养，还要求检察人员对社会的主流道德意识和道德状况具有整体的把握，更要求检察人员对社会中的特定道德行为能够进行较为准确的评价。没有足够的道德修养检察价值的体悟就失去了根基，具备足够的道德修养同样也是体悟检察价值的一个前提条件。

（四）检察人员能作出正确的检察价值选择

不同的检察价值共同存在于检察制度和检察法律规范之中，不同的检察对象需要适用不同的检察价值，不同的检察行为需要不同的检察价值来引导。价值选择的不同，事情处理的结果就不尽相同。在互相抵销或互相冲突的检察价值选择中，选择结果的不同甚至会导致事项处理结果的截然相反。如何在不同的价值中进行正确的取舍，检察人员的价值选择能力在其中起到主导作用。

检察价值的选择是一个复杂的过程。不仅检察主体对检察价值的认识不同，在检察实践中，检察主体常常需要面对复杂的检察事项和检察对象，检察人员往往需要从多个目标中进行权衡和选择。检察人员不仅需要考量检察价值体系之中的价值位阶，还需要考量检察事项的特殊性、事项处理结果的社会影响以及检察行为的评价连续性等。

并且，检察人员的价值选择，并不是由检察人员随意进行的。检察人员的价值选择需要服从一定的价值明示或实践指引，检察人员的价值选择受到价值区域的限定，检察人员不能在制度之外或法律之外寻求自己选择的价值。

二、检察价值实现的障碍

（一）检察价值实现的客观障碍

1. 检察制度上的价值实现障碍

（1）检察制度设置上的障碍因素。由于检察制度发展的晚近性，尤其是我国检察制度发展的曲折性，我国检察制度的设置尚不能达到理论上的应然状态。检察制度的设置与检察价值的预设存在不同步性和难以协调性。检察制度的设置过程同时也是各方观点、利益博弈的过程，事实上，检察制度设置的争议在本质上都是检察价值的争议。检察制度不断发展成熟的过程同时也是各方观点、利益协调、统一的过程，如此的检察价值就会形成具有层次性的自洽的体系。否则，不同的检察价值就可能彼此对立地存在于检察制度体内。并且，内在的检察价值矛盾，会外化为检察制度、检察法律规范之间的冲突。

（2）检察制度内容上的矛盾。检察制度是在探索中建立的，较之于审判制度和警察制度，充满了大量的历史未知和制度不确定。世界各国的检察制度存在较大差异，各种具体检察权也在性质、内容、运行方式上体现出较大不同。尤其是作为中国特色社会主义检察制度，在学习借鉴苏联检察制度和西方检察制度的基础上，探索建立适合中国发展的检察制度中国样本。在这个探索的过程中，必然会产生制度内容的矛盾，尤其是我国检察权既作为公诉机关又作为诉讼监督机关等的复合权力，其间的权力内容配置难免出现不协调或暂时没有理顺的矛盾关系。这种关系冲突必然隐含着检察价值的冲突。当前我国在民事、行政检察权方面进行的系列改革，全新的改革也难以避免制度内容上的矛盾。另外，检察制度和检察法律规范中原则规定与具体规定，法律规范中总则与分则，以及条款与条款之间也会存在内容的矛盾。再者，由于立法技术或立法疏漏以及民意考量等法外因素也会带来检察制度内容的矛盾。

（3）检察制度转换上的障碍因素。"制度价值的定语是制度，价值承载的主体和对象，是制度，而不是其他。制度是一种社会文化客体，具有价值承载能力，这正是制度存在的意义，是人们提出某种制度的初衷。人们设计提出某种制度，在实践中不断修订完善，目的就是要发挥制度对人本身应有的价值作用。"① 每一次检察制度的转换，都会引起检察价值的内在变化。检察价值属于精神层面，较之于检察制度，检察价值具有更强的惯性。检察制度发生变化，但是检察价值不一定在短时间内发生相应的变化。检察价值的调适与检察制度的调适并不具有同步性。如新刑事诉讼制度中关于非法证据排除规则发生了变化，但是从疑罪从有、疑罪从轻到疑罪从无的检察价值却不会在短时间内在检察人员的意识状态中被正确理解与遵行。

2. 社会现实中的检察价值实现的障碍

（1）检察价值实现的客观条件的缺乏。检察价值的实现首先受到检察制度的限制。检察价值属于检察制度中的精神要素，除了精神要素检察制度中还

---

① 李有：《制度价值的人学阐释》，山东师范大学 2015 年硕士学位论文。

包含检察体制、机制和方式等不同层次的制度要素。即使检察制度中包含良好的检察价值，如果没有适合检察制度的检察体制、机制和方式，检察价值也不会实现。检察价值的实现需要有契合检察价值实现的体制、机制和方式，检察价值和检察具体制度犹如软件和硬件的关系，只有软件和硬件契合才能实现软件的功能。检察价值的实现还受到检察之外的国家制度的制约。任何制度都包含一定的价值原则，不同制度之间的价值原则不一定会具有同向的取向，甚至会产生冲突，检察价值与其他制度价值之间的关系同样如此。如果检察价值与其他制度价值具有同向性，则检察价值的实现过程就会相对容易，反之，则检察价值的实现就会遇到阻力。检察价值也会受到检察权运行中主、客体的影响。如前文所述，检察价值不仅会受到检察权运行主体的影响，还会受到检察权运行过程中关系各方的限制。不仅会受到检察人员的价值观念影响，更会受到当事人、律师等价值观念的影响。

（2）道德价值观念影响检察价值实现。道德是社会重要的价值规范，道德也具有自己的价值追求。任何社会中，检察价值或法的价值与道德价值的关系都较为复杂，不同时代，检察价值与道德价值的关系状态都不同。道德观念对检察价值的制约或者体现为检察人员思维中道德价值与检察价值的潜意识冲突，或者体现为当事人、律师、其他法律职业群体以及普通公民、新闻媒体等心中的道德价值与检察价值的碰撞。司法主体、当事人或律师的价值冲突通过司法行为影响检察价值的实现，普通公民新闻媒体等的价值冲突通常会通过舆论影响司法的方式对制约检察价值的实现。"一种价值的实现往往以另一种价值的牺牲为条件，一种价值的牺牲也可能会导致另一种价值的实现。"①

（二）检察价值实现的主观障碍

1. 检察价值实现的主观障碍。（1）社会民众对于检察价值的误解。社会民众对于检察价值的误解，在古今中外是十分普遍的事情。社会民众对于检察价值的误解，首先源于民众对于检察制度或法律知之较少。尤其是在我国，民众对于法律价值的认知仍处于较低水平，对于检察制度中的价值原则的认知更是粗疏浅显。社会民众对于检察价值的误解，还源于民众可能是他们用政治、道德甚至是习俗的观念代替检察价值的结果。（2）法律职业者对于检察价值的误解。当前，我国的法律职业者的专业化和精英化程度还较为低下，有些甚至称不上法律职业者。对于法律知识和法律制度尚不能进行正确的理解，也就不能从对处于精神层面的法律价值，尤其是检察价值进行深入的领悟。

---

① 宋英辉：《刑事诉讼原理》，法律出版社 2007 年版，第 15 页。

2. 对于检察价值的偏执认识。（1）社会民众对于检察价值的偏执认识。如果说社会民众对于检察价值的误解源于其对法律或检察制度的无知，他们对于检察价值认识的偏执，却是由于对于错误认知故意坚持的结果。"偏执的价值认识者是知道自己的错误所在的，但是基于某种原因，而又故意坚持错误的价值认识，并将错误的价值认识用于指导自己的实践活动。社会民众对于法的价值的偏执认识，往往都会导致他们知法犯法的违法行为。"[①]（2）法律职业者对于检察价值的偏执认识。不仅社会民众对检察价值会产生偏执的认识，法律职业者也会对检察价值产生偏执的认识。但是法律职业者对于检察价值的偏执认识产生的原因更为复杂，其往往受到法律行为之外的因素的干扰而产生。

三、检察价值实现的尺度

检察价值实现只能是有限的。这种有限性，首先是由检察权的有限性所决定的。检察权的有限性是由于检察制度的作用范围有限、检察权的依据具有物质有限性和人才条件的限制等因素共同作用的结果。"价值不同于价值实现，价值是客体具有的能够满足主体需要的属性，价值实现则是这种属性作用于主体的过程及其结果，或者说是客体满足主体需要的过程及其结果。价值是客体能满足主体需要的属性，所谓能满足就是具有满足的能力，当我们说一个客体有价值时，就等于说该客体具有满足主体需要的能力。价值作为能力是一种未然性的东西，价值实现则是未然变已然的过程，而价值实现的结果则是一种已然状态。"[②] 其次，更是由检察价值绝对超越的指向这一性质所决定的。理论上，检察价值的实现是一个无限的过程。每一个检察价值的实现，总是历史的、个体的，而不具有终结、完全的意义。但是，对于具体检察价值的实现，也应具有一个基本的尺度。

（一）检察价值的主体化

检察价值的实现是通过检察人员的检察实践完成的，检察价值的实现体现为检察价值的主体化。"人按照自身价值意愿通过实践提出的某种制度，是制度价值主观性的最突出表现。制度连同其价值都是人所创造与赋予的，制度价值得以发挥的前提依赖人创造性的实践活动。制度与人的价值关系不是自然而然发生的，而是由人的实践创造的。在实践活动中，人们创造制

---

① 卓泽渊：《法的价值总论》，中国社会科学院研究生院 2000 年博士学位论文。

② 王智：《价值与价值实现》，载《西南民族大学学报（人文社科版）》2005 年第 12 期。

度，以主体性作为尺度赋予制度以价值。制度价值表现和反映了人的期望，人们都希望从制度中获益，都希望制度更好地服务于自己的生产生活。所以，制度价值与人主体性息息相关，人以自身诉求赋予制度价值以各种内涵。"实践是人与制度构成价值关系的基石。"实践的一端与人相关，另一端与制度价值相关，人与制度价值的相互关系和相互作用正是以实践为基石展开的，实践不仅为人们提供了一个探索二者关系的道路，也为制度价值更好地服务于人、人更好地赋予制度以价值意义提供了途径和方法。"① 人们将检察价值付诸社会，也就是人参与检察价值的社会实践，所以说检察价值实现是检察价值的主体化。

终极意义，检察价值体现为其对于人的满足程度，检察价值实现正是以人为最终归宿的，只有在检察价值转化成为主体的现实、满足，甚至属性（如权利等）之后，检察价值才真正得到实现。因此，检察价值实现也就是检察价值的主体化。

（二）检察价值的现实化

检察价值有三种存在形态，分别是观念层面的检察价值、制度层面的检察价值以及评价层面的检察价值。三种形态的检察价值都可能被实现，都存在被实现的程度。检察价值实现是作为主体的人将检察价值转化为社会实践的结果。

其中，制度层面的检察价值实现最为重要。制度建设本身也是在实践层面阐释制度价值的实现问题。党的十八大、十八届三中、四中、五中全会提出的司法领域全面深化改革和建设法治社会、法治体系的问题实质上就是制度建设的问题。

（三）检察价值的平衡化

检察制度自产生以来，便被赋予强烈的政治意味，负有某种重要的政治使命。其一，检察制度既意在打击和惩罚犯罪又要通过制约强大的警察权力来保护公民个体的权利，这也是检察制度区别于警察制度和审判制度的根本所在。作为民主政治所催生的制衡权力，检察权运行于国家公权力与公民私权利这一人类社会的基本"博弈"之中。其二，作为法律监督权的检察权，既要代表国家行使刑事公诉权，又要监督刑事诉讼程序的运行。检察既代表公权力又制约公权力，二者存在内在紧张的对立统一关系。检察权通过程序权力的运作，使得公权力与私权利良好地运行在合法的边界。无论是在诉讼中还是非诉讼之

---

① 李有：《制度价值的人学阐释》，山东师范大学 2015 年硕士学位论文。

中，尽管检察人员都应当而且只应当以法律的方式为之。但检察履行的不同职务行为背后却承载着不同的检察价值。尽管这些价值具有同质性和同向性，但同时也具有相对的区分性和对立性。在进行检察价值的选择和取舍时，应立足检察制度的总体价值原则，平衡个体事项中的检察价值。

第三章　检察理念建设

检察理念是检察制度的本质属性及检察权运行规律中蕴含的精神原则，是支配检察人员履行检察职能的思想准则。检察理念涵摄检察规律、机理及思想、观念乃至目的、目标于一体，其作为主客观相统一的范畴而存在。检察理念是检察实体的上层建筑，其直接作用于检察人员并支配其行为，是检察制度实现、检察权运行以及检察实践的价值取向与价值支撑。

第一节　检察理念发展的背景分析

法律以社会为基础，对当代中国检察理念进行研究尤其要注重背景分析，当代中国多重现实并存的社会背景对于检察理念的形塑产生了深刻的影响。仅限于法律层面、检察学层面甚至诉讼法层面对检察理念进行研究，不仅不能有效解释检察理念发展中的理论困惑，更不能合理阐释检察实践与检察理念之间的疏离。检察理念的发展变迁不只是检察制度内在的自我嬗变，更是检察思想、观念对于时代发展变迁的演绎和回应。诚如邓正来教授所言，仅就理念分析理念的做法"完全忽略了法律与社会、经济、政治乃至人之想象之间的关系。解释不了逻辑自洽的法律规则为什么在适用过程中功效低下的问题"[①]。

一、社会的变革与转型

（一）经济政治转型

20 世纪 80 年代以来，以农村家庭联产承包责任制改革为肇始的经济体制改革在历经计划经济、有计划的商品经济等量变之后，社会主义市场经济体制在中国逐步得以确立。经济体制转型意味着所有制结构、财富分配方式、产业格局及所有制结构等要素的深刻变革和调整。社会主义市场经济是我国经济体制最为深刻的变革，其构成了其他变革的基础。进入 21 世纪，为改变我国在

---

① 邓正来：《中国法学向何处去——建构"中国法律理想图景"时代的论纲》，商务印书馆 2006 年版，第 68 页。

世界和区域经济体系中的地位，我国的市场经济进入经济结构转型的二次变革，市场经济将人们引入更为广阔的信息空间。

政治服务于经济，20 世纪 80 年代中期以来，中国经济体制领域的改革推动了政治体制改革的稳步进行。不仅如此，出于对历史教训的深刻反思和世界民主政治的理性考量，中国共产党意识到民主在政治中的重要地位。自 1978 年党的十一届三中全会形成的拨乱反正决定开始，我国开启了民主的政治变革与转型之路。党的十五大提出，在人民当家做主的基础上实行依法治国，中国开始走上民主政治法治化的道路。从 1997 年党的十五大确立依法治国的目标，到 2013 年、2014 年党的十八届三中、四中全会，尤其是党的十八届四中全会以依法治国为主线，对严重制约司法改革的深层次问题全面作出部署。当前，坚持中国特色社会主义政治发展道路，发展社会主义民主政治以及建设社会主义法治国家成为我国政治的主要框架。

市场经济体制下，人的主体价值以及人与人之间的平等关系通过财富的物化关系得以不断彰显，权利意识与个体意识不断得到觉醒与强化。计划经济体制下，"不算经济账，只算政治账"等口号真实地反映了利益思维在人们思想中的边缘地位。正是市场经济使得利益变成一个关系概念，利益正在突破传统伦理价值的标准边界。主体意识与价值追求的变化交集必然产生多元的价值观念，传统价值与现代价值的汇通、融合乃至冲突都将影射到上层建筑的方方面面。正如恩格斯的论述："每一时代的社会经济结构形成现实基础，每一个历史时期由法的设施和政治设施以及宗教的、哲学的和其他的观念形式所构成的全部上层建筑，归根到底都应由这个基础来说明。"[①]

以宪制为核心的民主政治是我国的核心政治，按照平等和少数服从多数原则来共同管理国家事务是民主政治的基本内涵。民主制度采用的选举、协商、表达、监督、政党制度等制度、体制和方式，包含了人民主权和人权原则，自由、平等、公平、公开原则以及法治原则等基本原则。民主政治中，不同的公权力主体形成专门化及其关系的制约化，权力主体、权利主体以及权力与权利主体之间的不同意见从政治向法治转型。以法治的观念、制度机制以及运行体系共同推进的民主政治，彰显了民主与政治的共同价值，体现了民主与政治的已然契合，民主与政治的关系被纳入制度化、规则化和程序化的调整体系。

"随着经济体制逐步从计划经济向社会主义市场经济转变，政治体制逐步朝向社会主义民主政治方向发展，法律在经济生活与政治生活中的作用愈来愈大，相应地，中国也从强调主要依靠政策过渡到既强调依靠政策也强调依靠法

① 《马克思恩格斯选集》（第 3 卷），人民出版社 1995 年版，第 365 页。

律，并进一步过渡到强调主要依靠法律。"① 经济体制的转型和政治制度的变迁，是检察理念发展的重要源泉和直接动力，内在地规定了检察理念的发展方向。市场经济体制下的权力与权利、权利与义务以及集体与个人等概念之间的关系被重新塑造，权利意识和自我价值的实现被不断强调。民主政治中规则与自由、制度与正义以及司法与民意等价值之间的关系被重新考量，主体意识和政治参与的意愿被不断彰显。经济政治的变革与转型对于检察理念产生深刻影响，任何一种检察理念只有验之于当下中国的经济政治生活进而对其回应才能感知它的效果与局限；而任何一种检察理念也只有同经济政治生活相互协调才能获得其正当性与合理性。

（二）社会结构与控制手段转型

政府在主导经济政治改革的同时，社会结构也随之发生着深刻的变革。改革使得社会长期保持着相对的动态，农村剩余劳动力不断涌向城市，城镇化成为中国社会结构转型的重要标志。城镇化过程中，作为社会单元的家庭结构也在悄然发生转化，独立的家庭地位日益凸显，联合家庭进入核心家庭时代。核心家庭时代显著的特点是传统的家庭功能逐渐削弱，越来越多的家庭功能依靠社会来实现，民主在家庭中也因此具有发展的现实条件。以职业为基础的划分逐渐成为主要的社会阶层划分标准，在分层基础上根据职业以及资源占有量将社会划分为若干社会阶层，中产阶层比例的增量对于促进社会结构稳定起着重要作用。中产阶层成为社会主体使得社会矛盾得以缓冲，温和保守的意识形态占据主流地位，社会治理难度降低。中产阶层具有"贫富分化及社会利益冲突的缓冲功能……社会地位公正获得的示范功能……社会主义市场经济及现代性社会价值观的行为示范功能……"② 当前我国正处于中产阶级比例逐渐扩大的过渡时期，但是阶层分化还未达到合理比例，贫富差距扩大的趋势仍未得到扭转，新阶层与固有阶层中不同利益主体的诉求尚未得到充分回应。

经济政治转型必然导致的另外一种结果就是社会管控模式的转型。以政府行政权为主导的计划经济中，行政管理、行政命令成为社会管控的主要模式，国家政策成为行政权运行的重要依据，法律规范没有得到应有的主导地位，国家系统呈现高度的组织化。市场经济改变了以往行政权力在资源配置方面的主导作用，通过市场要素实现资源配置使得政府居于幕后成为守夜人，政府只在宏观经济运行中进行方向性指导。政府的隐退必然需要另外一个角色的跟进，

---

① 张文显：《法理学》，高等教育出版社、北京大学出版社1999年版，第383页。

② 陆学艺主编：《当代中国社会流动》，社会科学文献出版社2004年版，第271～272页。

加强保障市场经济运行的公平、有序、安全环境的法律及其配套措施的制定和完善成为历史的必然。通过法律的保障必定经由司法完成，因此，司法控制必将成为经济政治转型后中国社会管控的主导模式。

（三）法律意识转型

法律形象的转型。历史上，延续久远的泛刑化思想、道德化倾向、法律工具主义等法律意识，是如此强烈而持久地影响着中国民众，"法即刑也"是公民对法律最直观的感受。当代中国自上而下的三次"严打"也使得严刑峻法的法律形象进一步强化。直到 20 世纪 90 年代，作为权利经济的市场经济催生了以保护私权和平衡经济关系为目的的民事与经济立法，这些法律的颁布和实施，逐渐改变着"法即刑也"的固有法观念，权利、平等的法观念才日渐深入人心。

法律功能和定位的转型。由于长期以阶级斗争为纲的指导思想，法律作为阶级统治工具的观念不仅刻骨铭心地印在普通的中国公民心中，而且司法、司法行政人员也潜意识地接受这种思想的影响。作为阶级统治工具的法律功能和定位使人们对于法律的惩戒作用更加偏爱，法律对于私权的保护和救济功能在人的主观意识中并未彻底觉醒。

法观念的转型。古代中国农耕社会造就的宗族制度使得自然人之间的关系十分密切，东方人的"合作"观念强于"制约"观念。自然人之间的矛盾往往依赖于熟人或行政机构的调解，厌讼或不相信诉讼的习惯思维长期存在。这种民间"合作"的观念惯性一直延伸到法律实施过程中，强烈占据着法律实施各方主体的潜在意识之中。公权力机关之间，司法机关与立法机关之间出现冲突时，并不是以判决的方式否定立法，而是用协商的办法与立法机关共同解决问题；司法机关或司法行政机关之间出现差异时，不是以程序性法律行为解决冲突，而是选择商谈的方式达成一致。长期以来我国刑事诉讼法"分工负责、互相配合、互相制约"的自相矛盾的原则规定，使得公检法三环节成为一条流水线，只有工作分工和先后顺序不同，权力性质的本质差异和环环制约的程序设计并未体现。长期以来，先进的法观念与现实的司法运作之间显得格格不入，司法理念常常遭遇实践的屏蔽。随着以审判为中心的诉讼改革的推进，权力制约和人权保护等法观念的转变才具备了环境条件。

二、检察职能和工作方针的变迁

检察职能和工作方针的历史变迁，客观上会引起检察理念的不断调整。改革开放后的近 30 年，检察职能和工作方针随着对检察权本质和检察权运行规律认识的深化而不断进化，"从 1980 年—2008 年，六任检察长所作报告的中心话语分别是：恢复重建、理顺关系、机构设置、制度建设、整顿队伍、主体意识。这些中心话语的交替变迁，反映了检察机关恢复重建的艰难历程和检察制度发展的曲折历史。从协同到监督，从整顿社会治安到维护公平正义，这些话语变迁，体现了检察机关从维护社会治安的工具、刀把子，开始转变为维护公平正义的主体、正义守护者。检察工作方针（主题）从1994年的严格执法，狠抓办案，到1999年的公正执法、加强监督、依法办案、从严治检、服务大局，再到2003年的强化法律监督，维护公平正义，这些话语变迁，反映了检察机关自身定位的重大转变及其工作职能的相应转变。"[1]

在具体的刑事检察职能中，组合职能之间的实践权重也在不断发生变化。刑事检察职能问题不仅关系到检察权能否充分实现，更直接影响着刑事诉讼理念的形成。虽然宪法和法律将我国的检察机关定位为法律监督机关，但曾有观点提出，由于这一源自苏联立法模式的正当性理论根据已经消失，故当"检察机关的法律监督职能应当逐步退出刑事诉讼领域，检察机关的改革目标应当定位为在刑事诉讼结构中承担控诉职能的公诉机关"[2]。很长一个时期，检察机关在司法实践中也确实有重起诉轻监督的倾向。用发展的眼光看，不仅检察机关要承担提请诉讼和法律监督的双重职能，检察机关还担负着包括打击犯罪、刑事追究、法律保护、引导和协调审前诉讼活动在内的不属于狭义法律监督范畴的多项职能。这种具体检察职能的不断变化发展都将在制度运行层面对检察理念产生潜在的影响。

民事行政检察职能与刑事检察职能具有不同的内在规定，民事行政检察体中的制约理念、平衡理念以及保障理念与刑事检察体中的理念有所不同。以平衡理念为例，全面监督和有限监督两种对立的监督理念，构成了现行民事行政检察监督制度内在的理念冲突，平衡监督的理念来自民事行政检察领域并区别于刑事检察理念。民事行政检察职能的社会公益性也是检察权发展的时代特征，近代检察制度形成后，检察权在民主法制的制约下，由过去代表国家利益进化到代表民众维护社会公共利益阶段。检察机关作为最高法律秩序和道德的代表，开始越来越多地参与到维护普通民众利益甚至弱势群体的民事、行政诉讼中来，尤其体现在对那些涉及"集体性利益"和"扩散性利益"的民事、行政案件的干预以及对弱势群体权利的关注。十八届四中全会决定探索建立检察机关提起公益诉讼制度，从支持、督促起诉到提起公益诉讼，民事行政检察

---

① 郭云忠：《〈最高人民检察院工作报告〉的话语变迁》，载《政法论坛》2009年第3期。

② 郝银钟：《评检察机关法律监督合理论》，载《环球法律评论》2004年第6期。

职能在不断向公益领域延伸。民事行政检察职能的公益性等特殊性质也将影响着检察理念的变迁，民事行政检察体将形成相对独立的理念体系。

三、社会变迁决定检察理念的变革与发展

经济基础决定上层建筑，社会变迁始终对检察理念的变革与发展起到基础的支配作用，检察理念不是纯粹的主观存在和超验主义的产物。检察理念是检察人员对检察实践现状和发展趋势的价值判断和宏观认知。就经济政治转型对检察理念的影响而言，市场经济并不是单纯的解决物质增加，而是作为解决人的发展与品格提升的一个关键性步骤。

基于中国检察所处的复杂多变的体制格局和社会背景，检察理念的发展变化过程呈现出纷繁复杂的内部图景，其不会服从于某种单纯的理论阐释，而必然基于对中国转型时期各种现象的细致考察。要将针对检察理念的研究"置于具体的时空坐标和意义关系网上，放回到它得以产生的时空脉络和意义结构中加以审视，进而在掌握这一时空结构内的问题以及问题的历史性、共时性纵横交织而成的各种具体关系之后，逐步深入细致地探讨与问题相互关联着的历史现象以及问题的形成过程、机制和意义，从而使得出的结论更有说服力和解释力，也更具普遍性"①。

当然，成熟的、稳固的检察理念也会反作用于社会的发展变迁，检察理念通过检察司法行为渗透到法律监督的各个领域，以检察理念引领公民个人和国家公权力机关的决策，促进社会的全面进步。上层建筑反作用于经济基础，世界上没有哪个国家可以离开意识上层建筑的能动作用来推动本国经济政治社会的发展。法律制度属于政治上层建筑，检察理念属于思想上层建筑，思想上层建筑指导政治上层建筑的发展并在实践中自我完善。

第二节　检察理念发展的历史脉络

一、阶级专政阶段的工具主义理念

1949 年到 1977 年是阶级专政阶段。1957 年随着反右斗争、大跃进和人民公社运动以及反右倾运动等的开展，我国法制建设进入逆转期，党的八届三中全会提出的"以阶级斗争为纲"成为党和国家各项工作的根本指导思想。在这种指导思想的主导下，法律带有强烈的阶级属性和政治属性，司法行政权力

---

① 郝亚光：《视角转换·概念建构·方法选择》，载《读书》2009 年第 8 期。

同时成为了保卫新生政权和对敌斗争的武器，检察机关法律监督的职能也发生了偏离。在改革开放以前的一段时期，"马克思主义关于阶级、阶级矛盾、阶级斗争的科学观点被严重歪曲，被曲解的阶级斗争理论又被极不适当地贯彻到法的一切方面和全部过程，贯彻到法学的各个领域，阶级斗争范式不仅不加具体分析地把法说成是'阶级矛盾不可调和的产物'，'法的本质是统治阶级意志的表现'，而且把法界定为'阶级斗争的工具'或'阶级斗争的刀把子'"①。1950 年最高人民检察署李六如副检察长在第一届全国司法会议上的报告中指出，新中国成立初期的检察理念就是"镇压各种反动分子以巩固人民民主专政"。其在《关于〈最高人民检察署暂行组织条例〉和〈地方各级人民检察署组织条例〉的说明》中指出，"人民检察署是中华人民共和国中央人民政府新建立的机关，是人民民主专政的重要武器"。

工具主义的理念表现为对于西方司法理念的全面否定，"公民在法律上一律平等"，被批判为"敌我不分"；"法院独立审判"，被批判为"同党闹独立"；主张法律有继承性，说是"为反动法律招魂"；主张尊重法律的科学性，说是"反对法律为革命的政治服务"；要求完善人大制度，成了"吹捧资产阶级的议会制度"；提出实行法治，反对以党代法，以政策代法，更是被批判成"企图篡夺党对国家的领导"，如此等等。②公检法在作为具有共同的革命理想共同体的坚定意志支配下，"重监督、轻制约"，"重打击、轻保护"以及"重实体、轻程序"的阶级专政的检察"理念"贯穿于检察权的运行。在以刑事诉讼控制为主的阶级专政历史条件下，工具主义的检察理念有其存在的合理性，其在政治、经济、文化领域的斗争中的重要性无处不在，"总之，马克思工具主义的国家观与法律观，加之列宁、斯大林与毛泽东的实践探索，共同构成了当时社会主义国家刑事诉讼工具主义理念的理论体系"③。

二、加强法制阶段的功利主义理念

1978 年到 1995 年是加强法制建设的阶段。十年"文化大革命"的法律虚无主义泛滥带给国家和个人的伤痛，让人们重新反思和重视法制的作用。中共十一届三中全会明确提出了社会主义民主法制建设的基本方针："为了保障人民民主，必须加强社会主义法制，使民主制度化、法律化，使这种制度和法律

---

①　张文显：《法哲学范畴研究》，中国政法大学出版社 2001 年版，第 375 页。

②　参见崔自力：《从人治走向法治——新中国法治建设中法治理念的变迁》，载《改革与开放》2009 年第 6 期。

③　张爱军：《建国初期刑事诉讼制度研究》，重庆大学 2007 年博士学位论文。

具有稳定性、连续性和极大的权威性，做到有法可依，有法必依，执法必严，违法必究。"1979年的人民检察院组织法首次明确人民检察院作为国家法律监督机关的法律地位，为检察制度的发展奠定了充分的制度基础。这个时期，阶级斗争的色彩渐渐退去，法律监督的理念初步建立，"文革"后大批冤假错案的平反也在悄然作用于检察人员的意识形态领域。1988年的《最高人民检察院工作报告》提出："在办理各类案件中，我们坚持了公检法三机关分工负责，互相配合，互相制约，不搞'联合办案'，避免职能上互相混淆，互相代替。对侦查、审判、监管改造活动中有违法制的行为，都依法予以纠正。这些做法说明，只有严格依法进行法律监督，才能维护法律的正确实施。"

这表明，检察机关已经意识到公检法只配合不制约的危害，尊重司法规律的检察理念已逐步确立。但是，这只是对于三机关职能划分的表浅意识，严打中对于结果的过度追求仍然使法律具有浓厚的功利色彩，严守程序的理念尚未深入人心。

三、走向法治阶段的规范司法理念

1996年至今是走向法治阶段的时期。保障人权、程序正义和自我监督等关键词，成为新时期检察工作的主题。这个时期，程序正义被不断强调，程序观念深入人心。1996年刑事诉讼法修改以来，最高人民检察院先后出台了《人民检察院实施刑事诉讼法规则》、《检察机关执法工作基本规范》等一系列规范检察司法活动的文件。2012年新的《人民检察院刑事诉讼规则（试行）》和《检察机关执法工作基本规范（2013年版）》，更是对检察关键环节的程序作出严格限制。2003年，最高人民检察院根据党的十六大关于"社会主义司法制度必须保障在全社会实现公平和正义"的要求和宪法、法律的规定，确立了"强化法律监督，维护公平正义"的工作主题，表明检察机关对于检察监督理念进一步确立。2009年7月，曹建明检察长在第十三次全国检察工作会议上明确提出理性、平和、文明、规范的检察理念，这是检察司法理念在长期的司法实践中的扬弃。之后开展的"两反"专项教育活动以及"规范执法行为，促进执法公正"主题教育实践活动也都是在积极践行这种检察理念。2012年曹建明检察长在全国检察长座谈会上提出，要牢固树立人权意识、程序意识、证据意识、时效意识、监督意识"五个意识"，着力转变和更新执法理念。"五个意识"是检察理念的又一次飞跃，其中包含了法治精神的重要内容，从根本上讲是强化法治意识。"五个意识"体现了刑事诉讼法修改的价值取向，是贯彻落实修改后刑事诉讼法的坚实思想基础。

检察理念的法治化还依托于社会主义法治理念的提出。社会主义法治理念的基本内涵为依法治国、执法为民、公平正义、服务大局、党的领导五个方面；以坚持党的领导、人民当家作主和依法治国有机统一为根本原则；以党的事业至上、人民利益至上、宪法和法律至上为根本要求；以健全完善立法、坚持依法行政、严格公正司法、加强制约监督、自觉诚信守法、繁荣法学事业等为基本要求。社会主义法治理念的提出为检察理念的发展提供了全面的参考。

第三节　检察理念发展的影响因素

一、检察理念发展的外在影响因素

（一）传统法律文化的惯性及修正

人本主义作为中国传统文化中的思想精华，始终是与中国农业社会的宗法伦理紧紧联系在一起的。由此，主流观点认为，礼法结合和政法合一、人治思想和等级观念以及重刑轻民和义务本位等成为中国传统法律文化的主要特征。"传统文化所蕴含的、代代相传的思维方式、价值观念、行为准则，一方面具有强烈的历史性、遗传性，另一方面又具有鲜活的现实性、变异性，它无时无刻不在影响着今天的中国人，为我们开创新文化提供历史的根据和现实的基础。"[①] 现代检察理念的形成过程从本质上也是在扬弃传统法律文化价值基础上的重塑过程。

哲学层面，任何事物都是辩证的，我们在认清中国传统法律文化中的负面特征的同时，对于其蕴含的现代价值的重新审视同样重要。对当代中国而言，"自由、理性、法治与民主不能经由打倒传统而获得，只能在传统的基础上由创造的转化而逐渐获得"[②]。我国传统法律文化中的许多思想，包含着现代先进法律理念的萌芽。从人本到民主的历史变迁中，司法为民等现代司法理念都是在汲取中华传统法律文化中的精华后积淀而成。许多当代先进的检察理念都源于对西方先进法治理念的吸收与借鉴，但是对于西方先进法治理念绝不应是简单的"拿来主义"，一定要结合中国的法治国情并接受中国传统法律文化的洗礼。检察制度和检察实践的中国特色也决定了检察理念需要包含中国元素，检察理念决不能建立在历史的断层上。

[①] 张岱年、方克立主编：《中国文化概论》，北京师范大学出版社 1997 年版，第 9～10 页。

[②] 林毓生：《中国传统的创造性转化》，生活·读书·新知三联书店 2011 年版，第 5 页。

（二）统治地位政治话语的映射

政治无处不在，作为维护政权稳定的国家权力机关以及由此衍生的一切要素，都被笼罩于政治话语之中。即使是高度独立的西方司法机关，也从未完全脱离过政治。通过对《最高人民检察院工作报告》的历史考察，我们会发现统治地位政治话语的支配地位，中国检察的意蕴随着中国政治意蕴的变迁而变迁。"法兰克福学派认为话语与政治之间存在着一种共同进化的关系。希尔顿在此基础上认为语言行为与政治行为是一种合作关系，人们的话语交流的结构反映了政治行为的结构，它使人们能够认识到政治行为的特点，并且在话语使用过程中，言说者不但是话语的使用者，而且言说者本身也反过来受制于所使用的话语本身。"① "话语是人类意识的一部分，它们充分反映了人类心智及其这种心智对现实的政治现象和政治问题的外在反映。因此，话语在法律与社会生活的互动关系中具有重要的符号化权力。"②

尽管检察与政治发生关系无法避免，但是我们却不能无视检察与政治的相对独立性。"理念的缺乏会导致信仰的危机，以往我国关于司法理念的论述，很多往往是以一种意识形态化的方式出现的，表现为类似于'为市场经济保驾护航'，以及'全心全意为人民服务'、'做人民满意的检察官'之类的口号，并辅之以运动式的动员和推进。这种意识形态化的表述，往往把理念推向极端，一方面容易导向谬误，另一方面则掩盖了其内在的合理性，以至于极易招致同样意识形态化的反驳，使建立在正当性与合理性之上的理念研究失去了科学性的基础。口号在其热情鼓动之下，往往可能掩盖着一种片面性甚至错误，在矫枉过正的做法之后，有时会产生许多始料不及的危害。"③ 检察理念的理性在于离开政治的温柔怀抱，在对政治进行领会的基础上进行符合检察制度的本质属性以及检察权运行规律的理念转化。对于政治单向依赖路径下形成的检察理念，常促使检察人员从政治角度对检察权运行进行解读，而少有从检察制度本身及检察工作规律角度对检察权运行进行完善。

（三）西方国家先进法治理念的驱动

"现代司法理念的发蒙主要来源于两个途径：一是近代人文主义思想催生

---

① Chilton. P.. Analyzing Political Discourse：Theory and Practice. London：Routledge, 2004.

② Chilton. P.. Analyzing Political Discourse：Theory and Practice. London：Routledge, 2004.

③ 高德亮： 《现代司法理念与司法独立》，载 http：//www. dffy. com/faxuejieti/zh/200409 /20040901112243. htm，最后访问日期：2015 年 4 月 20 日。

的从身份到契约的个性解放运动；二是近代资产阶级革命进程中的'权力关系配置'变革。"① 从身份到契约的个性解放运动确立了以私权为精粹的法治理念体系，罪刑法定、罪刑相适应以及无罪推定等司法理念影响深远；"权力关系配置"的变革使权力制约与司法独立的理念深入人心。西方国家创制的极为符合司法规律的司法理念体系对东方国家产生了强烈的理论和实践诱惑，西方法治理念以检察软实力的形态进入中国检察理念体系。市场经济的全球化、法律文化的流动以及司法权运作的内在需求等因素促使中西方检察理念不断趋同。

由于建立在不同司法制度之上的司法理念逐渐趋同的过程中，我国当代司法理念的发展也出现了偏移，对于程序理念的过分推崇也导致中国检察理念对于检察实践的作用出现偏离。"对程序的过分倚仗在推进程序正义的同时，也造成制度设计和实践中对程序的片面理解，导致程序运用的不实用性；对司法制度和司法者的过分理性化描述，导致司法者与司法过程被理解为一种高高在上、超脱于社会的产物，严重背离国内司法现状，民众对司法的印象从原来的亲切感转向深不可测的神秘感；另外在一些诸如司法取向、争议标准等问题上，由于脱离国内实际，片面追求司法过程的现代化，使得司法的作用部分转向负面。"② 对于司法正义、司法中立以及法律地位平等符合普遍司法规律的司法理念，无论是在中国还是西方的司法制度都具有普适性，但是对于程序至上、法律真实以及普遍正义等必须结合一个国家具体的司法制度进行考察，这种理念的趋同必须以对于司法情势、个案特点和理念成本等综合因素进行考量和平衡。

二、检察理念发展的内在影响因素

（一）检察人员的主观意识

理念是存在于人的内心的主观意识，外在的检察理念必然经过检察人员的个人阅历、知识背景、价值观念以及职业实践等多重因素而内化于心。在现代社会，检察权的功能不仅局限于指控犯罪或法律监督，它还承载着检察理念创新与发展的时代使命。检察人员不但应当具有丰富的法律知识，还需要广博的社会知识和敏锐的政治意识，能够对各种理论作出迅速而准确的判断，并将这种社会判断和政治判断转化为法律判断。转化的过程包含了内在规定的边界，在此基础上形成的检察理念才能指导检察制度以及检察实践的完善。

---

① 何腾：《论我国现代司法理念的架构》，清华大学 2005 年硕士学位论文。
② 赵倩：《检察机关现代司法理念研究》，吉林大学 2005 年硕士学位论文。

（二）检察权与行政权的异化结合

尽管检察机关不能完全脱离行政权而存在，但是中国检察权与行政权的异化结合对于检察理念的负面影响非常之深。由于以检察权为中心，以检察行政权为辅助的权力格局遭到破坏，检察权运行过程中包括检察理念在内的检察软实力也受到严重扭曲。检察机关管理体制、办案体制以及决策机制不加区分的高度行政化带来检察理念的偏离，无约束的"上命下从"导致检察理念偏离检察权运行规律。不仅检察机关内部高度的行政化，来自检察机关外部的行政权的干预也严重破坏了检察理念健康发展的生态。诸如公检法案件协调会之类的历史产物已深深压制了先进检察理念的发展，无罪推定、疑罪从无等检察理念也只能是停留在纸面的理念。

在检察机关内部，对于疑难复杂案件的办理都要通过检察委员会等集体讨论决定，严重限制了检察人员的思想独立。只有给予充分信任的体制，检察人员才能在独立人格所内涵的道德要素里汲取司法力量，提升司法信任感。检察权与行政权的异化结合还体现为考核方式的行政化，长期以来的行政化考核模式已经严重背离了检察工作规律。龙宗智教授认为，现行以量化考核为主的检察业务考评制度，"对于履行检察职能，加强检察管理发挥了重要的积极功效，但它与检察官的客观公正义务存在一种内在的紧张关系"。

（三）检察改革对于检察理念的改变

检察改革在推进检察体制、机制变革的同时也在强烈地传递着一种自上而下的检察理念，并且这种检察理念一定会在相当程度上改变检察人员群体的理念。检察制度发展和检察权运行的过程即是各种检察理念冲突、交融和妥协的过程，当两种互相冲突但力量相当的理念在遇到检察改革时，改革所带有的理念导向便以强有力的拉力使得其中的一种理念占据主导地位。检察权运行作为一种狭义的社会基础对检察理念的形成和发展在量的范围内起决定作用，检察改革则常常是促成检察理念发展质的飞跃。一方面，检察改革措施背后隐含着检察理念的冲突与碰撞，检察理念是检察改革的价值支撑，先进检察理念的不足会在一定程度上导致中国的检察改革只能在"外显层面进行，而难以深入到内在机制和文化价值，从而难免出现'现代制度下的传统人'、以及'新瓶装旧酒'的内在张力和扭曲"[①]。例如，社会主义法治理念的提出，可以让我们反思 10 年来检察改革产生的偏差和存在的盲点。另一方面，检察改革后期

---

① 陈忱：《法律职业伦理：司法改革的深层支撑》，黑龙江大学 2011 年硕士学位论文。

成效如何同样也对检察理念的巩固与否起到决定作用，可以挤压检察理念中的观念泡沫，检察改革如果失败对于检察理念的挫败同样也是一种风险。

三、检察理念的作用机理

检察理念是检察权运行最重要的软环境要素之一，是检察权运行的基础和发展的动因。检察理念的发展和进步与检察制度实现、检察权运行及检察正义是紧密相关的。一般意义上，先进的现代检察理念能够依托检察人员促进检察权运行的优化，检察权运行的优化程度受制于检察理念的弘扬程度。特别意义上，如果先进的检察理念与先进的检察制度高度融合，检察理念再通过司法主体促进检察权运行优化的同时，能自觉地将检察权运行的目标性价值予以考虑，融入现代检察理念的价值观体系。

检察人员司法办案的过程是"按照法律关系的框架，在脑海当中建立'围棋盘'，将法律关系所涉及的事实和证据重构，排列整齐地放入'围棋盘'中"①。在微观的案件办理过程中，检察理念总是往返流转于法条和事实之间，最终形成重构后的法律事实和证据体系。密尔说过，"制度的精神所产生的效果比制度的任何直接规定要大"②。"观念、感情和习俗是相当稳定的东西，绝不会随着改写法典而被一并改写。"③ 检察理念以软化制度的作用方式使纸面的法变为行动中的法，使法律升华为法治。

第四节　检察理念的发展与完善

一、检察理念的宏观建构

检察权具有政治属性。检察权是从国家政权中分立出来的权力之一，检察权与国家政权之间存在血缘关系。检察司法行为需要国家强制力作为后盾，检察机关运行需要国家的财政支持，检察组织的设置与人事任免离不开国家权力。司法权由国家权力而来，天生肩负捍卫国家政权的使命，却又需要对国家权力进行制约。"不仅主流政治意识形态实际影响着司法的运作过程，而且司法承载着重要的政治功能，政治意志有赖于司法权得以实现。司法经费主要由

---

① 高云：《思维的笔迹》，法律出版社 2009 年版。
② J. S. 密尔：《代议制政府》，商务印书馆 2008 年版，第 139 页。
③ 古斯塔夫·勒庞：《乌合之众——大众心理研究》，新世界出版社 2010 年版，第 81 页。

国家税收予以保障。因此，司法部门归根到底还是国家的一个部门。"①

检察权具有政治属性使得检察理念与政治理念之间的关联不可避免。执法为民等检察理念是政治思想在司法思想中的体现，是民主理念通过检察权得以贯彻实施的体现。2014 年 1 月召开的中央政法工作会议上，习近平总书记指出"司法体制改革是政治体制改革的重要组成部分，深化司法体制改革首先要坚持正确的政治方向"。检察制度的发展与完善必须在中国现行政治体制和框架之内进行，并要自觉接受政治意识形态的影响。

尽管如此，权力分立的运作强调还是要求检察权应该保持自身独立，检察理念绝不应仅是政治理念的表达转化，检察理念除了领会政治理念的意念之外，更要尊重检察规律、敬畏检察规律、体现检察规律。政治理念对于检察理念的指导应该只存在宏观层面，检察理念的具体形成还应守住独立司法这根底线。无论是在检察行为还是检察理念方面，正确处理坚持党的领导和依法独立公正行使检察权的关系都是至关重要的问题。

二、检察理念的中观融合

中观层面，检察理念的创新与发展需要对于传统检察文化的扬弃和国外检察理念的批判性借鉴。"法律的发展……默默无言但会坚定地抹去我们的错误和偏执。……在这个无穷无尽的检验和再检验过程中，有对渣滓的不断扬弃，也有对任何纯粹、合理和精致的东西的不断保留。"②

中国是世界著名的法制文明古国，始于公元前三千年的法律历史形成特色鲜明的传统司法理念。其中包含了东方朴素的辩证思维，体现着中华民族的法律心理、法律观念和法律精神，具有深厚的人文和社会基础。在看到中国古代严刑峻法背后，也要看到局部历史中的先进司法理念。尽管以人为本的司法理念在整个司法活动中被不断边缘化，但它在特定历史阶段或某一司法领域还是曾经折射出轻刑化、人性化的光芒。西周"明德慎罚"的司法原则包含的恤刑和慎刑的司法理念，对于追求打击犯罪的校正，疑罪从无的现代检察理念无疑具有深厚的法文化基础。一个"没有理论的民族不过是一个没有可能性的被安排摆布的民族，无法掌握自己的命运，无法为自己的命运扩展新的空间"③。因此，对于传统法律文化要在符合现代检察制度和检察运行规律的基础上进行传承与延续、扬弃与再生。

---

① 陈盛：《司法的政治属性与功能》，载《净月学刊》2015 年第 1 期。
② ［美］卡多佐：《司法过程的性质》，苏力译，商务印书馆 1998 年版，第 113 页。
③ 强世功：《法律的现代性剧场》，法律出版社 2006 年版，第 19 页。

对于西方检察理念，我们需秉持同样的态度，防止断然决裂的全部否定与全盘接受的拿来主义。中西方国家的法治发展路径不同，大多数西方国家的法治建设走的是内生型的道路，"即由特定社会的自身力量产生的法的内部创新，这种现代化是一个自发的、自下而上的、缓慢的、渐进变革的过程"①。形式法治在西方国家具有深厚的人文和社会基础，其构成西方法治的基本理念。形式法治的理念只关心司法行为的法律后果。中国的法治发展属于典型的外源型模式，"即在外部环境影响下，社会受到外力冲击，引起思想、政治、经济领域的变革，最终导致法律文化领域的变革"②。法治传统的缺乏和现实司法的需要使得法律条文和司法理念被批量引进到我国。中国属于外源型法治现代化，具有被动性、依附性、反复性的特点，这种自上而下的立法与社会之间必然会出现一种相对紧张的关系，也可以说是张力，这种张力是由法律移植所出现的"水土不服"造成的。不同的法治发展模式决定了引进后的法律及其理念需要进行本土转换，其中，社会主义法治理念便是成功转型的事例，其不仅关心程序正义，同样也关注实质正义，其不仅要求法律效果的实现，更要求法律效果、政治效果和社会效果的有机统一。

三、检察理念的微观升华

检察理念形成并内化于检察人员内心，检察理念的形成离不开检察人员独立的职业人格，检察人员独立的职业人格又离不开充分信任的检察体制。检察理念不单纯是精神、思想层面的问题，离开体制、机制谈理念是奢侈的，理念在体制、机制面前是苍白的，理念需要体制、机制的支撑。

检察人员独立人格的培养有赖于当前司法改革的去行政化程度。十八届四中全会从跨行政区域检察院的探索性设立到省以下人财物的统一管理，从主任检察官办案责任制到员额制改革，从建立领导干部干预司法活动、插手具体案件处理的记录、通报和责任追究制度到完善检察机关执法办案责任体系，这些改革措施都包含着排除行政干预的制度设计。"消极型监督理念、畏难型监督理念、成败型监督理念、控诉型监督理念、倒置型监督理念"③的产生虽然原因各异，但是通常都与检察权的行政化运行高度相关。要去除检察权的行政化

---

① 薛宪明：《中西方法治理念下的法治主张及原因》，载《湖北警官学院学报》2013年第1期。

② 薛宪明：《中西方法治理念下的法治主张及原因》，载《湖北警官学院学报》2013年第1期。

③ 赵倩：《检察机关现代司法理念研究》，吉林大学2006年硕士学位论文。

运行机制，缓解检察行政化与检察官客观义务之间的紧张关系，确保独立行使检察权。

"尽管政治目的作为司法的现实目的而存在，但是，司法目的并非政治目的的简单复写，而且，在很多情况下，政治目的只是司法的一个间接目的。"①检察理念的接受自觉和实践理性需要在法治的思维和法治的方式下实现，因此，检察权运行的去行政化和去政治化，以及政治判断和政治命题的法律转换，均成为检察理念实现的前提。

四、检察理念的实践面向

理念必将通过实践产生作用，理念对实践的作用有其特殊的作用机理和规律。先进理念的提出及对实践的引导成效，有赖于司法外部环境、组织构造以及运行机制等综合因素。研究检察理念，最终要落到如何指导检察实践的层面。

曹建明检察长在第十四次全国检察工作会议上指出，"十三五"期间，检察机关始终坚持正确政治方向，不断探索法治建设规律和检察工作规律，提出并深入落实检察工作正确发展理念和司法理念。检察机关准确把握修改后三大诉讼法的价值取向和基本原则，明确提出敢于监督、善于监督、依法监督、规范监督，坚持惩治犯罪与保障人权、程序公正与实体公正、司法公正与司法效率等"六个并重"，促进了法律监督工作持续健康发展。同时指出，有的检察机关和检察人员司法理念存在偏差，一些陈旧观念和司法陋习根深蒂固，违法适用指定居所监视居住、违法查封扣押冻结处理涉案财物、限制律师依法履职等时有发生。②

以刑事诉讼为例，检察理念在整个刑事诉讼链条中的传播是缓慢的，司法行为的惯性作用是较为强大的，新的理念并不能通过文字或意念的形式得以迅速传递。理念对实践产生作用常常需要借助一定的媒介，此种条件下的理念引导更具保障性。例如通过执法模式转换的媒介，职务犯罪案件侦查模式从"由供到证"向"由证到供"的转换，审查逮捕从"行政审批"向"司法审查"的转换，以及诉讼监督从"权力监督"向"权利保障"的转换等。再如通过工作机制构建的媒介，如上下级检察机关监督制约机制、检察机关内部监督制约机制以及检察对外衔接机制等。比如以审判为中心的兑现，即需要一种

---

① 姚建宗：《法律的政治逻辑阐释》，载《政治学研究》2010 年第 2 期。

② 参见曹建明：《紧围绕"四个全面"战略布局　在新的起点上推动人民检察事业创新发展——在第十四次全国检察工作会议上的讲话》（2016 年 7 月 20 日）。

逆向传递的作用机制。这种逆向传递具有倒逼的刚性，主要是一种司法决心（暗示）和司法（行政）标准的传递。审判机关将这种决心标准传递于上游的检察机关，检察机关再"被迫"将其传递于侦查机关。以此，媒介更有助于理念的贯彻落实。

第四章　检察政策建设

　　检察政策是检察机关根据国家政策以及检察制度和检察工作发展的需要，制定并实施的规范和指导检察工作的目标、方针和策略的总和，其穿行于政治决策与检察司法之间，是特定时期建筑在检察司法领域并连接国家权威和检察司法的桥梁。鉴于我国当前依法治国的时代背景，以及部分检察制度与职能不相匹配情况下，肯定我国的检察政策在法治国家建设、检察工作发展以及检察业务指导等方面发挥重要作用的同时，加强检察政策的系统建设，使之更好地促进检察事业的发展，必然成为时代发展的要求。

第一节　检察政策诠释

一、检察政策的形成

　　检察政策是国家政策的一个类别，对于检察政策的诠释必然基于其代表的政党派别、其存在的国家性质以及其实施的政治环境，此三要素为检察政策研究提供了充分的权力原理、控制机制和作用框架。政策的天然使命均在于保障公共权力的创制或实现，但在不同三要素语境下，其与政策以外的国家工具在功能实现中的作用轻重或作用机制是存在差异的。

　　近代西方国家法律与政治的相对分离，使得法律构成法治的核心，政策不会成为依法之治的路径依赖。这些国家的政策后于法律而生，其主要承载着政治宣誓与价值平衡等功能，一般不会动摇或侵蚀国家的法治基础。"在西方国家，政党的功能一般是连接政府与公众的桥梁，聚合公众利益，整合先进政治体制，使政治社会化，动员选民，组织政府等等。"[①] 近代西方国家的政党从国家机构系统之外获得了对立法、司法机关的有效控制和领导，西方国家的政党一般不会参与公共政策的创制。

　　我国的依法之治是共产党在实践中的选择，由于中国的政体形式以及制度

----

　　① ［美］迈克尔·罗斯金等：《政治科学》，林震等译，华夏出版社 2001 年版，第217 页。

短缺的特殊历史背景，共产党首先是通过政策将其意志转化为依法之治的法律规则体系。检察政策同样遵循如此章法，这也决定了我国的检察政策是经由党的政策逐级向下分解或落实。法律发动还是政治开启正是中国和西方国家公共政策来源的分野。储槐植教授指出："刑事政策实际就是刑事政治，即首先在政治层面上考量如何对付犯罪。"[①] 陈兴良教授也认为："在某种意义上，我较为赞同刑事政策就是刑事政治的命题，只有从政治的高度看待刑事问题，才能深刻地揭示刑事政策的内涵。"[②] 中国的政策首先源于一种政治层面的考量，它脱胎于政治并服务于政治，它先于并赋予法律以价值判断的基准。

此种政策来源的特殊路径，也决定了检察政策与法律规则之间一直以来的复杂微妙关系。是如我国的"刑事政策已成为中国刑法的灵魂和核心，是刑法制定与适用的直接指导"还是如近代西方国家"刑法是刑事政策不可逾越的藩篱"，如何准确定位二者之间的关系具有相当的语言分析和理论综合的难度。晚近有学者指出，"以当代的社会情形而言，政策，上不能超越法律界限，下决不至于被禁绝适用，个中的范围大小，既取决于法律体系的完备程度，也取决于社会的情势变更。就算转型完成、法治实现，法律制度极其完备，正所谓'法有限而情无穷'，政策必然存在于立法和司法的各个环节，影响司法人员的取向和判断，指导市民理解法律、信仰法律"[③]。

其实，以上论断都基于政策合法的理论假设。所谓政策的合法性，是指政策形成是否具有正当依据。共产党的核心领导地位以及制度短缺年代中国特殊的司法情势，构成我国政策合法性的最正当依据。也因此形成历史上一个时期，我国的国家政策、宪法和法律都是在党的领导下制定颁布的，党和国家的政策与宪法、法律很大程度上保持了较为紧密的一致关系。"政策若要以法律形式呈现或实现，必须符合法律的基本原理原则。"[④]

二、检察政策的转化

尽管政策和法律在阶级本质、经济基础、社会目标等根本方面是高度一致的，政策和法律毕竟是内在规定不同甚至有时完全对立的两种不同的事物，其包含着相异的发生、发展规律以及不同的影射、作用机制。我国的政策长期以

---

① 储槐植：《刑事一体化论要》，北京大学出版社2007年版，第25页。

② 蒋熙辉、郭理蓉等：《刑事政策反思与改进》，中国社会科学出版社2008年版，序言第2～3页。

③ 周建军：《刑事司法政策原理》，清华大学出版社2011年版，第20页。

④ 陈铭祥：《法政策学》，元照出版有限公司（台北）2011年版，第3页。

来在党和政府的意志中生成，其发展主要遵循着中国特色语境下的各种内在规定性和特殊性。并且，由于检察政策的制定没有严格的规范程序，制定过程中难免会受到相关利益集团的影响，有时甚至是公检法商谈、协调甚至妥协的结果，导致检察政策可能偏离公正轨道。加之，政策执行的空间较之法律更大，执行政策更是容易发生背离政策精神价值的行为发生。近 10 年来，检察机关在贯彻落实宽严相济刑事政策、轻微罪案件的快捷处理机制、未成年人刑事检察以及刑事和解、检调对接等政策的执行过程中，无疑还是在一定程度上造成了检察政策与罪刑法定原则的冲突。与此同时，我国的法律却在经历着域外各种观念与思潮的洗礼与撞击，法律在回归法之本真面目的过程中与政策渐行渐远。可以说，近代西方法治精神与法治规则的逐渐渗透，使得我国政策形成的现实依据正在被改写，我国依法之治的实践正在被改变。因此，如何解决政策与法律之间的渐行渐远甚至日益形成的冲突成为当下政策研究必须迫切解决的现实问题。

由于我国政党对于法治的选择，依法治国政治框架下来源于政治的政策只有经过转化，将政治的政策转换为法律的政策，以此实现政策的法律化直至法治化才是必然的选择。同理，将检察政策的控制效力转换为规范效力是检察政策可持续发展的必然选择，检察政策法律化是检察政策过程的终结，是检察政策合法化的重要标志。检察政策的转化包括检察政策的法律化和法治化两个层次，法律化是法治化的方式之一。对于稳定的、成熟的检察政策应及时上升为法律，以法律的规范性降低政策执行过程中对于政策正义的偏离。长期以来，检察政策的法律化运作并未得到有效的运行，有些极具价值的规定一直以来仅停留在政策层面。以政策的形式长期发挥作用，对于法治心理以及法治思维都会产生负面影响，政策不及时上升为法律，会造成法律在一定时间和程度上是可能被忽视甚至被突破的错误印象。过于强调或突出检察政策对检察司法的作用，会减损法律的刚性和权威，容易对法治建设产生一定的负面影响。司法政策的存在，在立法机关与司法机关之间的关系理论中徒增了许多猜测。

事实上，我国检察政策与法律的冲突已十分严重，之所以如此严重，一个最为根本的原因即是政策的法律化遭遇了立法的瓶颈。若改变政策转化的现有局面，亟须畅通政策上升为法律的渠道，加速法律对于政策的吸收进程。

三、检察政策的功能

在意识形态层面，检察政策具有检察价值引导功能。检察政策尤其是基本检察政策大多源于政党或最高人民检察机关，政策本身即是各种检察价值权衡与选择的结果。此类自上而下推动的具有全局性的宏观检察政策当然具备一定的检察价值引导功能。检察政策的价值引导功能通过传递主流法律意识，引导司法人员准确适用法律，引导社会公众正确理解法律和接受检察司法结果。"重打击、轻保护"的刑事检察价值导向一直顽强地存在于我国的检察人员司法价值判断中，虽然它的存在有时并不是那么外显，但不经意间我们就会发现它的踪迹。作为一项基本的刑事检察政策，"宽严相济"在强调刑法维护社会秩序与人权保障统一的基础上，更加重视对公民基本人权的保障。其代表了"严打"刑事检察政策之后我国刑事检察政策由重视严厉打击犯罪向重视对公民基本人权保障转变的价值转型。它俨然成为高层对"严打"刑事政策进行否定与省思，对"惩办与宽大相结合"基本刑事政策所持共识与发展以及对国际上"轻轻重重"刑事政策给予关注与回应的重要标志。由此可知，检察政策尤其是经实践检验的基本检察政策，其本身同时作为一种价值基准而存在，其推进过程中伴随的价值引导能量是巨大且有效释放的，其在检察司法乃至整个司法阵地都在传递着一种正能量。

在制度建设层面，检察政策具有检察制度均衡功能。当代中国的检察制度经历了短暂的数十年的发展历程，并且这种短暂的历史是建立在法律极不健全的制度基础上的。历史规律表明，制度规范的产生滞后于社会需求。我国国情、法律体制、法律制度的现实景况，特别是法学发达程度和法制建设情况对立法能力的构建产生很强的制约性。历史上，我国的检察制度供给严重不足，不仅尚未健全法律核心制度、调控特定社会建设关系的法律制度以及配套制度，就连社会建设的重要领域和重点、热点和难点问题立法也鲜有回应。检察政策尤其是刑事检察政策的运行，对于当时发生在我国的重大犯罪尤其是关系到国家、社会重大利益、安全以及直接关乎道德问题的犯罪现象作出迅速反应，犯罪得到及时控制，稳定的社会秩序得到有效保障。检察政策不仅已成为检察制度供给的主要力量，而且所提供的刑事制度还具有相当突出的社会效果。被检察机关广为实践的刑事和解、附条件不起诉、社区矫正等制度，不仅软化了制度僵化的印象，还促进了民众认同，取得了较好的社会效果。检察政策正是在这种特殊的法律制度资源稀缺的历史条件下，在穷尽已有司法制度资源，应对诉讼激增或解决前所未有法律问题之需而产生的。可以说，历史上的检察政策在弥补法律制度供给不足方面发挥着重要的作用。历史发展至今天，检察制度短缺问题已得到有效缓解，但是重复立法、立法冲突等问题也接踵而来，政策在扮演着制度供给角色的同时还在兼顾解决着制度相对过剩的问题。概言之，我国的检察政策一直以来在发挥着制度均衡的特殊功能。"总的说来，法律的不法和非法律的法分别承担剔除、增加法的效力的功能。貌似决然对立的两个方面，实际上都服务于法律制度的有效供给。"①

在司法实践层面，检察政策具有检察司法指导功能。政策引导司法是政策最为显现的功能，其主要体现为法律原则的激活以及个案指导等功能。鉴于法律具有的原则性、滞后性和局限性等固有缺憾，具体办案中如何准确适用法律，离不开检察政策给予检察人员明确具体的指导。司法政策"作为特定时期和背景下公共权力机关意志的表达，其不仅在事实上约束着具体法律规则的制定和解释，而且在一般性法律规则不能适应时将扮演'兜底裁决条款'的角色"②。"尤其在实定法模棱两可或未作规定的情形下，公共政策构成法官可以适当诉诸的法律的非正式渊源。"③ 检察政策由于其特有的灵活性和时效性可弥补法律对社会快速反应的不足，另外，司法政策还具有防范和约束检察人员自由裁量权滥用的作用。实践证明，不仅刑讯逼供和超期羁押的违法性在刑事政策和刑事制度的研究中得到了进一步的说明，刑事和解、未成年人刑事案件以及轻微罪的快捷处理制度等一系列刑事诉讼制度也在宽严相济刑事政策的施行中得到了有条不紊的推行。

第二节　检察政策的分类与历史沿革

一、检察政策的分类

从宏观层面的检察工作方针、主题、总体要求到微观层面的检察改革意见、检察政策文件再到操作层面的检察司法解释、检察工作基本规范，作为指导检察工作、促进检察发展的重要载体，检察政策有着相对独立的体系，其内容丰富、形式多样。根据检察政策不同的目标导向，可以将检察政策分为以下三类。

（一）以贯彻落实党的方针政策为目标的检察政策

上层建筑之间总是相互作用的，不同时期的检察政策是党和国家方针政策最鲜明的记忆。不同历史时期检察工作的方针政策，准确、鲜明地反映了党和国家不同时期的工作侧重和政策导向，体现了检察工作的时代性、阶段性和回应性特征。"如不将人民检察制度所涉及的法律问题以外的有关政治、政党、

---

① 周建军：《刑事司法政策原理》，清华大学出版社 2011 年版，第 20 页。

② 冯辉：《判决、公共政策与社会主流价值观》，载《政法论坛》2012 年第 4 期。

③ ［美］E. 博登海默：《法理学：法律哲学与法律方法》，邓正来译，中国政法大学出版社 1999 年版，第 465 页。

领袖等内容考虑进来，在中国司法制度所处的国情下，恐怕很难把一些事情的来龙去脉讲清楚。"① 由于我国特定的政体形式和特殊的治理经历，党的方针政策在我国的法治进程中扮演着特别的角色。我国很多检察基本政策都是特定时期党的方针政策在检察政策体系中的集中反映，也是检察工作在特定时期的总体发展战略，对于其他检察政策的制定和实施都具有指导作用。通过把党的方针政策转化为各种形式的检察政策，用以指导各级检察机关的检察工作和检察改革，既能保证检察工作与社会发展的大局相一致，又可避免地方检察机关在理解和执行党的方针政策过程中的偏差。

革命战争年代，我党在处理革命队伍和根据地人民内部的违法犯罪问题过程中形成的"锄奸政策"，在新中国成立初期演变为"镇压与宽大相结合"的刑事政策，在新中国成立后，这一政策又被继承和发展为"惩办与宽大相结合的刑事政策"，甚至当前执行的"宽严相济的刑事司法政策"都与之有着亲密的血缘关系。革命战争时期，以贯彻落实党的方针政策为目标的检察政策构成检察政策的主要部分，党的方针政策以积极的方式进入检察政策领域。

新中国成立以后特别是党的十一届三中全会以来，我国的司法制度和地方工作的总体思路和格局都是由中国共产党确立的。"党的十二大以来的历次党代会的重要文件，尤其是党的十六大报告和十七大报告，比较科学、系统和完整地描述了我国司法制度的构成、司法工作的基本政策要求以及司法体制的改革目标，执政党指导下的司法工作得到了宏观的、全面的政策保障。"② 包括检察机关在内的司法机关必然要贯彻落实执政党提出的有关司法工作的政策，并内化于包括制定检察政策在内的所有检察活动过程中。

近十年来，最高人民检察院围绕党和国家的工作大局，出台了一系列宏观的政策性文件，比较典型的有：服务国有企业改革和发展、社会主义新农村建设、服务和保障生态文明建设、为经济平稳较快发展服务、深入推进三项重点工作以及加强知识产权司法保护等诸多方面的意见和措施等。党的十八大"八项规定"之后，最高人民检察院随即制定出台了《检察机关厉行勤俭节约反对铺张浪费若干规定》。针对不同时期社会热点和民生问题，检察机关也密切关注并及时回应，针对地沟油犯罪最高人民检察院也及时出台了专项检察政策。可以肯定地讲，我国当下的检察司法工作是在执政党的政策指导下进行的。

---

① 孙谦主编：《人民检察制度的历史变迁》，中国检察出版社 2009 年版，绪论部分。

② 莫纪宏：《要加强党对司法工作的指导》，载 http://www.iolaw.org.cn/showArticle.asp? id=3084，最后访问日期：2015 年 3 月 18 日。

此外，执政党也适时地提出了较为具体的司法政策或检察政策，十八届三中全会的内容多处涉及检察机关和检察工作，政策涉及检察工作的机构、职权、人员等主要领域，赋予检察机关在全面推进依法治国中非常重要的角色和地位。公报要求完善检察机关行使监督权的法律制度；赋予检察机关提起公益诉讼新的法律职能；明确探索设立跨行政区划的检察院的检察组织管理体制改革的重要任务；进一步强调了人民检察院依法独立行使检察权；肯定了检察官职务的"职业化"等。这些涉及检察改革的政策包含的内容上至宪法，中有组织法，下到三大诉讼法，每项政策都具有一定的构建性。检察机关贯彻落实这些检察政策，也必然要结合检察工作实际，提出相应的检察政策，从而形成一个相对独立的检察政策体系。

检察机关贯彻落实党的方针政策也有着较为成熟和固定的模式。通常，中共中央提出政策建议，最高人民检察院单独或联合最高人民法院等国家机构共同作出司法解释，从而使之成为具体的检察政策；如果党中央、国务院提出没有具体规则内容的导向性政策要求，则往往通过文件的形式下发至各级检察院等相关国家机构。

（二）以指导实现检察工作可持续发展为目标的检察政策

为发展和完善中国特色社会主义检察制度，指导实现检察工作可持续发展，最高人民检察院分别于 2000 年、2005 年、2009 年和 2015 年下发了《检察改革三年实施意见》、《关于进一步深化检察改革的三年实施意见》、《关于深化检察改革 2009—2012 年工作规划》以及《关于深化检察改革的意见（2013—2017 年工作规划）》（2015 年修订版）等一系列重要的政策性文件，这些检察改革的改革意见或工作规划在不同时期有侧重地提出了符合检察时代发展要求的检察改革目标。同时，基于对不同级别检察机关和不同检察职能的特殊要求，最高人民检察院还有针对性地提出了适用局部的检察政策，例如，根据《"十二五"时期检察工作发展规划纲要》出台的针对指导基层检察院建设的《2014 年—2018 年基层人民检察院建设规划》以及 2010 年针对民事检察职能特别制定的《最高人民检察院关于加强和改进民事检察工作的决定》等。这些改革意见或工作规划提出的政策主要集中于指导实现检察工作的可持续发展，主要针对办案体制机制、职权配置、机构设置、队伍作风建设以及工作方向和重心的调整等方面提出，对于我国检察制度的完善以及创新发展具有重要的指导意义。

从 2000 年起，关于未成年人犯罪检察工作机制，主诉、主办检察官办案责任制，检察人员的分类管理及遴选机制，"检务公开"机制，司法责任制和错案追究制以及物质经费保障体系等一些长期以来严重制约检察工作发展的体制、机制性问题，一直在历次的检察改革意见或规划中得到反映。由于政策推行伴随的苛刻现实条件制约以及体制层面改革的缺乏，上述检察政策"落地"幅度之小，出台的一些政策在指导思想、总体目标和具体任务方面仍处于反复言说阶段。有些政策方案被反复提及但其核心问题并未从根本上得到有效解决，这些小微变化只是一种增量改革。

因此，为贯彻《中共中央关于全面推进依法治国若干重大问题的决定》，统筹推进党的十八届三中、四中全会部署的司法改革和检察改革任务，最高人民检察院对《关于深化检察改革的意见（2013—2017年工作规划）》（以下简称《意见》）在一些重要问题上进行了实质性的修订，形成该《意见》的2015年修订版。有些前所未有的政策被注入法治的基因并在体制层面取得突破。在完善保障依法独立公正行使检察权体制、机制方面，《意见》作出推动省以下地方检察院人财物统一管理改革，探索实行检察院司法行政事务管理权和检察权相分离，探索设立跨行政区划的人民检察院以及建立领导干部干预司法活动、插手具体案件处理的记录、通报和责任追究制度等规定；在建立符合职业特点的检察人员管理制度方面，《意见》明确实行检察人员分类管理，建立检察官员额制度以及完善检察官职业准入和选任制度等新的规定；在健全检察权运行机制方面，《意见》要求建立健全检察机关司法办案组织，完善检察机关司法办案责任体系。《意见》同时还在健全反腐败法律监督机制，提高查办和预防职务犯罪的法治化水平，在强化法律监督职能和完善检察机关行使监督权的法律制度以及强化对检察权运行的监督制约等方面作出新规定。

（三）　以指导具体检察工作或业务建设为目标的检察政策

指导具体检察工作或业务建设为目标的检察政策常常以司法解释的形式下发执行。作为我国立法明确规定的有权对法律进行司法解释的机构之一，最高人民检察院的一些司法解释本身就是检察政策的表现形态。通过对公共政策的阐释和理解，并结合检察工作的现实需求，及时制定司法解释并进一步内化到司法过程中。《最高人民检察院司法解释工作规定》中规定，"司法解释文件一般采用'解释'、'规定'、'意见'、'批复'等形式，统一编排最高人民检察院司法解释文件号"。指导具体检察业务建设规范的政策，既有"两高一部"针对某类犯罪或某类罪名作出的司法解释，如《最高人民法院、最高人民检察院、公安部关于办理醉酒驾驶机动车刑事案件适用法律若干问题的意见》，也有最高人民检察院单独出台的业务规范文件，如《人民检察院复查刑事申诉案件规定》。以及对下级检察机关事项、案件请示的批复，如《关于强迫借贷行为适用法律问题的批复》，以批复形式存在的司法解释在2000年较为常见，2002年以后，由于司法解释的及时跟进，检察政策主要以规范性司法解释的形式出现。

检察机关发布司法解释，在一定程度上缓解了具体法律适用依据不足的矛盾，协调了检察司法实践活动。例如在贿赂犯罪的司法解释制定方面，2007年以来"两高"就联合发布了《关于办理受贿刑事案件适用法律若干问题的意见》、《关于办理商业贿赂刑事案件适用法律若干问题的意见》、《关于办理职务犯罪案件认定自首、立功等量刑情节若干问题的意见》、《关于办理国家出资企业中职务犯罪案件具体应用法律若干问题的意见》、《关于办理职务犯罪案件严格适用缓刑、免予刑事处罚若干问题的意见》、《关于办理渎职刑事案件适用法律若干问题的解释（一）》、《关于办理行贿刑事案件具体应用法律若干问题的解释》等一批司法解释。"最高人民检察院机关每年出台 20 件左右的业务规范类司法解释，全面织就了一张细化法律之网，直接导致个案请示、批复的减少。"①

我国不是判例法国家，但是最高人民检察院已于 2010 年公布第一批指导性案例，用以指导检察工作实践，因此，这种判例具有检察政策的属性。由于指导性案例的地位不明确，因此检察人员在司法办案中如何执行是不确定的。因此，及时将成熟的指导性案例通过正规司法解释公布的通道，将其真正定位于"司法解释"的类型。"刑事判例的效力当然取决于其所能起到的'例子'作用，在刑事司法实践中它被认为是包含了一个对后来类似问题有影响或约束力的基本原则，这一原则是针对案件事实中所涉及的法律问题所作的阐述和解释，它指出了处理类似问题应作出的法律说明和判断。"②

二、检察政策的历史沿革

自新中国成立 60 多年以来，中国的刑事政策大体上经历了一个由"惩办与宽大相结合"到"严打"再到"宽严相济"的政策演变过程，刑事检察政策的发展也基本体现了同样的历史脉络。近年来，未成年人特殊刑事检察政策的制定也取得了一定的成绩。民事行政检察政策在遵循不同于刑事检察工作规律的基础上也形成了自身的政策体系。

（一）革命时期的检察政策

革命时期的检察政策主要指土地革命时期以及抗日战争和解放战争时期关

---

① 但伟：《从检察政策的属性分析来解读新一轮检察改革的目标选择——以十七年来最高人民检察院机关颁行的检察政策为样本》，载《河南社会科学》2013 年第 12 期。

② 李晓明：《司法解释中不可缺少的元素：刑事判例——从英美法系和大陆法系趋于融合说开去》，载《苏州大学学报（哲学社会科学版）》2014 年第 6 期。

于检察的政策。我国近代意义的检察制度起源于土地革命时期的中华苏维埃检察制度，"由于该时期正是党的'生命线'理论——群众观点和路线方针——孕育、形成和坚决贯彻的重要时期"①，党的群众观点和群众路线在土地革命时期的总体检察政策中得到了充分的贯彻和反映。同时，苏维埃政权时期贯彻区别对待的刑法政策："工农分子犯罪而不是领导的或重要的犯罪行为者，得依照条例各该条文的规定，比较地主资产阶级分子有同等犯罪行为者，酌量减轻其处罚。"具体检察政策方面，对于反革命罪以及动摇苏维埃政权基础的其他刑事犯罪坚决惩治，对于贪污贿赂等破坏新建政权的犯罪行为也予以严厉打击。

随着抗日战争爆发，中华苏维埃共和国临时中央政府西北办事处更名为陕甘宁边区政府，检察制度也随之进入抗日战争和解放战争时期。这个时期的检察机构设置在陕甘宁边区高等法院内部，依《陕甘宁边区高等法院组织条例》规定，检察处内设检察长及检察员，独立行使检察权，直至 1946 年陕甘宁边区政府才将检察机关单列。在抗日民族统一战线方针的指引下，抗日战争时期的陕甘宁边区检察机构在主要依据党的方针政策、边区政府的条例、文告和命令办理案件的同时，还有选择地适用国民政府制定的法律，并且在法律面前平等的政策背景下，对于地主富农和工农群众在适用法律方面发展为一律平等。这一时期，一批以"决定"、"命令"、"指示"、"通知"等形式出台的补充调整性政策被贯彻落实到陕甘宁边区的司法领域。"抗战时期的陕甘宁边区，在抗日民族统一战线的理论指导下，制定了大量的单行法规和条令来贯彻落实抗日民族统一战线之'团结各阶层、各抗日党派、一切爱国人士'的原则。统一战线政策是边区各项法规条例制订的基础。同时，各项法规条例的制订又为抗日民族统一战线在边区的实现提供了法律上的保障。"② 在总体政策方面，在 1942 年制定的《中共中央关于宽大政策的解释》中提出，"对敌人、汉奸及其他一切破坏分子等，在被俘被捕后，除绝对坚决不愿改悔者外，一律施行宽大政策，予以自新之路"。在具体政策方面，陕甘宁边区在其制定的选举法规、刑事法规、诉讼法规、婚姻法规和劳动法规等法律规则之外，还制定了许多配套政策。不仅如此，1941 年制定的《施政纲领》提出，"改进司法制度，坚决废止肉刑，重证据不重口供"，这一时期的司法政策已体现了对于现代法

---

① 韩振峰、纪淑云：《党的群众路线由来与发展》，载《光明日报》2013 年 7 月 3 日。

② 毛泽东：《同美国记者斯诺的谈话》，选自《毛泽东文集》（第二卷），人民出版社 1993 年版，第 239 页。

治理念的觉醒。尽管如此，边区的检察工作中还存在许多尚未解决的问题，例如律师在司法活动中的地位和作用尚未得到重视等。

解放战争时期，基于与国民党发动的全面内战，中国共产党提出废除国民政府"六法全书"，确立解放区新的法律依据。《指示》明确要求："司法机关应该经常以蔑视和批判六法全书及国民党一切反动的法律、法令精神，以蔑视和批判欧美日本资本主义国家一切反人民法律、法令的精神，以学习和掌握马列主义——毛泽东思想的国家观、法律观及新民主主义的政策、纲领、法律、命令、条例、决议的办法来教育和改造司法干部。"1949 年 2 月的《中共中央关于废除国民党的〈六法全书〉和确定解放区司法原则的指示》明确提出："在无产阶级领导的工农联盟为主体的人民民主专政的政权下，国民党的六法全书应该废除。人民的司法工作不能再以国民党的六法全书为依据，而应该以人民的新的法律作依据。在人民新的法律还没有系统地发布以前，应该以共产党政策以及人民政府与人民解放军所已发布的各种纲领、法律、条例、决议作依据。目前，在人民的法律还不完备的情况下，司法机关的办事原则，应该是：有纲领、法律、命令、条例、决议规定者，从纲领、法律、命令、条例、决议之规定；无纲领、法律、命令、条例、决议规定者，从新民主主义的政策。"从行文上看，解放战争时期的政策只是处于补充的次要地位，但是，在丢弃旧的法律而新的法律体系尚未建立之前，支撑一个政权运行的法律世界是瞬间崩坍的，除非政策在这个法律世界中起到支撑作用。由此可以推出，事实上的解放战争时期的政策是逾越法律在起主要的支配作用，这也是特殊历史条件下我国以政策取代法律的一段特殊的政策法律关系史。司法政策代替法律在我国的实践做法，由来已久。这既有当时战争年代的特殊因素的考虑，也有领导人的认识问题。彭真指出："拿我们党来讲，革命战争期间，主要是依靠政策办事，注重的是政策，没有依法办事的习惯。还有，我国经历了几千年的封建社会，封建残余思想至今影响着我们。"[1] "在战争时期，党也好，军队也好，群众也好，注意的是党的政策。……那时，只能靠政策。当然我们根据地的政权也有些法，但有限，也很简单。……内部主要讲政策。这是一个历史阶段。我们大多是那个时期成长起来的，也或多或少养成了那个时期的一些工作习惯。"[2] 这种政策逾越法律直接作用于刑事司法实践的做法，导致了我国长

---

[1] 全国人大常委会办公厅研究室：《发展社会主义民主 健全社会主义法制——有关重要论述摘编》，群众出版社 1988 年版，第 174 页。

[2] 全国人大常委会办公厅研究室：《发展社会主义民主 健全社会主义法制——有关重要论述摘编》，群众出版社 1988 年版，第 175 页。

达 30 年的法律虚无时期。直到 1978 年党的十一届三中全会，以刑事政策为直接判决依据的做法才被正式改变。刑法学家卢建平教授认为："以刑事法治领域为例，1979 年刑法、刑事诉讼法的颁布施行结束了 30 年以政策代替法律的'无法而治'的局面，法制的时代正式来临；而 1996、1997 年两法的全面修订又标志着我国刑法与刑事政策关系的新格局的到来。"① 基于特殊历史时期的制度短缺产生的政策逾越法律直接作用于司法实践的做法，超越了政策的作用界域，违背了政策的作用机制，破坏了政策与法律的关系。

（二）共和国初期的检察政策

共和国初期主要指 1949～1956 年的政权巩固期。一方面，由于共产党在革命战争年代形成的思维方式未能及时发生转变；另一方面，在全面否定国民党"六法全书"的情况下，新中国成立初期法律贫瘠的事实也现实地摆在一个新政权国家的面前。对此，董必武在 1950 年坦言："新的法律虽然还没有制定出来，但那不要紧，法律本是人造的。汉朝初年没有完备的法律，只有刘邦的约法三章。目前我们新的法典虽未制定出来，我们有各种政策，各种法令可为依据，何况我们现在还有人民政协共同纲领等带宪章性质的基本大法，比刘邦得天下时的约法三章要充实得多。司法人员和教法学的人不应当说无所依据。法律不仅是人造的，而且更不是一成不变的东西。"② "毛泽东曾说'政策和策略是党的生命'，革命政党的任务主要是实行政策。"③ 在这种意识的引导下，共和国初期的一些冠以法律称谓的文件本质上是党的方针政策。特殊的人情、社情和国情决定了政策在新中国成立初期的国家司法活动中扮演着特别的角色。

解放初期的检察工作主要是配合党巩固人民民主政权，镇压危害国家安全、破坏我国社会秩序的犯罪分子。1950 年的《关于加强人民司法工作的指示》提出，"为了正确地从事人民司法工作的建设，首先必须划清新旧法律的原则界限"，并且强调指出，"人民司法工作的当前主要任务，是镇压反动，保护人民。对反革命分子来说，首先是镇压，只有镇压才能使他们服罪，只有在他们服罪之后，才能谈到宽大。宽大只能结合着镇压来进行，有些地区发生'宽大无边'的倾向，是必须纠正的。在镇压时，分别轻重，分别首要和胁

---

① 赵秉志：《2003 年中国刑法学年会文集》，中国人民公安大学出版社 2003 年版，第 259 页。

② 董必武：《董必武法学文集》，法律出版社 2001 年版，第 26～30 页。

③ 蔡定剑、刘丹：《从政策社会到法制社会：兼论政策对法制建设的消极影响》，载《中外法学》1999 年第 2 期。

从，是必要的，但在解放以后一切进行反革命活动的分子均必须予以惩办"①。究竟为何强调镇压，在此不得不提当时旧司法人员在处理反革命案件时，没有将法律融入政治之中进行权衡，不是根据执政党政策的指示精神办案，而是根据国民党的法律观点分析反革命犯罪的犯罪构成及犯罪的形态，拘泥于超阶级的"司法独立论"、"法律面前人人平等论"、"程序至上论"等司法意识，结果导致了对反革命案件"判得慢，判得轻，管得松"的"宽大无边"的右倾偏向。

为使"镇压与宽大相结合"刑事政策能够顺利地得到执行，政法合一式的执行组织也同时在构建，检察机关毫无独立可言。共和国初期的"镇压与宽大相结合"刑事政策不仅在执行组织和执行方式方面存在硬伤，政策本身也确有值得反思之处。在社会主义革命理论体系中，工具主义的法律观曾一度占据着主流意识形态，作为法律源头的政策自然也遵循了工具主义理念，是否有利于阶级斗争的标准也成为政策制定的重要参照。事实上，共和国初期中国共产党制定的刑事政策在本质上更是一种政治策略，这种政治策略包含着浓厚的政治权力色彩，"镇压与宽大相结合"刑事政策中以镇压为主的政策基调表现出强大的张力。

尽管如此，"惩办与宽大相结合"刑事政策却包含着理性的、辩证的精神内核，其在完成特殊时代的政治使命后必然回归其本质。高铭暄教授提出："惩办与宽大相结合"的刑事政策于1956年正式定型化。"1956年9月15日，党的第八次全国代表大会的政治报告指出：'我们对反革命分子和其他犯罪分子一贯地实行惩办与宽大相结合的政策，凡是坦白的、悔过的、立功的，一律给以宽大的处理。大家知道，这个政策已经收到了巨大的成效。'这是首次正式将惩办与宽大相结合的刑事政策定型化为我国的基本刑事政策。"② 此后，1979年中国第一部刑法和刑事诉讼法均明确规定了"惩办与宽大相结合"的刑事法基本原则，且该原则在我国一段时期的刑事司法活动中发挥着重要的平衡作用。从2004年的中央政法工作会议上首次提出"宽严相济"刑事司法政策，到2006年中共十六届六中全会正式提出"宽严相济"刑事司法政策，"宽严相济"刑事司法政策在扬弃"惩办与宽大相结合"基础上逐渐形成。

（三）"文革"前后的检察政策

检察机关于1968年被迫取消，并且在1975年国家以根本法的形式对此进

---

① 中央人民政府政务院：《关于加强人民司法工作的指示》，载《建国以来重要文献选编》（第一册），中央文献出版社1993年版，第451～452页。

② 卢建平：《刑事政策评论（第1卷）》，中国方正出版社2007年版，第5页。

行确认，直至 1978 年检察机关恢复重建，检察制度的发展在"文革"中被迫中断了 10 年。从 1957 年后开始直到 10 年"文化大革命"，政法工作以贯彻落实党的方针政策和具体决定为中心任务。1959 年 5 月确定的政法工作路线是"服从党委领导，依靠人民群众，参加生产劳动，为全党全国中心工作服务"。从共和国初期到"文化大革命"开始的近 20 年间，检察政策基本都分散于党和国家的政法政策之中，用于指导检察工作的专门性政策并不多见，更没有形成具有鲜明检察特色的工作方针或工作主题。

基于检察政策近于空白的"文化大革命"前后检察政策的历史考察，也许我们会用乏善可陈来形容。但是政策的多少不代表启示的多寡，也许我们最为珍贵的经验教训往往源于不那么成功的经历。"自此以后直至今日，中国的政策建设或对于政策与法律关系的处理正是在这样的历史场景上展开的，对于今后检察政策建设或者检察政策与检察法律关系的处理，离不开对这段特殊时空下的依策治国的研究和探询。我们所能做的并不是从历史的链条中，找出某种决定性的力量或最本原的要素，通过改变他们来设计出一种一劳永逸的立法演进模式，而是在因果关系的链条中寻找一个恰当的突破口，从此切入并对之施加力所能及的影响——由于中国的政治力量和政治运行仍将是影响中国社会各个方面（包括立法）的一支举足轻重的力量，我们在选择立法改革和完善的模式时，就必须把现行政治体制作为一个重要参数和主要背景加以考虑。"①

（四）"七八宪法"重建初期的检察政策

"七八宪法"是在真理标准尚未确立，"两个凡是"标准还占据统治地位的特殊时期出台的。因此，尽管"七八宪法"作为过渡性法律仅存在了 5 年时间，但是"七八宪法"在许多方面还是取得了具有历史意义的进步。"'七八宪法'较'七五宪法'的进步在于重新恢复最高人民检察院、地方各级人民检察院和专门人民检察院的设置。"② "七八宪法"在恢复了检察院的设置后，于 1979 年宪法修正案中明确了"最高人民检察院领导地方各级人民检察院和专门人民检察院的工作，上级人民检察院领导下级人民检察院的工作"。

1978 年 12 月召开的中共中央十一届三中全会强调指出："检察机关和司法机关要保持应有的独立性；要忠实于法律和制度，忠实于人民利益，忠实于事实真相；要保证人民在自己的法律面前人人平等，不允许任何人有超越于法

---

① 孙朝东：《"革命"与"重构"下的规则制定——1949—1976 年间的中国立法背景分析法》，安徽大学 2004 年法律硕士学位论文。

② 许崇德：《中华人民共和国宪法史（下卷）》，福建人民出版社 2005 年版，第 336 页。

律之上的特权。"检察机关的地位在执政党的政策中得到了进一步的确认，此后，检察机关逐渐开始履行批捕、公诉、查办职务犯罪、对诉讼活动实行法律监督等几项主要检察职能。

1978年检察机关开始恢复重建，同年12月召开的第七次全国检察工作会议，传达了十一届三中全会加强法制建设的精神，同时提出新时期检察工作的方针是："党委领导、群众路线、执法必严、保障民主、加强专政、实现大治、促进四化。"由于当时经济和社会秩序的恢复与稳定是检察机关面临的最现实任务，因此此次会议将彻底平反和纠正刑事错案以及积极开展经济领域的检察工作作为之后一个时期的检察工作重点。此次会议同时还在程序方面提出特别的要求，指出在批捕和侦查工作中反对主观臆断和刑讯逼供，在开展劳改检察工作中应当注意纠正以拘代侦、以拘代捕、久押不决的现象。最值得一提的是，在"七八宪法"没有确认检察机关独立行使检察权的情况下，此次会议提出，党对检察机关领导的一个很重要方面在于使检察机关保持应有的独立性，严格排除各种外界干扰，严格依法办事。这对于检察人员抵抗外来干扰，独立行使检察权给予了政策上的支持。

在彼时的最高人民检察院工作报告中，也体现出检察工作对于刑事司法政策的贯彻。"1979年冬以来，各级人民检察院根据城市治安会议的精神，把整顿社会治安作为一项中心任务，密切配合公安机关与人民法院，严厉打击反革命活动和其他犯罪活动。在工作中认真贯彻打击少数，争取、分化、改造多数的方针，对于极少数杀人犯、抢劫犯、强奸犯、爆炸犯、放火犯以及其他严重危害社会治安的现行刑事犯罪分子依法从重从快惩处；对于一般犯罪分子，则根据犯罪的不同情节和后果，有区别地依法作适当处理。与此同时，各级人民检察院还积极执行党中央有关全党动手，实行综合治理，争取社会治安根本好转的指示。通过办案，协助有关单位建立健全安全保卫制度，堵塞漏洞；对不批捕、不起诉和免予起诉的人员，协助有关单位落实帮教措施，定期进行考察；进行法制宣传教育；调查研究社会犯罪原因和预防犯罪措施等。几年来，经过各方面的努力，使社会治安有了明显的好转。"

（五）"八二宪法"之后的检察政策

"八二宪法"沿袭了1979年《中华人民共和国人民检察院组织法》的规定，将检察机关的性质定位为法律监督机关。1983年六届全国人大一次会议上，最高人民检察院工作报告通过对5年来检察工作的回顾总结，对当时的社会治安形势作出了基本的判断，"阶级斗争还将在我国社会的一定范围内长期存在，并且在某种条件下还有可能激化，……社会治安还没有根本好转，刑事犯罪问题还比较突出"。在这个新的形势和任务面前，检察机关在全面履行宪法赋予的法律监督职责的大前提下提出，"一方面切实保障公民的基本权利；另一方面对极少数敌对分子实行有效的专政"。"正确认识专政与民主的关系，严格区别敌我矛盾和人民内部矛盾，正确处理新形势下的社会矛盾问题"，"把惩治犯罪和改造罪犯、预防犯罪结合起来，克服孤立办案的思想和做法。""要结合检察业务，做好法制宣传、思想疏导和教育挽救失足者等工作。""提出防止犯罪的措施和建议。""要从指导思想、业务工作、机构设置、规章制度、思想作风和工作方法等各个方面，进行必要的改革，破旧创新。通过改革，清除'左'的和'右'的思想影响。"

1986 年六届全国人大四次会议上，《最高人民检察院工作报告》在全国经济犯罪严重的形势下，提出"紧紧围绕'两打一建'，即打击严重经济犯罪和严重刑事犯罪，加强社会主义法制建设，全面开展各项检察业务"。为此，1984 年与最高人民法院共同制定了《关于当前办理经济犯罪案件中具体应用法律的若干问题的解答（试行）》，对贪污、行贿受贿、投机诈骗等案件的一些法律界限作了具体解释，为及时准确地打击经济犯罪提供了依据。并提出加强和改革检察工作的指导思想："一是明确了把工作重点放到打击经济犯罪上来的思想。二是明确了打击经济犯罪是一场长期的斗争，但可以在一年左右的时间内把经济犯罪分子的嚣张气焰压下去的思想。三是明确了依靠党委领导，打一场打击严重经济犯罪总体战的思想。四是明确了把检察工作特别是打击经济犯罪工作，同端正党风、加强法制建设结合起来的思想。"

1988 年七届全国人大一次会议之后，最高人民检察院将惩治经济领域犯罪的工作重心转移到惩治贪污贿赂犯罪工作中来。1985 年，"两高"制定的《关于办理当前经济犯罪案件中具体运用法律的若干问题的解答》，对贪污、挪用公款、行贿受贿、投机倒把、诈骗犯罪作出具体规定。这对于严格区分罪与非罪、此罪与彼罪的界限，对于"情节严重"、"情节特别严重"的司法区分以及经济犯罪中如何实行"宽严相济"等法律的正确适用问题，及时进行了统一和明确，有利于进一步平衡打击经济犯罪与保护无辜公民免受法律追究之间的关系。1988 年，全国人大常委会通过了《关于惩治贪污罪贿赂罪的补充规定》，在定罪量刑方面的法网更加严密、精准，在司法实践中更加具有可操作性。最高人民检察院根据中央关于反腐败的精神，进一步调整了工作部署，把打击贪污贿赂犯罪列为工作重点，并提出"一要坚决，二要慎重，务必搞准"的工作方针，建立完善了侦查与批捕、起诉分开的内部制约等制度。"一要坚决，二要慎重，务必搞准"也自此成为长期指导贪污贿赂犯罪工作的一项重要方针。

1993 年八届全国人大一次会议，最高人民检察院的工作报告在总结 5 年来经济领域贪污贿赂犯罪取得成效的同时，对下一步的工作思路进行了调整和修正，提出"坚持检察工作必须为经济建设服务的指导思想，坚定地贯彻'两手抓'的方针。要求做到打击不忘保护经营者的合法权益，办案不忘维护正常的经济秩序，使打击与服务辩证地结合起来"。为此，当年年底的全国检察长工作会议即出台了《关于进一步强化法律监督职能，保障社会主义市场经济体制建立和发展的意见》。

这个时期的检察政策还体现在队伍建设方面。由于检察机关恢复重建不久，检察队伍的政治素质和业务素质同检察工作的专业化和规范化建设要求还有一定距离，极少数检察干警还有违法乱纪行为。鉴于此，1988年最高人民检察院提出"从严治检"的方针，要求建设一支"严格依法办案，秉公执法，掌握政策，实事求是，联系群众，精通业务"的检察官队伍。在狠抓其他领域国家工作人员职务犯罪并取得初步成效的情况下，司法机关内部腐败却出现了不良的苗头。1998年，党中央作出了关于治理司法腐败、加强政法队伍建设的重要指示。针对检察队伍建设中存在的利用职务行为贪赃枉法、徇私舞弊、非法刑讯甚至滥用枪支等突出问题，最高人民检察院在全国检察机关集中开展为期近一年的集中教育整顿活动，在加强检察队伍纪律建设、作风建设的同时，对相关工作机制、工作方式也积极进行了改革，制定了《九条硬性规定》等有关政策；制定了《关于加强基层检察院建设的意见》；全面推行检务公开；改革检察业务工作机制；改革检察委员会工作；建立专家咨询制度；推行机构和干部管理制度改革；完善行使检察权的监督机制……1999年1月5日，全国检察长工作会议确定了"公正执法、加强监督、依法办案、从严治检、服务大局"的工作方针。1999年全国检察长工作会议出台的《检察工作五年发展规划》，提出"造就一支高素质的专业化检察队伍，树立起检察机关清正廉明、公正执法、人民满意的良好形象"。2003年12月，根据党的十六大关于"社会主义司法制度必须保障在全社会实现公平和正义"的要求和宪法、法律的规定，最高人民检察院确立了"立检为公、执法为民"的检察工作宗旨，明确了"强化法律监督，维护公平正义"的检察工作主题，提出了"加大工作力度，提高执法水平和办案质量"的检察工作总体要求，以此统一思想、凝聚力量、推动工作。

第三节　检察政策建设的任务

一、检察政策建设的现状

(一) 以"十三检报告"为视角的考察

2011 年第十三次全国检察工作会议上，曹建明检察长作了题为"强化法律监督、维护公平正义、推动科学发展、促进社会和谐，不断开创中国特色社会主义检察事业新局面"的报告。在报告中，曹建明检察长提出了在"十二五"时期检察工作的总体思路。随后，为落实第十三次全国检察工作会议的精神，最高人民检察院印发《"十二五"时期检察工作发展规划纲要》，这一规划纲要除了重申"十二五"时期检察工作的总体思路，还根据第十三次全国检察工作会议成果，提出了检察工作应遵循的"六观"和"六个有机统一"以及"四个必须"。

从以阶级斗争为纲到以经济建设为中心再到坚持以人为本科学发展的司法主题，检察基本政策的内涵和蕴含的理念随着国家形势政策的发展变化，也经历了不断地自我调整和自我完善。"十三检报告"表明，检察机关更加侧重检察自身发展的政策指导，检察政策的政治属性比例逐渐降低，检察属性不断得到彰显，检察政策已形成了相对独立具有检察内在规定的理论体系。

(二) 检察改革开始自我觉醒

长期以来，检察改革是作为政治改革或司法改革的部分而存在的，改革体现出强烈的整体服从性和被动适应性。检察改革似乎一直都是基于政治改革的工具性需要，基于检察体制或检察工作健康发展的自我改革似乎缺乏内在动力。近代以降，法律一直扮演着政治晚礼服的角色，尽管司法在我国的政治体系的物理架构中占有重要比例，但事实上，司法长期处于政治结构的边缘。政治改革的某种需要或者社会治理的某项需求往往是推动司法进行改革的外来动力。以此，长期以来的检察改革大多是自下而上推进，并且伴有"头痛医头、脚痛医脚"的弊病。由于部门利益以及不同司法机关政策之间冲突等一系列负面作用，不仅各自的改革没有达到预期目的，而且严重浪费了有限的司法资源。长期以来的适应型或依附型改革并不能解决长期制约检察权运行中出现的深层次问题，诉讼压力的日益加大，司法腐败与司法不公问题的日益突出，都是外力推动下检察改革所不能解决的。

内在动力方面，长期适应性或依附性的检察改革使得检察系统的内生改革失去了内在要素在量的范围内的提升，也相应缺少检察改革的学术能力。《检察工作发展五年规划》确定的总体奋斗目标是，"健全和完善与社会主义市场经济体制和依法治国要求相适应的、有中国特色的社会主义检察制度，造就一支高素质的专业化检察队伍，有效防止和纠正司法不公现象，维护国家法律的统一正确实施，保障社会政治稳定和国家经济安全"。尽管对于总体目标可以宏大叙事，但如果将文字中的"检察"字眼隐去，我们丝毫看不出这个目标与检察改革有何种关系。检察改革包含着特殊的规律和特点，将其总体目标泛化表述于政策之中，必然让改革失之于宽。《检察改革三年实施意见》确定的改革指导思想是，始终坚持以邓小平理论为指导，严格遵循以江泽民同志为核心的党中央关于加强政法工作的一系列指示精神和宪法原则，解放思想、实事求是，努力实践依法治国，建设社会主义法治国家的基本方略。确定未来三年的改革目标有六项：改革检察业务工作机制，强化法律监督的职能和作用；改革检察机关的机构等组织体系，加强上级检察机关对下级检察机关的领导；改革检察官办案机制，全面建立主诉、主办检察官责任制；改革检察机关干部人事制度，调整人员结构，提高人员素质，实行检察官、书记员、司法警察、司法行政人员的分类管理，建立充满生机与活力的用人机制；改革检察机关内、外部监督制约机制，保证公正、廉洁和高效；改革检察机关经费管理机制、实行科技强检，为检察机关依法履行检察职能提供物质保障。整段文字表述更像是采样于《规划》层次而不是《实施意见》级别的检察政策，《实施意见》应该是更加具体更加细化，具有可操作性的检察政策。在日本，关于司法改革的意见等检察政策不仅会对改革的基本原则、理念进行叙述，而且对改革的方向、措施进行了极为详尽的阐发，我国台湾地区的改革文件也为改革提供了较为明确的可行办法。

长期以来改革无关痛痒的现状、问题始终得不到解决的困惑以及法律界和学界的反思呼吁，这些力量不断汇聚促进检察改革开始自我觉醒。党的十八届三中、四中全会，尤其是党的十八届四中全会以依法治国为主线，对制约检察改革的深层次问题提出全新的改革命题，既为检察改革提供了政策支撑也为检察改革的自我觉醒找到了精神依托。

检察改革的自我觉醒主要体现在，改革改变了以往的路径依赖，寻求以遵循检察规律、注重制度建设以及注重系统功能开发的检察路径遵循。近一年的实践证明，这种思路下的检察改革不仅可以促进检察体制的健康持续发展，而且可以通过改革形成有利于中国社会发展的张力结构，使国家获得可持续发展的历史平台。

（三）检察政策缺乏主动性、系统性和前瞻性

政策与法律的区别之一在于政策具有主动性，正是政策具有主动性才得以

弥补法律的不足，体现政策的优势。我国的检察政策明显缺乏主动性，许多检察政策都是问题倒逼或者问题逐步修正的结果，也有一些检察政策是跟风的结果，这种主动性的缺乏严重制约了检察工作的发展。以检察队伍建设方面的政策为例，1998年的九届全国人大一次会议上，人大代表对检察队伍中存在的违法违纪现象提出了尖锐的批评，检察队伍中存在的执法违法现象已经严重影响了检察机关的公信力和检察工作的健康发展。为此，全国检察机关深入开展教育整顿工作会议随后召开，时任最高人民检察院检察长的韩杼滨在回答记者提问时指出，"我们必须清醒地看到，检察队伍中确有少数人严重违法违纪、违法办案、以案谋私、贪赃枉法、徇私舞弊、刑讯逼供、已到了非抓不可、非下大力气抓不可、非狠抓不可的地步"。这种外界压力倒逼检察机关提出五项检察队伍建设方面的具体政策。① 从检、法两家对于政策的运用情况考察，许多检察政策的出台都是参照法院在线出台的政策炮制一个检察版本，不仅削弱了检察机关法律监督机关的地位，而且容易造成资源的浪费。

一切事物都是作为系统而存在的，系统是一切事物的根本属性，检察政策同样作为一个有机系统而动态存在。宏观层面的检察工作方针或规划、中观层面的检察工作意见或指导办法以及微观层面的司法解释或指导案例等，以一种体系化的形式而存在。检察工作方针或规划是党的方针和政策在检察政策中的集中反映，作为检察工作总的指导思想或指导原则指导下位检察政策的制定和实施；检察工作意见或指导办法是针对检察改革或检察工作中某一类问题或体制、机制层面的问题制定的方向性的检察政策；司法解释或指导案例则是针对检察工作中某一具体问题或类案办理给予的政策层面的指导。检察政策的三个层次层层递进且互相协调，共同分布于检察政策之网中。检察政策之间既相互联系、相互作用又相互制约，其政策合力区别于单个检察政策功能的简单相加。历史上的检察政策在系统性方面尤其欠缺，纵向上，从宏观检察政策到微观检察政策并未形成层层细化的政策梯次，根本刑事政策、基本刑事政策、具体刑事政策的有机体系尚未形成；横向上，不同功能的检察政策之间的协调与衔接不够，刑事检察政策与民事行政检察政策之间的联系不够紧密；形式上，我国检察政策在体系上存在较大缺陷：一是检察政策存在于不同部门、不同效力位阶的政策文件中，内容过于分散；个别立法效力层次过低，与其规定内容

---

① 该五项政策是："一是全体干警普遍受到一次深刻教育，检察队伍的精神面貌发生明显的变化。二是坚决刹住行使检察权过程中的严重违法违纪问题。三是搞好组织清理，纯洁队伍。四是制定、完善保证严格执法、文明办案的有关制度和监督制约机制。五是加强各级检察机关的领导班子建设。"

不相适应。二是各个检察政策的规定之间缺乏逻辑联系，不同政策之间存在冲突。我国的检察政策整体上看起来散乱、模糊、自相矛盾、不成体系。检察政策的不完善不仅导致了检察政策实践混乱的后果，而且造成了实践不统一、政策不落地、有法不依的负面影响，严重损害了政策和法律的权威性。

除了主动性和系统性，检察政策还应具备前瞻性。一方面，检察改革或检察工作具有长期性，因此，检察政策的制定和实施都应保障检察改革的前瞻性和检察工作的持续发展；另一方面，检察政策在于弥补现有法律的不足而制定，有些检察政策最终将法律化，检察政策是基于指导修正现行法律的定位来研究问题的。因此，检察政策应具有把握检察改革或检察工作规律的前瞻性。如前文所述，有些检察政策的出台常常是问题倒逼所致，或是由于案件压力或是由于司法腐败等迫在眉睫的问题带来的政策应对，检察政策难免出现功利性与应对性，对于长远目标规划不够。例如检察改革意见中反复提到的人员分类管理、主任检察官等改革均暴露出理论储备不足、风险评估不够等缺陷，因此，一些检察政策往往由于缺乏前瞻性在贯彻落实中会遇到各种新的问题。检察政策的制定和实施，应当以改革的基本理念和基本目标为出发点，充分考虑制约检察改革的长期现实条件，避免为将来的检察改革增加决策成本。

二、检察政策建设的期待

（一）加强对检察政策的反思

相对于规范性法律研究，针对检察政策的系统回顾及反思还远远不够，对其任务、内涵、路径等的研究总结还很不足。由于我国特殊的西方法治推进式的法治进程路径以及传统法治语境下政策与法律关系的思维默认，检察政策看似重要，但检察政策的研究却严重边缘化。尤其由于近些年中国特色社会主义法律体系形成过程中，大量的学术精力都集中用于对此问题的研究，检察政策的思考更是有意无意间被忽略。即便有对检察政策进行研究的作品，更多的是在对于刑事司法政策研究中的顺便提及，在中国知网直接以"检察政策"进行检索，专门对此研究的文章数量极少，关于检察政策的书籍，也只有为数不多的几部专著。

对于一个问题的研究首先应从系统回顾及反思开始，如果没有针对检察政策在整个政策体系中现实场景的真实再现，没有对于检察政策中问题的全面深入细致的把握，没有针对检察政策与法律以及政治关系的本质认知，对检察政策的研究都将是片面的。"历史性的认识只能这样才被获得，即在任何情况下都必须从过去与现代的连续中去考察过去——而这正是法律学家在其实际的通常工作中所做的，因为法律学家的任务就是'确保法律的不可中断的连续性和保持法律思想的传统'。"① 政策的自身价值以及对于中国问题的特殊作用要求我们加强对于检察政策的系统回顾及反思。

当前，为贯彻落实党的十八届三中、四中全会精神，尤其是四中全会关于检察改革的政策，我们在政策推行或落地的过程中明显存在一种政策理论饥渴，在政策的实施方面明显存在一种理论储备的不足，为什么以往改革政策中反复提及的问题始终得不到解决，究竟是在哪个环节出了问题，我们以往的认知是否存在问题，这些都有待我们加强检察政策的系统回顾及反思。加强检察政策的系统性回顾及反思就是要将检察政策置于我国的政治结构、社会变迁以及法治进程等综合要素的考察之中，认真梳理不同时期、不同层级的检察政策，用历史的观点客观评价检察政策的得与失，充分发掘隐含在检察政策中的规律性因素，并对检察政策未来的发生发展提供建设性、方向性的指导。

（二）加强检察政策的系统研究

对于一个问题的研究必然需要系统的方法，只有进行系统研究才能对一个问题进行理论高度的回应，才能在出现新问题时找到问题链中的突破口。对于检察政策的研究同样不能违背这个客观规律，对于检察政策从内涵外延到作用机制，从自身结构到发生规律，对于每一个问题的研究都不可偏废。

当前检察政策在研究的过程中存在的局部研究、表象研究、功利研究的做法，对于检察政策研究较为孤立，研究结果之间难以形成逻辑上的自洽，这种研究不仅无济于检察政策未来的发展，而且还会误导检察政策的执行与进化。例如，对于支持、督促起诉的检察政策的研究，就不幸落入这种研究方法的偏失。以至于当前检察工作实践中，督促、支持起诉案件类型的创新性和公益性不足，案件办理过程中的强制性和实效性不够等问题突出。对于督促、支持起诉的研究，一定要结合检察权法律监督权的宪法定位、检察权力配置以及整个中国司法政策的情况来思考，但是有些文章观点明显是缺少对于上述关联问题的分析和思考，因此研究得出的结论对于检察实践并不具备指导意义。

加强检察政策的系统研究，不仅应将检察政策置于检察政策的自身系统，还要将检察政策纳入政治系统、社会系统和司法系统等。例如，我们针对检察政策的功能进行研究时，就需要以政治格局、权力结构、法治水平等复合因素为思考原点，将对于检察政策的分析置于各点连接的系统思维之下。就现代社会中的司法及其力量而言，检察政策的功能不能停留在应然的要求和抽象的理

---

① ［德］伽达默尔：《真理与方法》，洪汉鼎译，上海译文出版社 1999 年版，第 421 页。

论推演，还应当在特定的时空尺度和其他系统环境下，认真考量检察政策的功能定位问题。在具体检察改革政策的实施中，由于缺乏系统论的研究，对于检察改革中外来制度的移植和借鉴缺乏对制度原理的深入研究，过多关注制度的表面特征，缺乏对域外制度生成的历史现实背景的深入考量，使得一些改革变得理想很丰满，现实很骨感。

（三）加强检察政策的废、改、立、编、释

最高人民检察院在1993年、2002年和2010年曾经对司法解释和规范性文件进行过三次清理，对相当数量的司法解释文件进行了废止。检察机关对司法解释和规范性文件等开展过局部清理工作，但系统清理工作的开展仍显不足。应加强检察政策的废、改、立、编、释，将其作为一项常规重点工作来抓，建立我国统一的检察政策体系。应依据现行法律规定，及时制定适应司法实践需要的检察政策，及时修改完善部分有效的检察政策，及时废止那些与法律相抵触或者不适应经济社会发展的检察政策，确保检察政策始终与检察改革与检察实践与时俱进。

由于法律依据的修改或者客观形势发生变化引发的基本内容不符合法律规定或者已不再适用的司法解释或规范性文件，应当予以废止；对于内容仍然符合法律规范或形势要求，可以继续适用的，需要对条文进行修改。2012年1月，"两高"联合下发通知，强调地方司法机关不得制定司法解释性质文件。2015年3月15日全国人大修改通过的《立法法》增加规定，除最高人民法院和最高人民检察院外，其他司法机关不得作出具体应用法律的解释。实践中，除最高人民检察院以外的上级检察院针对下级检察院还会制定一些公开发布的《指导性意见》，除此之外还有内部传达的《会议纪要》。另外，许多地方的公检法等机关以联合会签文件的形式形成某项机制，这类会签文件往往是在对某项制度规定、司法解释或上级机关已建机制进行变通、突破的情况下形成的，有时甚至是公检法三机关之间商谈、妥协的结果。以此方式建立的机制往往在实践中具有"地方司法解释"的功能，对于这些检察政策都应该进行废止。

对于有些检察政策不能一废了之。地方检察机关的司法政策之所以屡禁不止，就是因为他们有法律适用指导方面的需求。因此，最高人民检察院在废止这些检察政策后要及时解决"立"的问题。政策与法律或者法律到政策的交替、转换过程，实际运作中体现为一个良性循环的动态过程，政策成熟被立法吸收，法律缺位时以政策弥补，以及法律适用过程中对政策出台或变革的推动等，都应成为常态。应充分发挥个案司法对于检察政策的形成与发展所具有的推动力，充分发挥检察院所具有的提请法律解释的权力和提请审查行政法规、地方性法规、自治条例和单行条例的权力，充分发挥通过司法解释和创制新的司法判例来制定规则和政策的职能。应完善最高人民检察院的司法解释制度，可以不拘泥于特定案情或特定当事人的意见陈述，可以像立法机关那样：广泛听取相关利益主体的意见；召开专家咨询会或论证会；甚至成立由最高人民检察院人员以外专家联合组成的起草小组。

　　建议参照立项、调研、征求意见、论证、提请检委会审议和发布等各项程序和步骤制定司法解释或规范性文件，防止司法解释或规范性文件的制定过程"失之于宽"。最高人民检察院制定的司法解释应同时符合一定的实质要件和形式要件，各级检察机关制定的规范性文件也应在形式和内容上做到规范。

第五章　检察法律规范建设

关于检察法律规范的探讨或研究，大多是以部门法为区分视野或关注视点，且多是在研究检察机制问题时的附带性思考，针对检察法律规范的专门性或系统性研究尚不多见。通常，研究中国特色社会主义法律体系是以宪法及其相关法、刑法、民商法、行政法以及诉讼法等多个法律部门的法律为主干，由法律、行政法规、地方性法规等多个层次的法律规范构成的法律集合为研究对象，以公权力类型为区分标准的研究方式尚鲜有尝试。党的十五大提出了2010年形成中国特色社会主义法律体系的目标，相应地，我国的检察法律规范建设也达到了较高的层次。在此基础上，回顾梳理我国的检察法律规范建设并提出进一步改进和完善的措施，具有重要的现实意义。

第一节　检察法律规范概述

一、检察法的界定

检察法律规范，简称检察法。关于检察法的界定，目前出现了以下几种具有代表性的观点：第一种观点认为，"检察法是贯彻宪法有关检察机关规定的具体化，是法律监督机关工作的总纲。有了检察法才能派生出检察院组织法、检察院法律监督程序详则、检察院工作条例等共体的法律规定"①。这种观点从检察法与其他"关于检察"的法律规范的关系角度，认为检察法与其他"关于检察"的法律规范是总分关系，但没有从本质的层面界定检察法。

第二种观点认为，"我国还没有综合统一的检察法，我国检察机关的职权分别是由宪法、人民检察院组织法、检察官法、刑法、刑事诉讼法、民法、民事诉讼法、行政法、行政诉讼法等国家法律加以规定的"②。这种观点认为检察法是所有"关于检察"的法律规范的组合，认为检察法是由不同层次、不

---

① 王然冀、张之又：《改革和完善检察机关领导体制刍议》，载《现代法学》1988年第3期。

② 周其华：《对检察机关职权配置的研究》，载《法学杂志》2003年第1期。

同部门和不同形式的"关于检察"的法律规范的总称。这种观点也只是对"关于检察"的法律规范进行的一种物理分析，也没有从本质层面界定检察法。

第三种观点认为，"所谓检察法，即检察法律的简称，它有广狭两义：广义的是指由国家依法制定或认可的、规范检察机关及其检察人员行为之法律及其法律规范的总称；狭义的仅指由国家依法制定或认可的、规范检察机关及其检察人员行为之专门法律或法典"①。这种观点从广义、狭义的划分角度对"关于检察"的法律规范进行分类界定，也只是一种粗放的二分法，仍没有指出检察法的本质属性。

第四种观点认为，"所谓检察法，即检察法律的简称。作为法律及其司法法的一种，它是指由国家依法制定或认可的、规范检察机关及其检察人员（以下统称'检方'）行为之法律及其法律规范的总称，抑或检察法是指由国家制定或认可的，支撑、规范、调整和引领检察制度诸要素，例如，检察机关及其检察人员（含正副检察长，检察官或检察员、助理检察员，书记员、司法警察等）及其检察权能之广义法律及其法律规范的总和。因此，检察法又包括检察法律与检察法律规范两种。前者包括诸如我国《人民检察院组织法》、《检察官法》等专门的'检察法典'，后者则包括诸如'人民检察院是国家的法律监督机关'（《宪法》第一百二十九条）、'人民检察院依法对刑事诉讼实行法律监督'（《刑事诉讼法》第八条）等检察法律规范"②。这种观点对检察法的本质有所触及，较前三种观点体现出一定的先进性，但在准确性方面仍有失偏颇。

较新的一种观点认为，"所谓检察法（律），就是旨在规范检方权力或行为之行为规范的总和，包括国内与国际检察法（律）两大类；而国内与国际检察法（律）又包括附属与专门性、实体与程序性、全局与局部性、一般与特殊性、成文与不成文检察法（律）等多种形态"③。这种观点从全球法律一体的高度提出，检察法包括国内与国际检察法（律）两大类，并且以不同的标准对检察法进行了较为全面的归类，但"规范检方权力或行为之行为规范的总和"的检察法内涵限定过于严格，尚不能全面反映检察法的全部。

---

① 杨迎泽、薛伟宏：《人民检察院组织法回顾》，载《检察论丛》（第16卷），法律出版社2011年版。

② 曹南江：《新中国检察法之特点》，第七届国家高级检察官论坛会议文章（2011年）。

③ 单民、薛伟宏：《试论检察法律》，载《河南社会科学》2013年第12期。

基于上述认识，笔者认为，检察法是关于检察制度和检察权运行的所有法律规范的总称，其由检察领域各个层次等级、不同方向延伸的法律、法规、条例和相关的制度、规则等规范性文件构成。

二、检察法的特点

检察法是检察制度的表现形式，其不仅具有自身的特点，还具有检察制度的普遍特点。由于检察制度区别于审判制度和侦查制度的制度进化性和复合性，检察法也在不同方面体现出多元性。

一是检察法创设主体、载体多元。根据立法法的规定和精神，检察法律规范体系中的法律只能由全国人大及其常委会制定。1981 年的《全国人民代表大会常务委员会关于加强法律解释工作的决议》，赋予了最高人民检察院在具体应用法律、法令过程中的法律解释权。但实践中，由其他创制者创制的低位阶检察法，并不鲜见。各级检察机关都会与其他国家机关或社会组织针对某一项问题会签文件，这些会签文件在实践中与检察权运行密切相关。

二是检察法的性质、内容多元。以某省近年来的地方性检察法律规范为例，近 5 年《××省检察人员规章制度汇编》中"总则"部分《××省人民检察院内设机构职能》等，关于检察政务管理制度的省检察院《关于进一步严格控制会议论坛研讨等活动的规定》、《关于进一步精简文件简报内部刊物的规定》、《××省人民检察院机关部门发文和印章管理规定》，关于检察人事管理制度的《××省人民检察院干部挂职锻炼和新录用公务员到基层锻炼的实施意见》，关于检察外事管理制度的《××省人民检察院关于进一步加强全省检察机关工作人员因私出国（境）管理工作的通知》，关于检察信息化管理制度的《××省人民检察院信息化工作管理办法》，关于党风廉政建设制度的《××省人民检察院对各级检察院检察长加强监督的暂行规定》，关于教育培训管理制度的《××省人民检察院检察职业导师制实施办法》，关于办案工作区管理制度的《××省人民检察院关于〈人民检察院办案工作区设置和使用管理规定〉的实施细则（试行）》，关于机关党建管理制度的《省检察院机关关于党的建设与队伍建设一体化的意见》，关于检务保障管理制度的《××省人民检察院执法执勤用车配备使用管理办法（试行）》等。从中央到地方，检察法律规范不断地细化，形成了性质、内容多元的体系。

三是检察法的存在形态和类型多元。检察法除单独存在形态外，还依附于其他法律规范之中。在国际法与国内法中，都存在单独形态或依附形态的检察法律规范；检察法既存在于根本法中又存在于普通法中，不仅实体法中、程序法中也都包含大量的检察法；检察法不仅存在于成文法中，同时也存在于不成文法中，公法中可以找到检察法的规范，私法中也存在检察法的规定；不仅一般法中规定检察法，检察法也以特别法的形式进行规范，不仅上位法对检察法进行规定，下位法更对检察法进行分解和细化。"因此，检察法具有明显的附属或依附性，并突出地表现在检察法律规范对所附属法律的依附关系上。"①

仅以检察解释型检察法而言，其所涉及的内容至少包括以下几个方面：

第一，关于检察宏观规划。（1）有关检察整体规划。包括有关基层院建设的《人民检察院基层建设纲要》（2002年3月5日）、《2014年－2018年基层人民检察院建设规划》（2013年12月10日）；有关"十二五"时期检察工作的《"十二五"时期检察工作发展规划纲要》（2011年9月10日）以及随之出台的《"十二五"时期全国检察教育培训规划》、《"十二五"时期科技强检规划纲要》、《"十二五"时期检察计财装备工作发展规划》等规范性文件。（2）有关检察改革。包括《检察改革三年实施意见》（2000年2月15日）、《关于进一步深化检察改革的三年实施意见》（2005年9月12日）、《关于深化检察改革2009—2012年工作规划》（2009年3月1日）、《关于深化检察改革的意见（2013—2017年工作规划）（2015年修订版）》（2015年2月16日）等规范性文件。

第二，关于检察业务规范。（1）有关不同检察职能。具体包括，①职务犯罪侦查。有关强制措施的《关于取保候审若干问题的规定》（1999年8月4日）；有关侦查措施的《〈人民检察院扣押、冻结涉案款物工作规定〉的通知》（2010年5月9日）；有关（职务）犯罪侦查权的《关于各地人民检察院试行侦查制度的情况和意见》（1954年12月）、《关于加强渎职侵权检察工作的决定》（2000年5月29日）、《人民检察院侦查监督、公诉部门介入职务犯罪案件侦查工作的规定》（2015年8月14日）；有关职务犯罪案件侦查立案标准的《关于人民检察院直接受理的经济检察案件立案标准的规定（试行）》（1986年3月24日）、《关于渎职侵权犯罪案件立案标准的规定》（2006年7月26日）；有关职务犯罪讯问的《人民检察院讯问职务犯罪嫌疑人实行全程同步录音录像技术工作流程（试行）》和《人民检察院讯问职务犯罪嫌疑人实行全程同步录音录像系统建设规范（试行）》（2006年12月4日）。②侦查监督。有关刑事诉讼立案监督的《人民检察院立案监督工作问题解答》（2000年1月13日）；有关批准和决定逮捕权的《关于依法适用逮捕措施有关问题的规定》（2001年8月6日）；有关侦查监督的《关于审查批准逮捕外国犯罪嫌疑人的规定》（2006年11月29日）、《关于逮捕社会危险性条件若干问题的规定

---

① 单民、薛伟宏：《试论检察法律》，载《河南社会科学》2013年第12期。

（试行）》（2015 年 10 月 9 日）。③起诉。有关刑事公诉权的《关于公诉案件撤回起诉若干问题的指导意见》（2007 年 2 月 2 日）。④诉讼监督。有关刑事审判监督的《关于审判监督工作中几个问题的批复》（1957 年 2 月 23 日）；有关刑事抗诉的《刑事抗诉案件出庭规则（试行）》（2001 年 3 月 5 日）、《最高人民检察院关于刑事抗诉工作的若干意见》（2001 年 3 月 2 日）、人民检察院民事行政抗诉案件办案规则（2001 年 9 月 30 日）。⑤控告申诉。有关控申、举报的《关于加强和改进控告申诉检察工作的决定》（2002 年 11 月 5 日）。⑥刑罚执行监督。有关刑罚执行监督的《人民检察院临场监督执行死刑工作规则（试行）》（2007 年 1 月 19 日）；有关监所、劳教检察的《关于减刑、假释法律监督工作的程序规定》（2007 年 3 月 2 日）；有关超期羁押的《关于在检察工作中防止和纠正超期羁押的若干规定》（2003 年 11 月 24 日）；有关刑事赔偿的《人民检察院刑事赔偿工作规定》（2000 年 1 月 6 日）。⑦未检。有关未成年人犯罪检察工作的《人民检察院办理未成年人刑事案件的规定》（2007 年 1 月 9 日）。⑧职务犯罪预防。有关预防职务犯罪的有《关于检察机关有关内设机构预防职务犯罪工作职责分工的规定》（2002 年 4 月 28 日）。⑨民事行政检察。有关民事行政诉讼监督的《人民检察院民事行政抗诉案件办案规则》（2001 年 10 月 11 日）。

（2）有关刑事实体法。有关犯罪的《关于办理与盗窃、抢劫、诈骗、抢夺机动车相关刑事案件具体应用法律若干问题的解释》（2007 年 5 月 9 日）、《最高人民法院、最高人民检察院、公安部关于办理醉酒驾驶机动车刑事案件适用法律若干问题的意见》（2013 年 12 月 18 日）；有关罪名的《关于执行〈中华人民共和国刑法〉确定罪名的补充规定（三）》（2007 年 10 月 25 日）、《最高人民法院、最高人民检察院关于执行〈中华人民共和国刑法〉确定罪名的补充规定（六）》（2015 年 11 月 1 日）；有关刑罚的《关于改判"死刑"案件的几点意见》（1983 年 9 月 14 日）；有关追诉、刑罚期限的《关于贪污罪追诉时效问题的复函》（1982 年 8 月 19 日）；在贿赂犯罪的司法解释制定方面，2007 年以来，"两高"就联合发布了《关于办理受贿刑事案件适用法律若干问题的意见》、《关于办理商业贿赂刑事案件适用法律若干问题的意见》、《关于办理国家出资企业中职务犯罪案件具体应用法律若干问题的意见》、《关于办理渎职刑事案件适用法律若干问题的解释（一）》、《关于办理行贿刑事案件具体应用法律若干问题的解释》等一批司法解释。

（3）有关刑事诉讼法。有关办案程序的《人民检察院侦查贪污贿赂犯罪案件工作细则（试行）》（1991 年 4 月 8 日）、《人民检察院复查刑事申诉案件规定》（2014 年 4 月 29 日）、《最高人民检察院关于加强出庭公诉工作的意见》（2015 年 6 月 23 日）、《检察机关提起公益诉讼改革试点方案》（2015 年 7 月 2 日）、《关于办理刑事赔偿案件适用法律若干问题的解释》（2016 年 1 月 1 日）；有关案件管辖的《关于军队和地方互涉案件几个问题的规定》（1982 年 11 月 25 日）；有关证据的《关于办理死刑案件审查判断证据若干问题的规定》和《关于办理刑事案件排除非法证据若干问题的规定》（2010 年 6 月 13 日）；有关社会矫正的《关于在全国试行社区矫正工作的意见》（2009 年 9 月 2 日）；有关赃款赃物处理的《关于没收和处理赃款赃物若干问题的暂行规定》（1965 年 12 月 1 日）；有关公开审判的《关于公开审理再审案件的通知》（1988 年 4 月 30 日）；有关办案期限的《关于侦查羁押期限从何时起算问题的联合通知》（1981 年 3 月 18 日）；有关量刑建议的《关于加强协调配合积极推进量刑规范化改革的通知》（2010 年 11 月 6 日）；有关刑事执行检察监督工作的《关于全面加强和规范刑事执行检察工作的决定》（2015 年 12 月 4 日）；有关业务流程的《人民检察院刑事诉讼规则（试行）》（2012 年 11 月 22 日）等一批司法解释。

第三，关于检察内部管理。（1）有关检察人员。有关检察人员职责与义务的《检察官职业道德规范》（2002 年 2 月 26 日）；有关检察人员选任的《关于如何理解检察官法第十条第六项所规定的"从事法律工作"的意见》（2001 年 12 月 26 日）；有关检察人员考核与奖惩制度的《关于进一步规范检察机关表彰奖励工作的意见》（2005 年 1 月 20 日）、《检察人员执法过错责任追究条例》（2007 年 7 月 5 日）；有关检察人员培训的《检察官培训条例》（2001 年 1 月 18 日）；有关检察人员职业保障制度的《关于切实解决法官、检察官提前离岗、离职问题的通知》（2010 年 5 月 12 日）；有关检察人员责任追究的《最高人民检察院关于对检察机关办案部门和办案人员违法行使职权行为纠正、记录、通报及责任追究的规定》（2015 年 12 月 9 日）、《关于检察机关贯彻执行《领导干部干预司法活动、插手具体案件处理的记录、通报和责任追究规定》和《〈司法机关内部人员过问案件的记录和责任追究规定〉的实施办法（试行）》（2015 年 7 月 3 日）、《关于完善人民检察院司法责任制的若干意见》（2015 年 11 月 3 日）；关于检察人员廉洁自律的《关于进一步规范司法人员与当事人、律师特殊关系人、中介组织接触交往行为的若干规定》（2015 年 9 月 22 日）等规范性文件。

（2）有关业务管理。有关办案质量管理的《关于加强案件管理的规定》（2003 年 6 月 5 日）；有关检察业务联系的《人民检察院侦查协作的暂行规定》（2000 年 10 月 12 日）；有关检察机关与其他机关协作联系的《人民检察院办理行政执法机关移送涉嫌犯罪案件的规定》（2001 年 12 月 3 日）；有关内部监督制约的《关于检察院自侦案件内部分工的意见》（1983 年 11 月 12 日）、《关于完善人民检察院侦查工作内部制约机制的若干规定》（1998 年 10 月 22 日）、《关于省级以下人民检察院对直接受理侦查案件作撤销案件、不起诉决定报上一级人民检察院批准的规定（试行）》（2005 年 9 月 29 日）；有关外部监督制约的《关于实行人民监督员制度的规定（试行）》（2004 年 8 月 26 日）、《关于进一步加强与各级人民代表大会代表联系的通知》（1995 年 3 月 27 日）；有关检委会的《最高人民检察院检察委员会议事规则》（2003 年 5 月 27 日）；有关检察长列席审委会的《关于人民检察院检察长列席人民法院审判委员会会议的实施意见》（2010 年 1 月 12 日）；有关司法解释、规章制度的《最高人民检察院司法解释工作规定》（2006 年 5 月 10 日）；有关诉讼档案、案卷管理的《人民检察院诉讼档案管理办法》（2000 年 11 月 2 日）；有关检察理论调研的《关于加强检察机关的调查研究工作的指示》（1958 年 8 月 15 日）、《关于进一步加强检察理论研究的意见》（2003 年 6 月 12 日）；有关检务公开的《关于在全国检察机关实行"检务公开"的决定》（1998 年 10 月 25 日）、《关于进一步深化人民检察院"检务公开"的意见》（2006 年 6 月 26 日）、《关于全面推进检务公开工作的意见》（2015 年 2 月 28 日）等规范性文件。①

三、检察法的发展轨迹

新中国检察法律规范的发展与整个法律体系的发展具有一定的交叉和重合，本章将检察法律规范划分为专门性检察法律规范、涉检法律及其他检察法律规范三类，分别描述其发展轨迹。

（一）专门性检察法律规范的发展

1949 年的《中华人民共和国中央人民政府组织法》确立了"最高人民检察署对政府机关、公务人员和全国人民遵守法律负最高的检察责任"的检察组织的职权、活动方式及构成原则。之后，中央人民政府《最高人民检察署试行组织条例》规定了"检察机关独立行使职权"、"检察机关实行垂直领导"等检察组织原则。1951 年中央人民政府《最高人民检察署暂行组织条例》以及《各地人民检察署组织通则》，将检察机关的领导体制由垂直领导改为双重领导。"五四宪法"之后 1954 年的全国人大《中华人民共和国人民检察院组

---

① 参见曹南江：《新中国检察法之特点》，第七届国家高级检察官论坛会议文章（2011 年）。

织法》（1987 年被废止），又重新规定了检察机关的垂直领导体制。

1957 年到 1978 年，是我国法制建设的虚无期。随着 1968 年《关于撤销最高人民检察院、内务部、内务办三个单位，公安部、高法院留下少数人的请示报告》及"文化大革命"中"七五宪法"的通过，包括检察法律规范在内的所有法律的建设几乎处于停滞状态。

随着"七八宪法"的制定，现行《中华人民共和国人民检察院组织法》于 1979 年颁布并在 1983 年对个别条款进行修订。在实施 30 余年之后，现行检察院组织法检察机关领导体制、检察权的配置、检察机关职能机构设置等多方面已不能适应我国法治发展形势和检察工作需要。2013 年，检察院组织法已被列入十二届全国人大常委会立法规划。

（二）涉检法律规范的发展

新中国成立初期，尤其是 1949 年到 1956 年，我国历史上出现了一次集中的规模立法。这一时期，通过了包括宪法、行政法、刑法以及刑事诉讼法等主要部门法。虽然这一时期各个部门立法的系统性、整体性和协调性不足，试用性、过渡性和临时性明显，但主要部门法的建立，基本满足了检察权运行的需要。

1978 年党的十一届三中全会确立的"把立法工作摆上全国人大及其常委会重要议程"的法制建设方针，在其后近 20 年的发展时期，较为完备的部门法逐渐形成。其中涉及检察工作的主要法律有 1979 年的刑法、刑事诉讼法以及《全国人大常委会批准〈国务院关于劳动教养的补充规定〉的决议》等法律法规。

尤其是在"八二宪法"实施以后，全国人大及其常委会进行了一次规模集中的立法活动。1982 年的民事诉讼法、1989 年的行政诉讼法以及 1991 年的民事诉讼法等。尤其是刑事实体法和程序法的不断发展完善，为检察权的运行提供了法律支持。自 1997 年开始对刑法进行修订以来，迄今已对刑法进行了 9 次修正。尤其是《中华人民共和国刑法修正案（九）》，作为史上条文最多的修正案，居然有 52 条。同时，刑事程序法也在不断的修改完善之中。另外，民事诉讼法和行政诉讼法也分别于 2012 年和 2014 年进行了修正。

（三）其他检察法律规范的发展

其他检察法律规范主要包括两个部分，一是最高人民检察院制定的司法解释；二是最高人民检察院或联合其他部门及地方各级检察院制定的规范性文件。因这两种类型的检察法律规范的特殊性，其同时又属于广义的检察政策范畴。尤其是各级检察机关制定的各种规范性文件，在缺乏法律明确授权的情况下，其效力只能依据现有的法律规定予以推论。其作为检察法律规范的同时，又具有明显的检察政策的特征。另外，有些地方立法也属于检察法律规范的范畴。

司法解释在检察工作中始终发挥着重要的作用。以刑事司法解释为例，在"七九刑法"之前，我国的刑事检察工作的主要依据是大量的刑法司法解释。随着新中国各部法的制定、颁布、实施与修改，各类司法解释的作用不仅没有减小，反而在法律适用的现实需求下越发重要。但随着客观情况的不断变化和立法技术的不断完善，一些司法解释中与法律规定不一致等问题也逐渐显现。因此，全国人大常委会法工委在 2011 年启动对司法解释和规范性文件的集中清理工作。这次集中清理活动，基本解决了司法解释及规范性文件中存在的问题，司法解释和规范性文件的体系性和规范性也得到优化。但是司法解释及规范文件的形式不统一、内容有冲突等问题，仍然在一定程度上存在。

整体上，司法解释的绝对数量仍然较高，其对检察工作仍然发挥着非常重要的作用，有时甚至有超越法律的嫌疑。而规范性文件由于存在依据、存在价值以及具体效力的不确定，其在检察工作中的具体作用大小也是多寡不一。司法解释和规范性文件等其他检察法律规范的发展，将随着我国法律体系的不断完善而逐渐进入良性发展的轨道。

第二节　检察法律规范体系的缺憾

一、检察机关法律监督立法不足

长期以来，检察机关无论是在法律监督的检察权职能定位还是检察权配置、检察权运行等方面，都存在理论争议与实践阻力，很大程度上是由于检察机关的法律监督立法不足所致。汤维建教授认为，"目前，监督法仅有人大监督法，而检察机关作为宪法所规定的专门的法律监督机关，其监督权尚无立法上的专门依据，这不能不认为是一大缺憾"[1]。

缺少专门的法律监督立法。只在宪法和人民检察院组织法中原则规定检察机关是国家的法律监督机关，但是既没有明确人大的法律监督与检察监督之间的关系，也没有界定检察监督的概念、范围和效力。这种立法的模糊性，导致检察监督在实践中的不确定性。关于检察监督的具体条款，大多散见于三大诉

---

① 汤维建：《检察监督立法的外部关系与内部关系》，载《人民检察》2011 年第 9 期。

讼法之中，且数量少，规定的可操作性不强。检察监督条款的缺失，限制了检察机关行使法律监督职权的方式和手段，在一定程度上制约了检察机关法律监督职能的发挥。

具体而言，专门的法律监督立法不足主要体现在以下三个方面：一是关于检察职权的配置不够完善。宪法只是原则性地将检察机关定位为国家的法律监督机关，其根本职责是维护国家法律的正确、统一实施。法律监督作为一种独立的国家权力形态，必须具有独立性和强制性等内在规定，并且在法律监督的外延需要作出进一步的界定。但是除了宪法的抽象性规定之外，尚无专门的法律监督立法对此作出明确的授权和权威的界定。检察监督职权的范围不够明确，上下级检察机关之间的领导关系缺乏体制上的保障。这种检察监督立法的不足导致了检察机关的监督地位不能与其宪法地位相匹配，也带来对检察权运行的监督制约不足的问题。二是关于法律监督的程序不够健全。尽管随着三大诉讼法的修正完善，对诉讼活动的监督程序得到进一步的完善，但仍存在法律规定过于原则和宽泛，程序缺乏可操作性，措施缺乏强制性等问题。三是法律监督的方式还不配套。检察机关的法律监督与其他监督相比，具有一定的特殊性，但目前尚未从法律监督专门立法的层面完善配套的方式，检察机关法律监督的特殊性没有得到体现和保障。

我国的地方检察监督立法实践也表明，检察监督的立法确有必要。有数据显示，截至 2012 年 12 月，中国已经有 31 个省级人大常委会出台关于对诉讼活动进行法律监督的决议或决定。这些决议或决定在实践中发挥了重要作用，其一，系统吸收了分散的法律监督规定，突破了法律监督的瓶颈；其二，抓住了法律监督的关键和重点，提升了法律监督的质效；其三，以司法推进的特有方式，验证了检察监督的立法必要。但与此同时，这些地方立法也存在一些突出的问题，地方立法内容之间的重复或冲突、对诉讼活动的法律监督规定缺乏机制保障、保障检察官独立的规定缺失等问题较为明显，有些地方立法并未发挥应有的作用。因此，检察监督在地方具备一定条件的基础上应适时上升为国家层面的统一立法。

"由上可见，检察监督法的制定在逻辑上是必然的，在实践中也是急需的。目前，已有 20 多个省级人大常委会通过了加强检察机关法律监督的决议。然而'决议'不能代替立法，而仅仅为立法提供了必要准备，同时也证明了检察监督立法的必要性和现实性。"[①]

---

① 汤维建：《检察监督立法的外部关系与内部关系》，载《人民检察》2011 年第 9 期。

二、检察院组织法亟待完善

检察院组织法作为上承宪法下启诉讼法等处于关键位阶的法律，其立法的完善与否直接决定了检察法的完善与否。检察院组织法解决的是体制层面的问题。不同层级法律需要解决问题的层面不同，就检察制度而言，宪法解决的是制度层面的问题，组织法解决的是体制层面的问题，诉讼法解决的是机制或方式层面的问题。理论上，检察制度、检察体制、检察机制及方式应分别体现于宪法、检察院组织法和诉讼法及其相关法律文件中。因此，检察院组织法应重点解决以什么样的检察体制来落实宪法层面的检察制度。检察制度与检察体制关系密切，一方面，检察制度对检察体制具有决定作用。检察制度要求检察体制能反映、体现其本质内容，适应并服务于自己。另一方面，检察体制对检察制度产生巨大的制约作用。体现检察制度发展要求的检察体制，可以使检察制度的优越性得到充分发挥；不符合检察制度的检察体制，则阻碍着检察制度优越性的实现。检察体制是检察制度得以在社会中实现的介质，它的选择和确定，既要遵循和体现检察制度，又必须着眼于当前及今后中国的司法供求，根据不同情况将制度的原则规定和目标要求体系化为检察体制，以更有利于检察制度的贯彻实施，促进检察制度的巩固、发展和完善。我国宪法在制度层面规定，法律监督是检察机关的主要职能，它决定了检察院组织法在检察权独立行使、检察权优化配置及检察领导体制等重要方面如何进行体制选择。

现行检察院组织法未能立足体制层面。首先，体制性内容与机制性内容不分层次地并存于检察院组织法中。检察院组织法具有检察机关"根本法"的地位，其应以实现检察机关在国家权力体系中的宪法定位，以及解决检察机关与其他国家机关的关系框架为己任，对于检察机关行使职权的程序规则不应直接作出规定。现行检察院组织法以三分之一篇幅独立成章来规定检察机关执法办案的程序，将应由诉讼法规定的程序性规定纳入检察院组织法的体制性范畴。与此对照，对于检察机关职权等检察院组织法应重点规范的体制性内容，现行立法无论在内容还是形式方面均未形成标准体系，这反映了检察院组织法在立法体例和立法技术方面未能遵循基本的立法规律。其次，检察院组织法中的体制性设计远未达到体系化要求。作为上承宪法下启诉讼法的人民检察院组织法，其立足体制层面的程度只有达到体系化的程度才能为检察制度的运行提供顺畅的渠道，才能为机制创新提供规范的框架，才能承担贯彻宪法和统领诉讼法的重任。现行检察院组织法条文总数仅28条，关乎检察体制的设计更是少之又少，无法支撑检察院组织法在立法层次中的角色担当。最后，未能及时将司法改革和检察改革体制性成果法律化。现行检察院组织法在其实施的30

多年时间里，只对个别条文进行了两次修订，而这 30 多年正是我国司法改革最密集的时期。现行立法未能结合中央司法体制改革的重要部署以及最高人民检察院有关检察工作体制机制改革的探索实践，对检察改革体制性成果进行系统总结提炼并以法律形式加以固定。

这种立法的定位不准确产生的直接后果就是检察机关的定位在宪法的宏观层面加强、在诉讼法等微观层面体现而在组织法的中观层面弱化的发展异态。1979 年检察院组织法之后的"八二宪法"，将检察机关定位为国家的法律监督机关，从宪法高度提高并强化了检察机关的法律地位，以国家根本法的形式第一次公开确认和肯定了检察机关承担的法律监督的特殊使命。现行的刑事、民事、行政三大诉讼法也分别肯定了检察机关法律监督的权力性质，并将法律形式与监督内容在诉讼法层面进行了有机统一。然而，现行的 1983 年人民检察院组织法却未能与宪法和诉讼法的发展保持与时俱进。突出体现为对检察机关基本职权的弱化态势，对检察机关提起公益诉讼的权力以及对检察机关针对民事、行政案件的法律监督权的权能缩减都是弱化的具体表现。

三、检察法的体系化不足

检察法作为规范检察制度和检察工作的所有法律规范，理应形成相对独立的有机法律规范体系。这种有机的法律规范体以下两点要求，一是检察法律规范的内容和结构应当具有统一性。检察法律规范应当是全面、完整且有序、协调的存在。检察法律规范之间应该具有有机联系，内容上互相对应、互相补充；结构上层次分明、逻辑严谨，形成完备的科学的立法体系。纵向上，不同效力等级的检察法律规范应当层次分明、相互衔接，形成一定的梯次。横向上，保障不同职能顺利运行的检察法律规范应当门类齐全、相互协调，形成完整的布局。现行检察法律规范尚未形成完整的关于检察的法律规范体系，且法律规范之间存在一定程度的孤立和无序的状态。

二是检察法律规范的价值和目标应当具有统一性。检察法律规范体系应统一于检察制度的发展、检察权的顺畅运行和检察工作的顺利开展。尽管蕴含于不同检察法律规范之中的价值取向和目标指向会有差异，但总体而言，检察法律规范的价值和目标具有对立统一性，其共同统一于公权与私权之间的平衡、法制与法治之间的平衡。当前个别检察法律规范仍然没有着眼于检察制度的整体、持续发展，法律规范中仍然存在与检察法律规范的价值和目标背离的情形。尤其在地域性检察法律规范中，有基于短期成效或部门利益的功利考量进行的规范设定，如地方检察机关与其他机关会签的规避制度等的地方性文本等。

第三节　检察法律规范体系的期待

一、完善检察监督立法

完善检察监督立法是落实十八届四中全会精神的客观需求。党的十八届四中全会通过的《中共中央关于全面推进依法治国若干重大问题的决定》（以下简称《决定》），把建设中国特色社会主义法治体系、建设社会主义法治国家作为全面推进依法治国的总目标，其中明确提出形成"严密的法治监督体系"，并部署了新形势下加强法治监督、确保法律实施的重大任务。这是中国特色社会主义法治理论的最新成果，对于加强法治监督、建设中国特色社会主义法治体系具有十分重要的意义。曹建明检察长认为，"检察机关的法律监督是有宪法和法律明确授权的国家司法权，具有法定性和专门性，在法治监督体系中具有不可替代的地位和作用。党的十八大以来，党中央对检察机关法律监督工作高度重视。习近平总书记明确指出，要加强检察监督。《决定》把检察监督纳入法治监督体系，并作为司法监督的重要组成部分，明确了新形势下检察监督制度建设的重大任务，对检察机关履行监督职责、保证法律实施提出了更高要求"①。

《决定》对检察机关的法律监督权进一步予以完善，赋予了新职责。主要有五个方面：《决定》提出，检察机关在履行职责中发现行政机关违法行使职权或不行使职权的行为，应该督促其纠正；要探索建立检察机关提起公益诉讼制度；要完善对涉及公民人身、财产权益的行政强制措施实行司法监督制度；要完善对限制人身自由司法措施和侦查手段的司法监督；要加强职务犯罪线索管理，健全受理、分流、查办、信息反馈制度，明确纪检监察和刑事司法办案标准和程序衔接，依法严格查办职务犯罪案件。

完善检察监督立法应明晰检察监督立法的内外部关系。首先，明晰检察监督立法与宪法的关系。宪法是检察监督立法的直接法律依据和最高法定依据，检察监督法作为宪法之下关于检察专门立法的最高位阶的法律，其只体现现行宪法的意志。在检察制度体系中，核心制度是宪法法律中关于检察事业领导力量、检察机关权力来源、检察机关性质定位、检察职能范围、检察机关活动原则、检察机关与其他司法机关关系的根本性规定。其作为上承宪法将宪法赋予

---

① 曹建明：《形成严密法治监督体系　保证宪法法律有效实施》，载《求是》2014 年第 24 期。

检察机关法律监督权的总章程进行具体化，作为法律监督的专门的总则下启诉讼法和其他法律规范。检察监督立法应通过改革完善基本层面的检察制度，使宪法的核心制度更加稳固。

其次，理顺检察监督立法与其他监督立法的关系。检察监督立法只是监督立法的一部分，我国的监督立法还包括人大的监督立法、行政的监督立法等。2006 年通过的《中华人民共和国各级人民代表大会常务委员会监督法》专设章节规定"听取和审议人民政府、人民法院和人民检察院的专项工作报告"、"法律法规实施情况的检查"、"规范性文件的备案审查"等内容，在位阶上高于检察监督立法，检察监督立法不应与其冲突。行政的监督与检察监督分属不同的监督区域，检察监督立法应注意监督的范围和边界。

再次，界定检察监督立法与检察院组织法的关系。现行检察院组织法也作为上承宪法下启诉讼法和其他法律规范的专门检察立法，曾作为唯一的检察专门立法的最高位阶法律存在。但理论上，检察院组织法的定位应为与检察"组织"有关的相关规定，与检察"职能"有关的规定不应规定在组织法中。检察院组织法在进行修订时，应明确其"组织"的定位，将"职能"的所有规定与其分离，形成与检察院组织法并列的检察院监督法的立法。

最后，规划检察监督立法与三大诉讼法的关系。检察监督立法与三大诉讼法的关系是检察监督立法应重点考虑的问题，应从长远角度认真规划。检察监督立法作为诉讼法中有关监督的具体规定的上位法依据，理论上，应先有检察监督法然后有诉讼法中的检察监督立法。但是由于我国立法的特殊国情，检察监督立法尚未提上议事日程，但三大诉讼法的新近修改已完成，并在检察监督的具体条款方面相对完善。因此，应在规划检察监督立法与三大诉讼法的关系以及法律稳定性、灵活性等方面更为审慎。

完善检察监督立法的基本原则与价值目标。检察监督立法应分为总则和分则部分。在总则部分，应通过规定检察监督立法的基本原则与价值目标，将宪法规定的高度抽象的法律监督的定位在方向和目标上进一步具体化。检察监督法的总则应该包括以下几项原则：一是有限监督原则。根据我国的政体，检察机关的法律监督权源于人大监督权的再次分配。人民主权原则下，人大监督是最高层次的法律监督，其对"一府两院"所有法律制度实施情况进行监督。检察机关的专门法律监督是根据人大法律监督权的授权，在一定范围内、通过一定的程序进行的有限监督。检察机关的专门法律监督是人大法律监督落实的一种形式和载体，人大监督是宏观监督，检察监督是中观监督或微观监督。二是充分赋权原则。尽管我国现行宪法和检察院组织法均规定我国的检察机关为法律监督机关，但除三大诉讼法外，并无法律规定将此种监督权具象化。检察监督由一般监督演变为以诉讼监督为主的监督，但是，检察机关通过诉讼行为进行的检察监督立法仍存有一定的立法空间，应在适度的空间对检察监督进行必要的扩充。应在明确有限监督原则的基础上，解决长期以来制约检察监督的职责、权限、程序、方式不明的问题。要坚持检察监督立法的"技术立场"，要正确选择立法语言，要选择规范的法律用语替代模糊的政策语言；要明确条文的可行性和义务性，合理使用授权性和准用性条款。

总则部分同时应体现检察监督的价值目标。作为检察监督制度的目的，检察监督的价值目标决定检察监督制度的基本性质、发展方向和运行模式。检察监督的价值目标作为价值在法学领域的特殊表现形式，它决定着检察监督立法的内在品质。以诉讼监督为主的检察监督的价值目标就在于它对诉讼程序正义和实体真实的追求、对司法公正的维护和对公权的制约以及人权的有力保障。并且，总则中应体现监督和接受监督的双重价值目标。从自我监督角度，检察监督立法应同时具有保障法律监督权和限制法律监督权的双重功能。

完善检察监督立法的模式选择。关于检察监督立法的模式，学界存在不同的观点，主要成型的观点有以下几种：第一种观点是由全国人大制定《中华人民共和国法律监督法》，这一立法模式将检察监督中的检察"职能"从检察院组织法的检察"组织"中分立出来，对检察监督中的检察"职能"进行专门的立法。这种立法模式，可以有针对性地解决当前法律监督范围不明确、监督措施乏力、监督程序不健全等检察监督领域的关键问题。但这种立法也存在较大的现实障碍，第一是将检察监督中的检察"职能"从检察院组织法的检察"组织"中分立出来，"会改变人民检察院组织法与人民法院组织法和人民政府组织法在体例上的一致性，而人民法院组织法和人民政府组织法的体例作同样调整的要求目前并不十分强烈"①。第二是由全国人大进行立法，立法过程会比较漫长。

第二种观点是由全国人大常委会作为立法主体，制定《关于加强和改进法律监督工作的决定》，这种立法模式相对灵活，可以在短期内应对当前制约检察监督工作发展的关键问题。

第三种观点是在修订人民检察院组织法时将检察监督中检察"职能"部分并入检察院组织法之中，检察院组织法仍作为唯一的检察专门立法的总的章程。

我们更倾向于第一种观点，由全国人大制定《中华人民共和国法律监督法》立法草案。尽管这种模式可能会改变人民检察院组织法与人民法院组织

---

① 谢鹏程：《检察立法的发展方式》，载《人民检察》2011 年第 9 期。

法和人民政府组织法在体例上的一致性，但这种"不适应"并非是由合理向不合理转变的结果，而恰恰相反。将检察监督中的检察"职能"从检察院组织法的检察"组织"中分立出来，可以使检察院组织法更像组织法，监督法更像监督法。而人大立法程序的漫长也只是立法中可以解决的困难，并不能构成否定立法模式的充分理由。无论从完善中国特色检察制度的客观需要角度还是从推进我国司法体制和工作机制改革要求的角度，我国都需要建立一部专门的法律监督法。

具体而言，《中华人民共和国法律监督法》可分为总则、分则和附则三大部分。总则中规定检察监督立法的原则以及与三大诉讼法等其他涉及法律监督的法律规范之间的关系，并针对法律监督工作各个要素体现出的组成结构、布局关系、职能配置、方法运用等法律监督格局进行科学构建。分则应对刑事立案与侦查活动监督、刑事审判活动监督、刑罚执行和监管活动监督、民事审判与行政诉讼监督、行政执法监督分别作出规定，并对各种监督的范围、效力、方式等进行明确，由此形成一个比较完整、系统的立法构架。

二、立足体制层面的组织法修改建议

首先，修法设计应立足体制层面而非制度、机制或方式层面。应正确处理以宪法为依据和设置宪法性规范之间的关系，正确处理统筹诉讼法和设置诉讼法程序规则之间的关系。宪法对于"法律监督机关"的原则性表述，组织法应侧重于对"法律监督"范围的分解细化以及对检察机关"法律监督"与其他类型监督的界限、边界问题的框定。

其次，以检察院组织法统领三大诉讼法。三大诉讼法的修改对于完善检察制度、健全检察体制、创新检察机制和方式等方面的影响将是长期而深刻的，检察院组织法的修改应该更具前瞻性和长远性。检察院组织法与三大诉讼法之间不是衔接或互补的关系，其应以更高的站位和完备的体制统领三大诉讼法。现行检察院组织法更侧重于对检察实体职能的规定，修法时应增加三大诉讼法中难以规定的法律监督程序。这既避免了具体职权行使程序的重复立法，又体现了检察监督立法的上位法特点。

再次，理顺检察院组织法与检察官法之间的关系。检察院组织法调整的是检察机关领导和组织架构关系问题，是人民检察制度的法律形式，是检察权运行的法律基础。而检察官法调整的是检察官人事制度的相关规定。组织法在宏观上指导检察官法的原则、基本框架等，检察官法在组织法的框架内，具体规定检察官的任免、职责等。检察人员的分类管理、员额制、任免等问题应在检察官法中作详细规定，在人民检察院组织法中有原则性规定即可。

最后，应以"组织"为要义对检察院组织法进行体制化设计。现行 1979 年检察院组织法制定于各种法律都不健全的历史背景下，当时的立法掺杂了一些检察机关"组织"之外的内容。鉴于当前我国各部门法的设立已较为完备，检察院组织法应变更原有立法体例。检察院组织法是紧紧围绕检察机关"组织"方面的体制进行规范的，要专门对检察机关的组织制度、组织体系进行体制化设计。检察机关在国家权力格局中的法律地位及与其他国家机关的关系框架；检察机关的组织原则、组织机构的具体设置以及组织机构的具体职责、权限等内容均应在体制层面进行明确。

三、完善检察官法

随着我国公务员制度的完善和司法体制改革的深入，检察官法一方面需要与公务员法保持一致，调整修改相关规定，实现两者的合理衔接，坚持和落实统一的国家干部人事制度；另一方面检察官的范围、任职资格条件、职责义务、责任承担、职业保障发生了深刻变化，须突出检察官的职业特点，结合新变革进行补充修改，巩固司法改革和检察机关干部人事制度改革的重要成果。

一是明确检察官的范围和任职条件。包括缩小检察官的范围，提高检察官的任职条件等。删除《检察官法》中关于"非法律专业"以及"担任检察官的学历放宽"等规定，进一步完善关于检察官分类管理和检察官员额制的规定。

二是划分各级检察官的职责权限，包括明确检察长的职责权限；规定副检察长、检察委员会专职委员受检察长委托，履行检察长的相关职责；突出检察官的办案主体地位，规定检察员依照法律规定和检察长委托行使侦查、公诉、法律监督等职权，建立检察官权力清单，明确检察官亲自承担的办案事项，在职权范围内依法对案件作出决定；以及以柔性的方式处理检察一体与检察官独立之间的关系，建立检察官职务转移制度等。[1]

三是加强对检察官的管理和职业保障。包括明确规定各级人民检察院和省级以上公务员主管部门按照管理权限和分工，实行检察人员全省统一招录、基层任职、有序流动、逐级遴选制度，省一级设立检察官遴选、惩戒委员会，完善检察官考评、奖励制度；体现检察官管理制度特点，使之与检察官单独的职务序列相适应，应明确检察官职务层次；强化检察官职业保障，非因法定事由，非经法定程序，不得将检察官调离、辞退或者作出降级、撤职、开除等处

---

① 参见阮志勇：《检察法制》，"十三五"时期检察工作发展规划专题研讨会调研材料之五，2015 年 12 月 29 日"十三五"时期检察工作发展规划专题研讨会（湖北武汉）。

分；建立与检察官职务等级序列相适应的单独薪酬制度等。

四是完善司法责任体系。立法应解决目前存在的"责任分散、主体不明、责任难追"和"逐级层层把关、集体负责而无人负责"的状况。落实"谁办案谁负责、谁决定谁负责"的原则，完善司法责任制。以责任追究机制和纠错机制为核心构建有层次性的司法责任体系，增强司法责任体系的层次性和系统性。

四、加强检察法的体系化建设

首先，明确检察法的体系化标准。一是检察法律规范体系形成的系统标准。自洽、完满的检察法律规范体系包含以下几方面的要求：其一，检察法律规范体系的内容标准，即全面涵盖关涉不同检察职能运行的业务性检察法律规范，以及保障检察权运行的各类管理性检察法律规范，且不同内容检察法律规范之间形成有机统一的整体。其二，检察法律规范体系的结构标准，不同效力的检察法律规范形成完整、有序的格局，关于检察制度、体制、机制或方式的不同层面问题的解决都做到有法可依。其三，检察法律规范体系的技术标准，即及时对检察法律规范进行立、改、废、编、释活动，做到体系内部的结构合理、逻辑严谨与体系外部的有效协调和相互衔接。二是检察法律规范体系形成的价值标准。检察法律规范体系既是规范文本的体系化，也是价值原则的法律化。检察法律规范不仅应体现公正、秩序、效率等法的基本价值，更应体现权力制约、公益保护、权利救济以及法律统一等内涵检察法律的价值。三是检察法律规范体系形成的法治标准。美国著名的法哲学家和法律史家伯尔曼曾指出，"确保遵从规则的因素如信任、公正、可靠性的归属感，远比强制力更为重要。法律只在受到信任，并且因而并不要求强力制裁的时候，才是有效的，依法统治者无须处处都仰赖警察。……总之，真正能阻止犯罪的乃是守法的传统，这种传统又植根于一种深切而热烈的信念之中，那就是，法律不仅是世俗政策的工具，而且还是生活终极目的和意义的一部分"[1]。

其次，构建体系化的狭义检察法。张文显教授认为，"法治体系是一个描述一国法治运行与操作规范有序化的程度，表征法治运行与操作各个环节彼此衔接、结构严整、运转协调状态的概念"[2]。狭义的检察法是指主要规范检察权运行的法律规范，具体包括：

第一层次的基本法律。宪法以根本法的形式规定了检察制度，狭义检察法

---

① ［美］伯尔曼：《法律与宗教》，梁治平译，三联书店1991年版，第43页。

② 张文显：《建设中国特色社会主义法治体系》，载《法治与社会发展》2014年第6期。

首先应在基本法律层面创设或完善检察监督法和检察组织法。将检察监督中的检察"职能"从检察院组织法的检察"组织"中分立出来，构建检察"职能"和"组织"并行的检察基本法律。其中，检察"职能"部分应在分则中全面规定刑事诉讼监督、民事诉讼监督、行政诉讼监督以及职务犯罪监督等的监督职能、监督方式和法律责任等。

第二层次的单项法律和专门法律。应包括分解检察组织法中规范检察官制度方面的单项法律和规范检察管理、规范检务保障的单项法律等。专门法律包括规范军事检察院、新疆生产建设兵团检察院、国有林区检察院以及其他派出检察院的专门的"组织"和"职能"的条例。

第三层次的检察工作细则和工作规则。检察法律规范的第三个层次处于"金字塔"的塔形底部，由大量的具体的工作细则和工作规则组成。这些检察工作细则和工作规则在操作层面对上位检察法进行分解和细化，通常以"条例"、"意见"、"规则"、"规定"、"细则"、"办法"等形式出现。

以上是三个层次专属检察立法的狭义检察法，不包括广义检察法的范围，如宪法、三大诉讼法及其司法解释、监狱法、国家赔偿法、全国人大组织法等法律规范。上述法律规范中包含关于检察制度和检察工作的规定，与狭义的检察法共同构成完备的检察法体系。

"十三五"时期，检察法律规范在各个方面都将进一步完善，形成衔接配套、科学完备的检察法律规范体系。在质上，应做到基本法律更为稳固，单项法律和专门法律成熟定型，检察工作细则和工作规则健全完善，为检察制度的充分实现和检察权的顺畅运行提供更加有力的法律规范保障。

第六章　检察评价体系建设

检察评价是主体基于一定评判原则和标准、经由一定的程序和方法对检察权运行及检察实践的价值大小进行认知的系列活动。检察评价结果不仅可以影响检察制度的权威性和公信力，还可以作为反作用于检察权运行和检察制度的实现，并对其起到推动作用。检察评价体系包括外部评价体系和内部评价体系，本章主要以内部评价体系为研究重点。

第一节　检察评价体系的基本原则

一、坚持科学性与目的性并重

科学性是检察评价体系建立的前提和基础，只有建立在科学性基础之上的评价体系才能客观、真实地反映评价对象。社会科学意义上的科学性并不遵循自然科学中的结果唯一性、验证性等规定，其核心在于方法的规范性以及由此真实客观地反映事物的本质。检察评价体系的科学性原则主要指以下几方面：一是检察评价的信息收集、指标设计及权重确定等能够客观真实地反映检察权运行的真实情况；二是检察评价体系的设计遵循检察权运行规律且体系内遵循一定的逻辑关系。司法工作有其特殊规律，即司法目的、任务与司法能力、体制等主客观要素之间内在的、必然的联系。检察工作是司法工作的重要组成部分，其遵循司法活动的一般规律。除了具有司法工作共通的规律外，检察权还有其自身的规律，这种规律不断重复出现，在一定条件下经常起作用，决定着检察工作的发展，其包括确立并开展检察工作的动机、目的以及检察工作构成要素之间的内在联系，以及检察工作与经济基础、宪治、司法、诉讼等事物的外在联系。因此，检察评价体系的设计应遵循司法工作规律及检察工作规律。

长期以来，我国的检察评价主要参照了行政权运行的评价体系，以"量"、"率"作为考核分析工具的 GDP 模式成为检察评价的主要方向，检察权的司法性和法律监督性没有得到体现。同时，检察评价体系之间的指标、权重等的设计粗疏且存在冲突，指标、权重设置的不科学不仅带来业务部门之间甚至部门内部的考核评价冲突，而且造成检察权运行中的目标错位与观念扭曲。近年来，检察机关采行的案件质量评价体系则与考评的科学性要求存在诸多冲突之处，侦查监督部门对于捕后的撤案、无罪、不诉乃至捕后徒刑以下比例，公诉部门对于无罪判决和职务犯罪侦查部门对于撤案率的严格控制等现象，以及在配合大于制约惯性下三机关对于案件"一错到底"的"技术化"处理等普遍存在。

以上问题的出现，很大原因是由于检察评价体系的设计违背了科学性原则。检察评价体系的设置应充分体现科学性原则，主要包括，一是检察评价指标、权重等的设定应遵循检察权运行规律和诉讼运行原理，充分体现检察权的司法属性和法律监督属性，革除评价体系中严重的行政化倾向。因此，应适当减少有关"量"和"率"等行政考核指标数量，将评价方向转向检察行为是否与实体法和程序法的规范相符方面来。二是检察评价指标、权重等的设定应保持逻辑上的同向性和因应性，避免检察权运行中不同检察职能之间的冲突。"评价体系指标具有逻辑性，这种逻辑性即表现为，评价指标体系需要采用一定的分类方法将评价客体之多方面构造进行分类，然后针对每一构成因素设定相应的评价指标。评价指标体系的逻辑性即表现为其分类方法的逻辑性，即分类方法需要科学划定评价客体的各方面构造，并对这些构成要素有逻辑地予以排列。"[1] 在职务犯罪侦防评价体系中，如何避免职务犯罪案件的办理数量与职务犯罪预防成效之间的评价冲突以及如何对预防成效的时滞性进行科学的评析等，既要体现出检察职能之间的共性，又要反映出不同职能间的差异。"与审判权、公安侦查权相比，检察权的构成是比较复杂的，职责之间既具有递进性，又具有约束性，如刑事申诉立案复查和纠正数、刑事赔偿数的考核均为重点加分项目，但这些加分的指标，本质上却是其他业务部门执法不规范的直接反映，这就出现一个地区执法规范不得分、执法不规范却得分的奇怪现象。"[2]

任何系统都有其存在的目的和意义，因此，构建检察工作绩效评价体系首先需要明确检察工作绩效评价的目的。进行检察工作绩效评价时，我们不可能也确无必要面面俱到，只需选择那些以绩效评价目的、依据的评价指标进行评价即可。评价的目标不仅在于对检察权运行价值的认知，评价更包含着特定的目标，检察评价需要遵循目的性原则。检察评价体系的科学性是建立在特定的检察目标之上的。检察评价体系的目的性原则是指检察评价体系的信息收集、

---

① 江国华、周海源：《司法体制改革评价指标体系的建构》，载《国家检察官学院学报》2015年第2期。

② 周茂玉、杜淑芳、褚尔康：《检察业务考核运行中的问题及解决思路》，载《人民检察》2014年第18期。

指标设计及权重确定等应着眼于检察制度完善及检察职能目标的具体实现。社会发展的合目的性归根结底服从于合规律性，只有当目的符合于社会规律以及有关的客观规律，这样的目的才能实现。

应正确设定检察发展目标，检察目标的定位应与检察权的科学、可持续发展及司法公正的价值目标保持一致。检察发展目标，主要包括检察制度自身的完善和科学发展以及由此决定的司法公平正义的实现。

二、坚持系统性与开放性并重

在检察评价体系构建过程中，必须将检察评价体系作为独立于检察活动存在的有机开放的系统。一方面，检察评价体系本身作为一个系统而存在，其由完整的评价主体、评价客体、评价指标和评价方法等要素构成，各组成要素之间互相关联并形成制约。作为体系化的考核要素，其主要体现为不断优化状态下的横向制约和纵向隶属的层次关系。不仅如此，评价体系本身也作为被评价的客体而存在，针对评价体系的研究必将包含体系本身的特征、功能及价值目标等基础理论。"检察机关考核考评制度是检察组织管理体系的重要组成部分，有其自身独立的理论体系。构建科学、完善的检察机关考核考评制度，需要深入研究检察机关考核考评制度的基本原理。基本原理主要包括理论基础、基本特征、构成要素及功能愿景和考核考评制度的制定与完善。"① 另一方面，检察评价体系是与变化的检察体制、机制及整个司法环境并存的，尤其当前正在进行的全面司法体制改革，其必然表现为不断吐故纳新的动态开放性。并且，检察评价体系中的部分评价客体还包含着公众对检察公信力等进行的评价，公众评价和司法民主的显著特征便是其开放性。

检察评价体系的系统性要求体系以检察权运行过程为主线、检察职能行使为核心、以公正司法原则为基础、以司法为民原则为宗旨，构成一个有机评价系统。细化到评价体系的内部评价指标，一级指标可以再衍生出二级指标、三级指标，直至能够量化具体的检察行为，从而形成具有一定层次结构的评价体系。其中，应围绕检察制度的完善及检察行为规范、公正为基本中心设计一级指标，作为全局性的统领指标，这些一级指标更应强调指标内涵的价值性和导向性；以直接与检察具体职能相关的反映检察不同性质权力的基础性指标作为二级指标，二级指标应体现区分性和规律性；在不同性质的检察职能二级指标之下，设置以具体检察行为为指向的三级指标，三级指标的设计要倾向于直接性和效用性，使得评价体系能够切实地指向检察活动，能够对检察行为进行直

① 乔汉荣：《检察机关考核考评制度的基本原理》，载《人民检察》2012 年第 15 期。

接评价。

检察评价体系的开放性要求，一是检察评价体系指标的设计应参照检察评价体系之外的评价体系。检察评价体系不是封闭、静态的，其同时受到检察之外评价体系的影响。以检察公信力的评价为例，检察公信力相对值高不可直接推导出其事实上优于其他部门的公信力，受众通过主观表达体现的检察公信力低下不可直接推导出其事实上的低下，因此，检察评价体系要通过引入行政或司法机关的某些指标进行参照并分析，才能得出科学、准确、客观的评价结果。二是检察评价主体应引入检察组织体系以外主体的评价。检察评价不应是自我评价，应是多元主体共同进行的评价。检察官与律师"形式上对立、目标上一致"的辩证特点，决定了律师最了解检察工作的薄弱环节和检察机关在保障律师依法执业上的不足。在美国，即以问卷调查的形式向律师征询对检察官的职业素能、检察行为以及监督、制约机制等各方面的评价意见，是检察官考核规定中更容易收到实效的做法。因此，无论从开放性还是评价结果应用角度而言，都应该吸收公民和律师等对于检察行为的评价。在发达的法治国家，除了正常的遴选机制外，强大有效的社会评价机制发挥了重要的作用。检察机关是面向社会、服务公众的，检察工作成果的优劣评判不应仅依据检察内部或上级检察机关的认同和肯定，社会的认同和肯定应是检察评价的更高标准。因此，提高司法的透明度和开放度，建立有效吸纳并反馈社会意见的体制机制正是弥补考核制度缺陷的可行方向。

三、坚持指引性与应用性并重

考核是我国检察机关行之多年的一种工作评价机制，检察考核评价体系的无形"指挥棒"作用一直在支配着检察人员的司法行为。从检察机关内部来看，部门之间的互相制约演变成互相配合、互相照顾以互利于各自的考核，公诉阶段拟作证据不足不诉的案件因不利于审查批捕部门的考核而需要变通，拟作绝对不诉的职务犯罪案件因不利于自侦部门的考核而需要变通为存疑不诉或相对不诉，如此种种的内部变通已成为检察人员稳定的行动逻辑。外部，因检察机关的相关考核是建立在侦查、审判机关评价基础之上的，因此，检察机关与公安、法院之间在程序之外以法律之外的方式进行着方方面面的"沟通与协调"①。如侦查监督部门对捕后不诉、捕后轻刑判决率的指标设置，职务犯罪侦查部门对生效判决数的考核，公诉部门对无罪判决率等"五率"的考核、

---

① 有学者称之为"审辩交易"。参见孙长永、王彪：《刑事诉讼中的"审辩交易"现象研究》，载《现代法学》2013年第1期。

民行部门对抗诉案件及再审检察建议的采纳数等指标的设定，客观上会强化检法之间的互相配合关系。

作为检察评价体系重要内容的检察内部考核机制挤压了刑事诉讼法的原则精神而成为事实上的检察机关工作和行动指南。行政式的考核也是一直以来形成刑事错案的一个重要原因，有错不纠以及一错到底等错案发生模式在很大程度上都是被考核绑架的结果。捕后不诉、捕后轻刑或捕后无罪判决的出现都是符合刑事诉讼规律的客观现象，检察实践中对于上述"率"的考核容易让检察人员根据考核结果而不是诉讼法的规定以人为干预地降低这些"率"，严重违背了司法公正的要求。这种内部考核机制同时也在支配着职务犯罪侦查工作。

理论上，职务犯罪的发生不存在"淡旺季"，对于职务犯罪的侦查也应遵循及时查办、有案必查的原则，但是实践中因为考核的错误导向，案件的查办被人为"安排"在不同的时间段内，"一二季度抓立案上数量，三四季度抓结案抓判决"的考核迎合式的案件查办节奏，早已偏离了案件自身的发生规律和查办要求。职务犯罪案件查办中结案率和生效判决率指标的不科学设定，以及对于案件数量每年增长的违反客观情况的"不当追求"都使案件查办数量、查办时间甚至查办环节被"人为控制"。总之，考核的指挥棒作用在事实上支配着检察人员的行动，并且基于此形成的行为逻辑相当巩固，一切围绕考核的功利思想使检察行为已远离诉讼理念、远离诉讼规律，有利于考核的工作都积极主动去做，不利于考核的工作只是疲于应付，以及对于考核创新指标的为创新而创新，甚至为考核进行数据加工、数据公关等考核乱象都应运而生。可以说，考核在检察职能作用发挥方面的作用已经在一定程度上被异化，考核指标对检察机关和检察人员的实际作用力已不可小觑。

评价应具备指引功能，应该以检察科学发展目标为导向设立科学、合理的评价体系，并通过评价体系把检察组织的战略思想、目标、核心、价值观念层层传递给检察人员，使之变成检察人员个人、部门和组织的自觉行为。良性、可持续的考核方式应在引导检察人员遵守程序、实现司法公正、赢取社会效果上充分体现优越性。2014年2月下发的《关于进一步改进检察业务考评工作的意见》，对完善检察业务考核工作提出了改进意见。继最高人民法院取消法院考核排名之后，中央政法委在2015年1月20日召开的中央政法工作会议上要求，中央政法各单位和各地政法机关今后对各类执法司法考核指标进行全面清理，坚决取消刑事拘留数、批捕率、起诉率、有罪判决率、结案率等不合理的考核项目。

检察评价体系同时还应体现实效性，实效性主要在于评价结果的可应用性。检察评价体系的应用性,其关键在于评价项目具有转化为可量化、可比较的数据的可能性。并且,这些数据分析可以推进检察行为和检察管理的改革和完善。

第二节 检察评价体系的内在逻辑

一、以检察权运行过程为主线,科学界定基本要素

检察权的运行过程构成检察权实现的主轴,检察评价基本要素的科学界定,应以检察权的运行过程为主线框定。检察权内在功能的发挥,实质上就是基于良性法治根本要求的检察权实现。如何在依法治国与法治正确的时代语境下,重新审视检察权运行的现实图景,以及基于检察权功能发挥预先设定一套相对科学理性的评估体系,就显得尤为重要。

检察权的基本运行过程应以法律监督权为基本的逻辑起点,以检察权行使的主体、检察权行使的程序、检察权的授权与保障以及检察权行使的效果等基本要素的有机互动为主线的动态过程。指标体系应涵盖"司法人员的准入及权责、司法权力的赋予与行使、司法权力的保障与监督等多方面的重要因素,足以揭示一国或地区的司法生态基本现状,预测其发展方向"①。

作为一项复合性权力,检察权各职能具有不同的特征规律和价值取向,需要根据不同检察职能布陈不同的评价要素。检察职能的发挥不是流水线上的机械操作,其中的人性或者说软性因素如果没有给予充分考虑,评价体系的实际运行就会出现某种不适应。以检察权运行过程为主线的考察,需要对不同的检察职能进行逐一解析。

侦查职能,将部分国家公职人员职务犯罪案件的侦查权交由检察机关履行,也称有限侦查权。由于国家公职人员利用职务犯罪严重挑战和破坏国家权力运行的正当性、合法性和廉洁性,是人民主权国家所严厉禁止和打击的对象。作为侦查权,毫无疑问表现为主动性、积极性的特征。同时,由于犯罪主体的特殊性,在启动侦查程序时往往又表现为慎重性特征。

公诉职能方面。国家公诉虽然表现为指控犯罪和求刑权,但客观性义务是其本质要求,既让有罪的人受到追究,又让无罪的人免于交付审判;既要关注从重加重情节,又要考量从轻减轻情节;既要重视法定情节,也要考量酌定情

---

① 董晔、向明华:《美国司法改革评价指标体系介评》,载《国家检察官学院学报》2015 年第 2 期。

节，当发生不当公诉时，还应当变更起诉或撤销起诉。随着政治文明的进步，公诉权将越来越摆脱侦查权的余威，越来越显示其独立性、中立性、客观性特征。

侦查活动监督典型体现是审查逮捕职能，作为一项司法审查权，具有典型的司法性特征。实行检警一体化的国家，将审查逮捕权交由预审法院行使，正是基于人权保障的考虑，将侦查权和审查逮捕权加以必要的隔断。因此，审查逮捕权不是简单的审批权，修改后刑事诉讼法更凸显其司法审查的特征，自侦案件批捕权上提一级，就是解决不能由行使侦查权的同一个单位决定逮捕的问题。公安机关不服不捕决定可以申请复议，检察机关必须作出复议决定，体现了侦查机关的反制性特征。

审判活动监督主要由三方面组成，一是对审判活动是否违法行使监督权，二是对刑事判决、裁定的审查监督，三是出席第二审法庭。对审判活动的监督从制度设计的层面考量，是前道环节对后道环节的监督制约，监督意见的提出、监督程序的启动，最终的裁决权依然取决于法院，因此对审判活动的监督兼具监督性、有限性、救济性特征，尤其是再审程序抗诉，更多地体现为救济性特征，是程序终结后的救济机制。

刑罚执行监督是指检察院依法对刑事判决、裁定执行的活动实行监督，对刑罚执行期间的违法情形行使法律监督权，其监督的对象是法院、看守所、监狱和社区矫正机构，监督的对象广泛、内容丰富。监督的形式和手段一般表现为口头或书面提出纠正意见的检察建议、纠正违法通知书。从刑事诉讼法的规定来看，检察机关的刑罚执行监督权是检察机关以监督者的形象履行法律监督职责，是典型的单向监督权，因而最具法律监督性特征。

控告和申诉职能，控告工作体现了群众工作和专门工作相结合的特征。检察机关通过履行控告职能，保障公民监督权利的实现。控告职能表现为被动性特征。近年来，检察机关开通网络举报，开展巡回接访，变上访为下访等，这是控告部门履行职能方式的转变，并不能改变其被动性特征。而申诉职能作为一项纠错机制的制度设计，表现为被动性和救济性。

民事行政检察职能方面。尽管修改后民事诉讼法丰富了检察职能，但是民事行政检察以审判监督程序的抗诉为主要手段的制度设计的本质没有改变。而再审程序的设计本质上是一项救济制度，在这一项制度中嵌入检察监督，可以理解为是对救济制度的进一步丰富和完善。因此，民事行政检察监督的着力点应当侧重于对审判活动的监督。对生效判决、裁定的抗诉，仅仅是一个检察监督的手段而已。特别是民事检察监督更要把握好检察权、审判权和公民、法人诉权自治之间的关系。因此，民事行政检察务必把握监督的有限性原则。

通过以上分析我们发现，不同的检察职能表现为不同的特征，有的具有主动性、能动性，有的具有双向制约性，有的表现为单方的监督性，有的则表现为中立性、客观性。所有检察职能虽然以法律监督的形象出现，但在监督的形式、手段、特征和本质上又各不相同。因此，以检察权运行过程为主线的考评要素界定，必须充分厘清不同职能的性质、特征及价值取向和运行规律，才能作出科学合理的设置。

二、以检察权运行规律为核心，科学定位逻辑关系

构建科学合理的评价体系，应当遵循刑事诉讼的基本运行规律，充分考量诉讼过程中证据变化的客观情况，允许诉讼活动进行中存在一定的变更比例。应以检察权运行规律为核心，科学定位逻辑关系，防止考核评价体系中逻辑冲突的发生。应理顺考核评价体系内在的逻辑关系，考核项目之间因考核对象的不同呈现出递进、因应或者独立的逻辑关系。

事实上，现有的检察评价体系在很大程度上忽视了检察权的运行规律，模糊了检察权在刑事诉讼程序中的功能和定位，许多标准的评价都以后一诉讼环节的结果作为验证。有学者批评这种功利化的思潮，指出："数字化管理……以致产生'好事变坏事'效应，即办案不以司法公正为标准而以符合考核指标体系为导向，采取种种不当措施，功利化地追求指标排名……导致程序不公正乃至实体不公正的现象时有发生。这一问题的实质是违背司法规律、违背实事求是精神。"[1]

侦查、审查逮捕、起诉、审判的功能诉求和运行规律各不相同，刑事诉讼中每个环节只需要完成各自环节的诉讼任务，而无须对后续的诉讼"过分担忧"。以侦查为例，作为公诉准备程序，侦查阶段的主要功能诉求就是发现和收集证据、查获和确定犯罪嫌疑人以及防止有可能的继续犯罪。至于案件是否会被起诉或者作出有罪判决，侦查环节都无须作出"附带性思考"。如果侦查阶段的工作主要是为提起公诉而进行的准备，那么提起公诉则是检察机关追诉犯罪成果公开、外化的展现。程序独立理念中的"能"与"不能"，正体现了刑事诉讼程序分开设计的原始初衷，也只有这样才能保证程序的相对独立。

尽管侦查终结、提起公诉、作出有罪判决的证明标准均为事实清楚，证据确实、充分，但是这也只表明三个诉讼阶段中证明标准的同一性，而不是否定刑事诉讼过程中认识的局限性。如果将后续诉讼程序作为对前诉讼程序的

---

① 陈光中、龙宗智：《关于深化司法改革若干问题的思考》，载《中国法学》2013年第4期。

"正确确认"，就会重蹈侦查中心主义或者以法院为准绳的覆辙。从认识论的角度，批捕率、起诉率、有罪判决率等指标是对检察人员认识能力的一种苛求，也是对诉讼规律和程序法定原则的违背。因此，应以检察权运行规律为核心，保持检察权运行的独立和检察官的客观中立，不做超出检察人员认识能力和诉讼阶段的评价设定。检察评价体系与侦查和审判评价体系之间的项目设定应符合程序规律，应体现一定的逻辑关系。

三、以检察权价值追求为依托，科学设置评价指标

检察权的运行，不仅应当是合法的，更需要以司法价值为依托。"质言之，基于司法价值之于司法体制改革的重要意义，司法体制改革的开展应当提炼司法的核心价值，而评价体系指标中也应设置相应的价值指标。"[①]

价值指标即是从检察价值或司法价值的角度对检察司法活动进行评价的指标。检察制度作为国家权力运行客观需要产生的制约性权力，在长期的发展实践中形成了其独特的价值，具体包括权力制约、法律监督、权利救济、公益代表以及维护法律统一、正确实施等独特的检察价值。检察权的运行，需要以这些价值为导向，唯有此才能使司法的法律效果得到最大限度的展现。

有罪指标权重大，追求有罪判决。对于无罪判决率的"零容忍"，表明绩效考核制度依然停留在一种以定罪为评价中心的阶段。"指标设计中没有保障被追诉人的人权的规定，比如保障被告人诉讼参与权、听取被告人意见、建议，接受被告人的申诉、控告，保障被告人律师的调查取证权、阅卷权以及会见权、对于侵犯被告人程序和实体权利的行为进行追究等。如此高的惩罚犯罪指标率以及完全忽视被告人权利保障的指标设置，恰恰说明我们的价值理念依然停留在对于犯罪严厉惩处的阶段，没有建立惩罚犯罪与人权保障并重的现代刑事诉讼结构。"[②] 基于此，检察评价指标体系的建构，需要从检察价值出发，对检察权运行及检察司法活动进行价值评判。

当前的绩效考核指标设计中的有罪追诉指标权重大，对于人权保障的指标设计没有规定。修改后刑事诉讼法的要求没有得到落实，"人权保障"的原则和制度设计在检察运行中没有实际落地。这在实践中产生了惩罚犯罪有余、保障人权不足的问题。因此必须予以改正。通过增加人权保障指标，降低有罪指

---

① 江国华、周海源：《司法体制改革评价指标体系的建构》，载《国家检察官学院学报》2015 年第 2 期。

② 禹得水：《关于检察机关绩效考核制度的调查报告——以 H 省 L 县人民检察院公诉绩效考核制度为样本》，载《中国刑事法杂志》2015 年第 2 期。

标权重大的方式，打破指标权重中不合理的局面。从而能够将惩罚犯罪与人权保障并重的理念渗透到公安司法人员的具体办案流程中。例如，增加对于保障被告人诉讼参与权的指标，增加对于听取被告人意见、建议权的指标，增加接受被告人的申诉、控告的指标，增加保障被告人律师的调查取证权、阅卷权以及会见权的指标，增加对于侵犯被告人程序和实体权利进行追究的指标。根据指标的权重设置具体的分数，对于人权保障性指标的分值一律以加分设置为基础。同时限定有罪指标的种类和数量，对于明显与人权保障理念相违背，与人权保障指标冲突的指标必须予以废止。[①]

第三节　检察评价体系的功能

一、评价功能与引导功能相结合

检察评价不只是为了评价而评价，检察评价更具有引导功能，应建立以引导功能为主的评价与引导功能相结合。现代行为理论认为："人的动机性行为是一个朝着目标不断推进的过程，在这一过程中会出现目标行为与目标导向行为，目标行为指行为本身即是目标，而目标导向行为是指为达到目标而采取的一系列准备行为。"[②] 绩效评价能引导被评价群体趋向既定的目标，从而使得该群体成员的行为发展目标趋于一致，以此实现组织对成员有效的管理、控制和协调。"例如，公诉绩效就是通过对无罪判决、撤诉、抗诉等关键指标的设计，达到引导公诉权向惩罚犯罪方向单向使用并通过指标限制公诉权的自由裁量来保证不偏离惩罚犯罪方向。"[③] 检察机关作为组织体，其评价结果与检察机关和检察人员的整体利益密切相关。"部门之间的分化与融合，是由绩效考核的网络支撑的。绩效考核除了引导公诉业务部门关注本部门利益外，还要维护检察机关整体利益，平衡和其他部门的利益。业务部门之间建立在利益平衡基础上的相互配合，逐渐取代法律规定的互相制约的职能分离规则，成为事实上指导各部门和检察官个人的行为法则。"因此，检察人员和内设机构组织的行为选择都会根据检察评价体系内容作出。

---

① 参见禹得水：《关于检察机关绩效考核制度的调查报告——以 H 省 L 县人民检察院公诉绩效考核制度为样本》，载《中国刑事法杂志》2015 年第 2 期。

② 姬军荣：《基于目标行为和目标导向行为的管理模式》，载《经济师》2003 年第 10 期。

③ 禹得水：《关于检察机关绩效考核制度的调查报告——以 H 省 L 县人民检察院公诉绩效考核制度为样本》，载《中国刑事法杂志》2015 年第 2 期。

二、制约功能与激励功能相结合

检察评价体系应同时具有制约和激励功能。检察评价体系是通过系列评价指标对检察人员和检察组织进行约束，因而其制约功能不言而喻。尽管绩效考核制度具有架空刑事诉讼法律体系的可能，但是同时具有能够建立基本的诉讼自律规定，对于遏制权力滥用或权力懈怠具有一定的作用。

有制约必有激励，一套良好的评价体系往往体现于其具有有效的激励功能。评价体系的激励功能一般体现为双向的激励，既包括正向激励，又包括负向激励。通过评价体系的正向激励，可以对检察人员和组织机构的积极行为产生强化和促进作用；通过负向激励，可以使检察人员和组织机构产生一定压力和约束力，敦促其更加尽职尽责地履行职能。迪玛奇奥和鲍威尔等人的"制度激励论"主张"制度不是一开始就塑造了人们的思维方式和行动，而是通过激励机制影响组织或个人的行为选择。这种影响不是决定性的，而是概率意义上的。在这个层面上讲制度，是强调制度具有激励机制，可以通过资源分配和利益产生激励作用，影响人的行为"[1]。

制约功能有利于可持续发展，能平衡系统内部的协调和谐发展，当前的评价体系忽视了制约功能。评价体系还应偏重激励功能，在关注激励功能正面激励作用的同时，防止忽略负向激励的作用，要改变实践中通过不断修订评价指标的被动性调整。

三、促进制度完善与观念更新相结合

检察评价体系具有管理开发功能，因而检察评价体系设计应遵循促进制度完善与观念更新相结合的原则。通过检察评价体系得出的评价结果，对于评价者而言，其既可以把握被评价者的工作业绩，又可以对被评价者的潜能进行新的认知，对于被评价者来说，通过检察评价能使他们更为客观地对待履职过程中的得与失。有学者指出："通过分析和研究各项指标的动态发展规律，上级检察院可以及时、全面、准确地了解检察业务工作全局、把握工作整体发展态势，针对各地区工作的现状和发展的侧重点，及时采取措施，减少或避免工作中的误差；通过创新工作理念，尝试不同的工作方法，创新工作机制，有利于解决因检察制度和检察体制在创新基础上的根本变革；通过对被考核考评单位整体工作的考评、奖惩、争先评优，并转化为干警个人的考核考评依据，使检察干警自觉把个人目标与单位目标统一起来，有利于增强组织的凝聚力；通过

平行院之间的争先创优，奖励被考核考评组织积极寻找差距。"①

四、统一性原则与区域性原则相结合

检察业务数据与当地的区域面积、经济水平及法治状况等区域因素具有密切的相关性，尤其是职务犯罪案件办理数量、审查批准逮捕案件数量以及提起公诉案件数量等检察业务数据，与检察主体的主观努力程度关联性不大。有些检察业务数据的获得很大程度上是客观因素作用的结果，主观努力对业务数据的影响甚微。对检察业务进行定性考核评价，如果不考虑不同地区的社会因素差异，将造成考核的实质不公。

因此，检察评价应坚持统一性原则与区域性原则相结合。总体上应坚持上级院统一考核模式，避免多头考核、分散考核、重复考核。同时，检察业务数据指标的设定，要充分考量不同区域影响量化考核的变量因素。

第四节　检察评价体系的完善

一、检察评价体系存在的问题

从检察评价体系的实施效果来看，检察机关的内部评价有利于规范检察人员规范司法行为，有利于加强案件质量内部控制，提高司法产品的质量与司法效率，有利于防止检察权的滥用和懈怠。但是当前检察机关的评价导向仍存在一定的偏差，检察评价指标的设置仍然不够科学，且绩效考核的利益与压力已经在一定程度上虚化了诉讼程序的独立价值，引起实体案件的诉讼程序倒流，扭曲了侦查、起诉、审判三环节的关系，并由此损害了司法的公正。绩效考核制度的初衷是促进检察业务、检察管理的发展，但该制度常常成为造成我国司法乱象的直接动因。检察评价体系成为在刑事诉讼法之外建立的一套规则。毕竟，绩效考核对检察权行使的影响力在某些方面已超过法律所规定的正当程序和法律制度。正因如此，陈瑞华教授将这些法律规定之外的，对司法权行使产生重大影响的内部规范称为"潜规则"或"隐形制度"。

近年来，检察机关的评价体系实现了跨越式的改革，以量化考核机制为代表的考核评价体系确实在考核评价的客观性和公正性方面具有一定的促进作用。但是，由于量化考核评价机制的理论储备不够充分，实践经验不够丰富，某些考核指标或评价方法的设计还是背离了考核制度设计的初衷和目标。一些

---

① 黄维智：《业务考评制度与刑事法治》，载《社会科学研究》2006 年第 2 期。

考核指标的科学性和合理性有待商榷，特别是以数量绝对值为参照的考核设计，实践中对检察活动起到了一些负面的影响。检察实践中人为降低立案标准、勉强起诉、带病或搭车起诉、有错不纠、弄虚作假等与司法规律和客观、公正的职业内在要求背道而驰的不良后果，不利于检察事业的健康发展。由此反映出量化考评制度具有的局限性。首先，支配检察人员执法行为的因素具有复合性，包括检察人员的职业能力、职业态度和职业风险等，且这些因素的作用机理较为复杂。因此，许多评价对象难以进行量化测度。其次，检察工作成果具有无形性，且工作成果中凝结着许多价值元素，这些都不是量化考核的方式所能评价的。最后，检察工作成果的显现具有一定的滞后性，检察工作通常以一年为考核周期，许多工作的成效更是难以及时地进行量化。因此，有观点提出，"构建客观公正、科学合理的检察机关绩效考评机制是检察机关全面落实科学发展观、正确履行法律监督职责，实现和维护社会公平正义的本质要求，是规范检察队伍专业化管理的客观需要。检察机关绩效考评应遵循的原则包括：全面系统、定性评价与定量考评相结合，区别性、持续长效、法律效果与社会、政治效果相统一，过程管理与结果管理相结合，强化法律监督以及加强司法管理等原则"。[①]

二、检察评价体系的完善

中央政法委书记孟建柱近期撰文指出："要完善法官、检察官任免、惩戒制度，建立科学合理、客观公正的业绩评价体系和考核晋升机制。"检察评价体系框架需要顶层设计，建议下一步制定国家司法改革方案细则时，对于法检公的绩效考核机制应当遵循司法规律，立足办案实际，统一研究部署。

"绩效考核是收集、分析、评价和传递检察官在工作岗位上的工作行为表现和工作结果方面的信息的过程，或者说是一个收集检察官工作行为、方式、结果的信息并进行价值判断的过程。我国检察官考核制度改革的目标是构建一个客观、公正、准确的绩效考核评价体系。检察官绩效越高，其自豪感和成就感就越强，内在利益就越大，再以绩效为标准调整检察官的待遇，达致检察官个人利益和社会利益的均衡激励。"[②]

检察官职务上的相对独立性和崇高的法律地位要求检察评价机制在引导检察人员进行司法活动时具有程序规范、实体公正的面向，以此构建符合法律精

---

① 南明法：《检察机关绩效考评应遵循的原则》，载《中国检察官》2009 年第 4 期。

② 刘万丽：《我国检察官管理制度重构——以激励理论为研究视角》，湘潭大学 2014 年博士学位论文。

神和职业特色的评价机制。

（一）应重视业绩评价

世界各国的检察官评价体系大多从职业素能和工作实效等方面进行全面的评价。"英国对检察官的考评包括工作知识、工作态度、人格情况、判断能力等；德国对检察官的考评包括决策能力、组织策划能力、专业运用能力、社会处置能力、领导能力、身体素质和职业素质等等；日本对检察官的考核从工作成绩、工作能力、性格和工作适应性四个方面进行。在上述国家对检察机关的绩效评价体系中，工作都是最重要的绩效评价指标，因为工作业绩衡量了检察官任职期间对检察机关的贡献程度，体现了检察官的个人价值，并且可以作为人员奖惩、职务晋升最重要的依据。"[①]

建议围绕职业素能和工作成效建立检察机关内部评价体系。检察官评价体系与检察业务管理标准体系具有同向性和同质性，检察官评价体系的建立应以检察业务管理标准体系为前提和基础。检察机关要建立检察业务标准体系，并依据该体系设计检察人员的考核内容。考核内容主要包括考核标准和考核指标，考核指标的客观性和有用性应该成为指标设计的明确方向。"除公务员考核和《检察官法》确立的六项考核外，我国检察官绩效考核指标有三类：一是业绩考核、能力评估、态度评价和潜力预测；二是特征性指标、行为性指标和结果性指标；三是业绩指标、态度指标和能力指标三类。"[②] 尽管我国检察机关的评价对主要指标体系都有所设计，但每一项指标的设计仍然不够完备。

职业素能主要包括职业精神、职业技能和职业道德等评价因素，工作成效主要包括办案数量、办案质量和办案效果等评价对象。应围绕上述六项评价因素建立符合检察工作规律和检察人员职业特征的评价体系，以能够真正起到有效引导和管理的作用。

（二）设立专门的考评机构，科学、合理设置考评程序，建议设立专门的考评委员会，设计科学、合理的评价程序

我国检察官法规定了检察官考评委员会的职责，建议将其改造成为专门机构负责检察官的统一考评。为保持检察官考评委员会的客观公正性，建议突出其中立性。建议将检察官考评委员会设立在上级检察院或平级检察院的检察官考评委员之间进行交叉考评。

---

① 黄永茂：《检察机关绩效评价体系研究》，江苏大学 2014 年博士学位论文。
② 刘万丽：《我国检察官管理制度重构——以激励理论为研究视角》，湘潭大学 2014 年博士学位论文。

应科学、合理设置考评程序，考评程序也应突出中立性和可操作性。当前考核评价的"印象性"特征较为突出。现行的检察考核机制，在评价的标准上都是以上级的评判为标准，在考评的方式上都是个人述职、群众和领导打分。没有实行分类、分层次评选，形式上的民主测评受到人缘、印象等的影响，缺乏客观性、公正性。没有根据检察人员各方面的具体情况采取针对性强、全方位立体的考核方法，只是反映检察人员某一浅显层面的信息而不是其综合全面性信息，无法前瞻检察人员发展的趋向。这既不能反映履行司法职能的状况，也违背司法活动的基本规律。行政化的考评机制使司法人员不得不把自己的注意力集中在领导和群众的满意度上而不是司法职权的行使上，无法集中精力尽职尽责地履行司法职能。

完整的绩效考核流程是实施绩效考核制度有效性的重要保障。考核计划的制定、持续的绩效沟通指导、实施考核评估、绩效诊断与辅导构成了一个完整的绩效考核流程，缺少其中的任何一项，都不能达到该制度设计的目的，其作用也会大打折扣，甚至产生相反的作用。[①]

（三）应坚持定量考评和定性考评相结合

检察官考评原则应以"定性考核为主，定量考核为辅"。定性考核评价体系中发挥其导向性功能，定量考核在评价体系中发挥其激励性功能。在职业化检察官队伍和科学合理的检察业务制度尚未完全建立之前，有必要将定性考核确立为考核机制的主要手段，通过定性考核引导检察业务和检察官整体素质向更高层次发展。在充分发挥定性考评积极作用的同时，对不适宜定性的考评内容进行定量分析，形成定量考核与定性考核相结合，定性考核为主，定量考核为辅的考评方式。

（四）增强评价结果的反馈性和应用性

将评价结果与检察机关管理体系形成互动，增强考评结果的管理应用和利益兑现。当前，我国检察机关的考核评价结果缺乏反馈和应用机制，没有将考评结果反馈并应用检察管理的各个环节。并且，检察评价结果与对被评价检察人员的职业技能提升的关联性也不强。"现行考核制度未能针对检察人员所存在的问题开展沟通分析、寻找解决办法，也未有针对其成绩进行及时的肯定，并制定下一步的计划。从而使得被考核人错误地认为绩效考核仅仅是为了评定

---

① 参见万毅、师清正：《检察院绩效考核实证研究——以 S 市检察机关为样本的分析》，载《东方法学》2009 年第 1 期。

职称、职务升降、奖惩等目的，没有起到解决问题及提升绩效的作用。"① 应针对评价结果进行分析并反馈应用于检察管理和检察人员的职业记录之中。

任何评价体系的建立和完善都存在技术难题，正如谢夫利兹所言："很少有什么问题像绩效鉴定那样令人事管理者感到苦恼。这的确是一个最容易使人受伤害的领域，因为没有人能想出更好的、现实的替代方法。"② 尽管检察评价尚未找到最完美的体系，但作为一种目前为止较为现实的管理方法，绩效考核本身不应当被摒弃，不应因此停止对检察评价体系的探索和完善，我们所需要做的是进一步研究如何才能使其更加完善，更加符合我们平衡效率和公正价值的目标。

---

① 万毅、师清正：《检察院绩效考核实证研究——以 S 市检察机关为样本的分析》，载《东方法学》2009 年第 1 期。

② ［澳］欧文·E. 休斯：《公共管理导论》，彭和平译，中国人民大学出版社 2001 年版。

第七章　检察职能体系建设

检察职能是检察权应承担的职责和具有的功能，是检察事业的综合体现形式。检察职能体系建设是加强法律监督能力建设的根本，也是法律监督能力建设的主体工程。要树立以检察职能体系建设为中心的理念，充分认识检察职能体系建设在检察建设格局中的战略地位。检察职能体系建设要遵循不同职能的运行规律，要实现检察职能体系建设的科学化。

第一节　检察职能的规范要求

法律的生命在于实施，司法的生命在于规范。"法律监督职能与权力规范有着'天然联系'。法律监督的基本职能就是'保证国家法律统一正确实施'。而'国家法律的统一正确实施'的要求与权力规范中'合乎规范'的要求在本性上是一致的，二者的这种内在的联系，必然会对检察机关自身的权力规范提出要求。"① 司法规范化，就是要求司法者的一切司法行为必须严格限制在法律的框架之内，按照法律、法规明确的职权和义务依法履行职责。司法规范化是司法机关依据法律法规和内部规程办理各类案件、执行职务所形成的基本体系，是检察机关必须遵循的行为准则，是依法治国、依法治检的具体体现。

一、规范要求的本体定位

司法规范，作为一种理性化和法治化过程，其寻求的是一种规则治理下的社会秩序，是一种符合公众预期的正义秩序。检察规范建设，不仅是检察权运行的规范建设，更包含着对法治价值的追求。

第一，是法治中国的一种必然的民主政治选择。民主与法治并不是天然统一的，民主也可能产生专制。法治将民主制度化、法律化，为民主创造一个可操作的、稳定的运行和发展空间，把民主容易偏向激情的特性引导到理性的轨道，为民主的健康发展保驾护航。党的十八大报告中指出，加快推进社会主义

---

①　薛献斌：《检察执法岗位操作规程的制度建设》，载《人民检察》2014 年第 4 期。

民主政治制度化、规范化、程序化，从各层次各领域扩大公民有序政治参与，实现国家各项工作法制化。"十八大报告对扩大社会主义民主、更加注重发挥法治的重要作用、坚持维护社会公平正义、建设廉洁政治、切实尊重和保障人权、积极培育社会主义核心价值观、把制度建设摆在突出位置等方面提出了一系列紧密关联、相互贯通的新思想、新观点、新论断，把党的政治法律理论提升到了新的水平。"① 十八大报告所提出的权利公平、机会公平、规则公平三个公平，不仅深刻地把握了现代社会公平体系的核心元素，更为我们昭示了规范司法是法治中国的一种必然的民主政治选择。

第二，是现代法治国家的一种必然的法律主张。法律主张规则，法治主张规范，司法规范是现代法治国家的一种必然的法律主张。"法律应当致力于追求和确保主体的尊严。尊严首要是一种制度安排，这种制度安排包括了政策制定的机制，其次是一种进行实质性的正当性检测的程序设置，最终是具体生活实践层面上的主体平等和幸福。"② 法律和权威相连，世界上任何一个存在有法律的地域，只要该法律在实践中被执行，那么它就具有事实的权威，而正当的权威总是与法律的规范执行存在必然的内在关联。

第三，是现代法治国家的一种必然的实践模式。从 2007 年开始，最高人民检察院政治部在全国部分检察院组织开展规范化管理机制试点工作，着手建立规范化管理体系。最高人民检察院政治部对规范化管理试点工作进行了系统设计和规划，从理论层面对规范化管理试点进行研究论证，在借鉴现代管理理论基础上，着力构建检察机关自身的管理理论、管理体系和管理标准，制定了《人民检察院规范化管理体系指导性标准》，该标准贯穿于检察机关履行法律监督职能的全部过程。③ 2016 年，最高人民检察院又研制了结构完善、体例科学、内容系统、技术规范的《检察机关岗位素能基本标准（试行）》，内容涵盖全国四级检察机关各个岗位、科学规范的岗位素能基本标准。这些业务标准体系的建立，表明业务规范建设是现代法治国家的一种必然的实践模式。

---

① 黄文艺：《民主法治建设的新纲领——对十八大报告政治法律思想的解读》，载《法制与社会发展》2013 年第 1 期。

② 庞正：《实践理性转向中的法律规范性研究》，南京师范大学 2013 年博士学位论文。

③ 参见谭璇：《运用质量管理理念，构建检察院规范化管理体系——以南宁市青秀区人民检察院规范化管理体系建设为例》，载《广西师范学院学报（哲学社会科学版）》2011 年第 8 期。

二、规范要求的构成要素

（一）主体适格

一是检察主体的专业化和职业化。检察主体的专业化和职业化是主体适格的基本要求。检察主体的专业化要求是基于检察机关承担的法律监督的专门职责，专门的职责要求检察人员具有专业的技能和专业的素养。检察主体的职业化要求是由于作为一种职业，从事检察工作需要遵守职业规则、职业操守，承担职业责任并要求具有充分的职业保障。2015 年 9 月 30 日，中共中央办公厅、国务院办公厅印发了《关于完善国家统一法律职业资格制度的意见》（以下简称《法律职业资格意见》），提出了完善国家统一法律职业资格制度的目标任务和重要举措。《法律职业资格意见》提出要遵循法治工作队伍形成规律，遵循法律职业人才特殊的职业素养、职业能力、职业操守要求，按照法治工作队伍建设正规化、专业化、职业化标准，科学设计和实施国家统一法律职业资格制度，提高法律职业人才选拔、培养的科学性和公信力。《法律职业资格意见》明确了法律职业的范围和取得法律职业资格的条件。在司法考试制度确定的法官、检察官、律师和公证员四类法律职业人员基础上，《法律职业资格意见》将部分涉及对公民、法人权利义务的保护和克减、具有准司法性质的法律从业人员纳入法律职业资格考试的范围。《法律职业资格意见》还分别从思想政治、专业学历条件和取得法律职业资格等三个方面，明确了法律职业的准入条件。

二是主体地位的双重性和职权的法定刑。在我国，检察机关作为整体具有独立性，检察官个体在司法活动中具有相对的独立性，这构成了检察官区别于法官的主体地位的双重性。我国检察官的主办与法官的主审在权力来源方面却存在根本差异。我国的检察权独立是法律明确规定的，检察院组织法只规定了检察长统一领导检察院的工作，对于检察官的司法主体地位目前尚未明确。2015 年 9 月出台的《关于完善人民检察院司法责任制的若干意见》（以下简称《意见》）提出了"健全司法办案组织，科学界定内部司法办案权限，完善司法办案责任体系，构建公正高效的检察权运行机制和公平合理的司法责任认定、追究机制，做到谁办案谁负责、谁决定谁负责"的人民检察院司法责任制目标。《意见》同时规定了"健全司法办案组织形式。根据履行职能需要、案件类型及复杂难易程度，实行独任检察官或检察官办案组的办案组织形式。任检察官承办案件，配备必要的检察辅助人员。检察官办案组由两名以上检察官组成，配备必要的检察辅助人员。检察官办案组可以相对固定设置，也可以根据司法办案需要临时组成，办案组负责人为主任检察官"。此次《意见》明确了检察长、检察官、主任检察官、业务部门负责人及检察官助理的各类检察人员职责权限。同时提出，"省级人民检察院结合本地实际，根据检察业务类别、办案组织形式，制定辖区内各级人民检察院检察官权力清单，可以将检察长的部分职权委托检察官行使"。由此可见，我国检察官的个体权力正在从过去三级行政审批中的拥有建议权向具有相对独立的决定权过渡。从国外的发展看，无论是将检察机关定位于司法机关的法、德，还是将检察机关定位于行政机关的美、日以及将检察机关定位于护法机关的俄罗斯，检察官的个体独立程度都相对较高。

（二）意思正当

一是理念正当。"检察理念体现检察制度的本质属性和内在规律，是引导检察机关、检察人员履行检察职责的高度抽象的精神原则，深刻影响着检察工作的品质和价值。"[1] 检察制度必须融入先进的发展理念。检察理念决定了检察制度的存在价值，并且其成为检察制度实现的精神指引。同时，检察理念还具有一定的相对独立性。同样的检察制度和检察体制下，不同的理念指引会产生不同的司法行为。从疑罪从有、疑罪从轻再到疑罪从无，不同检察理念下的案件办理结果往往差异甚大。之所以刑讯逼供成为诱发刑事错案的主要原因，也是司法理念产生偏差所致。因此，理念正当与否决定了检察行为的正确与否，理念正当对于检察司法行为而言无比重要。

二是目的正当。我国宪法规定：中华人民共和国的一切权力属于人民，这不仅是人民主权的体现，也是司法为民的前提条件，权力源自于人民，自然应为人民服务。司法机关本身并不是权力所有者，只是权力的行使者。这也从根本意义上确定了司法机关所存在的目的就是合法行使人民赋予的司法权，司法为民是社会主义法治的本质要求。社会主义司法法治，强调在司法过程中要坚持法律至上，严格依法司法。社会主义法治应"以民主为前提和目标，以严格依法办事为核心，以制约权力为关键"[2]。民权孕育了民主，民主选择了法治，法治以公正为最终目标。公民选择了法治也就选择了公正作为衡量标准，要做到司法为民，就应当以公民的利益作为司法的价值追求，努力做到切实保障人权和尊重人权。在刑事诉讼中，检察权的根本目的是保护人民，我国刑法和刑事诉讼法在第 1 条规定了"惩罚犯罪，保护人民"的原则目标。

三是尊重规律。司法规律作为一种特殊的社会规律，是普遍性与特殊性相

---

① 吴冀原：《当代中国检察理念的历史考察》，载《信阳师范学院学报（哲学社会科学版）》2014 年第 5 期。

② 张文显主编：《法理学》，高等教育出版社 2007 年版，第 395 页。

结合的司法运行法则。司法规律是司法活动中本质的、必然的联系，这种联系不断重复出现，在一定条件下经常起着指导作用，并且决定着事物必然向着某种趋势发展的方向。司法的过程同时也是发现司法规律、认识司法规律、遵循司法规律。检察权独立行使、以审判为中心的诉讼制度以及疑罪从无、难罪从轻的无罪推定原则等规定，就是形式法治所要求的司法规律。中国特色社会主义司法规律有着特殊的价值构造，"司法公正是司法规律的主线、司法真实是司法规律的基石、司法公开是司法规律的核心、司法民主是司法规律的前提"①。

（三）行为规范

一是权责明晰。权力和责任应该具有一致性，否则权力就会失去制约。此次《意见》提出严格司法责任认定和追究，明确了司法责任的类型和标准，并分别列举了各类司法责任的具体情形，以及免除司法责任的情形。根据检察官主观上是否存在故意或重大过失，客观上是否造成严重后果或恶劣影响，将司法责任分为故意违反法律法规责任、重大过失责任和监督管理责任三类。同时，《意见》还完善了司法责任追究程序。该规定将逐步解决目前存在的"责任分散、主体不明、责任难追"和"逐级层层把关、集体负责而无人负责"的状况。

二是行为适当。"行为适当是指司法行为应该合法、合理、合情，具有合法性、合情性和合理性。其中，合法是指符合法律的明文规定或者法律原则、法律精神；合理是指符合相关理论，特别是符合法学原理，对案件的认定和处理，虽然没有法律的明文规定，但是符合法学常识，具有充分的法理基础；合情是指符合社会情势或者日常情理，包括尊崇相关的风俗习惯，不违背社会常识，不违反公序良俗。"② 一个具有高超的专业技能和崇高的职业修养的检察官一定是可以平衡和驾驭法、理、情之间的关系的，其既要从经济社会发展的实际谋划和考虑现实司法问题，又要善于运用法律手段，通过法律程序和法律方法去解决重大复杂问题，达到案件的处理合法、合理、合情。

三是方式文明。文明，是人类先进的自然行为和社会行为构成的集合，具有鲜明的地域性和时代性。检察机关提出"理性、平和、文明、规范"的司

---

① 陈国芳：《中国特色社会主义司法规律本质探究》，载《湖南社会科学》2013 年第 2 期。

② 张国轩：《检察权运行规范化的构成体系》，"十三五"时期检察工作发展规划专题研讨会调研材料之五，2015 年 12 月 29 日 "十三五"时期检察工作发展规划专题研讨会（湖北武汉）。

法理念，曹建明检察长对其进行了深刻阐释，他认为"文明"就是要改进办案方式方法，坚决纠正简单司法甚至粗暴司法的问题，用群众信服的方式司法办案，使人民群众不仅感受到法律的尊严和权威，而且能感受到检察队伍的精良素质。方式文明，不仅具有形式意义而且具有实质意义，形式意义的方式文明是指，用文明的方法办案，保证检察司法行为的理性化和规范化，这种文明主要体现为语言及行为的文明。实质意义上的方式文明是指，在司法过程中遵循法律的实体和程序规定，这种文明主要体现为权力与权利的平衡。

（四）结果公正

一是办案力度和办案质量的统一。司法活动必须正确认识办案力度和办案质量之间的关系，坚持办案力度和办案质量的有机统一。反对片面追求办案数量不重视办案质量的检察工作粗放式发展的道路，应避免使用"量"和"率"等指标衡量检察工作成效的高低。检察工作规律不同于行政工作，对检察司法效率的追求应建立在遵循检察活动规律的基础之上，检察绩效应是质的基础上量与质的统一。

二是办案的法律效果和社会效果的统一。检察活动存在于社会之中，检察活动追求社会效果具有正当性。在司法活动中考量社会效果并非我国独创，2000 多年前，罗马法学家塞尔苏斯就曾经提出："认识法律不意味抠法律字眼，而是把握法律的意义和效果。"① 在法治程度较高的美国司法中，基于其惯有的实用主义司法传统则更加注重司法的社会效果。作为美国阐述司法裁判方法的第一位学者型法官，卡多佐提出，当法律的常规适用造成了严苛的后果，"就必须以衡平、公道或社会利益的其他要素为之效力的社会利益来平衡对称或稳定。这种创造性是司法传统的一部分"②。寻求裁判的社会效果在德国法学方法论上被称为"判决的后果考量"，即在裁判中对于判决造成的结果予以考虑并以此种考虑来影响判决，如在进行判决时考虑民意对判决的接受、社会的安定和谐等。③ 从理论上分析，司法活动中考量社会效果是由法律的目的和功能的社会性、法律文本自身的局限性以及司法三段论法律适用方法的局限性所决定的。④

事实上，法律效果与社会效果二者是互为统一的，例如，为进一步规范贪

---

① 孔祥俊：《法律方法论（第 2 卷）》，人民法院出版社 2006 年版，第 905 页。

② ［美］A. L. 考夫曼：《卡多佐》，张守东译，法律出版社 2001 年版，第 217 页。

③ 夏利安、钱炜江：《论判决中的后果考量》，载《社会科学战线》2011 年第 10 期。

④ 参见焦和平：《法律之内实现社会效果的合理路径——社会学解释方法的司法适用》，载《河北法学》2013 年第 6 期。

污贿赂、渎职等职务犯罪案件缓刑、免予刑事处罚的适用，确保办理职务犯罪案件的法律效果和社会效果，2012 年最高人民法院、最高人民检察院《关于办理职务犯罪案件严格适用缓刑、免予刑事处罚若干问题的意见》提出，"严格掌握职务犯罪案件缓刑、免予刑事处罚的适用。职务犯罪案件的刑罚适用直接关系反腐败工作的实际效果。人民法院、人民检察院要深刻认识职务犯罪的严重社会危害性，正确贯彻宽严相济刑事政策，充分发挥刑罚的惩治和预防功能。要在全面把握犯罪事实和量刑情节的基础上严格依照刑法规定的条件适用缓刑、免予刑事处罚，既要考虑从宽情节，又要考虑从严情节；既要做到刑罚与犯罪相当，又要做到刑罚执行方式与犯罪相当，切实避免缓刑、免予刑事处罚不当适用造成的消极影响"。

三是实体公正和程序公正的统一。实体公正与程序公正并重论在我国理论界已获得相当一部分学者的认同，并已为中央司法部门所肯定，如中共中央政法委员会编写的《社会主义法治理念读本》指出："司法公正包括实体公正和程序公正两个方面，两者相互依存，不可偏废，努力兼顾两者的价值平衡。追求实体公正，不能以违背和破坏程序为代价，防止那种只求结果、不要过程、省略程序、违反程序等问题；强调程序公正，绝不意味着放弃对实体公正的追求，不能脱离实体公正搞所谓的'程序至上'或者'程序优先'，避免只求过程不重结果。"① 曹建明检察长 2012 年在全国检察长座谈会上强调，全国检察机关要"始终坚持程序公正与实体公正并重。刑诉法修改使程序公正、程序的独立价值得到更加充分的体现，我们要高度重视程序公正对提升检察机关司法公信力的重要意义，切实改变'重实体、轻程序'的倾向，真正把程序公正作为保证办案质量、实现实体公正的前提和基础，坚持严格要求检察机关每一个司法办案环节都必须符合刑事司法程序规范。"② 程序公正是绝对的，实体公正是相对的。检察对程序的坚守和监督既是检察自身的要求，也是法律监督的重要使命之一。

要做到实体公正，就必须坚持我国刑法规定的基本原则和犯罪的具体刑法标准。司法公正除了实体公正外，还应当包括程序公正。程序公正涉及控辩对等、控审分立、审判公开、辩护上诉等一系列原则和制度的贯彻、落实。如控辩对等是现代刑事诉讼程序的核心机制，是司法公正的前提条件；尊重和保障

---

① 中共中央政法委员会编：《社会主义法治理念读本》，中国长安出版社 2009 年版，第 152 页。

② 曹建明：《着力转变和更新执法理念，牢固树立"五个意识"》，载《检察日报》2012 年 7 月 18 日。

人权是刑事诉讼法的重要任务。

第二节　检察职能的目标追求

检察职能的目标是维护法治社会的公平正义，"强化法律监督，维护公平正义"是检察工作主题。

一、检察公平正义的特殊内涵

（一）何为公平正义

公平正义是一种习惯性表达，由"公平"和"正义"两个独立的词语组成。其中公平侧重于一种标准、一种尺度，正义侧重于一种价值、一种理念。正义高于公平，正义主要体现在宣示性的精神层面；公平则主要体现在可操作的制度层面。公平正义属于关系概念，该组合概念具有不同的层次，有道德和伦理层次的公平正义，有权利和制度层次的公平正义，还有价值和理念层次的公平正义。公平正义既存在于政治、经济、文化层面，也存在于法律层面。

（二）检察公平正义的特殊性

检察公平正义存在于检察制度和检察理念之中，具有特定的内涵。检察公平正义体现在程序和实体两个方面，程序公平正义指检察权运行中的程序本身是公平正义的，且检察权运行中实现了对程序的遵守；实体公平正义是指检察权运行的结果是公平正义的。检察权运行中，程序公平正义与实体公平正义的表现形式，主要是权利和义务的公正。同任何语境下的公平正义一样，检察公平正义也具有历史性和相对性，但检察公平正义又更具可衡量性和可感受性。

二、检察工作的目标是公平正义

（一）公平正义是检察权的基本价值追求

公平正义是衡量法治实现程度的重要标尺，建设社会主义法治国家的目标就是实现社会公平正义。公平正义的分配是现代法治国家公共权力的基本价值。近代以降，各个国家都面临如何在公共权力格局建构和发展过程中实现和分配公平正义的问题。我国检察权的宪法定位是法律监督权，就是一项要保障法律正确统一实施的公共权力。作为保障法律正确统一实施的公共权力，公平正义的价值追求是检察权的应有之义。

（二）维护公平正义是检察工作的根本任务

我国宪法将检察机关定位为法律监督机关，承担专门的法律监督职能。检察机关通过履行职务犯罪侦防、审查批准和决定逮捕、审查起诉以及诉讼监督等职能，确保法律的正确、统一实施。检察机关主要通过司法办案的基本形式，履行专门的法律监督职能。

三、实现检察公平正义的途径

（一）制度建设是实现检察公平正义的前提基础

完善保障检察公平正义的法律规范体系。实践证明行之有效的，要及时上升为法律；实践条件还不成熟、需要先行试点的，要按照法定程序作出授权；对不适应改革要求的法律法规，要及时修改和废止；各项改革需要在法律的框架下进行，改革需要法治化。完善保障检察公平正义的法治保障体系。建立领导干部干预司法活动、插手具体案件处理的记录、通报和责任追究制度；上级检察院的指令权、职务收取权和职务转移权的行使以及本院领导指令权的行使都应书面化，检察一体应遵循法治化；建立检察官责任豁免制度，完善检察人员履行法定职责保护机制；积极推动省以下检察院人财物统一管理，探索设立跨行政区划的人民检察院，弱化检察权行使的地方化倾向。完善保障检察公平正义的法治实施体系。实行"谁办案、谁负责"的检察官办案责任制，建立检察机关司法办案责权清单；建立检察权公开、透明的运行机制，积极落实检务公开的各项规定；完善刑事诉讼法和刑事诉讼规则的配套措施，加强对刑讯逼供和非法取证源头治理，强化人权的检察保障；认真推行检察机关岗位素能基本标准，加强检察人员司法的规范性和专业性。完善保障检察公平正义的法治监督体系。细化检察机关诉讼监督的各项措施，积极推进检察专门监督的程序化和规范化；完善人民监督员制度的相关立法，调整人民监督员制度的监督范围，健全人民监督员制度的监督程序；应加强公民监督相关法律法规的完善，增强公民监督法律程序的可操作性和可救济性；应完善我国传媒监督的法律约束机制，在检察权和媒体舆论的互动和冲突中寻求二者的平衡；完善诉讼程序中外部公权力对检察权的监督机制，完善诉讼程序中私权利对检察权的监督机制；加强纪检监察监督的专业性，加大纪检监察工作去行政化的力度，完善纪检监察监督工作机制。①

（二）强化监督是实现检察公平正义的重要保障

加大民行检察监督力度。加强民事执行监督、调解监督、程序违法调查、

---

① 参见龚举文：《完善确保依法独立公正行使检察权的制度》，载 http://www.hb-jc.gov.cn/jcyw/201411/t20141107_565097.shtml，最后访问日期：2016 年 6 月 26 日。

督促起诉、支持起诉、公益诉讼、息诉和解等工作，平衡民行检察监督与刑事检察监督的比重。加大刑事立案监督和侦查监督力度。重点监督有案不立、立而不查、以罚代刑、越权立案等问题。重点监督刑讯逼供、非法取证、违法采取强制措施、超期羁押等问题。加大刑事审判监督力度。纠正审判活动中的程序违法和侵害当事人诉讼权利的行为，对职务犯罪案件量刑畸轻的要依法行使抗诉权。加大刑罚执行监督力度。及时纠正刑罚执行过程中的违法减刑、假释、暂予监外执行等问题，强化对刑罚变更执行的监督；及时纠正社区服刑罪犯脱管漏管等问题，强化对社区矫正的监督；及时纠正刑罚执行中的司法腐败等问题，坚决查处刑罚执行中的职务犯罪；依法保障犯罪人的人权，防止对被监管人员人权的侵害。

第三节　检察职能体系建设

一、各项检察职能的运行原则

检察权是复合型权力，既包括具有司法属性的权力类型又包括具有行政性质的权力类型，是以"权力包"形式涵盖多元检察职能的权力综合体。每一项检察职能的性质和特点均不相同，其工作要求也应有所区别。"检察职能是以法律监督的共性为联结的各种手段和方式的组合，它是多样的，非单一的，每一项检察职能都具有自己的个性。"[1] 所谓认识、把握和遵循检察规律开展工作，其中很重要的一点就是必须区分检察职能的不同特征，有针对性地确定工作目标和要求。

（一）侦查职能：以限制侦查权为原则

"把权力关进笼子里"，是人类政治文明发展进程中正反两方面经验教训的总结。"公权力不仅涉及的面广量大，且事关国计民生，向来举足轻重，而侦查权又是公权力中最具强势特征的权力。侦查权的局部扩张已经成为一种世界性趋势。技术侦查、秘密拘留、指定居所监视居住、如实供述的义务都是侦查权介入公民基本权利的突出表现，侦查权扩张的背后体现了权力扩张的固有规律和历史惯性、立法民主的匮乏和公共安全的威胁。"[2] 如何有效地规制侦

---

① 漠川：《从哲学共性与个性的相互关系看法律监督与检察职能的辩证统一》，载《检察日报》2011 年 11 月 25 日。

② 孙煜华：《论侦查权的宪法控制——以新刑事诉讼法及其实施为例》，华东政法大学 2013 年博士学位论文。

查权，一方面依赖其发挥打击犯罪，维护长治久安的功能，另一方面实现更好地保障人权的功能；如何平衡实现打击犯罪与保障人权并重，不仅是学术界多年来探讨的问题，也是制度设计者始终感到比较为难的课题。

从侦查权自我规制的角度来看，因侦查权天然的强势特征和行使过程中难以克服的扩张冲动，不可避免地发生损害人权的可能，因此现代社会越来越强调侦查权的自我规制：一是在规范司法上更加注重自我审视，并从制度和机制上加以自我规制；二是司法公开性更加趋向理性和自觉；三是接受内部监督和外部监督的自觉性逐步提高。

但是，相比于侦查权自身天然的强势特征，其自我规制的制度设计尚需进一步严密。一是应当对侦查权的启动程序加以规制，防止出现滥用侦查权的情形。二是侦查权的行使主体必须适格，对侦查人员要进行资格认证。因为这事关侦查权行使主体的合法性问题，也事关整个侦查活动的合法性问题。对侦查人员司法资格进行认证，既可防止刑事侦查与行政司法的混淆，防止在行政司法中动用刑事措施，又可防止无刑事司法资格的人员行使侦查权。三是侦查活动的程序公开应当更加严格、严密。

作为一项具有行政属性的权力，检察侦查权具有主动性、强制性、技术性、秘密性等特点。由于检察侦查权的侦查对象具有特殊性，其在案件线索发现和案件查处等方面与普通刑事犯罪侦查权存在一定的不同。不仅案件本身要求侦查人员具有较高的案件侦破能力，职务犯罪侦查的许多不确定的案外因素也为案件的侦破增加了难度。因此，我国检察侦查权的行使具有严密的上下一体性。这种严密的上下一体性在保障侦查权运行的同时，也产生了一些问题，如上下级检察关系一定程度的异化、上下级检察关系中的利益考量倾向等。实践也表明，职务犯罪案件批准逮捕"上提一级"带来的上下级院之间配合甚于监督的倾向，一些问题的存在使得对于检察侦查权的监督名为"异体监督"实为"同体监督"。因此，采取顺应现行严密的上下一体下的纵向权力监督模式必然存在一定的弊端。在司法改革过程中，这种权力运行模式还会与即将实施的检察官办案责任制和批准逮捕的准司法化产生一定的冲突。因此，这些问题都有待进一步变革，以此顺应时代的要求。

不仅从权力的运行角度，从权力配置角度也应对检察侦查权作出限制。检察侦查权，系有限侦查权或特别侦查权，我们认为还应对其作出限制，其目标应以针对国家公权力的监督为对象，范围应限定于国家机关工作人员履行公权力的职务行为，管辖权还可以进一步压缩。这也符合国家反腐格局调整的趋势。随着国家监察委员会改革试点的推进和成熟，检察机关的反贪污贿赂、反渎职侵权以及职务犯罪预防等职能将进行转隶，检察职能体系格局将面临重新调整。

（二）侦查监督职能：以准司法化为原则

我国通过检察机关行使侦查监督权，对公安机关的侦查行为进行监督，属于侦查监督制度的检察机关一元主体模式。这种模式的主要特点是，基本排斥法院和律师对侦查权的监督，由承担侦查、公诉职能的检察机关对侦查实施监督，强调检察机关作为侦查监督主体的唯一性。正如有学者所描述的，"我国的侦查监督制度，在传统上主要围绕检察机关这一国家专门的法律监督机关，行使审查批准逮捕权、立案监督权、侦查活动监督权等权力构筑起来"①。

这种侦查监督权行使的复合性，通常被称作侦查监督权的"一体两翼"。笔者认为，此提法不够严密。按照我国宪法和法律规定，检察机关行使一定的审查职能，包括对批准和决定逮捕进行审查、对侦查机关延长或重新计算羁押期限的申请和羁押必要性进行审查等。对批准和决定逮捕的审查，实质上属于司法审查权。而检察机关侦查监督部门同时还对立案和侦查活动进行监督，履行的主要是监督职能。审查批准和决定逮捕权只能算作广义上的侦查监督，其本身具有准司法的属性。当前，由于审查批准和决定逮捕的司法审查属性没有得到应有的关注，检察机关没有设立专门行使该职权的内设机构。检察机关侦查监督部门既行使批准和决定逮捕的司法审查权，又行使立案侦查活动的监督权。当前，检察侦查监督部门实行的是工作格局上的"一体两翼"。但据此就认定"审查批准和决定逮捕为一体，立案监督和侦查活动监督为两翼"，将具有不同属性的检察职能定位为表征同质的词语"一体两翼"，将带来不同属性检察职能的混淆。这种职能上的含混不清将掩盖审查批准和决定逮捕的准司法性，给检察工作带来危害。

当前，我国检察机关的审查批准和决定逮捕职能的行使具有较强的行政性和封闭性。检察机关通常采取行政审批的封闭模式对批准和决定逮捕进行审查，且这种行政式的封闭模式在实践中鲜有松动。如此强烈的倾向也体现在检察理论的研究中，"研究侦查监督，大体上是讲侦查监督的重要性以及如何加强立案监督、侦查行为监督的措施，而很少论及侦查监督自身的局限，例如如何处理同为控诉角色，立场的一致性对侦查监督的不利影响，包括对侦查取证中的违法行为常常从控诉的角度给予理解与宽容，对逮捕必要性常常只是从是

---

① 但伟、姜涛：《侦查监督制度研究——兼论检察引导侦查的基本理论问题》，载《中国法学》2003 年第 1 期。

否有利于控诉来考虑等。"① 作为最为严厉的刑事强制措施，逮捕在保障刑事诉讼正常运行的同时，却面临着高度的侵犯人权的风险。长期以来，逮捕适用的权力恣意以及由逮捕对后续实体结果的绑架成为侵犯人权和产生刑事错案的重要因素。这种行政式的封闭审查模式，严重背离了刑事强制措施的准司法化运作的规律要求。

国外刑事司法制度中，在侦查过程中涉及对公民的人身财产采取强制措施的，除紧急情况外，一般都必须经过法院的司法审查程序。法国预审制度中的羁押对质程序，即体现了对刑事强制措施进行司法审查过程中的辩论性等司法化特征。在我国香港特别行政区，对犯罪嫌疑人的捕后羁押决定，也采取控辩对抗制的法院居中裁判原则。域外许多地区或国家对侦查权的监督均体现出强烈的司法化特征，辩论、居中裁判等原则已被普遍应用于刑事强制措施的司法审查中。

为回归逮捕强制措施的司法化规律，2012 年修订的刑事诉讼法针对逮捕制度进行了符合运行规律的改造，逮捕制度的司法属性进一步增强：一是第 79 条针对逮捕必要性条件中的"社会危险性"条件进行列举式规定了"可能实施新的犯罪、有危害国家安全、公共安全或者社会秩序的现实危险、可能毁灭、伪造证据，干扰证人作证或者串供、可能对被害人、举报人、控告人实施打击报复、企图自杀或者逃跑"五种情形，主要用意在于防止构罪即捕。并且，最高人民检察院《人民检察院刑事诉讼规则（试行）》第 139 条规定了有证据证明有犯罪事实应同时具备的三种情形，进一步精确了法律适用的空间。二是第 86 条和第 269 条新增规定了强制性或选择性讯问犯罪嫌疑人的情形以及询问证人等诉讼参与人和听取辩护律师意见的程序。三是第 93 条新增规定捕后对羁押的必要性进行持续性审查的程序，并规定适时变更强制措施。以上对于逮捕程序的变化平衡了保障诉讼程序运行和人权保护的现代司法需求，逮捕适用的单方性、封闭性和书面性的特点也发生了一定程度的转变，检察官客观义务及裁判者的独立和中立、控辩裁三方参与机制、直接言词方式以及救济机制等司法化模式逐渐清晰。修改后刑事诉讼法中许多诉讼性质的程序设置，不仅体现出对法律进化的尊重，也恰恰印证了法律发展的独特规律和发展方向。

根据我国的刑事诉讼体系，检察机关履行侦查监督职能既应汲取苏俄法律监督原理中适合我国的部分，又应借鉴西方司法审查机制的合理成分，以承担

---

① 龙宗智：《我国检察学研究的现状与前瞻》，载《国家检察官学院学报》2011 年第 1 期。

通常由法院承担的部分司法审查职能，以一种准司法审查的方式对侦查中的权力运用进行监督，使惩罚犯罪与人权保障的双重价值目标得以平衡，保证整个诉讼系统稳定并逐步优化。

综上，建议进行审查批准和决定逮捕办案方式改革。首先由审批式改为审查式，以及由此开启的审查逮捕办案方式的准司法化变革。在延长羁押期限的审批及羁押必要性进行审查方面，审查常流于形式，通常以批准为原则，不批准为例外，迁就侦查部门，侵犯人权的情况时有发生。因此，也应将延长羁押期限及羁押必要性审查中的审批制改为审查制，严格限制批准的数量，建议引入比例原则，进一步加强规制。

（三）公诉职能：精细公诉为目标

公诉工作在刑事诉讼中处于承前启后的中间环节，担负着打击犯罪和保障人权的重要职能。公诉是检察机关的核心职能，能够直接体现检察机关的司法水平和司法形象，也是法律监督的重要组成部分。当前，在全面推进依法治国的战略部署下，新一轮司法体制改革视角恢宏，提出构建以庭审为中心的诉讼制度改革、构建新型诉侦、诉审、诉辩关系等要求。建立符合我国国情及司法实践需要的现代公诉制度，理所应当成为整个检察改革的先导和重心。

在法治新常态下，公诉工作如何更好地对接诉讼制度改革，确保让人民群众在每一个案件中都感受到公平正义，是公诉工作面临的直接和现实问题。曹建明检察长在全国检察机关第五次公诉工作会议上强调，要坚持严格规范司法，坚守客观公正义务，细化公诉办案程序、标准，规范公诉行为和自由裁量权行使，强化内外部监督制约，提高公诉工作精细化水平。

精细化公诉，即通过精益求精的工作机制和作风，让事实认定符合客观真相、办案结果符合实体公正、办案过程符合程序公正。精细化公诉，即通过精益求精的工作机制和作风，让事实认定符合客观真相、办案结果符合实体公正、办案过程符合程序公正。

应把精细化作为今后公诉工作的重点要求。公诉职能是检察制度中最典型、最成熟的一项职能。我国检察机关恢复重建近 40 年，围绕公诉改革和创新发展，积累了一些成功经验。应当说，公诉工作是目前各项检察业务中经验积累最成熟的一项业务，因此，公诉工作的发展已从宏观层面的改革转向微观层面的完善。因此，推进业务建设转型发展，构建规范化、精细化业务体系是必然选择。"公诉部门要以促进严格规范公正司法为目标，以体系化建设为方向，从零散式、粗放型向规范化、精细化转变。"①

精细化公诉可以从以下方面加以考量和研究。首先是理念问题。应当把握这样几个问题：一是诉权问题。对犯罪实现国家追诉，这是公诉制度的基础。对犯罪从自诉到公诉，体现了国家对诉权的控制和重视，对诉权的尊重和慎重。公诉权如何实现对犯罪的追诉和对人权保障的平衡，如何解决这个平衡问题，应当高度重视。二是公诉的独立价值。公诉的独立价值是不得不被重视的问题，公诉工作要兼顾侦查部门的感受，要考虑审判标准，在这双重压力下，公诉人的客观性义务如何坚守？有一个值得研究的现象，凡是诉判不一的案件，如果不加分析地作为案件质量问题，必然导致公诉人唯判决为标准，容易使公诉人的独立人格逐渐被湮灭掉。特别是年轻公诉人独立人格、独立精神的养成，事关检察官职业化建设，更事关如何更好独立行使检察权的问题。因此，程序独立价值、职业独立性、工作成效的独立评判标准等都应在理念层面得到解决。三是公诉质量与公诉价值目标之间的平衡和协调性问题。现在评查案件，简单地唯判决为标准，这个做法是需要研究的，这既涉及我国刑事诉讼证据标准体系的改造，也涉及检察机关内部案件管理体制的理念和指导思想。

其次是精细化路径问题。一要研究公诉权力的合理细化。"检察机关的公诉权是随着检察职能的不断发展而逐渐完善起来的。在现代社会，国家诉权已经成为国家司法制度的重要元素，呈现出公诉制度日趋严密的发展态势。而且，公诉权承担的职能也随着社会的发展而不断丰富，使公诉权发挥着自诉权所无法比拟的打击功能、震慑功能、教育功能、保护功能、预防功能等多重效能。职能的丰富所带来的最直接的结果就是公诉权能的细化，公诉权能的细化则必然产生公诉专业化的后果。从根本上而言，这种趋势是权力的分立与制衡的司法规律发展的必然后果。在公诉权复合性不断发展的基础上，必然产生细化的要求。为了实现公诉所承担的各种职能，将公诉权的效能发挥到最大，客观上为公诉专业化的实现提供了现实可能性。"② 公诉权内应该包含以下几项基本权能：第一，追诉犯罪的权能。尽管世界各国的检察制度形态各异，但在检察机关作为国家公诉机关这一点却颇为一致。"检察机关从诞生之日起便是一种新型的代表国家追诉犯罪的专门机关，设立检察机关的目的就是行使公诉

---

① 黄生林：《以证据为核心着力推进公诉工作转型发展》，载《检察日报》2015 年 8 月 12 日。

② 刘涛：《公诉专业化相关问题研究》，载《第四届国家高级检察官论坛论文集》（2008 年重庆）。

权，检察机关是应公诉的需要而产生发展起来的。"①从检察制度的起源可以发现，检察制度首先是从公诉制度发展起来的。因此，追诉犯罪的权能是公诉权基本的权能。第二，权力制约的权能。检察权本质上就是制约权，公诉权从诞生之日起就负有控制警察权梦魇的重任。检察机关在履行公诉职能时，通过对公诉案件证据的审查等，对侦查权进行制约。第三，保障人权的权能。追诉犯罪和保障人权一直是公诉权中同等重要的价值追求，公诉权为保障被追诉人的人权提供了制度性保障。公诉制度的发展史，在很大程度上就是被追诉人权利不断得到加强的法制发展史。二要研究公诉能力标准体系。司法规范化从表面上看是一种程序要求，其内在实质更是一种实体标准。公诉能力过去比较强调出庭能力、案件质量。其实公诉能力涵盖于从案件的进口到出口，镶嵌于各个环节，由各个不同的能力要素和能力单元构成。在我国台湾地区像金融检察官这类专业的检察官，需要具备同等专业的中级职称。所以，能力标准体系的基础是专业知识体系，现在有些地方搞的专业化建设，还是低层次、低要求的，还没上升到标准层面。三要研究程序和实体的精细化要求。程序的精细化要落实到公诉工作，包括规范的精细化、工作机制的精细化、工作方式的精细化、工作行为的精细化等。需结合规范司法行为专项整治工作及刑事诉讼法的要求，从制度层面进一步细化办案程序、标准与责任。比如，公诉出庭行为规范，这实际上是公诉工作行为的精细化要求。实体方面，包括法律适用、证据标准、量刑建议等方面。

公诉办案方式要精细化。这些精细化的要求，包括理念、能力体系、规范、机制、方式、行为等，需要逐一研究，构建公诉工作精细化体系标准，来保障整个公诉工作在精细化的要求下运行，从而提升公诉工作水平，有效发挥公诉职能在全部检察工作中的独特作用。

（四）未成年人检察：以专业化和社会化为统筹

未成年人刑事检察包含着矛盾的特殊性，"法律监督性与追诉性、诉讼性与非诉讼性及司法性与行政性"②。因此，未成年人刑事检察应以专业化和社会化为统筹。

首先，未成年人检察应确保专业化。未成年人刑事检察是以未成年人这一特殊群体为诉讼主体的诉讼，与普通刑事诉讼相比，未成年人刑事诉讼面临着更多的价值冲突和价值选择。一方面，未成年刑事诉讼包含着普通刑事诉讼的

---

① 陈卫东：《我国检察权的反思与重构》，载《法学研究》2002 年第 2 期。

② 黄海悠：《未成年人刑事检察的性质、任务与职权》，载《预防青少年犯罪研究》2013 年第 5 期。

犯罪控制及人权保障任务；另一方面，未成年人刑事检察又需要去实现特殊群体诉讼的特殊价值权衡，"在现代的未成年人刑事诉讼中，没有一个国家的未成年人诉讼程序是纯粹的惩罚模式，或者是纯粹的福利模式"①。这必然要求针对特殊诉讼主体的专业化诉讼程序、组织机构及检察队伍。

最高人民检察院分别于 2006 年颁行了《人民检察院办理未成年人刑事案件的规定》，2012 年颁行了《关于进一步加强未成年人刑事检察工作的决定》，2015 年颁行了《关于进一步加强未成年人刑事检察工作的通知》等指导未成年人检察工作的规范性文件。这些针对未成年人检察工作专门颁布的规范性文件，表明了最高人民检察院以顶层设计推进未成年人检察专门机构和专业队伍建设的态度和决心。2012 年修订的刑事诉讼法新增"未成年人刑事案件诉讼程序"一章，对办案原则、指导方针以及特别程序作出规定。随后，"两高"和公安部也出台了配套规定，使新规定更具可操作性。

未成年人检察工作的专业化也与国际惯例接轨，1985 年《联合国少年司法最低限度标准规则》（以下简称《北京规则》）2.2 中专门对部分定义进行了明确，指出"少年系指按照各国法律制度，对其违法行为可以不同于成年人的方式进行处理的儿童或少年人"。2.3 中明确少年司法法律适用的特殊化，提出"应努力在每个国家司法管辖权范围内制定一套专门适用于少年犯的法律、规则和规定，并建立受权实施少年司法的机构和机关"。第 6 条中规定了少年司法程序的特殊化，要求，"鉴于少年的各种不同特殊需要，而且可采取的措施也多种多样，应允许在诉讼的各个阶段和少年司法的各级——包括调查、检控、审判和后续处置安排，有适当的处理权限"，"行使处理权的人应具有特别训练，能够根据自己的职责和权限明智地行使这种处理权"。《北京规则》中的若干规定，体现出国际上对于未成人司法工作秉持的专业化和特殊化的指导思想。

其次，未成年人检察应注重社会化。针对未成年人犯罪实行的特殊指导工作方针和原则，"少捕慎诉少监禁"成为落实这些方针和原则的检察工作方向，由此必然出现大量涉罪未成年人非犯罪化、非刑罚化、非监禁化处理，部分司法系统内未能消化的后续问题定要转向复合型的社会支持体系。

未成年人检察应注重社会化，具有坚实的理论基础。从理论层面分析，意大利犯罪学家菲利认为："一个国家的犯罪在自然领域里受到个人的生物心理状况和自然环境的影响，在社会领域里受到经济、政治、行政、民事法律的影

---

① 徐美君：《未成年人刑事诉讼特别程序研究——基于实证和比较的分析》，法律出版社 2007 年版，第 25 页。

响，这些影响远大于刑法的影响。"① 而社会剥夺理论也认为，个体孤立（家庭关系、朋友关系、社会参与）、社会歧视（政治权利、文化教育、就业状况）以及生存技能（社会交往、专业技术、学习能力）会剥夺他们获得生活目标或取得成功的机会，导致犯罪人重新走向犯罪。早在古罗马时代，人们即已意识到特殊群体保护的社会责任，"受到希腊哲学的彰显，认为法律应当保护弱者，特别是妇女和儿童的利益，因而监护和保佐成了一种社会公益性质的职务，不再完全是私人的事情，而受公诉保护"②。普通特殊群体尚且如此，更何况犯过罪的特殊群体。因为从某种意义上讲，家庭、学校以及社会对未成年犯罪负有各方面的责任，未成年犯罪人本身就是受害者。这种矛盾的特殊性决定了，未成年人刑事检察应注重社会化。

未成年人检察应注重社会化，也体现在相关立法之中。2015年最高人民检察院颁行的《关于进一步加强未成年人刑事检察工作的通知》，要求"进一步推动社会化制度构建，着力建立多部门合作及司法借助社会力量的长效机制"。随后颁布的《检察机关加强未成年人司法保护八项措施》，标志着未成年人司法保护的社会化程度进一步增强。该规定既提出了检察系统内部的机制建设，还对司法部门之间，以及司法部门和社会支持体系之间的衔接机制作出明确规定。其最大的亮点在于，倡导将社会工作服务引入未成年人司法保护体系，具有一定的创新性。未成年人检察应注重社会化的指导思想也体现在《北京规则》中，该规则第19条"尽量少用监禁"及其说明中提出："任何监禁机构似乎不可避免地对个人带来许多不利影响；很明显，这种影响不能通过教育改造努力抵消。少年的情况尤为如此，因为他们最易受到侵袭。此外，由于少年正处于早期发育成长阶段，不仅失去自由而且与正常的社会环境隔绝，这对他们产生的影响无疑较成人更为严重。"第11条"观护办法"及其说明中提出："观护办法、包括免除刑事司法诉讼程序并且经常转交社区支助部门，是许多法律制度中正规和非正规的通常做法。这种办法能够防止少年司法中进一步采取的诉讼程序的消极作用（例如被定罪和判刑所带来的烙印）。许多时候不干预可能是最佳的对策。"

然而，目前未成年人检察工作的专业化和社会化之间却未能够有效地统筹。由于我国的未成年人刑事司法体系依附于国家主导型的刑事司法体制，国家成为处理未成年人刑事案件的主导力量，社会力量在定罪、量刑等公权力运

---

① ［意］菲利：《犯罪社会学》，郭建安译，中国人民公安大学出版社1990年版，第113页。

② 周枏：《罗马法原论》，商务印书馆1994年版，第241~242页。

行面前受到强烈的挤压，社会力量的参与变得较为困难，刑事单一化运作模式使得未成年人刑事司法体系难以脱离我国的刑事司法体系框架。"未成年司法社会辅助体系是一项长期系统的综合性工程，当前仅凭司法人员和帮教志愿者的主观能动性和责任心，而缺乏责、权、利相统一的管理运行机制，很多工作很可能会流于形式，表现出临时性、运动性的特点，成为未成年司法保护制度探索的暗礁。"① 这种制度设计难以摆脱追究和惩罚犯罪的价值追求，因此也难以实现保护少年优先的基本价值理念要求。

实践中，未成年人检察工作的社会化也面临许多亟须解决的现实问题。2015 年 6 月在江苏省江阴市举办的第十四期尚法论坛"未成年人检察社会支持体系建设研讨会"上，南京大学狄小华教授认为，目前至少面临四重困境：一是少捕、慎补与诉讼顺利进行之间的矛盾如何化解。二是如何对附条件不诉考验期进行监督。三是相对不诉面临帮教难。四是特殊保护面临评估难。

因此，引入社会力量的参与是打破这种刑事单一化的格局，贯彻少年优先的基本价值理念的重要措施。"面对未成年人失范行为的增长态势，包括未检业务在内的少年司法的因应之策不是刚性刑事法律的机械适用和刑事司法程序的简单发动，相反，是对刚性刑事法律谦抑性的捍卫和柔性社会治理方式的创新。"② 检察机关在推动社会支持体系建设方面，具有不可替代的作用。构建未成年人检察社会支持体系，要理顺未成年人检察工作与社会支持体系建设的关系，找准社会支持体系建设的立足点和关键路径。

（五）民行检察：对私权救济和公权监督的统筹

2012 年修订的《民事诉讼法》第 14 条规定："人民监察院有权对民事诉讼实行法律监督。"从针对"民事审判活动"进行监督到针对"民事诉讼"进行监督，这一立法变化扩大了检察机关的监督范围。这表明立法机关对检察机关性质和职能认识的深化，"传统的以审判为中心的民事诉讼法律关系将会向着裁判与救济协调型的方向发展"③。裁判与救济协调型的发展方向，体现出民事检察职能对私权救济和公权监督的统筹。

诉权和审判权是诉讼法律关系中对立统一的矛盾体，二者的相互作用构成

---

① 樊荣庆：《未成年人特别诉讼程序与检察制度完善的思考》，载《青少年犯罪问题》2013 年第 4 期。

② 田宏杰、温长军：《超越与突破：未成年人刑事检察工作机制研究——兼及未成年人公诉体系的构建》，载《法学杂志》2014 年第 11 期。

③ 刘荣军：《从民事诉讼法律关系看检察监督——以修改后民诉法第 14 条规定为着眼点》，载《检察日报》2012 年 10 月 18 日。

了民事诉讼程序的内在规定，因此，检察机关针对民事诉讼进行监督在逻辑上即已包含了针对诉权的保障和救济。作为法律监督的重要功能，私权救济与公权监督都是法律监督的下位概念，私权救济丝毫不影响检察机关的法律监督机关性质。私权救济与公权监督在形态上都表现为针对民事诉讼中的违法违规现象，在功能上则都发挥纠错的作用。

救济与监督之间存在制度或程序上紧密的内在关联，监督既可能基于检察监督职权启动也可能因私人救济而开启，二者互为因果。当检察监督因私人救济而开启时，这种监督对于当事人而言就是救济。实践证明，检察机关通过民事抗诉制度客观上确实能够实现对民事诉讼当事人的权利救济。而当事人启动检察监督的动机，往往也是对权利救济的直接追求。

但同时，我们也应认知这种救济功能的间接性和附属性。"尽管检察机关具有一定的私权救济功能，但是这种私权救济不是完整意义上的或者典型的私权救济。"① "私权救济只是法律监督的一种功能，与公权监督处于同一个层次，但具有不同的地位。法律监督的着力点和重点仍然在于公权监督，但又不局限于公权监督。"② 曹建明检察长在第二次全国民行工作会议上就明确指出："民行检察通过对公权力的监督，间接具有权利救济的作用。"因此，定位于统筹私权救济与公权监督的民事检察监督，是通过公权监督来实现私权救济，检察机关只是程序的启动和参与者，实体结果还决定于审判机关，相对于公权救济，这种私权救济具有间接性和附属性。

检察机关的民事检察监督不因针对私权救济的统筹而消解其监督的事后性和检察官的客观中立，应辩证看待其中的私权救济，防止检察机关因其中一方当事人利益破坏平等的诉讼关系。民事检察监督维护国家审判权威、对法律的统一正确实施的职能定位不因私权救济而改变，抗诉权只是一种司法请求权，理论上，监督行为是以另一种方式维护国家的审判权威。检察权与审判权是性质、功能完全不同的两种司法权，因此，民事检察监督不能实行不告不理原则及不应采用类似于民事审判程序的举证责任等。"民事检察工作在程序上和内容（案件类型）上的'审判化'只是问题的表象，其实质则是民事检察权的基本定位错误：把民事审判的功能（权利救济）误为民事检察的功能，把民事审判中的'权利救济'和'当事人主义'思想误为民事检察的指导思

---

① 谢鹏程：《检察机关的公权监督与私权救济》，载《检察日报》2013 年 5 月 8 日。
② 谢鹏程：《检察机关的公权监督与私权救济》，载《检察日报》2013 年 5 月 8 日。

想。"① 因此，民事检察监督应当有自己的程序机制、制度功能和思想原则。

行政检察监督同样应遵循对于私权救济和公权监督相统筹的工作原则，尤其是要突出对于行政权的直接监督原则。行政诉讼建立的主要目的之一是通过司法权运行实现对行政权的制约，进而达到对私权的救济。民事检察监督与行政检察监督有所不同，民事检察监督是通过对民事诉讼行为的监督来对私权进行救济，其针对的主要是对诉讼中的权力尤其是审判权的监督。而行政检察监督不只是对于行政诉讼中的权力或者说行政审判权进行的监督，更要对行政权运行的合法性进行监督。孙谦副检察长认为，在行政诉讼中，法律规定检察机关对行政诉讼活动进行监督，实际更核心的应当是怎样有效地对行政权发挥制约作用。因此，要从控制政府行为的角度来认识检察机关介入行政诉讼。

当前我国的行政诉讼时常面临多方面的干预，立案、受理直到裁决都可能受到外界的不当影响，使得行政诉讼面临窘境。再此情形下，行政检察对于行政诉讼的监督，有时不仅达不到对于行政权的监督，反而会对行政诉讼造成更多不适当的干预，使本来就处于濒临状态的行政诉讼制度更加萎缩。"在行政诉讼中，行政诉讼的重要功能是通过行政相对人的起诉来形成司法权对行政权的监督制约，通过撤销、变更违法行政行为或强制行政机关履行法定义务，实现司法权对行政权监督与制约的目的。因此，作为行政检察监督，要立足于行政诉讼功能的实现，对监督对象要分清主次，特别是检察权要与司法权形成合力，共同对付行政权，而不是相互间的内耗。"② 为此，"要完善检察监督权就必须跳出诉讼或审判监督的旧框框，加强检察机关对行政机关及其工作人员执行或遵守国家法律、法规的监督"③。

2014 年 11 月修改的行政诉讼法有 4 个条文涉及检察监督，都是对行政诉讼权力的监督，没有体现以制约行政权为导向的倾向。最能体现对行政权制约的行政公益诉讼制度，修改后的行政诉讼法也没有规定，建议在今后的检察院组织法修改过程中增加此功能。另外，十八届四中全会决议提出，"完善对涉及公民人身、财产权益的行政强制措施实行司法监督制度。检察机关在履行职责中发现行政机关违法行使职权或者不行使职权的行为，应该督促其纠

---

① 孙加瑞：《民事行政检察的审判化误区与检察化回归》，载《国家检察官学院学报》2012 年第 3 期。

② 王春业、马群：《论以行政检察监督制约行政权》，载《湖北行政学院学报》2014年第 1 期。

③ 赵颖：《行政公诉与民事公诉的关系刍议》，载《法治中国背景下的行政法治论文集》，中国行政法学研究会 2013 年。

正"。在明确对行政强制措施实行司法监督价值取向的同时，对监督范围进行了必要的限缩，进行司法监督的对象不具有列举加概括式的可拓展性，也就是说没有必要也不可能对所有的行政强制措施都实施司法监督。这是因为检察监督具有有限性的特点，不论是对行政诉讼的监督，还是监督关口前移，直接监督行政权的行使，都不是全面介入，而只是介入一些重要的环节、一些相对人处于严重弱势的行政行为，如果全面介入，检察机关囿于现有的人力物力，恐怕难以应对，一旦失控，将面临巨大责任。[①]

（六）刑罚执行监督：以人权保障为原则

刑罚执行中，应始终贯彻人权保障原则。以实行人道主义为要义的针对罪犯的人权保障原则是国际社会认可和提倡的，刑罚执行程序通过文本宣告对罪犯的权利进行法律确认。刑罚执行程序中要注重对于被执行人的权利保障，被执行人的权利应该被依法剥夺，法律制裁之外的其他权利都应当受到保护。英国学者米尔恩认为"人权概念就是这样一种观念：存在某些无论被承认与否都在一切时间和场合属于全体人类的权利，人们仅凭其作为人就享有这些权利"[②]，"犯罪嫌疑人或被告人作为人，其基本人格和尊严是法律无法剥夺、不能剥夺、也不应剥夺的，刑罚应以人的良善人性恢复为目的，这是现代刑罚理念的体现。"[③]《世界人权宣言》第5条规定："任何人不得加以酷刑，或施以残忍的、不人道的或侮辱性的待遇或刑罚。"《公民权利与政治权利国际公约》第7条对该规定予以了重申，其第10条还规定，"所有被剥夺自由的人应受到人道及尊重其固有人格尊严的待遇"。我国刑事诉讼法、监狱法及有关行政规章的相关规定也都体现了执行程序中的人权保障原则。刑罚执行监督是检察职能中唯一的单项监督，是真正体现监督属性的一项职能。检察机关作为法律监督机关在刑罚执行监督中应遵循人权保障原则，对于侵害被执行人人权的行为，应该及时采取措施制止。

司法实践中，犯罪人的人权保障问题仍然存在。刑事诉讼程序中的人权保障理念的贯彻，至判决形成后而明显弱化。随着刑罚执行程序的相对封闭性，罪犯的人权保障状况的受关注程度也明显下降。针对处于刑事诉讼公权力体系下的被执行人，较于强大国家强制力的刑罚执行权，处于明显的劣势，刑罚执

---

① 参见祁菲：《行政诉讼法修改与检察制度的完善学术研讨会举行》，载《检察日报》2013年2月8日。

② ［英］A. J. M. 米尔恩：《人的权利与人的多样性——人权哲学》，夏勇等译，中国大百科全书出版社1995年版，第2页。

③ 陈异慧：《刑罚目的的人性反思》，载《法学杂志》2014年第6期。

行权的单边扩张对罪犯人权保障造成强烈的挤压。并且，在互相配合重于互相制约的刑事诉讼程序中的检警关系中，站在国家立场共同打击和惩罚犯罪的信念异常强大，检察机关的刑罚监督权被警察权力不断同化，人权保护原则并未得到很好的贯彻。

立法层面，我国现有法律法规针对罪犯的防范机制、权利保障及救济的机制规定，尚比较单薄、粗疏且可操作性差。立法不仅是利益的表达、协调和分配机制，更是人权的保障机制。人权立法保障是现代法治国家的基本要求，是人权司法保障的前提和条件。当前，我国的人权立法保障体系仍存在一定的不足。作为人权保障法律体系的重要构成，监狱法的某些条款已不能完全适用司法人权保护的需要。

人权保障的欠缺给刑罚目的实现带来相当的危害，国家的司法公信力受到严重减损。通说认为，刑罚的目的在于通过一般预防与特殊预防的结合进行犯罪预防，而对于被执行人人权的侵犯尤其阻滞特殊预防刑罚目的的实现。刑罚执行过程中的人权保障欠缺会抵销审查起诉或审判等环节的司法公信，在诉讼最后环节的人权侵害会给被执行人留下难以磨灭的印记。对于监管机关的负面情绪会蔓延成对整个司法机关甚至国家权力的否定和对抗，这种情绪的强化极易导致重新犯罪，特殊预防的刑法目的难以实现。传统刑罚理论认为刑罚目的在于报应或预防，但是刑罚是人类理性的产物，是人基于人性设置的规则，因此从本质上看，刑罚目的应当是保障基本人权，以适应人性的基本要求。"刑罚之所以对人有意义是因为其中蕴含了人的价值和尊严，它不能异化为压抑人性的手段，而应当以'人'本身为目的，以保障人性为基本价值目标，体现对人性和人格尊严的尊重，保障人的自由。"[1]

因此，为保障相对方的合法权益就有必要引入相应的机制来限制权力，寻求权力与权利的平衡，保证正义的实现。刑罚执行程序在规范公权力运行过程中，一方面，通过程序的科学、精密设置排除权力的恣意惯性，从而为权利制约权力提供可能；另一方面，通过对刑罚执行程序自身的建构和贯彻，可以给予权利一方在刑罚执行机关面前，与其沟通、交涉，向其解释或决定作出后提出抗辩的机会，将使管理与作出的决定客观、公正。[2]

---

[1] 陈异慧：《刑罚目的的人性反思》，载《法学杂志》2014年第6期。

[2] 参见于天敏：《刑罚执行程序研究》，西南政法大学2012年博士学位论文。

（七）控告和申诉

1. 控告：群众工作与专门化工作相结合原则

检察机关办理控告工作是将来信来访和举报线索纳入司法程序，因此专门化是控告工作必须坚持的原则。纳入司法程序，意味着监督知识、监督领域以及监督技能的专业性。因此，2012 年刑事诉讼法修改后，2013 年，控告检察工作总的指导思想是，认真学习贯彻党的十八大、全国政法工作会议和全国检察长会议精神，按照中央的要求和最高人民检察院的部署，认真履行修改后刑事诉讼法、民事诉讼法以及《人民检察院刑事诉讼规则（试行）》赋予控告检察部门的新职责、新任务，进一步强化保护人权意识、程序意识、证据意识、时效意识和监督意识，进一步转变司法理念和方式，以提升检察司法公信力为主题、以加强监督为主线、以强化群众工作为动力，实现控告检察工作由转到办的根本转变，为维护公平正义和群众合法权益作出更大的贡献。

控告是民间力量参与司法程序的一种形式，因此，控告工作中需要做好群众工作。实行控告专门工作与群众工作相结合，是历史唯物主义普遍原理与控告工作实际相结合的产物，是党的群众路线在控告工作中的具体体现。"群众工作的实质是要实现党对人民群众的政治引领、权益维护、素质提升、力量凝聚等作用。"[1]

新时期的司法情势对控告检察的群众工作提出新要求。改革开放的 30 余年，是我国社会发生深刻变化和加速转型的一个时期，人民群众的阶层结构、利益诉求、思想观念以及信任关系等方面均呈现多元的分化，党的群众工作面临前所未有的冲突和难题。美国学者亨廷顿曾深刻指出："一个高度传统化的社会和一个已经实现了现代化的社会，其社会运行是稳定而有序的，而一个处在社会急剧变动、社会体制转轨的现代化之中的社会，往往充满着各种社会冲突和动荡。"[2] 这些冲突和动荡必然通过司法系统进行解决和消化，司法系统作为公权力的一个端口必定扮演政治体系的角色。美国政治学家西蒙·马丁·李普塞特认为："如果统治阶级拒绝甚至用暴力限制新的群体进入政治体系，就会使他们疏远这个制度，接受极端主义思想。对于新的群体来说，如果除革命以外就无法获得权力的可能，他们就会通过暴力强行进入国家政治体系；这样就

---

[1] 福建省中国特色社会主义理论体系研究中心：《提高做好新形势下群众工作的能力》，载人民网 – 人民日报 2013 年 2 月 18 日。

[2] 塞缪尔·亨廷顿：《变化社会中的政治秩序》，王冠华等译，三联书店 1989 年版，第 40 ~ 41 页。

会带来政治动荡，削弱现存政治制度的合法性。"①

当前法律与法治产品的层次，尚不能完全满足新时期做好群众工作的更高要求。在作为过渡时期的中国特色法治理念和法治思维下，法律效果与社会效果统一始终得到强调，它包含了对于传统、道德以及民意的基本考量或尊重，在特定的历史背景下尤其合理性，并在司法实践中发挥过重要的作用。法律与社会效果的统一，事实上难以避免法律效果与社会效果的手段与目的关系，在社会效果对于法律效果的统一之间必定会有对于法律或多或少的牺牲或伤害。法律效果与社会效果统一，只应作为人治社会向法治社会过渡的法律社会中的治理模式。"反思多年来，我们对政治思维、大局思维、民主思维、为民思维讲的多了，相对来说法治思维就显得相对贫困化，从而导致法治思维的声音相对微弱。"② 社会转型中的观念价值的再造、社会秩序的重构以及权力结构的重组等变革的深刻、剧烈程度，恐唯有完全、彻底的刚性法治才得以稳定发挥作用。"要坚持法治思维的优先性和至上性，必须要舍得，有舍才能有得，不能舍便不会有得。"③

2013 年刑事诉讼法修改后，最高人民检察院也对《人民检察院刑事诉讼规则》（以下简称《规则》）进行了修改。《规则》针对控告检察部分的修改，进一步强化了控告检察的法治化。《规则》将更多控告的情形纳入受理范围，受理程序进一步规范，控告检察的司法属性进一步强化。尽管《规则》是在几乎覆盖所有检察业务的修改完善，甚至主要是以配合刑事诉讼法修改，但是法治化的变化对于控告检察业务的专门化与群众工作结合找到一个理性的契合点，其意义殊于普通意义的修法。

2. 申诉：以纠错与内部监督为原则

申诉分为宪法意义的作为民主权利的申诉和诉讼法意义的作为诉讼权利的申诉，上述两种意义申诉的功能和性质均有所不同。申诉制度在我国的刑事诉讼法和行政诉讼法中都作出了规定，民事诉讼法已将原有的申诉制度改为申请再审制度。申诉改为检察机关的申诉职能是指诉讼法意义的申诉，这里的申诉权是一项具体的诉讼权利。

---

① ［美］西蒙·马丁·李普塞特：《政治人——政治的社会基础》，张绍宗译，上海人民出版社 1997 年版。

② 江必新：《法治思维——社会转型时期治国理政的应然向度》，载《法学评论》2013 年第 5 期。

③ 江必新：《法治思维——社会转型时期治国理政的应然向度》，载《法学评论》2013 年第 5 期。

检察机关申诉部门是检察机关内部专门负责监督的业务部门，履行对内和对外的监督制约职能。申诉检察是检察机关履行专门的法律监督职能的重要组成部分，是监督中的监督。修改后的刑事诉讼法，进一步强化了检察机关的法律监督和自身监督。《刑事诉讼规则》全面贯彻落实了刑事诉讼法的精神原则，赋予其更多的监督制约职能。特别是全面承担不服法院生效刑事裁判申诉的审查办理职能，更加彰显了申诉检察的纠错和监督职能。同时，申诉检察的内部监督功能更加凸显，申诉检察的反向审视功能得到进一步强化。"刑事申诉检察通过依法办理不服法院生效刑事裁判的申诉，依法办理不服检察机关不批捕、不起诉、撤销案件等刑事诉讼终结处理决定的申诉，发现和纠正检察机关在刑事诉讼各个环节存在的实体和程序问题，发现并依法处理检察人员在司法办案过程中的违法违纪行为，在发挥对内监督制约作用的同时，更加强调对司法过程的反向审视功能，对保障检察权依法正确行使，提高司法水平和司法公信力，具有重要意义。"①

检察机关申诉部门纠错与监督的方式，主要分为法定程序内和法定程序外的诉讼监督。法定程序内的监督主要通过对不服检察机关的处理决定、不服法院的生效裁判的申诉以及刑事赔偿案件的办理进行的监督；法定程序外的监督主要通过对来信来访、交办案件以及复查、复核案件等的处理进行的监督。

作为检察机关内部专门负责监督的业务部门，应该在纠错与内部监督方面发挥其主导的作用。但检察实践中，申诉部门在纠错和内部监督方面的功能仍没有得到充分发挥。作为平行的业务部门，申诉部门与其他检察业务部门之间的监督在实践中常常难以为继。当前，申诉部门的内部监督仍然受到许多客观因素的制约，如内部监督制约的地位没有明确的法律依据，建议处分权缺少明确的程序规定，对于司法不规范行为的监督缺少法治化的运作等，都限制了申诉部门内部监督职能的发挥。

检察权的特征及其配置模式，都决定了申诉检察部门在纠错和内部监督方面的主导作用。从我国检察权的配置模式来看，申诉检察业务范围涉及检察机关内部的多项业务，其与其他部门形成业务上的监督关系。因此，首先，要赋予申诉检察部门与监察部门相同的内部监督地位；其次，要建立健全申诉部门在纠错和内部监督功能中发挥作用的工作机制；再次，要细化完善申诉部门对各个办案环节进行纠错和监督的程序和方式；最后，要厘清申诉部门在检察机关内部横向监督制约体系中的功能和定位。

---

① 穆红玉：《刑事申诉检察工作面临的挑战及应对》，载《国家检察官学院学报》2013年第1期。

二、全面加强检察职能体系建设

(一)遵循检察职能内在规律

把握不同检察职能特征,确立符合各项检察职能内在规律的目标和要求。

侦查监督职能既要注重对侦查权的有效规制,加强侦查活动监督,又要关注审查逮捕和审查批准延长羁押的司法审查属性。要探索实行重大监督事项案件化办理并健全相应机制。强化对职务犯罪侦查活动、指定居所监视居住的监督。控制审前羁押率,加强逮捕社会危险性证据审查,逐步实现审查逮捕向司法审查转型,探索建立诉讼式审查机制。将比例原则引入批准延长侦查羁押期限审批,实质化审查、案件化办理。健全审查逮捕案件质量保障体系,严格禁止捕后撤案、绝对不诉、存疑不诉、无罪判决,严格控制捕后相对不诉、单处罚金、管制、免刑,适度控制捕后拘役、缓刑的比例。

公诉职能要落实"指控犯罪有力、诉讼监督有效、社会治理有为"的总要求。全面贯彻证据裁判原则,完善书面审查与调查复核相结合的亲历性办案模式,推行以客观性证据为主导的证据审查模式,实行技术性证据专门审查制度,重视瑕疵证据和定罪量刑关键证据补强。探索不同类型案件证据标准和证明体系。把监督纠正个案问题与保证法律统一适用、开展经常性监督与开展专项监督、监督纠正违法与查处司法腐败等有机结合起来,完善监督方式,提高监督水平。落实职务犯罪案件上下级检察院同步审查机制。构建以审查能力、举证质证能力、辩论能力等为重点的细分公诉能力要素的公诉能力体系。

未成年人检察职能要以专业化建设为基础,以规范化建设为保障,以社会化配套体系建设为支撑,建立健全未成年人检察工作体系。加快未成年人检察专门化建设,规范未成年人检察机构名称和职责范围,实行刑事案件"捕、诉、监、防"一体化工作模式,探索开展涉及未成年人的刑事执行检察、民事行政检察业务。加强与社会各界协作配合,完善未成年人保护和犯罪预防社会化体系。

反贪污贿赂职能要加强侦查能力建设,提高侦查工作法治化、专业化水平。加快转变侦查模式,实行规范化取证、精细化初查、专业化审讯、信息化依托、集约化办案,系统深化智慧侦查模式。改变以口供为中心,坚持以客观性证据为核心,重视电子数据采集和运用,完善收集定性证据、量刑证据、违法所得证据、证明侦查取证合法性证据等标准和程序。加强案件线索收集、整理、研判和初查工作。全面构建智慧侦查规范体系。

反渎职侵权职能要围绕对公权力刚性监督的目标,扩大办案规模。构建与相关执法司法单位的联系机制,畅通发现线索、移送线索、配合查处的协作机制。加强对相应的行政法规、规章制度、通行规则和职能运行基本规律的研究。深化对管辖案件的法理研究，加强侦查规律和定罪量刑标准的研究。加强专业化建设，提高侦查、审查逮捕、公诉的专业化能力，有效降低渎职侵权案件撤案率、不诉率、免刑率。

职务犯罪预防职能要加强专业化预防、精准化预防工作体系和能力体系建设，彰显检察机关职务犯罪预防的独特性。深入推进侦防一体化建设，防止"两张皮"现象。依托侦查职能拓展预防功能和效果，依托预防职能促进侦查工作。深化行贿犯罪档案查询工作，全面实行互联网查询。构造开放、多元、立体的预防载体和形式，并与廉政文化建设有效对接。

刑事执行检察职能要统筹人权保障和对刑罚执行机构的法律监督。全面履行看守所检察、监狱检察、社区矫正检察、强制医疗执行检察等职责，规范执行死刑临场监督、刑罚交付执行监督、刑罚变更执行同步监督、财产执行监督、羁押必要性审查、指定居所监视居住执行监督、羁押和办案期限监督等工作。完善保障刑事被执行人合法权益长效机制。实行派驻检察与巡回检察、专项检察、巡视检察相结合的工作方式。严肃查办刑罚执行领域职务犯罪。

民事检察职能要协调公权监督和私权救济的关系。以加强对公权力的监督为核心，以维护司法公正为目标，健全"民事诉讼监督、支持起诉、民事公益诉讼"协调发展的多元化民事检察格局。加强对民事审判、调解、执行等活动的监督，推动虚假诉讼监督常态化。综合运用抗诉、再审检察建议、检察建议等多种方式，推动民事诉讼监督从单一裁判结果监督向裁判结果、审判人员违法、执行活动监督转变。扎实开展支持起诉和民事公益诉讼。

行政检察职能要兼顾对行政权和审判权的监督。认真落实修改后的行政诉讼法和司法改革部署，全面加强对行政诉讼活动和行政违法行为的监督，明确对履行职责中发现的行政违法行为进行监督的范围、方式、程序和效力；继续探索提起行政公益诉讼试点，大力加强行政检察工作，制定对涉及公民人身、财产权益的行政强制措施进行监督的试点实施意见。审慎探索试行对行政抽象行为的监督。

控告申诉检察职能要坚持群众工作与专门工作相结合原则，发挥内部纠错作用。加强为民窗口建设。深化涉法涉诉信访改革，畅通"信、访、网、电"四位一体群众诉求表达渠道。完善群众控告申诉受理导入、依法办理、案件终结机制。完善检察环节社会矛盾化解工作。探索第三方参与等多元化解方式。全面推行律师代理涉法涉诉案件，稳步探索律师代理申诉制度。健全信访风险预警和应急处置机制。加强和改进举报工作。开展审查受理举报线索不立案复议工作。健全刑事申诉案件复查程序，完善刑事申诉案件公开审查制度，加强专家咨询、律师介入、社会力量参与审查复查工作。细化完善不服法院生效裁判刑事申诉案件抗诉标准，加强刑事申诉抗诉工作。探索开展对法院自行启动刑事再审活动的法律监督工作。健全刑事申诉案件异地审查制度。认真落实"两高"办理刑事赔偿案件的规定，公正办理刑事赔偿案件。

（二）统筹检察职能均衡发展

均衡配置检察资源、补强职能短板，统筹推进各项检察职能均衡发展。

基本成熟定型的职能，要实现精细化、智慧化、品质化发展。全面提升公诉工作品质，树立职业独立、程序独立、评判标准独立等工作理念，平衡追诉犯罪、制约权力、保障人权等内在价值，探索建立实体规范、程序规则、专业能力等标准体系。重点规范诉前引导，撤回起诉、变更起诉的标准、范围和规程。努力提升出庭公诉和刑事审判监督的质效，依法行使不起诉权。全面实现智慧侦查，坚持法治思维、坚守法治原则；提高侦查能力，转变办案方式，以智慧侦查替代传统的硬拼式侦查。定期开展司法不规范重点问题专项整治，提高侦查工作规范化水平，根除因不规范行为导致的涉检上访、投诉等损害检察公信力的现象。

逐步成熟定型和转型的职能，要巩固提高、创新发展。侦查监督要全面观照立案监督、侦查活动监督与审查批准（决定）逮捕、审查延长或重新计算羁押期限的申请和羁押必要性审查等职能的性质差异，把握不同职能的履职要求。民事行政检察职能要尽快扭转依然薄弱的现状，有效落实修改后的民事诉讼法、行政诉讼法和司法改革的要求，畅通案件发现渠道，扩大办案规模，提高监督实效。省级检察院修订相应的工作规程，加大指导力度，三级检察院联动办案形成合力。刑事执行检察作为传统检察业务，要尽快适应修改后的刑事诉讼法要求转型发展，健全完善原有职能的工作机制，全面履行新增职能。

授予检察机关履行的新增职能，要加快论证，构建机制，稳健推进，务求实效。省级检察院对公益诉讼的程序设计、证据采信、法庭设置等方面形成机制规范。省级检察院制定行政违法监督的内部衔接机制，制定案件线索发现、移送、范围、受理、审查方式、程序和效力等方面的规范性文件。开展强制医疗执行检察工作。拓展发现、查缉犯罪嫌疑人和追缴腐败资产渠道，完善违法所得没收程序的适用条件和操作流程。规范羁押必要性审查比例原则的要求。加强阻碍律师、诉讼参与人诉讼权利行为的受理、分流、调查、处置、答复、反馈工作。

（三）促进检察职能形成合力

各项检察职能全面履行，法律监督工作协调发展，内部衔接机制更加完善，实现检察监督职能作用得到全面发挥。

各项职能协作配合和监督制约。强化捕诉对侦查活动监督的衔接，减少捕后诉前监督盲区，推动侦查监督职能和公诉职能对侦查活动监督形成合力，省级检察院制定规范性文件。统筹查办职务犯罪和诉讼监督的关系。发挥"两法衔接"机制作用，促进反渎职侵权职能和侦查监督、行政违法监督职能之间形成合力。公诉、民事行政检察、刑事执行检察等发现职务犯罪案件线索及时移送。反贪污贿赂、反渎职侵权部门加强案件线索共享、侦查联动，深化侦防一体化，形成侦查与预防分工合作、资源共享、优势互补的工作模式。落实内部纠错机制，职务犯罪侦查部门要高度重视侦监和公诉部门的意见，及时发现和纠正案件在侦查方向、事实认定、证据采信、法律适用和办案程序上的问题。全面发挥控告申诉检察对各业务部门反向审视和纠错功能。

检察职能对外有机衔接。以分工制约为原则，以协作配合为例外，落实重大疑难案件侦查机关听取检察机关意见和建议制度，公诉部门加强对侦查取证的引导监督，加强对搜查、查封、扣押、冻结等强制性侦查措施和技术侦查措施的监督，强化同步录音录像审查。尊重法官审判权威，坚守公诉独立程序价值，把握监督尺度和力度，共同促进庭审实质化。保障律师执业权利，确保律师阅卷权、会见权、取证权，充分听取律师意见，发挥辩护律师在全面查清案件事实、保障被告人人权等方面的积极作用。职务犯罪侦查完善外部协同办案机制。严格指定居所监视居住场所的使用管理，司法警察部门加强与公安机关、职务犯罪侦查和刑事执行检察等部门的协作，协助执行指定居所监视居住。加强检察机关与纪检机关办案分工、协作配合，明确纪检监察和刑事司法办案标准和程序衔接。建立健全信息共享平台，加强行政执法和刑事司法、行政检察等衔接，探索行政检察与行政监察、行政复议相衔接。

第八章　检察机制建设

检察机制是微观层面的制度，其通过制度、体制系统内部组成要素的相互联系和相互作用实现其特定的功能。检察机制作为上承检察制度、检察体制下启检察工作方式的中坚层面，成为承载检察制度实现成效的重要载体。在检察体制层面集约进行的规模改革以及由此引发的检察理念和价值的重塑，必然将在机制层面引发系统性的变革，以此使检察体制改革成果在机制层面获得技术支持。因此，应把司法现象的研究最后落脚到机制上来，力求从整体上和运行中来把握司法现象的机能和特性。

第一节　检察制度、体制、方式与机制的关系

一、检察机制与检察制度、体制的区分

制度、体制和机制分处于社会有机结构体系的不同层面，各自包含特殊的内在规定、功能定位和作用机理，发挥着不同的作用。广义的制度包括三个层次，宏观的根本制度层面的制度、中观的体制层面的制度和微观的机制层面的制度。机制是微观层面的制度，其通过制度、体制系统内部组成要素的相互联系和相互作用实现其特定的功能。宏观层面的制度侧重于社会的结构，中观层面的体制侧重于社会的形式，微观层面的机制侧重于具体的运行。一方面，制度、体制对机制产生制约和影响。制度的根本性和体制的基础性决定了机制的基本构建，机制的构建方向和具体建制都不能脱离制度、体制。另一方面，机制与制度、体制不具有完全的一致性。体制和机制均不具有特定的社会属性，只有在与不同社会制度相结合时才表现出不同的社会性质。不同的制度和体制下可以有相同的机制，机制具有较强的灵活性，可以被人为设计。制度和体制的实现有赖于具体的机制，机制与制度、体制的适应程度直接决定了制度和体制的实现程度。

检察制度是指国家整体权力格局中关于检察权地位的整体规定，其决定着一个国家检察权的基本性质和发展方向，是与其他权力形态得以区分的根本标志。检察体制是指上下级检察机关在机构设置、组织隶属关系和管理权限划分

等方面的体系、形式等的总称。检察体制既是检察制度的重要体现形式，也为检察制度服务。检察机制是指检察机关内、外部依据一定的程序、规则形成的有机联系、有效运转的工作过程，涵盖各级检察机关不同的职能范围、作用对象，检察机关职权的实际中的运作模式、效能等内容。

从制度、体制、机制等层面动态考察我国检察权发展历史的全貌，可以发现，新中国检察制度的发展并不顺利，其间经历了反复和倒退，检察制度也饱受各种争议和质疑。关于检察权性质等问题之争也一直困扰着检察权的职能配置等具体问题，阻碍着检察权的发展。在检察制度的正当性和合法性地位得以巩固以后，集中于检察体制层面的问题却逐渐显露，行政化和地方化等问题成为长期制约我国检察权发展体制层面的深层次问题。由于我国各项改革的稳定性的总体要求，前三轮的检察改革总体是在体制框架内的自我完善和发展，总体以针对不适应司法形式的检察机制的改革为主，主要用意在于通过检察机制的变革，促成检察体制层面的改革。"1997 年以来中国司法领域开展的改革，尽管中央先后提出过'司法改革'、'司法体制改革'、'司法体制和工作机制改革'等多种提法，但用的最多的还是'司法体制和工作机制改革'，这在中央一系列重要文件中屡屡可见，说明这一用词比较贴切地概括了此次我国司法领域改革的内容和范畴。"[①] 由于体制是制约我国检察权科学发展的本质问题，因此，通过机制促体制改革的目标并未实现，体制层面的问题越来越严重地制约着检察权在各个方面的发展。体制层面深层次问题的革新成为高层和各界的普遍共识，十八届四中全会开启的检察体制、机制改革使检察改革进入深水区，长期困扰、制约检察权发展的深层次问题再次被提上改革的日程。

由于制度、体制和机制之间不存在逐一对应的关系，客观上也就存在不同制度、体制和机制交叉组合的可能性。至少可以有这样几种情况：同一种社会制度可以采用不同的社会体制和运行机制；不同社会制度可以采用相同或类似的社会体制和运行机制；同一社会制度在不同发展时期可以采用不同的社会体制和运行机制。制度、体制、机制之间的这种复杂关系，为社会主体在社会改革、社会发展中进行制度与体制、机制的"结合"和"创新"留下了广阔的空间。

二、检察机制与检察工作方式的区别

检察机制与检察方式或方法的区别主要存在于以下几个方面：第一，检察

① 虞浔：《1997 年以来中国司法体制和工作机制改革进程中上海的实践与探索》，华东政法大学 2013 年博士学位论文。

机制具有稳定性，检察方式具有灵活性。检察机制一般都是长期、稳定地在检察权运行中发挥作用的措施和手段，这些措施和手段的有效性通常是被检察实践充分证明的。检察机制内容上和形式上的稳定性决定了检察机制对于检察行为具有普遍的约束力，通常不因司法主体的变动而变动。而单纯的检察方式或方法则强调因地制宜，强调具体事情具体分析。检察方式的灵活性主要体现为不同司法主体或不同检察行为下方法的随机性、不确定性。检察机制的稳定性和检察方式的灵活性具有互补性，二者在检察权运行的微观层面以不同的形式发挥作用。

第二，检察机制具有复合性，检察方式具有独立性。检察机制一般是若干检察方式或方法的复合体，其通常是多种检察方式或方法同时在起作用。而检察方式或方法可以是针对单一的对象单独起作用。因此，检察机制的建立和完善通常讲究机制的配套建设。在一项检察机制建立的同时，往往还需要有一定的整合机制、监督机制和控制机制来保证检察工作的落实、推动、纠错、评价等。只有保持检察机制体系的健全和完善，才能推进检察组织的稳步建设和发展，才能保持检察权运行恒久的动力。

第三，检察机制重点在上承体制、制度，检察方式着眼于运行、实务。检察机制中包含有制度的元素，体现着体制的规范，其主要是对制度和体制在具体构建层面的落实。检察方式则着眼于运行、实务，对检察行为效果的实现是其主要追求。由于检察方式对于效果实现的主动追求性，要求我们对于检察方式使用的慎重和规范。

三、十八届四中全会提出的检察体制、机制改革

一是检察权行使与坚持党的领导相统一。《中共中央关于全面推进依法治国若干重大问题的决定》（以下简称《决定》）提出，"党要领导立法、保证执法、支持司法、带头守法"，对司法而言使用"支持"一词；《决定》还要求，"各级党政机关和领导干部要支持法院、检察院依法独立公正行使职权"、"任何党政机关和领导干部都不得让司法机关做违反法定职责、有碍司法公正的事情，任何司法机关都不得执行党政机关和领导干部违法干预司法活动的要求"。这些都充分表明，党对司法工作的领导更侧重于思想上的领导、组织上的领导、方针政策上的领导，更多的是给予司法工作大力支持，并不会影响审判权、检察权的独立行使。我们只有紧紧依靠党的领导，把党的领导贯彻到检察工作全过程和各方面，检察工作才能保持正确的发展方向，才会有不断取得进步的坚强保证。

二是检察权行使与维护宪法法律权威相统一。四中全会的相关重要部署赋

予了检察机关新的更重的担当，必须按照《决定》的部署要求，更加充分地发挥检察职能作用，在促进法治政府建设上应有更大作为。《决定》明确提出要"健全行政执法和刑事司法衔接机制，完善案件移送标准和程序，建立行政执法机关、公安机关、检察机关、审判机关信息共享、案情通报、案件移送制度"，检察机关要积极推动健全"两法衔接"机制，完善案件移送标准和程序，防止有案不移、有案难移、以罚代刑现象，促进严格规范公正文明司法。在维护司法公正上应有更大作为。按照《决定》关于"加强对司法活动的监督，努力让人民群众在每一个司法案件中感受到公平正义"的部署，进一步完善检察机关诉讼监督机制，拓展监督渠道和途径，加大监督力度，严惩司法腐败，全面提升法律监督效果。在推进依法反腐上应有更大作为。《决定》提出，"加快推进反腐败国家立法，完善惩治和预防腐败体系，形成不敢腐、不能腐、不想腐的有效机制，坚决遏制和预防腐败现象"，特别是提到"完善惩治贪污贿赂犯罪法律制度，把贿赂犯罪对象由财物扩大为财物和其他财产性利益"，这对检察机关深入推进反腐倡廉建设、依法加大职务犯罪查处力度提出新要求、新任务。在引导人民群众维护法律权威上应有更大作为。《决定》深刻指出，"法律的权威源自人民的内心拥护和真诚信仰。人民权益要靠法律保障，法律权威要靠人民维护"。检察机关作为司法机关，应当在社会主义法治文化建设中发挥作用，引导公民树立法治意识，依法行使权力，依法维护权力，明确权利义务的法律边界；特别是在司法方面，要引导案件当事人、信访群众理性对待纠纷，依法表达诉求，自觉接受司法机关依法律按程序作出的正确裁判，积极推动形成办事依法、遇事找法、解决问题用法、化解矛盾靠法的法治环境。

三是检察权行使与检察自身科学发展相统一。四中全会对司法改革任务作出新的部署，既有宏观层面、制度、体制方面的重大举措，也有微观层面、机制、方式方面的具体措施，一些改革措施直接涉及检察权的运行和检察制度的完善，对于检察自身科学发展具有重要的引领作用，为检察机关提供了重大的发展机遇。在确保依法独立公正行使检察权方面，《决定》不仅有原则性的规定，而且有具体的要求，提出"建立领导干部干预司法活动、插手具体案件处理的记录、通报和责任追究制度"，明确"建立健全司法人员履行法定职责保护机制"，这些旨在防止地方对检察权运行的不当干扰，有助于解决检察权地方化问题。在优化检察职权配置方面，关于探索设立跨行政区划的人民检察院、探索实行检察院司法行政事务管理权和检察权相分离以及完善主任检察官办案责任制的部署，为检察机关解决当前行政化色彩的管理方式问题奠定了有力基础。关于促进检察自身严格规范公正文明司法方面，《决定》提出要推进以审判为中心的诉讼制度改革，实行办案质量终身负责制和错案责任倒查问责制，目的即在于促使从机制上防范冤假错案，推进严格司法。这就要求司法人员坚持客观中立和案件事实证据经得起法律检验的理念，对检察机关提高职务犯罪侦查、审查逮捕、审查起诉、出庭公诉的质量和水平有积极推动作用。《决定》中关于加强人权司法保障、保障人民群众参与司法的部署，对于检察机关完善人权保障机制、加强内部监督制约、深化检务公开提出新的更高的要求。

四是检察权行使与履行法律监督职能相统一。《决定》中明确提出要形成"严密的法治监督体系"，"法治监督体系"必然包括检察机关法律监督体系，严密的法治监督体系的形成必将为检察机关全面履行法律监督职能提供有力保障。《决定》在指出要"强化对行政权力的制约和监督"中，提到了加强"司法监督"，这也为检察机关加强对行政执法的监督提供了重要契机。特别需要指出的是，习近平总书记在说明中明确指出："现在，检察机关对行政违法行为的监督，主要是依法查办行政机关工作人员涉嫌贪污贿赂、渎职侵权等职务犯罪案件，范围相对比较窄。而实际情况是，行政违法行为构成刑事犯罪的毕竟是少数，更多的是乱作为、不作为。如果对这类违法行为置之不理、任其发展，一方面不可能根本扭转一些地方和部门的行政乱象，另一方面可能使一些苗头性问题演变为刑事犯罪。全会决定提出，检察机关在履行职责中发现行政机关违法行使职权或者不行使职权的行为，应该督促其纠正。作出这项规定，目的就是要使检察机关对在执法办案中发现的行政机关及其工作人员的违法行为及时提出建议并督促其纠正。"习近平总书记的这一重要阐述，为检察机关更深入地加强对行政执法的法律监督提供了重要支撑，充分表明了党中央对检察机关依法、全面履行法律监督职能的高度重视和有力支持。

第二节　检察机制的功能

一、检察机制是落实检察制度的重要载体

作为宏观性的根本制度，检察制度具有稳定性，而检察机制却是依据一个国家的检察体制和司法形势不断调整、变化的过程。一定意义而言，检察制度的实现问题，就是立足于权力格局的变迁和司法情势的现实，通过检察机制的完善和创新保证社会主义检察制度的落实，检察机制是现实的检察制度。作为检察制度落实的重要载体，每项检察制度最终都需要有相对应的检察机制。检察制度的优越不代表现实中的检察制度的优越，只有通过检察制度实现的微观

机制的设计，才能把这种制度的优越性转化为现实的优越性，这正是中国特色社会主义检察制度走向成熟的必经环节。

作为落实检察制度的重要载体，检察机制具体通过激励、配置、控制和平衡来实现作为载体的功能。作为纲目的制度不会自动落实，其必然通过机制的不同作用来达到与实践的沟通。检察机制通过对制度中关键元素的配置，达到制度在关系、结构、边界或数量上的实现；检察机制通过对制度中软性因素的激励，获得制度在人文或意识形态方面的基本数值或附带产出；检察机制通过对制度中基本规定的控制，取得制度在区别于其他类别制度方面的范式认定；检察机制通过对制度中冲突价值的平衡，缓解制度内在对立统一之间的现实紧张关系。

二、检察机制建设是国家检察权建设的重要内容

在检察理念和司法利益主体多元化的历史条件下，判定一个国家司法的成熟与否不应仅停留在现实的司法公正与否的层面上，而应关注这个国家的检察制度中是否具有完善的各种司法关系的协调机制并能将这种司法利益差别和冲突控制在合理的秩序范围之内。自组织性是机制的一个显著特点，在检察机制内部，各组成要素之间相互联结、相互作用、相互制衡，各种不同方向和性质作用力的交合使检察机制系统在一定的时空和条件下保持相对的稳定性。当某一组成部分或环节的变化不再适应系统整体的要求及其功能的发挥时，检察系统就会凭借自身机制进行自动的自我调节，以确保其整体目标的实现。机制建设可以反促检察体制和检察制度的完善，检察机制建设尤其具有独立的价值。因此，检察机制建设是国家检察权建设的重要内容。

作为独立权力形态的检察权，检察权建设应重点包含以下几个维度：作为依法治国的手段，对公权的制约和对人权的保障；作为政治文明的标志，对私权的保护和对公益的代表；作为法律监督的载体，对法律统一、正确实施的保证。作为国家检察权建设的重要内容，检察机制在构建理念、规律遵循及特征指向等方面都应与检察权保持一定的同质性和同向性。检察权在理念上的惩罚犯罪与保护人权并重、规律上的判断性与行政性并存及特征上的实体与程序并重，都应延伸到检察机制的具体构建中。

三、检察机制是克服程序任意的有效手段

近年来，刑事诉讼实务领域"纸面的程序"与"行业的规则"之间呈现出一定的此消彼长现象。刑事司法不公乃至一定比例的刑事错案的发生，均与这种"程序的失灵"有着某种因果关系。这一方面与检察理念的内化缺失有

一定的关系，但另一方面更主要的原因在于"纸面的程序"与"行业的规则"之间检察机制的缺乏。因此，司法公正的目标实现尤其要重视检察机制的司法推进。只有在程序次序下"安插"细密的检察机制，才能以机制的稳定和有效克服对程序的任意，才能挤压潜规则的作用空间。

无论是检察体制还是检察理念，在应对程序失灵等问题方面都存在较大的局限性。刑事司法程序的普遍适用性特征决定了程序的相对抽象性，以此角度，检察机制的因地制宜性可使其在克服检察人员对程序的任意方面发挥无可替代的作用。实践也表明，检察机制尤其是地域性或局部性检察机制的建立，在克服立法局限或程序失灵方面发挥着确实的功用。

四、检察机制建设是检察事业发展到一定程度的必然选择

检察制度的发展通常都要先后经历具体制度的选择与建构、体制的设计与变革以及机制的跟进与协调的完整过程。机制是体制下的机制，当前我国正在进行的检察体制层面的全面改革，必然会带来原有体制下检察机制的修正、再造乃至重构。当代检察史告诉我们，检察机关恢复重建以来经历的历史阶段，正是从粗放型发展到规范发展，从不成熟向成熟的转变历程。

当前的检察改革在检察建设的主要方面均有所涉及，宏观上触及行政化到司法化权力运行模式的转换，中观上囊括从人财物管理体制到跨行政区划检察院的设立等重大问题的变革，微观上关乎检察官办案责任制、检察机关提起公益诉讼等具体改革的启动。改革不仅跨越宏观、中观、微观三个层面，并且三个层面之间还存在繁密的问题交叉。这种体制层面具有颠覆程度的改革，以及由此引发的检察理念层面的不断调适，都需要检察机制的承接和兑现。检察事业发展到一定历史阶段的机制重建，具有历史的必然性。

第三节　检察机制建设中存在的问题

一、体制改革的限制

一是改革错序导致改革的因果关系错位。尽管机制本身具有能动作用，可以不完全与体制保持一致，但是体制却从根本上决定着机制的建设方向。若想建设良好的机制系统，必须有良好的检察体制作为基础和前提。我国的检察改革应该首先从体制层面破除不适应检察发展的各种问题，在此基础上才可以较好地进行检察机制改革，这个顺序是不可逆的。但是，如前文所述，我国的检察改革的思路是以机制改革推动体制的变革，"从党的十五大提出'推进司法

改革'到十六大提出'推进司法体制改革',再到十七大提出'深化司法体制改革'的十五年里,我国的检察改革基本处于建立健全检察机制,兼涉改革检察体制某些内容的阶段。"① 中央司法体制改革领导小组组织中央和国家机关有关部门进行了深入调研和论证,广泛听取党内外意见,在巩固已有改革成果的基础上,提出了《中央政法委员会关于深化司法体制和工作机制改革若干问题的意见》,2008 年 11 月 28 日召开的中共中央政治局会议原则同意该意见,并于 12 月批准转发了《中央政法委员会关于深化司法体制和工作机制改革若干问题的意见》,这被看作是新一轮深化司法体制和工作机制改革的开启。1997 年召开的党的十五大提出"推进司法改革,从制度上保证司法机关依法独立公正地行使审判权和检察权,建立冤案、错案责任追究制度"的政治目标。最高司法机关积极响应,开展了不懈的探索,首先是从司法工作机制层面开展突破,但由于缺乏体制改革成果的支撑,这场着眼于机制层面的改革收效甚微。改革错序导致改革的因果关系错位。

二是检察体制行政化的制约。检察行政事务的自治和自理注定了检察机关不是单纯的"法律监督机关",检察权管理与检察行政权管理,共同构成了检察机关管理的完整内涵。检察机关管理的双重内涵与检察机关的职能定位并不冲突,二者统一于检察权的权力特质之中。但是,长期以来行政主导一切的制度传统与制度惯性,导致了检察权与检察行政权关系的异化。检察行政权的扩张与渗透,使检察权距离其权力特质渐行渐远并产生运转困境,检察权行政化弥漫在整个检察体制内:检察系统内部,科层制的行政内控机制被套用,检察系统的组织机构、管理方式、运行机制等,均呈现明显的行政化和官僚化特征;检察系统外部,检察机关为获取生存资源,必须积极向资源分配者靠拢,对作为资源占有者和配置者的权力主体,特别是行政权力系统产生过度依赖,检察系统被行政系统渗透、牵制、支配,构成了检察权外部行政化的主要特征。由于以检察权为中心,以检察行政权为辅助的权力生态遭到破坏,致使检察机关呈现系列异常表现:其一,检察机关的业务机构和行政机构设置不均衡;其二,检察决策受控制于检察行政首脑;其三,检察行政权对检察权的过度渗透;其四,检察独立缺乏体制性前提。这些检察体制层面的深层次问题,都严重制约了检察机制的建设。

二、缺乏对主体行动的考察

机制是由主体来运行的,如果不考虑主体的行为逻辑,机制的设计偏离主

---

① 向泽选:《新时期检察改革的进路》,载《中国法学》2013 年第 5 期。

体的行动，机制将在很大程度上被虚置甚至被利用。检察机制设计理论的不足之处主要体现于未能彻底地解决检察行为与制度结构的二元论问题。机制是由人来遵守，机制的设计应充分考虑人性的因素。法律是社会中的法律，社会环境中的各种非法律因素在法律实施的过程中以各种方式渗入。权力主体司法行为的逻辑基础并非完全的法律逻辑亦非纯粹的权力逻辑，实际掺杂了各种法律之外机会主义下的非程序性实践因素。这种实践逻辑形成于长期司法实践中与当事人、相邻机关、上下级乃至地方党政、民意与舆论的对话与沟通、周旋与协调、历练和积淀之中。"承载着制度运行的不同主体通过明示的训练或潜移默化的影响并以'视为理所当然'等方式逐渐拥有大致共通的认知框架，这一点对于制度的形成及理解制度而言尤为关键。"① 这种"经实践检验"的思维和行动逻辑必然对正常的司法逻辑产生扭曲。更为严重的是这种行为逻辑的稳定性。事实也证明，公、检、法人员作为"行政型司法"下的同僚，在司法实践中片面依赖案卷的惰性，以及责任规避的本能形成一个稳定的利益链条。上述因素的综合作用，促使司法主体的行为具备了某种抗拒变革的内倾性。由内倾情绪支配的司法主体习惯于既定的机制体系，而对他不熟悉的陌生世界和变革天然漠视甚至抗拒。

三、未能进一步落实为检察工作方式

尽管检察机制处于检察系统结构的微观层面，但是对于检察工作方式来说，检察机制在具体的操作层面上仍需要检察工作方式在技术上的支撑。有时固定的检察工作方式可以上升为检察机制，相对于检察机制，检察工作方式更具灵活性，其更能根据具体的时空调整方式的选择或适用。如果检察机制得到较好地实现，为其探索系列检察工作方式是必要的途径。但是检察实践中，很多检察机制并未配有适合的检察工作方式。由于一些检察机制建设的应景性或者配合性，许多检察机制仅止于机制层面，并未对具体的工作方式作出进一步的探索。

第四节　检察机制建设的完善与创新

一、正确处理制度、体制、规则与机制的关系

制度、体制和机制分处于社会有机结构体系的不同层面，各自包含特殊的

---

① 王亚新：《程序·制度·组织——基层法院日常的程序运作与治理结构转型》，载《中国社会科学》2004 年第 3 期。

内在规定、功能定位和作用机理，发挥着不同的作用。处理好刑事错案防范机制与相关制度、体制、规则的关系十分重要。

长期以来，机制的功能未能得到应有的重视，因此需要正确处理与制度、体制、规则的关系。一是减少对制度、体制、规则的损耗。机制构建应有利于制度、体制、规则的效能最大化，并有利于制度、体制、规则的未来发展。如有关案件质量控制方面的机制构建应有利于无罪推定、证据裁判等刑事诉讼制度价值的释放，并着眼于机制运行中成效显著的元素被制度、体制、规则吸收。

二是可以突破体制框架的限制。机制一般是指微观层面的制度，可以脱离制度的性质和体制的约束被人为设计，并且，机制与制度、体制具有非对应性特点。机制可以突破司法制度、体制的框架，只要符合诉讼运行或检察职能运行规律的标准，不同的机制都可在不同的司法制度、体制下发挥作用。再如，作为存在于各个国家的不同检察体制下的检察一体化机制，却体现出两种相异的运行结果，其与司法规律的天然冲突在有些国家成为引发错案的重要原因之一，但是在有些国家，这些负面作用却被消弭到可以忽略不计。由此可证，检察机制与检察体制不具有对应性，机制构建完全可以突破体制框架的限制。

三是重视机制的司法推进路径。体制变革遵循的是立法推进道路，机制完善则要重视司法推进路径。要重视法律程序生成的经验基础，以逮捕必要性要件和羁押替代措施的制度规定不完善为例，这两项机制的疏漏主要表现为，在案件证据不足时检察机关以与法院沟通或其他变通方法消化案件，这种做法也是逮捕主导案件一错到底的重要原因，但是，此类问题一般很难通过立法推进的方式得到解决。近年来的刑事和解机制、未成年人附条件不起诉等工作机制，都是先由试点再到推广的司法实践生成并获得改革共识的刑事机制。这些机制在较长时间的司法推进过程中，机制本身存在的问题都得到了充分的暴露和修复，机制实施的效果均受到科学的观察和评估。机制的司法推进从技术上解决了立法无法达到的预期效果问题，为检察机制功能的更好发挥奠定了充分的现实基础。

二、机制的客观化及诉讼化回归

检察权中部分权力属于诉讼型权力，尤其是刑事诉讼的运行机制，应改变行政化的运作机制。革除与检察权司法属性和一体化运作不相适应的体制性和机制要素，再按照司法属性和一体化运行的要求，对检察体制和工作机制予以完善，赋予检察体制和工作机制更多的司法色彩，应当成为检察改革的直接目标。通过各方面在一定机制中的博弈，使诉讼机制向诉讼规律回归。

刑事诉讼运行机制的客观化及诉讼化是机制防错的必然要求，是符合刑事诉讼运行规律的内在规定。一是主观问题客观化。利益导向型的刑事诉讼运行机制必然诱导司法人员作出有利于自己的选择，追根溯源问题还是出在机制本身，因此实践中长期以来用观念的办法解决观念的问题，成效并不明显。事实上，我们应该用机制的办法来解决观念的问题，使主观问题客观化。二是行政手段诉讼化。在诉讼权运行中，以证据为基础作出裁判、证据的运用要符合经验法则与逻辑法则以及司法人员认定案件事实要充分发挥主观能动性等，这些都是司法工作的常识与规则。刑事诉讼中，对于错误防范而言，审查逮捕、羁押必要性审查的诉讼化回归是当前迫切需要解决的现实问题。我国现行的审查逮捕方式行政色彩浓厚，应构建以侦查机关为控方、犯罪嫌疑人为辩方、检察机关为审方的准控辩审三方结构，实现审查批捕的诉讼化改造。

三、机制构建中异化倾向的修正

机制在构建过程中存在功能异化的倾向，本质在于未能正确处理侦诉审之间以及司法系统与外部之间的关系，因此，应着力化解机制构建的异化倾向。尤其是刑事诉讼中，由改变侦查中心主义到实现以审判为中心，需要检察机制的规模重构。一方面，确立侦查、检察、审判环节机制的关系。从司法产品形成过程分析，侦查机关或部门提供的初始产品需要避免程序上的瑕疵，排除证据上的缺陷；检察审查起诉需要对侦查机关或部门提供的行政产品进行司法化转换，排除其中的非法证据或对相关证据进行补充；法院审判环节要求以庭审为中心，法官直接听取控辩双方的意见，做到查明事实在法庭，认定证据在法庭。"错案的形成在各个诉讼环节应然地沉淀着因果关系；而相对于个案整体诉讼各个环节而言，又不可分割相关关系。"[①] 一直以来，我国的刑事诉讼运行机制一直被侦查主导诉讼的惯性绑架，递增的"有罪"惯性和递减的"无罪"倾向始终存在，这种机制的"意外"供给始终成为错案发生的重要原因。在具备相当条件的情况下，公检法多方都会尽量协调，平衡彼此观点，以降低疑难案件带来的组织利益风险，由此，这种侦查主导的局面似乎一直无法破解。随着司法改革的不断推进，这种组织利益风险无法再以往的内部平衡方式克服，在与错案似乎有着最为直接因果关系的法院率先打破这种"集体的行动"，以强有力的案件质量倒逼机制环环制约检察机关和公安机关。"如果有一天公安机关侦查人员在侦查时也考虑到排除合理怀疑这个问题，出现冤假

---

① ［英］维克托·迈尔－舍恩伯格、肯尼思·库克耶：《大数据时代》，盛杨燕、周涛译，浙江人民出版社2013年版，第9页。

错案的可能性将大大降低"的设想似乎有了机制的支撑。由此可见，确立侦查、检察、审判环节机制间正确的关系是构建刑事错案防范机制的关键。"追根溯源探究司法规律表明，刑事诉讼活动从传统的以'侦查为中心'应然地调整为以'审判为中心'，是抑制刑事'冤假错案'的有效路径。"① 十八届四中全会提出"推进以审判为中心的诉讼制度改革"，以公报形式将此确立下来，这必将推动侦查、检察、审判环节机制的关系效益最大化。

另一方面，正确处理司法系统与外部之间的关系。外因是通过内因起作用的，将外部问题转化为内部问题可以使机制更具稳定性，不因外部因素的不稳定而经常发生变化。十八届四中全会提出"建立领导干部干预司法活动、插手具体案件处理的记录、通报和责任追究制度"，同时，除涉及外交、国防等特殊领域外，政法委今后将不会介入个案，外部干扰的公权力形式正在消退，外部干扰因素的作用力正在减弱，对案件处理不再起到支配作用，为外部问题内部化提供了可能。尤其是长期以来刑事诉讼中"逮捕中心主义"现象在部分地域的刑事司法实践中正在不同程度地发生改变。新刑事诉讼法实施以来，司法实务部门的部分司法人员已将自己划到了"疑罪从无"、"证据裁判"的行列。最高人民法院周强院长提出的"紧紧依靠法律界，实现公正司法的目标"强有力地传递着以司法系统内生力量推动事前纠错的信号，事实也表明，始于法院的倒逼机制对案件质量起到了控制的效应，司法系统内的问题正在通过自身得到修复。当前外部的压力主要来自社会舆论，可以通过公开机制的设计排解舆论压力。"法官判决说理公开化的事后民意纠偏机制不仅能较好纠正法官定罪偏离，而且事后的纠偏并不会让情绪化的民意干扰法官的理性裁判。"②

四、加强检察机制的系统性

研究检察机制就是要研究在检察权运行过程中检察现象的各个侧面和层次的整体性的功能及其运行规律，包括其运行所依据的原理和原则，运行过程的状况即运行中各个侧面或部分之间的交互作用以及和检察或司法系统之外的其他系统之间的交互作用等。

应更多侧重于检察机制内在原理和运行规则的分析，关注检察机制体系之

---

① 周平：《遏制刑事"冤假错案"顶层设计的法治思考》，载《中国刑事法杂志》2013 年第 10 期。

② 郝川：《疑罪从无的当代命运与规则要义》，载《西南大学学报（社会科学版）》2013 年第 1 期。

间的内在关联。以检察权独立运行为例，检察权独立不仅体现在检察权的外部独立方面，更重要的是落实到检察权内部运行机制方面，包括检委会、检察长负责制与检察官办案责任制三者关系、不同检察权能行使方式等问题。长期以来，人民检察院组织法、刑事诉讼法等相关法律并没有细分不同检察职能的行使方式，只是笼统地规定了检察长负责制与检委会讨论决定案件的民主集中制，检察官个人并非法律上明确规定的办案主体。检委会实行的民主集中制、检察长负责制与实际上办案检察官的一线司法实践混同在一起且边界模糊，影响了检察权内部配置的优化。因此，探索检察权内部运行机制的改革与完善必须从明晰各项检察职能的性质入手，厘清检委会的民主集中制、检察长负责制与检察官作为办案责任主体之间的关系。

应更加侧重于检察理念、检察价值等意识层面的分析，关注检察软性因素作用力在机制中的延伸。人权保障、疑罪从无、客观中立等检察理念，以及权力制约、法制统一、程序独立等检察价值，都不应仅作为一种务虚的口号或符合存在于我们的检察权运行中，其更应以一种具象或实在的形式活跃在检察人员、检察主体乃至检察结果之中，尤其是在检察机制中更要以一种"看得见、摸得着"的形式得以确认。

第九章　检察工作方式建设

检察工作方式或监督方式是检察机关履行法律监督职能的基础，是检察主体作用于客体的最直接手段。检察机关监督职能的履行必须以具体的方式和程序为依托，脱离了具体的检察工作方式，检察权将无法运行。在当前检察改革体制层面"破"与"立"的新形势下，如何认识并创新优化检察工作方式，对于贯彻检察工作指导思想，落实改革成果并最终实现司法公正，具有十分重要的现实意义。

第一节　检察工作方式的界定及价值

一、检察工作方式的界定

检察工作方式是指包括监督权以及检察正常工作的检察权运行方式，具体表现为检察权的"方法、手段、措施、途径、渠道"等具体的动态的组织、整合、协作、制约形式。当前，有关研究甚至规范性文件等将方式与机制甚至与体制混用，导致了文本表达的语义模糊，造成检察权运行方式的不当，阻碍了检察建设的发展。

方式与机制、体制是属于不同层次的概念，前者是检察权运行的超微观层面，其内在机理和性质、特点等与后二者均不同。检察工作方式或执法方式与检察机制联系紧密，有些检察工作方式和执法方式的探索还会上升为检察机制。如将化解矛盾贯穿在执法办案全过程所采取的释法说理、检调对接、风险研判、公开听证等方式，又如为深化检务公开所采取的检察官方微博、检察开放日、民生检察热线等方式，都是发挥检察机制作用的重要载体和实现方式，对于完善检察机制建设起着基础的作用。

检察工作方式应从两个层面进行解读，一是从法律监督的法定（包括最高人民检察院内部规定的）履职手段、方法层面论述检察工作方式，如抗诉、检察建议、纠正违法以及查处等。二是从履行职能的实际效果以及因地制宜的层面去论述检察工作方式，如未成年人刑事检察工作"五位一体"、自侦案件的"五不"以及金融检察、知识产权检察保护、环境检察保护的专业化办案组织等，都是检察工作方式的表现形式。另外，特殊时期的刑事司法政策和当前对涉企案件的处理，包括对非公经济、上市企业以及涉农案件的处理等，都包含着特殊检察工作方式的内容。

二、检察工作方式的价值

首先，检察工作方式是检察权运行的承载者，其保障每一项检察目标的最终落实。如果只有权力而没有实现途径，则只是空洞的权力概念。如果检察工作方式过于单一，同样不能使权力充分有效的运行。肩负着监督法律正确统一实施的检察机关，具有需要广泛性的监督范围和多样性的监督方式，需要建立严密的权能体系与结构及其权能行使的轨道，要求权力运行机制的科学性。因此，科学合理界定监督范围，建立相应的监督方式，是检察监督制度的基本要求。

其次，检察工作方式是检察改革的兑现者，其在很大程度上决定着改革目标的最终实现。无论是体制层面的改革还是机制层面的改革，都具有稳定性的特点。这种稳定性避免了检察组织体系或工作机制的朝令夕改，但这种稳定性在应对具体案件或事项的办理时却有不可避免的局限性。这种局限性最终需要通过检察工作方式来弥补，检察工作方式特有的因地制宜性在传递检察工作指导思想、体系的组织原则及工作机制的总体要求等方面具有天然的优势。可以说，各个层次的检察工作目标都需要经由检察工作方式才能最终兑现。

最后，检察工作方式是检察行为的约束者，其以相对较小的自由裁量空间保障行为的公正。检察工作方式是超微观层面的检察制度，具象性和确定性是其突出的特点。任何检察行为都需要对其进行必要的约束，这种约束一方面依靠检察人员内心的工作理念、职业要求及法律规范的作用来实现，另一方面有赖于检察工作方式的约束，后者在约束检察人员的权力滥用或权力懈怠方面更实在、更清晰。如果说检察理念或职业要求在约束检察行为方面更多地依赖检察主体的意识自觉等，规范性检察工作方式在此方面则给主体留下了较小的选择空间。

第二节　检察工作方式的建设原则及要求

作为检察制度、体制、机制之下的技术支撑体系，检察工作方式的建设应该对原有的方式进行改造、改组和重构，使之更适合检察机制、体制的运行，更有利检察制度的实现。

一、检察工作方式建设应体现复合性

检察权是一项复合性权力，其包含着权力制约、保护公益、权利救济以及法律统一实施等多项职能。检察职能具有复合性，其一，检察机关的有限侦查权的行使具有高度行政性和一定程度的司法性。其二，检察机关的公诉权是一种准司法活动。在案件审查过程中，公诉人需兼听侦辩双方意见，全面审查案件证据事实，在此基础上作出诉讼决定。尤其是检察机关的不起诉决定，具有案件处置上的实体性和终局性，与法院的无罪裁判并无本质区别，属于适用法律、处理案件的司法行为。其三，检察机关的审查逮捕权和审查批准延长羁押时间是典型的司法审查权。审查逮捕权的行使直接产生犯罪嫌疑人审判前和审判中羁押的涉及公民人身自由的国家行为，必须通过具有判断性质的国家权力来行使。当今无论在英美法系还是在大陆法系，长期羁押审批都被认为是司法机关尤其是法院的基本程序权力，而采用司法审查的方式作出决定。由此，检察职能体现出行政性权力和司法性权力的混合和交织。其四，在未成年人刑事检察工作中，实行"教育、保护、挽救、监督和预防"的"五位一体"未检工作模式，突出综合履行集侦查监督、公诉、监所、民事行政和控告申诉检察为一体的未检工作职能。未成年人刑事检察工作是检察机关落实检察理念，深化检察工作机制，转变检察工作方式的成果之一。未成年人刑事检察工作将专门对象的检察，从分属不同职能部门的工作整合为一个部门，堪称检察工作方式的一个典范。对未成年犯罪嫌疑人、被告人的全面调查权、附条件不起诉裁量权以及对未成年人犯罪记录的封存权等都是包含其中的特殊检察工作方式。另外，刑罚执行检察是典型的监督权，而民事、行政检察权则更多体现了救济权的特征。不同的职能特点需要不同的检察工作方式，需要进行关联性和整体性研究，更需要行政和司法方式的灵活运用。只有在检察事务和检察行政事务中行政方式与司法方式的区分才具意义，因检察事务中有限侦查权、起诉权以及诉讼监督职能、非诉讼监督职能等并存，所以在检察事务中检察的行政方式与司法方式并非泾渭分明，因此，司法方式、行政方式或混合方式都可能成为具体的检察工作方式。

二、检察工作方式应自成体系

检察工作方式建设在层次上应具有递进性和逻辑性，诉讼监督中，不同程度的检察工作方式对应不同的监督事项，构成检察工作方式上的层层递进、环环相扣。刑事、民事和行政诉讼监督方式应均衡发展，建议性、提醒性和引起法律后果的监督方式应合理分布，程序性和实体性的监督方式应各有侧重。诉讼监督以外的检察工作方式应在人民检察院组织法中进行补充和明确，检察实践中成熟的检察工作方式有必要在人民检察院组织法中合法化，司法解释等规范性文件中的检察工作方式应通过修改人民检察院组织法上升到法律层面。

三、检察工作方式建设应具有延伸性

检察权在与司法权和行政权的关系格局变化中，出现了职权范围扩大、对社会关系的调整更深刻，以及在权力类型上有所突破的一种趋势，体现了检察权的张力和通过权力扩张对时代回应的主动性。检察工作方式也应与此相适应，主动增加检察工作方式的种类，以适应检察职能的扩张。

四、检察工作方式建设更应具有灵活性

检察制度体现的主要是原则性，检察工作方式则需更多地体现灵活性。不同检察制度下可以存在相同的检察工作方式，不同地域检察权运行中可以存在不同的检察工作方式。可以借鉴域外不同检察制度中的检察工作方式为我所用；检察工作方式改革属于中央与地方共同的事权范畴，检察工作方式应因地制宜，适度地方化。

五、检察工作方式建设理应精细化

当前，我国的依法之治正处于立法、司法向良善化、精细化发展的过渡时期。作为公平正义的最后防线，司法亟须精细化发展。作为实现法律监督职责承载者的检察工作方式，其更需要做到科学、规范和精准。要做到精准，就应对每一种检察工作方式的适用条件、范围和程序作出明确、具体的规定，尽可能对每一种检察工作方式设置科学的适用节点。知识产权、环境保护、金融检察及自贸区检察等特殊领域的司法保护，均要求在专业化基础上的精准化。

第三节 检察工作方式建设中存在的问题

检察工作方式是检察权运行的内在动力。由于检察制度发展史相对较短，并且我国检察制度建设中宏观矛盾存在特殊性，研究资源更多集中于检察制度和检察体制层面，对于检察机制的研究通常仅限于个体机制的探讨，对于检察工作方式的研究则更是鲜有涉及。

总体上，目前我国检察工作方式的建设不够成熟，尚不能充分实现各项检察机制的具体目标。检察工作方式的建设也与检察权的独立国家权力形态地位不相匹配，与现代检察理念和价值还不相适应，由此制约了检察权的功能发

挥。这些问题主要集中在以下几个方面：一是检察工作方式还不尽完善，检察工作方式还较为单一，尚不能适应作为独立权力形态的检察权样态的丰富性；二是检察工作方式还不成体系，零散、不均衡的检察工作方式不仅不能承载各项检察权的运行要求，各种方式之间还存在一定的冲突；三是长期以来的检察权性质之争使检察权的职能配置不够优化，这也直接制约了检察工作方式的发展；四是检察工作方式还不够精细，粗疏的检察工作方式规定在实际运行中还会带来这样那样的问题。具体而言，检察工作方式的问题体现于以下几个方面。

一、检察工作方式的统一性和普适性程度不高

由于检察权具体职能的性质特点差异，检察工作方式需要进一步的统一协调。"三大诉讼法适用领域的有限性、适用对象的具体性，使得立法在某一诉讼领域规定的监督方式，如检察建议等，难以延展到其他诉讼领域。2012 年修正的民事诉讼法将检察实践中的检察建议成功经验上升为法律规定，检察建议的适用范围由此扩展到诉讼个案。但是，检察建议上升为国家立法还只是在民事诉讼领域，刑事诉讼、行政诉讼领域以及其他非诉领域的法律尚未对此予以明确。

事实上，在其他现行法律规范中，类似检察建议的法律监督方式其实已经自发出现且大量存在，出现法外监督的情况。以刑事诉讼活动为例，修改后《刑事诉讼法》第 173 条第 3 款规定："人民检察院决定不起诉的案件，应当同时对侦查中查封、扣押、冻结的财物解除查封、扣押、冻结。对被不起诉人需要给予行政处罚、行政处分或者需要没收其违法所得的，人民检察院应当提出检察意见，移送有关主管机关处理。有关主管机关应当将处理结果及时通知人民检察院。"对于这些建议及检察意见与检察建议之间的关系是什么、适用的领域和范围又有什么区别等问题，立法没有进一步的明确规定，有关理论解读也比较混乱。如果不加区分并进行适当调整，就可能导致出现立法不清、司法不明、执法不彰的局面。

除此以外，修改后刑事诉讼法和《人民检察院刑事诉讼规则（试行）》还规定了大量由检察机关发出的其他种类的建议，如建议法庭延期审理、建议法院适用简易程序等。一些同质性的监督方式在不同领域还存在适用方式、程序不一致的问题，有的甚至互相冲突，从而影响了检察机关法律监督的统一性和严肃性，也急需以立法修改为契机对法律监督方式进行统一协调和规范。并且，近年来，我国的三大诉讼法都作了较大程度的修改，检察机关的法律监督范围不断拓展，检察工作方式也不断得到丰富。但是由于现行人民检察院组织

法最近一次的修订还是在 1986 年，20 年的法律发展成果都没有被其吸收，更不用说司法解释中的规定或实践中较为成熟的检察工作方式探索上升到组织法的层面，组织法尚不能对检察工作方式进行规范、全面的统合。人民检察院组织法对法律监督方式的规定过于简单，既没有对诸如检察建议等新的法律监督方式进行规定，也没有对重要领域的监督方式特别是程序监督和立案监督进行明确等。

二、检察工作方式的具象性和诉讼性程度不高

有关在民事和行政诉讼法中诉讼监督内容方面的仅限于原则性过强的规定，无可操作性。如此不完善的方式方法层面的规定使得实践中诉讼监督方式的内容范围以及适用决策程序凸显不规范现象，在一定程度上诉讼监督方式流于形式，成效不显著。以民事诉讼中调查制度为例，修改后的民事诉讼法在第 210 条吸收了《关于对民事审判活动和行政诉讼实行法律监督的若干意见（试行）》中关于调查制度的规定，明确"人民检察院因履行法律监督职责提出检察建议或者抗诉的需要，可以向当事人或者案外人调查核实有关情况"。尽管修改后的条文规定了检察机关的调查制度，但是该规定仍过于原则，对于调查核实的具体程序、方式、手段和效力等仍未作出规定。民事诉讼法中分别出现过"调查"、"调查取证"、"调查收集证据"等表述，此处的"调查核实"语义模糊，似乎更加强调"核实"的权力。

再如民事诉讼中的检察建议，面临同样的问题。修改后的民事诉讼法在审判程序中增加规定了检察机关提出再审检察建议和检察建议的监督方式。第 208 条第 2 款、第 3 款规定，地方各级人民检察院对同级人民法院已经发生法律效力的判决、裁定和调解书，发现有错误的，可以向同级人民法院提出再审检察建议。对审判监督程序以外的其他审判程序中审判人员的违法行为，有权向同级人民法院提出检察建议。将检察建议提升至立法层面，显然是一大进步。但条文并未明确规定检察建议的适用具体条件、具体程序以及是否具有程序强制性。检察建议的程序设置规定主要体现两个方面的不足，其一，检察院提出检察建议的程序设置不明确。如对法院反馈信息的备案登记；对检察建议执行或履行情况的回访，以跟踪或纠正其履行效果；检察机关的应对法院不采纳检察建议措施不明确。其二，法院接收和审查检察建议的程序设置不明确。如法院内部如何审查和受理检察建议，法院以何种形式将审查结果反馈给检察院等。检察建议是检察机关在检察监督实践中探讨出的一种监督方式，是一项实践中的权力，有许多方面亟待完善。相对于针对个案监督的民事诉讼监督，检察建议是针对纠错个案设计的工作方式。因此，检察建议监督方式作为民事诉讼法中的

程序性法律规定，应在今后的修法或司法解释中进一步对适用条件和法律后果等条款进行完善，否则，实际实行起来仍会缺少基本的权威性。

另外，"调卷难"和"阅卷难"的问题始终没有得到有效的解决。2010年"两高"办公厅共同出台的《关于调阅诉讼卷宗有关问题的通知》进一步对查阅法院的诉讼卷宗的条件和程序作出规定，但对执行卷宗的查阅仍然没有进行明确。2012年的民事诉讼法修改也没有将此上升到法律层面，实践中的调阅卷宗难题始终制约着民事检察监督的发展。

三、检察工作方式的体系化和类型化程度不高

有关诉讼监督方式的规定较为分散，并且原则性规定较多，而集中、详细的规定较少。"刑事诉讼法、民事诉讼法和行政诉讼法都是围绕诉讼程序和阶段予以规定的，只是针对每一阶段环节存在的问题规定了诉讼监督的内容，因此，检察机关诉讼监督的内容散见于各个诉讼阶段，由此，关于监督方式的规定也就分散在相关法律的各个角落，缺乏集中、详细的关于诉讼监督方式的规定。"① 如关于纠正违法的规定，就分散规定在刑事诉讼法的条文中及《人民检察院刑事诉讼规则（试行）》的相关规定中，但是对于纠正违法的适用范围上不明确，对"被监督者没有在规定时间内将处理情况书面回复检察机关"的后续处置流程以及被监督者有异议如何救济等均未作出规定。

当前检察监督方式相对于取得检察监督理想效果而言，种类仍然不够完善。虽然民事抗诉和检察建议两种监督方式被规定于民事诉讼法中，但在民事诉讼实践中由于检察建议与抗诉不具有同样的强制力，检察机关还是将抗诉作为经常使用的方式。从长期的检察实践来看，民事检察监督权过分集中于抗诉这一种方式，十分不利于检察机关对于审判权的监督。不仅单一的抗诉方式会使民事检察监督制度处于较为封闭的环境之中，抗诉本身的权力制衡与约束机制的效能不能得到充分有效的发挥。并且抗诉监督的方式程序复杂、周期长，实践中还容易受到各种主客观因素的干扰。另外，在这种背景下，违法行为经常会轻易地避开检察监督。如检察机关对民事调解、执行中的错误裁定、执行不力等缺乏明确的法定权限，因而无法通过检察监督来保障当事人的合法权益，这必然将极大损害司法公正和威信。

总之，检察监督方式在体系化和类型化方面仍存在一定的不足，主要是程序性监督方式较之实体性监督方式尚显不足；民事、行政诉讼监督方式较之刑

---

① 赵成、熊正：《诉讼监督方式的完善》，载《国家检察官学院学报》2010年第6期。

事诉讼监督方式仍显失衡；具有强制法律效力的监督方式较之柔性监督方式略显单薄；建议性的监督方式较之处分性的诉讼监督方式还有差距等突出问题。

检察工作方式存在的上述问题，已严重制约了检察权的实际运行。实践中，对于检察工作方式的探索实践往往浅尝辄止，缺乏持续性、规划性和深入性，个案的、零星的、碎片化的探索创新屡见不鲜。以民事检察监督方式为例，理论界早已提出，应进一步扩大法律监督权，采取多元化监督方式，实现多层次的监督方式体系。但司法实践中，各地检察机关探索的诸如提起支持、督促起诉等民事检察监督方式，却无法在更高的层面达成共识。当前，地方层面积极制定文件应对支持、督促起诉工作，但多为部门联合制定的指导性文件，缺少地方人大或其常委会立法，文件对检察机关支持、督促起诉的程序性事项规定分歧较多，文件对法院判决后的执行环节规定尚不明确。囿于部门联合发文的效力有限以及法律文本之间的效力及内容冲突等方面的限制，当前的检察机关支持、督促起诉等监督方式的发展进入了事实上的瓶颈期，较难在更高的立法层面实现统一。

第四节　检察工作方式建设的完善与创新

我国检察改革历经检察规范的恢复重建、检察机制改革、检察体制改革的变迁历程。体制决定检察机制和方式，机制和方式更应适应检察体制。目前所进行的检察改革是体制层面规模性改革，因此，与之相适应的检察工作方式体系也面临着重新调整和构建。

一、诉讼监督方式的完善

（一）对检察工作方式进行细化和实化

鉴于部分检察工作方式在适用条件、程序、范围、效力等多方面仍停留于原则性的规定，制约了检察权的实际运行，法律或司法解释今后对此都应进行具体、明确的界定。由于检察工作方式直接作用于工作对象，因此，检察工作方式在每个方面和每个环节都应该细化，明确监督什么，如何监督，以及监督所取得什么样的结果。检察工作方式进行细化和实化，不仅有利于明确实务中的操作依据和行为效力，更可以挤压检察人员司法过程中权力滥用或权力懈怠的空间。

民事检察监督中，重点对再审检察建议或检察建议的适用程序、效力等进行操作层面的完善；对调阅卷宗材料、调查核实相关案件情况等要增强工作方式的强制性；降低民行监督部门对职务犯罪立案侦查的介入门槛，有权对不构成渎职犯罪的违法司法行为进行纠正。在行政检察监督中，十八届四中全会通过的《中共中央关于全面推进依法治国若干重大问题的决定》提出，重点对检察机关履行职责中发现的行政机关违法行使职权或者不行使职权的行为进行监督。该规定是对行政检察监督职能的拓展，今后需明确规范监督的形式，具体采行直接监督还是间接监督，或者是过程监督还是结果监督，以及是否采用检察建议等监督方式。刑事诉讼监督中，明确对纠正违法的适用范围及救济措施等进一步作出明确；对刑事诉讼程序中的建议法庭延期审理、建议法院适用简易程序等，要提高具体操作步骤的统一性。要区别对待刑事诉讼中的检察意见和民事诉讼中的检察建议，以细化、实化的表述增强检察意见的约束力。

（二）对检察工作方式进行梳理和整合

应对检察工作方式从整体上进行规范，并使其形成统一的有机体。各个诉讼监督方式之间应当相互制约、相互推进，达到程度上的螺旋上升。对不同的被监督事项应采取不同的监督方式；不同违法犯罪程度和事项的性质，也要采取不同程度的诉讼监督方式。同时，各种诉讼监督方式应形成完整体系。科学、合理的诉讼监督体系应该是刑事、民事、行政监督方式的协调发展，产生刚性后果的监督方式占有相当的比例，建议性监督与处分性诉讼监督的配伍科学，程序性和实体性监督方式的平衡发展，不能在监督内容和形式上失之偏颇。因此，在完善诉讼监督方式时，必须充分考虑现有监督方式存在的不足，完善民事和行政诉讼监督方式的体系、明确监督方式适用的条件、范围、程序及法律后果、确定制裁性监督的优势地位，强调事前、事中监督方式的选用，提高程序性监督的比重，保证整个诉讼监督体系的有机和科学。

具体而言，建议、纠正、重启诉讼程序（抗诉）、查处属于监督方式不同层次。其中，追捕追诉、量刑建议、检察建议（包括再审检察建议）、临场监督死刑执行中的建议法院停止执行都属于建议程度的诉讼监督方式；追捕中的检察机关直接决定逮捕、纠正违法、通知立案临场监督死刑执行中的纠正违法等属于纠正程度的诉讼监督方式；刑事、民事、行政诉讼中的抗诉都属于重启诉讼程序程度的诉讼监督方式；移送犯罪线索则属于查处程度上的诉讼及监督方式。后一层次的方式比前一种方式带来的后果要更严重，监督对象的重视程度也不同。建议、纠正、重启诉讼程序（抗诉）、查处体现出强制程度上的递进关系。不同的程度监督方式对应不同的事项进行监督，形成层层递进，环环相扣的诉讼监督方式有机体。因此，在完善诉讼监督方式时，必须充分考虑此种递进关系，确保诉讼监督取得实效。

二、检察办案审查方式的完善

（一）关于审查批准逮捕工作方式的完善

对逮捕适用条件的细化，审查批捕程序言词的严谨和准确性要求，对逮捕执行的制度化的完善，以及逮捕后继续羁押的审查是批准逮捕工作方式完善的主要内容。2012 年刑事诉讼法的修正有望解决我国逮捕的诸多问题，但仍存在严重不足。对逮捕条件的细化和修改本义是降低羁押率，但是人作为社会的人，总是随着社会的发展而进步，在此次修正细化规定人们的社会行动中，必将导致人们开创另一种社会生活，有新生活就有新的矛盾，就有违法行为，有违法就会有批捕检察权行为，因此，此次修正不能体现降低羁押率的根本方向。再如，侦查机关与辩护方言词听证程序存在严重缺陷，未能建立双方同时到场法律程序。还存在继续羁押审查程序主体不中立，启动方式不合理，审查决定的效力不足等问题。凡此种种均充分暴露出检察权中的审查批捕工作方式有待进一步完善，所有案件检察机关在审查批捕时都应当讯问犯罪嫌疑人和听取辩护律师意见，从自然人角度和法律角度综合判定批捕的成立性。对逮捕条件有疑问以及辩护方存在异议的案件，应当当庭言词听证于侦查机关和辩护方；对有争议事实认定的案件，证人、鉴定人、被害人等亦应当出席听证，接受询问和质证。再如，对逮捕后继续羁押必要性审查程序建议承担审查职责的部门是监所检察部门；为防止继续羁押必要性审查程序在实践中很少启动，建议完善检察机关的主动审查方式和审查批捕基本方式。

在实践中，职务犯罪案件审查逮捕方式也存在一定的局限性，很有必要对诸多方面完善以充分体现该项改革的制度优势。例如，转变传统的办案模式，体现于期限紧张时，检察机关应该改变办案模式，而不是从限制犯罪嫌疑人的权利来解决。例如上海检察机关根据各基层院的职务犯罪案件数量配置主办检察官审查逮捕。审查逮捕派出小组设在下级院的办案模式，能够有效地解决因路途遥远对案件材料接转造成的办案成本激增与办案时间吃紧问题，也由于该小组专业化程度、办案效率较高，能够较好地应对限期办案的审查逮捕工作压力。再如，建议针对决定不捕的职务犯罪案件进行异议审查，进一步规范职务犯罪案件审查逮捕阶段的律师介入程序，进一步完善捕诉级别的不同工作方式以减少对公诉监督的影响等。

（二）关于审查起诉工作方式的完善

审查起诉阶段，由于现行法律规定与司法解释中，对于瑕疵证据解释与补正程序设置粗糙而缺乏可操作性，实践中的具体适用就显得无所适从。"一个规则没有具体的操作程序，将成为空中楼阁。尽管《人民检察院刑事诉讼规则（试行）》规定了审查起诉环节非法证据排除调查的行使程序和方法，比起修正后《刑事诉讼法》的抽象规定，更具可操作性，但仍无法全面应对实践中出现的各种问题。因此，建议探索更具体、细化的操作规则。例如，尝试建立检察机关非法证据排除听证程序，以弥补疑难、复杂案件中无法通过调查核实、侦查机关无法作出合法性说明、以及无法通过对犯罪嫌疑人讯问、无法获得辩护律师意见等方式支持的证据合法的局限性。"再如，合理规定证据排除的证明制度，具体包括关于犯罪嫌疑人及其辩护人启动非法证据排除程序的程序推进责任，犯罪嫌疑人及其辩护人在非法证据排除程序启动后的证明责任以及侦查人员的证明责任等方式的细化。另外，建议明确规定非法证据排除的处理及其救济方式等。

（三）关于民行检察监督工作方式的完善

曹建明检察长在 2010 年举行的全国检察机关第二次民事行政检察监督工作会议中提出了民行检察工作的"三个格局"的思想，第一个格局就是民事行政检察工作以抗诉为中心的多元化监督格局。这就是说检察监督不能仅仅依靠抗诉，应当构建民行诉讼检察监督的方式体系，丰富监督的具体方式，综合运用多种手段达到监督目的。修改后民事诉讼法对检察监督的要求进行强化，表现为扩大监督范围，对民事调解书违反国家利益和社会利益部分监督，规定了检察机关可以采用检察建议、抗诉等方式实行监督；同时，对监督程序进行规定如时限以及对调查核实证据赋予检察机关一定权力。再审检察建议和检察建议两种方式也出现在修改后的行政诉讼法中。但是民行检察监督方式应当是多样化的，远不止法律规定的种类。例如行政检察监督实践中运用的较好的纠正违法通知、建议更换办案人等方式都应当纳入监督方式中来。息诉、和解等方式，只要不与检察监督制度的目的相冲突，都可以纳入民行检察监督工作的方法体系中来，这样更能够促进该制度功能的发挥，推动我国民行检察监督制度向前发展。

三、检察办案决策方式的完善

办案决策工作方式中的行政化与司法化。当前，以办案责任制为核心的检察改革是决定检察改革成败的关键性改革，办案责任制改革势必对行政化审批的办案决定方式以及检委会的案件决策方式引发深刻调整。同时，行政化审批的办案模式也是检察机关办案责任制改革必须面临的问题。因此，检察机关办案方式成为后续改革中的重点。

（一）检察机关办案决策方式的转型与变革

在检察机关办案决策关系中，人民检察院是办案决策机制中的决策单位，案件是决策对象，上级检察机关、检察长、检察委员会、办案组织及主任检察官是决策者。随着主任检察官办案责任制的"谁决定，谁负责"责任模式的开启，上级检察机关、检察长的指令权、职务转移权和收取权的行使方式应体现法治化，"权责一致"原则应贯穿办案责任的承担方式之中。不仅如此，随着检察长、主任检察官、检察官助理不同人员权力清单的划定，他们的指挥、指导、决策、监督及执行的功能将重新配比，由此也会带来检察工作方式的转型和变革。这些检察工作方式的建立和完善，需要体现权力独立、权责一致及权利保障等精神原则。只有包含了独立、责任、权利等关键词的检察工作方式才能在实践中适应检察体制改革的成果。

（二）检察机关办案决策方式中行政方式与司法方式的应用

案件决定的行政化审批模式有悖于检察工作规律，制约了检察工作的发展，因此，在检察事务中进行去行政化的改革势在必行。办案权独立是去行政化审批的本质要求，如何使办案检察官获得独立办案的权力，是去行政化审批改革的首要问题。但是，承办人对案件处理的决定权和承办人对案件负责二要素只是办案责任制的必要条件，而非充分条件。如果把这两个要素当成充分条件，必然会使去行政化审批的改革目标走向个人独断，去行政化改革必须摒弃个人独断。个体办案不受任何干扰（监督）在逻辑上必须有两个前提：其一，在客观层面上，办案人完全有能力解决所面对的任何疑难复杂案件；其二，在道德层面上，办案人要有极高的思想境界。现实中，这两个条件不可能全部满足。而在这两个条件不具备的情况下，必须设计一种工作方式，以达到去行政化审批的对立中的统一的目标。根据这种工作方式要求，需框定去行政化的边界，把握去行政化的度，对行政化审批的改革矫枉不能过正。案件办理中不同阶段的被作用机理不同，需要行政方式与司法方式的不同作用，因此，在检察工作方式层面，如何正确处理行政方式与司法方式的应用应成为当前研究的重中之重。

四、行政化检察工作方式的完善

从运行模式的角度，检察工作方式可以划分为行政化检察工作方式和司法化检察工作方式。行政化检察工作方式一方面存在于检察内部关系中的部门职能之中，如职务犯罪侦查、预防等检察业务职能，以及人财物管理等检察行政管理职能。另一方面，行政化检察工作方式还存在于检察外部关系中，主要指检察机关与党政、人大及其他部门、市民社会以及公民个体等之间发生关系的方式。

（一）内部关系方面，主要是树立辩证看待司法、行政工作方式区分的检察工作意识

检察权作为一项复合性权力，不同权力的特点需要不同的检察工作方式。但是，我们仍要辩证地看待司法、行政工作方式的区分，防止检察工作方式去行政化的过犹不及。当前，无论检察职能机构如何改革都无法在本质上脱离行政特点的事实说明，检察权内含检察行政权的权力本质决定了检察权的运行不能完全去行政化。因此，我们应该深刻把握权力本质，充分尊重权力运行规律，恰当采行各种检察工作方式。

（二）外部关系方面，主要是要充分把握行政化检察工作方式的规律

检察内部系统与外部系统相互联系，相互作用并相互转化。检察司法行为对检察公信力产生深刻影响，检察公信力又会游离于检察内外系统之间。检察系统内部的运作对检察公信力的形成具有基础作用，但是检察公信力的相当比例会在检察外部系统形成。这就要求我们转变工作理念，充分把握行政化检察工作方式的规律，以行政化模式的优势主动适应检察外部系统的工作要求。这种规律突出体现在以检察公共关系为核心的检察外部系统之中，检务公开、社会矛盾化解、风险研判和舆情处置等机制中包含或直接作为检察工作方式的采行，都包含着主动、效率等行政化特征。大多司法行为不仅存在于检察内部系统，更会向外部系统延伸，这种理论中才清晰的划分常会带来理念或思维转换的困难，这就对检察人员或检察组织提出更高的要求。客观中立与主动效率的交替、事实判断与效果追求的分离，都会在理念与思维中考验检察人员或检察组织的履职能力。

第十章　检察监督建设

检察监督，是随着检察机关恢复重建，检察职能逐步充分履行，检察制度逐步发展完善，检察权运行逐步展开的过程而逐步发展完善的。20 世纪 80 年代开始，始于党内纪律检查的监察制度逐步完善，检察机关开始普遍设置纪检监察机构，最初设置这一机构，并没有上升到检察权运行的监督这一层面。但与此同时，"谁来监督监督机关"的质疑声音较为强烈，尤其是检察机关自侦权的行使，逐步受到外界的关注和诟病。同时，检察机关自身也发现问题所在，20 世纪 80 年代普遍存在的自侦案件侦、捕、诉不分的情况，到 90 年代初开始发生变化。检察机关通过内部职能机构的分立，加强自侦权的内部制约。同时，随着外界对检察自侦权的批评和关注，检察机关自身加强内部制约的力度越来越大。21 世纪初，随着人民监督员制度试点，检察权外部监督的制度和机制开始逐步建立和完善，包括自侦案件全程录音录像制度的建立。检察机关逐步健全完善了对检察官的纪律监察，检察权的内部制约和检察权的外部监督体系形成了完整的构造。

第一节　纪检监察监督

中国共产党作为领导我国社会主义事业的核心力量，党内监督在检察监督体系中具有核心和枢纽作用，其监督的作用和效力状态直接影响和制约到其他形式的监督。不同权力形态在不同的发展阶段对党内监督有着不同的要求，因此，应根据检察权自身发展以及社会整体变革研究检察监督体系中的党内监督。

一、纪检监察的来历和定位

研究党内监督首先应清晰其产生、发展的历史。"新中国建立后，中国共产党全面主导了国家的政治生活和治理活动，确立了'党政平行的双轨结构'作为国家政权体系的组织架构，借助革命政党的权威构建了国家治理体系。在这一背景下，专门负责监督和反腐败的治理机构在党政两个系统先后建立。"①目前纪检监察组织主要以三种形式存在，一是各级党委政府内部设立的纪检监察机构，二是各级纪检监察机构派驻到其他国家机关中的纪检监察机构，三是纪检监察机构中对地方、部门和企事业单位党委（党组）领导班子及其成员进行巡视监督的流动性组织。"党的纪检机关依据《党章》承担'三项任务'和'五项经常性工作'，切实行使监督权。"②

　　检察机关自成立以来，一直重视内部监督工作。早在1956年，最高人民检察院就设立了监察委员会，履行对各级检察机关及其工作人员的监察职责。1987年中央纪委批准最高人民检察院设立了党组纪检组，1988年组建监察局，与党组纪检组合署办公。1990年，最高人民检察院党组纪检组更名为中央纪委驻最高人民检察院纪检组。同年，根据最高人民检察院、国家机构编制委员会联合印发的《关于设立地方人民检察院监察机构的通知》，地方各级检察机关纪检监察机构相继设立。2000年以来，最高人民检察院更加注重发挥制度建设在内部监督中的保障作用，先后建立了巡视、上级院负责人与下级院负责人谈话、上级院派员参加下级院党组民主生活会、领导干部任前廉政谈话、诫勉谈话、个人有关事项报告等制度，颁行了《人民检察院监察工作条例》、《检察机关党风廉政建设责任制实施办法》、《检察机关领导干部廉洁从检若干规定（试行）》、《检察机关党风廉政建设责任制追究暂行规定》、《检察人员执法过错责任追究条例》、《人民检察院执法办案内部监督暂行规定》、《关于上级检察院对下级检察院执法活动监督的若干意见》、《最高人民检察院检务

---

　　①　邹洪凯：《党内监督科学化研究》，苏州大学2014年博士学位论文。1949年10月，根据《中国人民政治协商会议共同纲领》中关于县市以上各级人民政府设人民监察机关的规定，政务院成立人民监察委员会，作为国家政权的组成部分，代表政府施行监督与纠举。1949年11月，中共中央发出《关于成立中央及各级党的纪律检查委员会的决定》，设立中央和地方各级纪委，从制度上加强了党的组织建设和纪律建设。1955年3月，中国共产党全国代表会议决定成立中央和地方各级党的监察委员会，代替中央和地方各级党的纪律检查委员会。1993年1月，根据中共中央、国务院决定，各级纪检监察机关合署办公，实行一套工作机构，履行党的纪律检查和行政监察两种职能的体制。

　　②　邹洪凯：《党内监督科学化研究》，苏州大学2014年博士学位论文。"三项主要任务"是：维护党的章程和其他党内法规，检查党的路线、方针、政策和决议的执行情况，协助党的委员会加强党风建设和组织协调反腐败工作。"五项经常性工作"是：各级纪律检查委员会要经常对党员进行遵守纪律的教育，作出关于维护党纪的决定；对党员领导干部行使权力进行监督；检查和处理党的组织和党员违反党的章程和其他党内法规的比较重要或复杂的案件，决定或取消对这些案件中的党员的处分；受理党员的控告和申诉；保障党员的权利。

督察工作暂行规定》等 20 余项规定，各级检察院检务督察委员会、检务督察室、监察室等专门监督机构建设随之步入正轨，检察机关内部监督的组织架构基本形成，内部监督初步形成了涵盖规范领导干部廉洁从检行为、惩戒违纪违法行为、对检察权进行监督制约等方面的制度体系。[①]

检察机关的纪检监察部门是党内监督在检察机关的延伸，是"党管干部"原则在检察组织体系中的体现。作为监督者的检察机关的性质、宗旨、使命和宪法地位决定了必须进行有效的党内监督，实践证明，只有把党内监督工作做好了，才能从根本上规范检察权的运行。《中国共产党党内监督条例》、《人民检察院监察工作条例》等党规和条例对纪检监察工作的职责作出了明确规定，纪检监察部门通过受理群众和社会各界对检察人员利用职权进行违法违纪行为的举报和控告，并进行查处；通过执法监察、巡视、检务督察、经济责任审计等形式，加强对检察机关领导班子、领导干部和执法办案活动的监督。

二、纪检监察存在的问题

根本上，纪检监察制度的设计符合我国的政治格局和权力监督的客观要求。但是当前纪检监察的实践成效与检察权的运行需求以及整体的检察监督体系尚有不相适应之处，在原则要求、基础制度、监督机制以及方式方法等方面还不够成熟，因此必须结合法治国家深刻调整和检察权新近发展的新形势，在各方面对检察权运行的党内监督进行完善，以此推进国家治理体系和治理能力现代化。

（一）纪检监察机构的实际地位

检察机关纪检监察部门实行双重领导体制，同时对上级检察院的纪检监察部门和地方的纪委监察部门负责并报告工作。但实践中的检察机关纪检监察部门常被视为内设机构，自纪检监察合署办公以来，在工作安排、内部管理、考核评价等方面都与内设机构同等。甚至在有些观念中检察机关纪检监察部门还不如业务部门重要，其机构中的人员常被临时借用到其他业务部门。纪检组长虽然是纪委派驻，但在检察院内部只是担任党组成员，在领导班子序列中的排序比较靠后，其在党组中的地位决定了其作用的有限性。

实践中，纪检监察机构职责权限不明确、行使职权不够独立、职能被弱化的现象较为普遍。纪检监察部门对本院的人事任免、财务管理等的参与和监督

---

① 参见沈曙昆、贾永强：《法治思维语境中检察机关内部监督机制研究》，载《第九届国家高级检察官论坛论文集：法治思维与检察机关自身监督制约机制建设》（2013 年 8 月 21 日）。

得不到保障，监督权的行使受到一定的限制。同时，派驻纪检组组长通常不是检察委员会委员，不参加检察委员会会议。而纪检监察部门其他检察人员一般也不列席本院的检察委员会会议，纪检监察部门的专门监督性质得不到体现。从派驻纪检组组长到纪检监察部门的其他检察人员，对于检察业务的参与程度都不高，纪检监察部门的专门性监督权力得不到保障。另外，检察机关纪检监察部门与国外的经验做法也存在差距。在域外，"一些国家在设立监察机构时，都努力保证监察机构、监察工作具有较高地位，对监察工作的领导关系、官员职级和待遇等做出特殊规定，提高监察机构的地位，保证监督职能得到充分履行"。①

（二）纪检监察行政化的工作模式

当前，检察机关纪检监察部门监督的启动与否主要取决于主要领导的批示、意见和态度。对于检察干警的监督与否需要考虑的首先是违法违纪事实中的非法律因素，其中掺杂了更多的部门利益、单位利益乃至个人情感方面的考量。即使不得已启动的监督有时呈现的最后"事实"也是经过选择甚至是"润色"的。纪检监察部门大多不具有独立的监督权力，其功能通常体现为主要领导意志的背书。纪检监察部门的非司法化工作模式已严重制约了其应有功能的发挥。

（三）纪检监察工作专业化的偏离

当前的纪检监察部门的职责有十余项之多，从教育、预防到查处和惩戒，涉及的监督客体过于宽泛而缺乏明确性，监督的集约性被严重消解。从业务部门的执法办案全过程的监督，到多种多样的教育活动、整顿活动的开展，甚至还要对各种检察事务活动实行全程跟踪监督。近些年不断热衷的这种被形式化的纪检监察工作常态已悄然偏离了纪检监察工作的专业化，文书备案、卷宗复印等事前备案审查式和事后介入调查式的形式化的监督工作很难触及监督的实质层面。

纪检监察机构不仅在职责范围方面不够专业，在职能行使方面也不够专业。检察机关的纪检监察工作具有自身的工作特点和工作规律，具有较强的专业性。特别是随着经济社会与科技的快速发展，对检察纪检监察的专业化提出了更高的要求。当前大部分检察机关的纪检监察机构仍沿袭传统的办案模式和工作方式，一些纪检监察人员仍主要通过做思想政治工作的方式来发现和解决问题。尤其是当前纪检监察机构人员准入的标准偏低，甚至纪检监察机构常常

---

① 尤光付：《中外监督制度比较》，商务印书馆 2013 年版，第 209 页。

成为人事安排的平衡器，这种传统的安置性或照顾性人事安排严重制约了纪检监察机构的专业性发展。

三、加强纪检监察监督的方法

（一）完善纪检监察监督的主体

一是重新理顺、整合检察机关内部监督主体资源。要强化纪检组长在检察内部监督中的统领作用。虽然检察机关纪检组是同级纪委的派出机构，从组织体系层面上属于外部监督，但通常检察机关的纪检组长都同时具有院党组成员的身份，在客观上具有统领内部监督工作的职务条件。同时争取专门人员编制充实到纪检组，改变纪检组与监察机构"两块牌子、一班人马"的现行组织体制。二是厘清检察机关内部监督主体责任。厘清纪检监察机构、案件管理部门和检务督察部门各自的工作职责，避免职责的交叉和架空。要厘清纪检监察机构与案件管理机构、检务督察机构等内设部门的关系，划定各自的权力边界，形成具有层次性的监督体系。其中，纪检监察机构的工作重点在于针对检察政策执行情况、领导班子和领导干部履职行为及重大人事任免、财务管理的监督；案件管理机构的工作重点在于，通过对司法办案活动的流程监控、管理实现对司法办案活动的监督；检务督察机构的主要职责在于，对上级检察院重大决策部署、遵章守纪、检风检容等进行的监督。

（二）加大纪检监察工作去行政化的力度

增强检察机关纪检监察部门的独立性，赋予纪检监察机构独立行使职权的权力。建立符合纪检监察工作规律的工作机制，强化纪检监察工作的专业性。加快纪检监察机构的规范化和程序化工作机制的建立，增强检察工作机制的刚性。改变纪检监察工作中的审批等行政化监督模式，探索符合纪检监察工作特点的监督方式。应建立与案件管理部门监管机制的有效对接，着眼于廉政风险的深度防控，实现检察工作从行政型管理向司法型管理的转变。

（三）加强纪检监察监督的专业性

在职能范围层面加强纪检监察监督的专业性，要突出检察机关党内监督的重点。纪检监察监督的定位，应限于检察队伍的纪律监督。这里的纪律，是指检察组织规定的检察人员共同遵守的行为准则。要突出对决策部署、司法办案、领导干部选任以及对财务活动中检察纪律的监督。要针对重点岗位和重要环节细化、严密制度和措施。健全检察机关违法干预办案备案和通报制度，重点完善检察机关内部人员过问案件记录、通报制度和责任追究制度，防止和减少对执法活动的说情和干扰。建议建立"规范检察人员和当事人、律师、特殊关系人、中介组织的接触、交往行为，坚决惩治司法掮客行为，防止利益输送制度"、"健全司法办案说情报告、利益冲突回避、重点岗位轮岗交流制度"等。

第二节　检察权运行的内部监督

近年来，围绕"谁来监督监督者"的质疑，检察机关在理论和实践层面均做出过回应。笔者认为，"谁来监督监督者"本身就是一个伪命题。首先，检察机关的法律监督是程序性监督，其只作为程序的启动者，并不具有超越其他权力的权力。检察机关的法律监督权并不能决定实体处理结果，他项权力的实体结果决定权与检察机关的程序启动权互相制衡。因此，检察机关的权力不存在走向绝对腐败的空间。以"谁来监督监督者"质疑检察机关的法律监督权，在理论上具有不可克服的逻辑缺陷。其次，如果围绕"谁来监督监督者"进行权力设置，如此衍生下去，将会形成一个无法穷尽的监督链条，"不仅监督成本会极其高昂，监督机制也会因监督权力之间的纠缠与冲突而陷于不能动弹之境"①。最后，检察外部监督体系包括党政监督体系、法律监督体系以及社会监督体系，其不仅不是不受监督的权力，而且其监督网络要严密于人大监督等国家权力机关接受监督的程度。上述论述只是说明，作为法律监督权的检察权，检察权和审判权等其他国家公权力接受监督的程度相当，不具备接受特殊监督的基础。但也不能由此否定检察机关接受监督的必要，尤其是检察机关的内部监督。

一、内部监督的重要性

内部监督制约机制根植于检察权运行系统内部，与外部监督制约机制相比，具有直接、全面和及时的优势，可以更有效地对权力运行进行实时监督。曹建明检察长在全国检察机关内部监督工作座谈会上强调"各级检察机关要牢固树立监督者必须接受监督的观念，始终以积极主动的姿态，切实把强化自身内部监督制约放到与强化法律监督同等重要的位置，用比监督别人更严的要求来监督自己，突出抓好自身监督制约机制建设，确保严格、公正、文明、廉洁执法，为检察工作科学发展提供坚实有力的保障"。最高人民检察院1998年颁布的《关于完善人民检察院侦查工作内部制约机制的若干规定》和2008年颁布的《人民检察院执法办案内部监督暂行规定》是标志着检察权运行内部

---

① 沈曙昆、贾永强：《法治思维语境中检察机关内部监督机制研究》，载《第九届国家高级检察官论坛论文集：法治思维与检察机关自身监督制约机制建设》（2013年8月21日）。

监督制约机制建立的两个规范性文件，尤其后者，从监督内容、监督主体以及监督方式等方面对执法办案内部监督作出了全面、明确的规定，更加具有现实性和可操作性。2011 年，最高人民检察院颁布了《关于加强检察机关内部监督工作的意见》，在对近些年来检察机关内部监督工作经验进行总结提炼的基础上，对新时期检察机关内部监督工作进行了周密部署，是加强检察机关内部监督工作的纲领性文件，对于检察机关的内部监督具有里程碑式的重要意义。最高人民检察院《关于深化检察改革的意见》（2013～2017 年工作规划）（2015 年修订版）贯彻落实中央部署，提出应强化检察权监督制约，加快健全检察权运行的内部监督制约机制建设。

任何权力都需要监督制约，尤其是内部监督制约。在 1989 年的《最高人民检察院工作报告》中，首次明确提出要"建立和完善内部制约制度"，但是由于检察理论关于监督制约理论的研究尚未触及深入层面以及当时中国司法情势决定的检察权等公权力需要肩负的特殊历史使命，检察权运行中更侧重整体的国家强制性，对于内部监督制约机制的观念和运行规律的探究都不够成熟。当时的监督范围较小，主要是监察部门通过执法检查进行事后监督，并不是完整意义的内部监督。随着对内部监督制约的深入认识，以及检察系统内部对于案件质量和司法公信的追求，检察权运行内部、监督制约实现了质的发展，监督的全面性、过程性和深刻性成为新时期检察监督的显著特征。"国家和社会是通过直接作用于检察权的功能定位与行使，来间接影响检察权内部监督的发展演变的。国家和社会在不同时期对检察权的功能需求和定位会有差异，进而导致检察权内部监督相应地呈现出不同特点。检察权的行使与检察权内部监督总体上是此消彼长的关系，国家和社会需要强势化的检察权时，检察权内部监督便处于'隐身'状态；需要规训化的检察权时，检察权内部监督便处于'在线'模式。"①

二、内部监督存在的问题

（一）关于内部监督规范存在的问题

一是检察内部监督规范的形式化。最高人民检察院 2011 年颁布的《关于加强检察机关内部监督工作的意见》，作为检察机关内部监督的纲领性文件，对检察机关的内部监督进行了较为详尽的规定，但仍存在不足之处。比如其中

---

① 杨圣坤：《检察权内部监督的调整与发展——以检察官办案责任制改革为背景》，载《时代法学》2014 年第 6 期。

关于"完善各级检察院领导干部廉政档案"① 以及"建立和推行检察人员执法档案制度"的规定，检察实践中，执法档案制度的形式化弊端越来越突出，检察人员的执法档案通常都是在年终时集中填写完成，监督成效甚微，诸如此类的监督机制在实际中很难发挥实效，往往成为摆设，甚至无谓地增加检察人员的工作负担。

二是检察内部监督规范的空洞化。近年来，最高人民检察院为加强检察内部监督制约建设，相继出台了许多规范性文件。实践中，许多地方检察机关为迎合最高人民检察院的做法，也应景开展了相关的工作，建立了一些工作机制。由于对问题的根源缺少深度的把握，这些工作机制在实际的监督过程中并不能真正有效地发挥作用。内部监督规定中无法体现"谁办案谁负责、谁决定谁负责"的权力责任关系，权责一致的责任关系较难实现。整体来看，在职能部门权力边界、调查程序启动及责任追究等方面，检察内部监督规范的空洞化现象尤为明显。

三是检察内部监督规范的理想化。检察内部监督规范对检察机关内部关系的实际样态缺乏本真的认知，有些规定在实践中难以运作。如《人民检察院执法办案内部监督实施细则》第 11 条规定："检察长、副检察长在执法办案内部监督中承担以下职责：……（三）对本院其他领导班子成员、执法办案部门负责人、上级人民检察院检察人员履行执法办案职责的情况进行监督……"第 14 条规定："执法办案部门检察人员在执法办案内部监督中承担以下职责：（一）对本院检察长、副检察长和上级人民检察院对口部门检察人员履行执法办案职责的情况进行监督……"这种下级检察人员对上级检察人员或者下级检察机关对上级检察机关监督的制度设计过于理想，没有对实际中的问题进行考量，在实践中很难运行。

（二）内部监督之间的关系尚未理顺

检察机关的内部监督制约体系分为不同的层次：监督主体方面，纵向上主要指上级对下级的监督、同一检察院检察长、副检察长、科室负责人、承办检察官之间的层级监督；横向上主要包括职能部门之间的监督制约、检委会的监督以及案件管理部门的监督。监督客体方面，从权力类型角度，主要包括对决策权、执行权和监督权的监督；从检察权能角度，主要包括对职务犯罪侦查权、批捕权、公诉权以及诉讼监督权的监督。作为检察机关内部监督的网络，应该形成互相作用、互为补充的自洽体系，但是目前的监督网络尚未形成体系

---

① 此项监督应属于纪检监察的范畴。

化，各层次之间的监督关系也尚未理顺。

检委会作为检察机关内部监督的重要机构，通过对案件的讨论决定、对下级院提请复议事项的审议决定以及决定检察长的回避等，对检察权的运行进行监督。"由于《规则》第 18 条明确规定了委员发表意见的顺序，从规范的意义上看，这种讨论只能存在于后位发言人与前位发言人进行商榷（包括对前位发言人发表的意见及其理由和依据提出质疑、辩驳），而前位发言人基于顺位关系对此却不能再逆向作出回应，导致这种讨论处于单项性，缺乏了互动性这种讨论的应有之义。"① 尽管检委会的表决方式避免了检察长决策的暗示性，但是对于检委会最终未决的案件，惯常的向上级院请示的做法，使检委会的司法化不够彻底，行政化的审批方式在重要的检委会环节的监督不断弱化。另外，检委会过于原则的责任追究机制也直接影响了委员的责任意识和风险意识，严重削弱了检委会的监督效果。最高人民检察院《检察人员执法过错责任追究条例》第 12 条规定：人民检察院及其执法办案部门经集体讨论造成执法过错的，由集体讨论的主持人和导致错误决定产生的其他人员分别承担责任。但是司法实践中这种模糊的责任制在操作层面很难实现。

作为检察机关内部监督的另一个重要的机构则是案件管理机构。被曹建明检察长誉为"最具革命意义的改革"的案件管理机构，在实际中的定位和功能都发生了错位和变异，当前的案件管理部门或者归口纪检监察系统与纪检监察部门合署办公或者沦为第二个业务部门甚至是业务部门的内勤。"纪检监察部门没有检察办案权，应是内部监督的归口管理部门，专司监督，不应成为检察案件流程部门。案件管理部门对案件初查、侦查、逮捕、公诉、赔偿等各个环节的工作进行管理、跟踪和督办，内部制约案件流程，各负其责。整个制约流程是否畅通，或有部门梗阻，应由案件管理部门负责调查督促。"② 检察机关案件管理机制改革的目标在于，通过改革对检察内部监督权进行重新分配和调整，以对检察内部司法行为的全面、动态监控和管理，确保检察权的规范运行。现实中由于认识的不同、实体性监督权的赋予不足以及可操作性的机制体系尚未建立，案件管理部门对检察权运行的监督很难达到规范检察权运行的目的。

（三）各检察职能内部监督存在的问题

一是职务犯罪侦查权内部监督存在的问题。对于职务犯罪侦查权的监督，

---

① 戴有举：《检察委员会办案问题研究》，截至 2015 年 7 月 25 日尚未发表。

② 殷宪龙：《浅论执法公信视角下检察权运行内部监督与制约机制完善》，载《法学杂志》2013 年第 12 期。

目前主要是依靠侦监、公诉部门的制约和监督，同体监督的方式不可避免地产生一些监督的空白地带。由于职务犯罪案件办理中对于检察引导侦查使用比例并不高，自侦部门选择性报送案卷材料的情况仍较为普遍；由于规定自侦过程中出现违法行使权力的情形需要通过检察长报上级检察院解决，违法违规行为大多被认为掩盖而难以浮出水面；由于书面审查的形式化监督方式，针对自侦部门的立案监督缺乏力度。

二是侦查监督权内部监督方面存在的问题。检察机关通过批准对犯罪嫌疑人采取逮捕等措施行使侦查监督权，逮捕等强制措施因剥夺人身自由成为刑事诉讼领域最为严厉的强制措施，但如果行使不当，就会造成对人权的侵害。为此，最高人民检察院依照刑事诉讼法的精神原则出台了《关于在审查逮捕和审查起诉工作中加强证据审查的若干意见》，联合公安部共同出台了《关于审查逮捕阶段讯问犯罪嫌疑人的规定》，最高人民检察院侦查监督厅、公诉厅也印发了《关于审查逮捕阶段讯问犯罪嫌疑人的规定》、《关于加强侦查监督说理工作的指导意见（试行）》以及《关于人民检察院审查逮捕工作中适用"附条件逮捕"的意见（试行）》等一系列规范性文件，旨在对检察机关正确行使侦查监督权作出规范。尽管如此，检察机关内部对于审查逮捕的监督仍然存在一些亟待解决的问题，审查逮捕侦查化、审查逮捕公诉化等批捕权异化的现象仍然较为普遍。

这些现象的产生很大程度上是由于检察机关内部监督中存在的问题所致。当前，审查逮捕中监督不完善之处主要存在于自侦案件审查批捕权的内部监督。2009 年最高人民检察院正式下发了《关于省级以下人民检察院立案侦查的案件由上一级人民检察院审查决定逮捕的规定（试行）》，对于职务犯罪案件逮捕权"上提一级"，由上级检察机关行使逮捕决定权。我国检察机关实行的上级领导下级的检察一体组织模式，由上级检察机关来审查批准下级检察机关的逮捕行为，不符合侦查主体与审查逮捕主体分离的基本原理。警察机关侦查和检察机关审查逮捕的关系也说明，审查逮捕的主体要求具有中立性，但从目前运行的情况来看，自侦案件中检察机关的中立性地位仍然难以保证，例如，地市级检察机关以交办形式将自己侦查的案件交由下级检察院办理，从技术上将"上提一级"的批捕权转归自己，最终自侦案件的监督流于形式。

三是公诉权内部监督方面存在的问题。根据刑事诉讼法和相关司法解释的规定，公诉权主要包括起诉权、支持公诉权、公诉变更权、量刑建议权、不起诉权（包括附条件不起诉等）等权力类型。上述各项公诉权能都包含着一定的自由裁量权，且检察机关内部考核机制下的起诉率、判决率等指标的影响短时期内难以完全消除。因此，确有强化针对公诉权的内部制约监督的必要，尤其是不起诉权和公诉变更权的运行更需要监督。

针对不起诉，检察机关内部的监督措施主要包括同级监督和上级监督。同级监督主要体现为酌定不起诉需提交检察委员会讨论后决定，上级监督重点表现为最高人民检察院对地方各级、上级对下级的不起诉决定，如发现问题，应予撤销或者指令改正。上级给予监督主要采取自侦案件不起诉备案制、定期执法检查以及对申诉和复核案件进行复查等方式进行，这些方式问题发现方面都存在一定的局限性，且不排除检察一体化领导体制下上级检察机关出于维护检察机关内部共同利益的考量，在内部监督方面仍存在一定的不彻底性。

较之不起诉权，变更起诉权的运行更加需要强化监督。我国刑事公诉变更含撤回起诉、变更起诉和追加起诉三种形式。作为一种常见的公诉案件处理程序，因检察机关内部监督机制的不健全，实践中滥用撤诉权的情形并不少见。《人民检察院刑事诉讼规则（试行）》第 461 条规定："……撤回起诉应当报经检察长或者检察委员会决定，并以书面方式在人民法院宣告判决前向人民法院提出。"但是检察实践中，撤回起诉案件的办理程序仍然不够规范。一些地区的检察院办理的撤回起诉案件有的并未经过起诉部门或检察委员会的集体讨论。

四是诉讼监督权内部监督方面存在的问题。诉讼监督中存在的一些常见、突出问题尚未得到有效解决，选择性司法、替代性司法的情况仍然存在。例如，存在于刑事抗诉方面选择性司法等，内部监督对其尚未起到应有的作用。《关于进一步加强刑事抗诉工作强化审判监督的若干意见》将"充分且有抗诉必要"作为刑事抗诉的法定理由，抗诉必要性的条件规定，为检察机关选择性执法提供了自由裁量的空间。近年来检察机关的刑事抗诉率呈现不断上升的趋势，但检法配合的思想依旧存在，检察机关通过抗诉进行诉讼监督的案件总量仍与实际不符。另外，自侦案件抗诉的总体情况不佳，法院对于自侦抗诉案件的采纳率偏低。这些情况的存在，与检察内部监督的不力具有直接的因果关系。

再如，民事检察监督中以"协商式"的再审检察建议替代抗诉的替代性司法。不可否认，"协商式"柔性司法有其存在的必要价值，特定时空还会更加契合我国的国情。但司法的实际运作并不能保障这种诉讼监督方式的恰当运用，实践中人为因素下的替代性司法难以避免。司法实践证明，再审检察建议的实体性收益往往较差。总体上，再审检察建议等柔性监督方式无论从程序上还是实体上都会对司法公正造成二次伤害。因此，不能因为替代性司法行为的认定存在困难及损害结果不明晰等原因就忽视了对其的监督。

三、内部监督的完善

（一）明确内部监督的现实需求与基本原则

此轮检察改革更加集中于体制层面的根本性变革，对检察权运行提出了新的内在要求。随着司法责任制背景下检察官权力的不断下放，检察权运行正在实现以监督制约为导向到以独立为导向的根本性转化。司法责任制决定了检察权内部监督制约的内在规定，检察权内部监督制约机制调整的现实需求即来源于此。

1. 检察权内部监督制约机制调整的现实需求

一是独立与监督制约的关系需要重新厘定。司法责任制背景下，将实现混合责任模式到权责统一模式的根本性转变。"三级审批制"的退出和权力清单模式的开启，使各方主体的权责更加清晰、对应一致，检察决策权的运行更加扁平化。司法办案权力清单将明确检察长、副检察长、检察委员会、部门负责人、主任检察官、检察官、检察辅助人员等不同主体在案件办理过程中享有的权力和承担的责任。事实上，此部分所说的权力实际上是检察权分配给不同检察主体所需完成的任务和标准，是最能充分体现检察人员行使检察权的半定量性指标。

司法责任制的本质在于放权于检察官，增强检察官的独立性。独立行使检察权是司法责任制的逻辑前提，是司法责任制的内在要求。检察权责的重新分配使得主任检察官或员额内检察官更加独立，权力清单廓清了检察权内部监督制约的边界，监督制约主体不能任意突破。司法责任制背景下，检察权运行的独立导向正式取代监督制约导向。

二是监督管理者的责任需要强化突出。司法责任制背景下，权责一致不仅指司法者的权责具有一致性，其更加强调监督管理者的权责一致性。《意见》中专门规定了监督管理者的责任，不仅符合有权力必有责任的基本原理，而且符合监督制约型权力的作用机理；倘若权责分离，则势必使"权力"变成"权利"。监督制约的从权力属性，放大了利益在监督制约主观意志方面的支配作用。利益动机下的监督制约行为，较大概率产生两方面的结果，出于不当利益追求的监督制约，或者出于利益无涉的监督制约缺失。

在离开利益驱动的情形下，没有人愿意监督制约他人和接受他人的监督制约。从现实利益的角度分析，基于检察权监督制约本身的复杂性、敏感性及考核中的困难，监督制约主体的义务具有法律和现实中的非确定性。当前的检察权内部监督制约遵循了组织运作的模式，以内部委托—代理的方式监督制约权力。但是，这缺少基本的强制性义务规定，无法避免代理方不作为或逆向作为的可能。因此，监督制约制度的设计需要充分考量制度中的人性因素，明确监督管理者的义务性规定。此次的司法责任制在立法层面解决了监督制约者不作为或乱作为的关键性问题，监督制约义务成为悬挂在监督制约者头上的达摩克利斯之剑。司法责任制背景下，需要强化突出监督管理者的责任，重点解决监督制约程序、方式和监督制约责任的语焉不详，以及由此导致的监督制约虚化等问题。

2. 检察权内部监督制约机制调整的基本原则

一是尊重内部监督制约的辅助性原则。在内部监督制约权和检察权的关系中，首先尊重内部监督制约具有辅助义务和责任。内部监督制约权是外因，检察权是内因，内部监督制约权是从权力，检察权是主权力。检察权是主权利、是矛盾的主要方面，内部监督制约权是从权利、是矛盾的次要方面。内部监督制约机制的功能运作和效果发挥，不宜喧宾夺主，而应以检察权的行使为前提、基础和依托。

不能因放权于检察官而过分强化对检察官的监督制约，检察官的行为约束主要应来自司法责任制中的惩戒体制。应将突出检察官办案主体地位与强化监督制约相结合，监督制约应以维护检察官主体地位为原则。当然，尊重内部监督制约的辅助性原则，并不等于否定内部监督制约的正当性与重要性，恰恰相反，角色的正确定位可以促使不同主体各安其分，从而更有助于各自功能的良性发挥。

二是强化内部监督制约的义务性原则。如前文所述，在没有约束机制的情形下，没有人愿意监督制约他人和接受他人的监督制约。内部监督制约必须遵循"恶性假定"的监督制约型权力的作用规律，必须抵销"利益动机"的监督制约型权力的支配力量。

长期以来，检察权运行的内部监督制约机构不断设立，监督制度不断颁布，而针对监督制约机制中存在问题的本质缺少足够的省思。监督制约机制中存在问题的本质在于，内部监督制约的非义务性。非义务性或者带来监督制约的缺失，或者导致非正式制度对内部监督制约机制的绑架。因此，确有必要强化内部监督制约的义务性原则。只有强化内部监督制约机制的义务性原则，才能实现内部监督制约机制的刚性效力。

（二）完善检察机关内部监督的规范

一是根据本次检察改革关于办案组织和司法责任的改革，修订完善检察机关内部监督的法律法规和规范性文件。在规范的可行性、实效性和可操作性层面进一步完善。二是关注检察机关规范化管理标准体系建设。根据最高人民检察院《2014—2018 年基层人民检察院建设规划》和《人民检察院工作人员分类管理制度改革意见》的规定和精神，建立健全岗位目标管理标准体系；参考检察官办案责任制改革的原则和措施，建立健全检察官职业管理标准体系，突出检察官办案主体地位，明晰检察官的权力和责任；建立健全执法规范化管理标准体系。

（三）理顺内部监督之间的关系

1. 重新定位案件管理部门的性质并强化其主要职能

2012 年，经报中央编办批准，最高人民检察院成立案件管理办公室，作为独立的综合性业务部门专门负责案件的管理。通过对案件的流程监控、质量管理和分析评价等，对全部检察业务进行管理和质量评价。同时通过的《最高人民检察院案件管理暂行办法》，将案件管理部门的职能界定为管理、监督、服务、参谋四项职能。

2012 年最高人民检察院修订后的《人民检察院刑事诉讼规则（试行）》增加了第七章的"案件受理"和第十五章的"案件管理"两部分内容。其中第十五章第 668 条规定："人民检察院案件管理部门对检察机关办理的案件实行统一受理、流程监控、案后评查、统计分析、信息查询、综合考评等，对办案期限、办案程序、办案质量等进行管理、监督、预警。"在第 669 条规定了人民检察院案件管理部门针对本院办案部门或者办案人员提出纠正意见的六种情形。《最高人民检察院案件管理暂行办法》以及《人民检察院刑事诉讼规则（试行）》的规定均突出了案件管理部门的监督性质。

对检察行为进行最有效、最直接的监督途径就是对检察业务工作流程进行控制，对检察权行使全过程的各个环节实现制度化的监督和制约。案件监督管理部门在性质上具有监督属性，在工作方式上具有控制性，因此，应构建以案件管理部门为主导的案件流程控制体系。在制定业务工作流程时，必须注意三个问题：一是业务流程的功能化。要结合办案工作开展的内在逻辑性制定业务流程，实现业务流程的功能化；二是业务流程的衔接性。要统筹设计与各职能部门业务流程的衔接，实现业务流程的衔接性；三是业务流程的技术性。根据刑法、刑事诉讼法、《人民检察院刑事诉讼规则（试行）》及其他司法解释的法定要求，针对不同案件类型和不同诉讼环节制定证明标准，只有当案件达到该环节所必需的证据要求时，系统才允许案件流转到下一个环节。

同时，理顺案件管理部门和纪检监察部门之间的关系，做好二者工作的衔接。要注意案件管理部门的监督与纪检监察部门监督的性质、方式等方面的不同。纪检监察部门主要通过专项检查和不定期抽查的方式对六类案件以及自侦案件的同步录音录像等进行监督，属于特殊监督；案件管理部门则对业务部门的所有执法办案行为进行全面、全程的监督，属于一般监督。

2. 健全检察委员会监督制约机制，发挥其在执法规范内部监督中的保障功能

检察委员会作为检察机关的决策机构，通过对疑难复杂案件以及重要事项进行决策，其在内部监督功能上的作用和地位无法与其他监督相提并论。理论上，检察委员会在有效防止检察长个人决策偏差方面作用尤为突出。

因此，检察委员会应担负起在内部监督职能中的重要使命，克服决策权运行中的行政化模式。检察委员会运作的去行政化，需要重点解决两方面的现实问题。其一，要解决检察委员会未决案件向上级请示方式的行政化问题；其二，要解决检察委员会委员选任方式的行政化倾向。

3. 厘清检务督察与其他监督之间的关系，发挥检务督察的内部纠错功能

检务督察的对象既包括履行职责、行使职权的行为，又对遵章守纪、检风检容等方面的行为进行督察。检务督察在职能范围上与纪检监察部门、案件管理部门、检察委员会等存在交叉，需要厘清各自的监督重点。2005 年最高人民检察院在《关于进一步深化检察改革的三年实施意见》中对检务督察的职能进行了定位，该规定明确了"建立以纠正违法办案、保证案件质量为中心的检务督察制度"的制度初衷。

实践中，检务督察的工作模式不够统一，主要有以纪检监察部门为依托的纪律督察模式，以案件管理办公室、研究室或检察委员会办公室为依托的案件督察模式，以及以独立的检务督察室为依托的全面督察模式。这种工作模式的含混不清，加剧了检务督察职能与其他检察监督职能之间关系的模糊性，检务督察的独立性和特殊价值更是无法得到体现。

要厘清检务督察的职能定位，理顺其与其他检察监督之间的关系。其一，要厘清检务督察与检察委员会办公室之间的关系。检察委员会办公室的实体和程序审查主要是为了提请检察委员会审查议题的质量，提高检察委员会的工作效率。检务督察则主要是履行监督的职能，因此，应避免将检务督察办公室设在检察委员办公室的做法。其二，要厘清检务督察与纪检监察部门之间的关系。在检务督察与其他检察监督关系中，检务督察与纪检监察的职能交叉是最多的。但是二者的监督对象存在不同，纪检监察是通过查"事"来监督司法的人或组织。其三，要厘清检务督察与案件管理部门之间的关系。检务督察重在对司法办案中的问题进行监督，案件管理部门则重在通过对办案程序和办案期限的跟踪、监控以及质量评查对案件流转中的问题履行监督。

总之，各种检察监督之间相互独立又融为一体。因此，既要防止不同层次检察监督之间的相互夹杂不清、相互交叉，又要形成不同层次检察监督之间的有机统一。

（四）划定司法主体的权力和责任

检察各项职能内部监督难以取得实效的关键因素之一，是各司法主体之间责任的分散和模糊。因此，划定各司法主体的权力和责任，是解决检察各项职能内部监督最有效的途径。最高人民检察院 2015 年颁布的《关于完善人民检察院司法责任制的若干意见》规定："独任检察官承办并作出决定的案件，由独任检察官承担责任。检察官办案组承办的案件，由其负责人和其他检察官共同承担责任。办案组负责人对职权范围内决定的事项承担责任，其他检察官对自己的行为承担责任。属于检察长（副检察长）或检察委员会决定的事项，检察官对事实和证据负责，检察长（副检察长）或检察委员会对决定事项负责。""检察辅助人员参与司法办案工作的，根据职权和分工承担相应的责任。检察官有审核把关责任的，应当承担相应的责任。""检察长（副检察长）除承担监督管理的司法责任外，对在职权范围内作出的有关办案事项决定承担完全责任。对于检察官在职权范围内作出决定的事项，检察长（副检察长）不因签发法律文书承担司法责任。检察官根据检察长（副检察长）的要求进行复核并改变原处理意见的，由检察长（副检察长）与检察官共同承担责任。检察长（副检察长）改变检察官决定的，对改变部分承担责任。"

上述规定改变了过去由办案人承办、部门负责人审核、检察长决定的内部行政审批模式，在一定程度上克服了司法责任的分散与模糊的弊端。划定各责任主体的权力和责任，应有其他改革的配套和响应，应在完善检察机关司法办案组织及业务运行方式，完善检察权运行机制的前提下，真正明晰检察人员职责权限，实现"谁办案谁负责、谁决定谁负责"的权力运行机制。

（五）创新检察权运行方式

司法责任制背景下，不同个体的监督制约权力基本明确规定在权力清单中。权力清单将不同个体的监督制约权责细化，并最终形成"责任链"的无缝监督制约形式。因此，个体之间监督制约成效的取得，主要取决于检察权运行方式有效地再创新。

当前背景下，需要明确内部监督制约的痕迹化行使。痕迹化的最大优点在于，通过查证原始的文字等资料，可以有效复原已经发生的司法活动。明确内部监督制约的痕迹化行使，重点应当明确上级对于下级的监督制约，应以痕迹化的方式行使。检察长、检察委员会对司法办案的决定和指令，应当记录在案，其中作出重大决定和指令应当采取书面形式；在紧急或特殊情况下，可采取口头形式，但事后应当补办书面手续，并归入案件档案备查。

需要强化内部监督制约的信息化运用。由于信息化对于检察内部监督制约具有同步监督制约的便捷性、客观监督制约的公正性和高效率性，所以，应进一步拓展以检察统一业务应用系统为核心的信息化运用，发挥信息化在内部监督制约中的独特作用。作为案件管理的信息技术载体，检察统一业务应用系统并非是一个纯粹的技术装置，它在程序刚性、程序独立、程序效益、程序控权等方面有着深刻的内在机理和重要的功能作用。我们应立足业务系统运行的程序机理，着眼程序功能价值的实现，在管理权限、管理人员和管理视野等方面进一步拓展和完善。①

需要提升内部监督制约的公开化程度。司法行为的公开化，从来都是一种事半功倍的监督制约方式。司法责任制不仅包括检察官的责任承担，同时也包含检察官权力行使的独立性。独立行使检察权，就意味着对检察官自由裁量权监督制约的必要性。司法行为的公开化，有利于强化对检察官自由裁量权的监督制约。当前，许多检察职能的运行都体现出单方性、封闭性和书面性的特点，在一定程度上增大检察官自由裁量权滥用的风险。因此，有必要提升内部监督制约的公开化程度。例如在审查批准逮捕程序中，引进公开听证等方式；在审查起诉的文书中，增强法律文书中对证据采信、事实认定以及法律适用、处理意见的论证和说理等。以司法行为的公开化，挤压检察官自由裁量权滥用的空间。

第三节　检察权运行的外部监督

从监督主体角度，可以将检察权的外部监督划分为权力监督和权利监督两种类型。检察权的权力监督主要包括国家权力机关、行政机关、审判机关及其他机构从公权力运行角度对检察权的监督制约，权利监督则主要包括司法行为的当事人和参与人通过防御性权利和救济性权利的行使达到对检察权的监督制约。

一、诉讼程序中公权力的监督

（一）外部公权力对检察权的监督

以权力监督权力是通过民主政治体制本身形成的公共权力监督机制，是对公共权力的运作加以规范和限制。"权力监督制约机制是指一定社会的国家权力体系结构中，国家权力之间、国家权力内部机构与外部监督机构之间相互联

---

① 参见卞宜良、许娟娟：《检察机关统一业务应用系统的程序机理与功能完善》，载《西南政法大学学报》2014 年第 6 期。

结、相互作用而形成的制约关系和功能，它是权力运行机制体系中的一个调节系统，是规定权力行为规范的准则和维系社会安定的重要纽带。"① 强化自身监督，积极接受外部制约，是有效回应对检察机关法律监督活动的质疑，规范检察权运行，提高检察权公信力的必然要求。

外部公权力对检察权的监督，是指存在于检察权运行的外部，由检察系统以外的组织或人员，依据宪法和法律规定的权限和程序，对检察权运行进行的监督。外部公权力对检察权的监督主要包括，党对检察权的监督、人民代表大会及其常委会对检察权的监督、政协对检察权的监督以及行政机关、司法行政机关及审判机关对检察权的监督等。②

（二）诉讼程序中外部公权力对检察权的监督

检察诉讼程序中公权力的监督，主要包括审判机关以及侦查机关的监督等。作为对诉讼结构中分权制衡原理的遵循，我国的刑事诉讼法规定了"分工负责、互相配合、互相制约"的关系原则。根据该原则，公安机关、检察机关和审判机关在刑事诉讼中各自具有不同的职能，并通过职能的划分和程序的设定形成彼此之间的监督关系。

根据刑事诉讼法及相关司法解释，公安机关在刑事诉讼中对检察权的制约主要体现于两个方面：一是公安机关对检察机关审查批准逮捕权的制约。公安机关有权通过复议或复核的方式，对检察机关不批准逮捕决定进行监督制约。二是公安机关对检察机关不起诉决定权的制约。对于检察机关的不起诉决定权，公安机关同样可以采取复议或复核的方式，对检察自由裁量权进行监督制约。

刑事诉讼中，审判机关从多方面对检察权形成制约。例如，通过对提起公诉案件的审查，通过公诉转自诉对检察机关不起诉案件的审查，通过判决无罪、变更指控罪名以及通过程序对检察机关变更、追加、补充、撤回起诉的制约等。在实行以审判为中心的诉讼制度过程中，审判机关对检察权的制约将更为严格。这种诉讼结构下，审判机关主要通过庭审活动对检察权形成制约。诉讼中，检察机关的起诉权、抗诉权等只是一项请求权，是一项程序性权力。法院通过对检察机关提起公诉的案件进行审理，作出有罪、无罪判决或者准予检察机关撤回起诉等司法行为，通过对案件事实的认定和对量刑意见的采纳从而

---

① 林睦翔：《对检察权行使的监督制约》，载《国家检察官学院学报》2008 年第 2 期。

② 狭义的监督与制约具有不同的内涵，广义的监督包括制约，这里的监督采用广义说。

对检察权形成制约。

但是长期以来，诉讼程序中外部公权力对检察权的监督存在制约不足的问题。"重配合、轻制约"的刑事诉讼观念长期、深刻地影响着司法人员，以审判为中心的诉讼制度长期处于虚置状态。侦查职能、审判职能与检察机关的追诉职能具有业务上的承接关系，三者在刑事诉讼程序中很容易形成命运共同体。在这个命运共同体中，检察机关与侦查机关、审判机关既存在实质的业务关系又存在监督关系，尚未完全分离的双重关系使得本已复杂的三权关系变得更为微妙。

（三）诉讼程序中外部公权力对检察权监督的特殊性

广义监督意义上，刑事诉讼程序中通过公检法职能的划定和程序的设置，实现了对检察权的监督。狭义监督意义上，检察权作为法律监督权，形式上似乎只存在检察机关对其他公权力组织的单向监督，反之则不然。事实上，检察权作为一项程序性权力，检察权的运行重在对于程序的启动，基本不涉及对于实体结果的处分或裁决。审判机关等公权力组织通过对案件实体结果的裁决，即在本质上构成了对检察权的监督。

依据我国刑事诉讼法的规定，公、检、法三机关之间是互相制约、互相配合的关系。笔者认为，三机关之间的确需要制约和配合，但从三机关之间的诉讼关系和诉讼规律而言，三机关之间绝不应是互相配合和互相制约的关系。三机关之间的配合关系，只能是一种单向的配合关系，三机关之间的制约关系，却可以是互相作用的，因此，刑事诉讼程序中包含着侦查机关和审判机关对于检察权运行过程的监督。苏联的刑事诉讼中三机关关系的规定及实践操作为，"1. 公安机关通过行使抗议权在一定程度上反向制约检察机关的工作；2. 检察机关而不是法院拥有批准逮捕权；3. 尽管法官独立，只服从法律，但在实际审判活动中，受到检察机关的制约和监督；4. 法、检、公之间的职权和程序运作以制约为主基调，并无三者之间互相配合的内容规定"①。新中国成立初期，国内社会治安形势极为复杂，出于保护新生政权和恢复社会秩序的迫切性，法、检、公之间主要以互相配合打击危害国家安全犯罪为主。因此，我国宪法第135条规定的我国公、检、法三机关之间的关系与当事人主义诉讼结构下的以审判中为心的诉讼制度无法兼容。因此，应在学理上重新定位我国公、检、法三机关之间的关系，以指导刑事诉讼程序中监督制约关系的司法实践。

---

① 王幼军：《宪法第135条研究——以刑事司法实践为蓝本》，华东政法大学2014年博士学位论文。

二、诉讼程序中权利人的监督

（一）权利与权力互相依存、互相制约的辩证关系

法治国家和民主政治一般通过两种形式对权力形成制约，一是通过公权力的分立来达到以权力牵制权力的目的；二是通过赋予公民私权利来达到以权利约束权力的目的。检察权作为国家权力之一，也同样要受到公民权利的制约。这种制约形式，"一是通过宪法和法律分配公民以广泛的实体权利，建立与健全同权力结构相平衡的权利体系，以抗衡权力并为权力厘定边界；二是通过赋予当事人以广泛的诉讼权利、救济权利，以抵抗、制止权力的滥用和对权利的侵犯；三是通过社会权利的行使，如社会舆论对权力的行使进行监督"①。

（二）诉讼程序中权利对权力的监督

诉讼程序中权利对权力的制约主要指犯罪嫌疑人、被告人、辩护人、被害人以及其他当事人通过行使诉讼权利对检察权形成的监督。由于刑事诉讼中的权利更容易受到侵害，本文主要以刑事诉讼中的权利为论述重点。

我国的刑事诉讼法在经过 1996 年和 2012 年的两次修改之后，基本完成了刑事诉讼基本法律的现代化和法治化转型。尤其是 2012 年刑事诉讼法的修正，针对证据制度、强制措施、辩护制度、侦查措施、审判程序和执行规定等进行了实质性的修改，明显增加了犯罪嫌疑人、被告人及其辩护律师的权利，与现代国家的法治精神和人权保护理念更为接近。

尽管如此，刑事诉讼基本法律中对于权利与权力配置仍然失衡与西方现代法治国家在刑事诉讼中赋予犯罪嫌疑人、被告人及其辩护律师的权利相比，权利的配置仍然显得过于单薄。诸如犯罪嫌疑人、被告人的无罪推定的权利依旧缺乏，辩护律师的阅卷权、辩护权依旧不充分。修正后的刑事诉讼法，在对权力的限制与对人权的保障方面的规定仍存在一定程度的不平衡。公权力仍然偏向强大，公权力运行与私权利保护间的冲突依然存在。

仅就增加的公民权利而言，权利的保障性和救济性仍显得不足。有些权利只能成为纸面的权利，例如修改后刑事诉讼法第 34 条关于申请法律援助的规定，从字面解读赋予了犯罪嫌疑人、被告人不同情形下获得法律援助的权利，貌似权利的赋予无可挑剔，但审慎解读本条文就会发现赋予的权利缺乏保障性和救济性。司法实践中，负有法律援助的国家机关如果没有履行法律援助义

---

① 郭立新、张红梅：《检察权的外部监督制约机制研究》，载《河北法学》2007 年第 2 期。

务，并不会承担相应的法律责任，且三机关都对法律援助负有义务，结果却是谁都可以不负义务。刑事诉讼程序的设置应包含基本的违反法律程序行为无效的约束性规定，如果缺少这种基本的制约，刑事程序的实施就存在失灵的天然风险。

因此，应重新审视并基于司法经验和正义理性重新配置刑事诉讼中的权利和权力。因为，"刑事诉讼是一种以解决被告人刑事责任为目的的诉讼活动。在这一活动中，国家专门机关与诉讼参与人各方会发生复杂的法律关系。其中，国家专门机关与被追诉者之间构成了这种法律关系的主要方面。如何对国家权力与公民权利加以平衡，如何在保证国家权力有效行使的前提下，对嫌疑人、被告人及其辩护律师的权利加以保障，这是刑事诉讼立法所要处理的一个首要问题"①。

同时，应赋予权利以保障性和救济性，并关注权利的可实现性。当然，关于权力与权利的关系不是一部刑事诉讼法即可解决，它需要国家政治结构的更加文明以及宪法体制的无限优化。但权利的保障性和救济性却可以通过检察机关法律的执行来增强其可实现性。

三、检察权运行中的社会监督

检察权运行中的社会监督范围广泛，本文主要探讨传媒监督与公民监督两种主要的监督形式。传媒监督与公民监督是从监督主体的角度对监督类型的划分，从监督性质角度，二者都属于民主监督。

（一）社会监督中的传媒监督

在传统法制向法治国家演进的过程中，以传媒为载体的民众舆论监督逐渐成为民主监督中重要的监督形式。在众多社会监督方式中，传媒监督具有独特的运行特点，会产生强大的控制力量。随着科技的发展，传媒监督的影响力也越来越大，其已逐渐发展成为当今社会监督中最活跃、最普遍的监督形式。传媒对检察权的监督，主要通过对检察机关司法行为的报道和评价来实现。传媒监督是公众参与民主政治、享有宪法赋予的言论自由和批评权、建议权的外在表现，也是法治国家的重要标志。

传媒由于其开放性、自由性和时效性的特征，为我国检察权的外部监督体系注入了新的活力，在促进司法公正、提高检察公信力方面起到了重要的作用。然而，传媒监督同时又是一把双刃剑，新闻媒体的监督在妨碍独立行使检

---

① 陈瑞华：《法律程序构建的基本逻辑》，载《中国法学》2012 年第 1 期。

察权、影响公正司法以及损害司法权威等方面又不利于检察权的行使。传媒监督与检察权运行之间始终呈现出一定的张力关系，这一张力关系所包含的核心元素就是言论自由、新闻自由与司法独立、司法公正。

因此，应完善我国传媒监督的法律约束机制，在检察权和媒体舆论的互动和冲突中寻求二者的平衡；通过检务公开等检察工作方式，主动寻求新闻媒体对于检察机关的态度转换；在监督与被监督关系中，检察机关应秉承诚实、平等、合作的原则，能达到检察机关、新闻媒体和社会公众的共赢。

（二）社会监督中的公民监督

1. 公民监督的理论及实践。社会契约论认为，公民以让渡部分自然权利为代价组成政府，通过政府来实现公民的人身、财产安全。在让渡部分自然权利的同时，公民也获得了对政府进行监督的权利。人民主权理论也认为，国家的一切权力属于人民，人民有权对公权力的运行进行监督。在此意义上，公民对公权力的监督是具有根本性的监督。

广义上，公民监督包括公民个体的监督和有组织的公民团体的监督。公民监督是指通过公民或公民团体的检举、控告、申诉、批评以及建议等方式实现对检察权的监督。另外，人民监督员制度、特约检察员制度及人大代表、政协委员联系制度等作为公民监督的特殊形式，在检察权运行的外部监督方面发挥了重要作用。

当前，公民监督尚未形成有效的合力，公民监督的自发性、离散性乃至非法性成为制约公民监督的主要问题。应加强公民监督与人大监督、国家专门机关监督、群体监督及舆论监督的相互结合，增强公民监督的组织属性。应加强公民监督相关法律法规的完善，增强公民监督法律程序的可操作性和可救济性。

2. 作为特殊形式的人民监督员制度。人民监督员制度作为公民监督的特殊形式，在检察权的外部监督中发挥了重要的作用。人民监督员制度在性质上属于人民群众外部监督的法定化、专业化、日常化和制度化，并不能上升到检察权最终监督者的层面。人民监督员制度的提出是检察机关走出内部监督机制的惯性思维，主动地将法律并无明文规定的外部监督力量引入直接受理立案侦查案件的侦查及审查起诉环节之中。人民监督员制度是检察机关为寻找自侦案件外部有效监督作出的制度选择，是检察权外部监督的客观需要，属于检察机关的制度自觉。

2003 年颁布的最高人民检察院《关于实行人民监督员制度的规定》，将人民监督员监督的范围限定在"三类案件"和"五种情形"之中。2010 年最高人民检察院又颁布了《关于实行人民监督员制度的规定》，对人民监督员的监督范围进行了重大调整。监督范围由"三类案件"和"五种情形"调整为"七个方面"和"两种情况"。人民监督员仍属于探索中的制度，实践中还存在需要解决的一些问题，这些问题主要体现在以下几个方面：人民监督员产生的法律依据、组织设置和选任机制问题；人民监督员监督案件的范围问题；人民监督员监督程序与现行法律的潜在冲突问题等。

　　人民监督员制度在检察权监督方面发挥着重要的作用，但仍存在一定的不足。今后，应进一步完善人民监督员制度。一是完善人民监督员制度的相关立法。现有关于人民监督员制度的主要法律依据均具有抽象性，设立人民监督员制度的直接法律依据只是最高人民检察院的规范性文件。应待时机成熟时期，将人民监督员制度纳入专门的检察监督法。二是改革人民监督员的选任原则和方式。目前主要的选任方式中的同级人民检察院选任、下管一级选任以及省级人民检察院统一选任等几种类型，难以走出"自己监督自己"的困境。应尝试"体制外"的选任模式，确保人民监督员选任的民主性和科学性。三是调整人民监督员制度的监督范围。建议对"三类案件"的监督范围进行调整，将拟不起诉案件监督范围扩大到包括自侦案件在内的所有刑事案件。四是健全人民监督员制度的监督程序。严密人民监督员进行事前、事中、事后监督的程度，赋予人民监督员监督决议相当的法律效力。

第十一章　检察组织建设

检察组织是为实现检察权构建同外部环境深刻联系的社会实体，其内部结构以及外部联系均应符合检察权运行的规律要求。检察组织包括人、载体、管理、目标等基本的构成要素，其中，"组织目标是组织创建的基础，组织权能合理运作是组织目标实现的要点"①。针对检察组织的改革和完善，需要正确认识检察规律和检察权行使特点，在此基础上才能建立保障检察职能顺畅运行的组织体系。

第一节　检察组织体系概述

一、域外检察组织体系的特点

（一）上下级关系

由于域外国家的行政区划以及法治传统等方面的差异，体现在上下级检察机关之间的关系也各有不同。本节通过对德、法、日、美、俄的检察上下级之间的关系考察，来梳理域外检察上下级之间的关系特征。

作为联邦制国家的美国，检察机关至上而下主要包括联邦的检察机关、州的检察机关和市镇的检察机关三个层级。这三个层级的检察机关之间在案件办理中不存在上下级隶属关系。在联邦的检察机关内部，存在明确的上下级领导关系，而在州的检察机关内部则大多不存在上下级领导关系。美国检察机关的上下级领导关系较为微弱，检察一体关系较为松散。

由于美国特殊的历史发展道路，美国联邦的检察机关和州的检察机关基本属于二元检察官制。"一方面，联邦检察官制度与各州检察官制构成美国检察官制平行的双轨，它们是相互独立的平行平等关系，而不是科层化的权力等级制；另一方面，联邦与各州的检察官制又分别内在地划分为联邦总检察长与联

---

① W. Richar Scott, Institutions and Organizations: Ideas and Interests, SAGE Publicatiom, 2008, pp. 1 – 5.

邦地区检察官、州检察长与州的地方检察官两个层次。"① 无论在联邦还是在州，地方检察官都处于检察官群体的重心。"美国检察官不像他们在几乎所有欧陆国家的同行那样是一个按照科层制方式组织起来的政府官僚群体。他们几乎总是单独行动，或者带着几个助手一起工作，不受有效的科层式监管的束缚。"②

法国中央检察机关与地方检察机关之间不存在上下级领导关系，地方检察机关之间则上下级领导关系明确。德国与法国不完全相同，德国地方检察机关的上级对于下级还享有"指令权"、"职务转移权"和"调取权"。但整体上，德法两国检察机关上下级关系的主要方面具有高度的类似性。

在检察组织体系方面，日本保留着大陆法系国家的传统，上级检察官可以对下级检察官下达命令或指示。日本检察厅分为最高检察厅、高等检察厅、地方检察厅和区检察厅，处于上一层级的检察厅对处于下位层级的检察厅都具有领导权。俄罗斯与此高度相似，实行的也是全面的上下级领导关系。

（二）内部组织关系

域外许多国家或地区已经历了几百年的法治化进程，检察人员的专业化程度较高，其职业操守和专业技能真正与精英化的职业标准相匹配。与此对应，检察官的管理组织体系也高度发达。

整体上，域外检察机关内部检察人员之间的分工与协助已较为发达。我国台湾地区各级检察机关事务繁简不一，员额编制也有不同。有的检察官员额多至 40 人以上，每一名检察官每月办理的案件达 100 余件。为了弥补缺失，各级检察机关检察官员额 6 人以上的，可分组办事，每组以 1 人为主任检察官，监督各组实务。所以，检察官 3 人中即可有 1 位主任检察官，与法院合议庭的法官 3 人中即明确 1 人为审判长相似，在职位上也与同级法院庭长相同，且在任命资格、职务行使等方面也极为相似。台湾地区检察官在办理案件的过程中，检察事务官和书记官都充当重要的辅助角色，承担起检察事务中的非核心事务。检察官只承担核心事务，主要是决定如何侦查、判断是否起诉以及对执行进行指挥等。德国各州检察机关内逐层设置"主要业务部门"（或称"大处"）、"组"（或称"处"）和"股"（或称"科"）。大处或处的处长都被称为主任检察官，其被授予机关首长的部分职权以减轻检察首长的工作压力。在

---

① 黎敏：《联邦制政治文化下美国检察体制的历史缘起及其反官僚制特征》，载《比较法研究》2010 年第 4 期。

② ［美］米尔伊安·R. 达玛什卡：《司法和国家权力的多种面孔》，郑戈译，中国政法大学出版社 2004 年版，第 333 页。

德国，主要由司法辅助官、法院助手以及书记员来辅助检察官行使职权。美国检察机构检察职能的履行以职能部门下的小组为基本单位，每个小组尤其是公诉部门下划分履行公诉职能的小组，除配备助理检察官外，还配备有调查员与辅助人员，他们共同辅助助理检察官履行好公诉职责。虽然国外的办案检察官要接受首长的领导和命令，但其在办理案件或者行使其他职权时，基本上都配有固定的检察助手，不同的助手属于不同的人员序列，承担不同的辅助功能。①

在域外，检察人员大多拥有较高的独立权力。大陆法系国家的检察官独立虽然受到检察一体的制约，但是上级指令在许多方面受到限制，检察官个体拥有较高程度的独立性；英美法系国家因基本不存在上命下从的等级关系，检察官个体的独立性更高。

首先，检察官具有诉讼主体地位。无论是将检察机关定位于司法机关的法、德，将检察机关定位于行政机关的美、日，还是将检察机关定位于护法机关的俄罗斯，检察官的个体独立程度都相对较高。通常，国外检察官的个体独立是在刑事诉讼法中作出专门规定的。法、德、日等国都在刑事诉讼法中规定，检察官为诉讼法上的主体，或者作为"独立官厅"，以自己的名义处理检察事务并承担案件办理的责任。"在意大利，宪法有关法官独立的规定，适用于检察官。"② 检察官以个体名义而不是内设机构或检察机关名义独立行使检察权是国外检察官独立性的主要标志。

在日本，检察官个体是行使检察权的意思决定机关，"对于检察事务，检察官是拥有自行决定权的表达国家意思的独立官厅，而不是作为上司的部下行使检察权"③，且日本实行"检察官同一体原则"，"在同一长官指挥监督之下，下属检察官执行的事务在法律上被视为与该长官亲自执行的事务相同一"④。德国检察官对法定主义范围的案件有完全独立的处分权。法国刑事诉讼法则明确规定，检察机关首长拥有摆脱上级指令的绝对权力。虽然大陆法系的一些国家部门负责人对检察官承办的案件负有监督和审核的职责，但部门负责人通常都会尊重检察官的个体意见。我国台湾地区检察官个案处分权的内部制衡主要通过送阅制度实现，但是送阅的目的是通过经验丰富的主任检察官与检察长对检察官进行指导，其更类似于以咨询为目的意见征询，而非上命下从

---

①　参见甄贞等：《检察制度比较研究》，法律出版社 2010 年版，第 588 页。

②　徐鹤喃：《意大利的司法制度》，载《人民检察》2000 年第 5 期。

③　甄贞等：《检察制度比较研究》，法律出版社 2010 年版，第 374 页。

④　刘兰秋：《日本检察制度简介（上）》，载《国家检察官学院学报》2006 年第 6 期。

的事前审批，不能改变主任检察官的决定。日本的审批制亦如此，日本上级检察官对下级检察官"主要运用审查、劝告、承认的方法，行使指挥监督权"①。在英美法系国家，检察官个体负责制是一项基本的原则，英国皇家检察官虽然在检察长的指挥下工作，但其"在机构和程序上享有检察长所有的权力"。美国实行检察官/长负责制，检察官对于案件是否起诉以及以何种罪名起诉享有完全的自由裁量权，也因此美国"检察官普遍被认为是刑事司法制度中最有影响的人"②。

其次，对"上命"进行限制。依据指令权的不同性质将"上命"限制在特定范围内。德国、我国台湾地区均将指令权分为外部指令权和内部指令权。我国台湾地区检察首长享有的内部指令权包括检察事务和检察行政事务指令权，"法务部"长的外部指令权则不包括检察事务指令权。德国虽然规定法务部长拥有检察事务指令权，但"除纳粹时期外，几乎未曾出现过司法部长干预个案中检察事务处理之案例"③。"现在指令权只是在非常特殊的案件中才发挥作用。在实践中，检察官已经获得了很大的独立性，其地位几乎与法官相同。"④ 日本将指令权分为一般指令权和个案指令权，法务大臣可以对检察总长发布指令，但不能对承办案件的检察官直接发布指令。依据"日本《检察厅法》第 14 条之规定，法务大臣能对检察总长行使指挥监督权，但仅能够就侦查、公诉及裁判的执行等一般检察事务行使指挥监督权，如果是一般个案的调查与处分，则只能指挥检察总长"⑤。

"指令权之界限在于法定主义"，随着检察制度的进化，上命下从或指令权的行使很大程度上用于统一便宜主义的裁量范围和标准。"法定主义范围内之案件，检察首长不得下令下级承办检察官为何等之诉讼上处分，如命侦查或不侦查、起诉或不起诉、上诉或不上诉等，案件应如何处理，应由下级检察官依法决定。"⑥

最后，"下从"体现法治规则。外国检察官对于上级指令的服从不是唯命是从，体现着服从过程中对于法治规则的遵循。日本充分尊重检察官的个体意

---

① ［日］法务省刑事局编：《日本检察讲义》，杨磊等译，中国检察出版社 1990 年版，第 57 页。

② 马跃：《美国刑事司法制度》，中国政法大学出版社 2004 年版，第 256 页。

③ 林钰雄：《检察官论》，法律出版社 2008 年版，第 34 页。

④ 魏武：《法德检察制度》，中国检察出版社 2008 年版，第 171 页。

⑤ ［日］土本武司：《日本刑事诉讼法要义》，董潘兴、宋英辉译，五南图书出版有限公司 1997 年版，第 42 页。

⑥ 林钰雄：《检察官论》，法律出版社 2008 年版，第 37 页。

志，如果出现与上级意见相左的情况，"检察官应就自己的信念和造成这种信念的理由，充分地向上司陈述意见……"① 法国等大陆法系国家，实行"笔杆上听从上司，口头上听便自由"的检察官公诉活动原则，检察官在出庭时可基于内心确信而改变公诉意见。"检察机关的司法官仅在他们的书面结论中遵循服从的规则。相反，根据个体的内心确信，他们可以在庭审中口头展开他们的论据，甚至可以支持其书面结论拒绝采纳的意见。也就是说，如果上级指令要求对某个案件提起公诉，即使下级检察官有异议，他也必须提起公诉，但是在法庭上他可以在陈述公诉意见之外提出自己个体的看法。"② 并且，当检察官接受上级指令承办案件时，有权将指令存入案卷，体现出指令接受的程序要求。

为进一步保障检察官的个体独立，一些国家还规定了检察官在一定条件下的消极抗命权和积极抗命权。法国"根据刑事诉讼法典第 41 条的规定，检察院的官员在没有上级命令的情况下或者不顾上级的命令，仍然可以进行追诉，并且在没有上级指令或者不顾其已接到的指令而开始进行的追诉，仍然是合法的、有效的；反过来，即使检察院的首长已接到下达的命令，如其仍然拒绝追诉，上级则不得取代他们，并替代他们进行追诉……"③ 法国检察官在刑事追诉中，可以违抗上级指令自行决定，且该决定具有法定效力，上级检察官不得更改。

"从现有情况来看，无论是英美法系国家，还是大陆法系国家，在一个检察机关内部，办案检察官完全脱离首长控制而依自己的意志来办案的情形并不存在，另一方面，尊重办案检察官意见，对办案检察官适当放权，则是各国检察制度的基本趋势。"④

二、我国检察组织体系的特点

（一）较为严密的检察一体

长期以来，检察一体化原则对于我国检察体制产生广泛而深刻的影响：在上下级检察机关之间的关系方面，检察权的集中统一行使被强调，检察机关的独立缺失。对于上级检察机关的领导权力，宪法和检察院组织法均未作出明确

---

① 张智辉、杨诚主编：《检察官作用与准则比较研究》，中国检察出版社 2002 年版，第 420 页。
② 魏武：《法德检察制度》，中国检察出版社 2008 年版，第 30 页。
③ 龙宗智：《论检察》，中国检察出版社 2013 年版，第 70~71 页。
④ 甄贞等：《检察制度比较研究》，法律出版社 2010 年版，第 588 页。

规定，上级检察机关拥有的实际权力非常广泛。上级检察机关有发布指令和进行工作部署的权力；有交办、参办、提办案件的权力等。

近年来，各种名义的检察一体化似乎又为各级特别推崇。当前，中国受检察一体化原则影响，检察权运行过程中已经出现内部干预大于外部干预以及上级对下级权力不断扩张等倾向，严重削弱了检察官的个体独立。尤其是当前我国又在进行省级垂直管理改革的情况下，检察一体的进一步强化，不但无益于检察官个体的独立反而会加速检察权的过度集中。

（二）检察官个体的独立性缺失

我国检察官的主办与法官的主审在权力来源方面存在根本差异。我国的法官审判权独立是法律明确授权的，而我国检察院组织法和刑事诉讼法只对检察院和检察长依法独立行使检察权做出规定，对于检察官的司法主体地位目前尚未明确。在原有"三级审批"体制下，检察官个体对案件没有决定权，只有建议权，检察官不具有独立行使检察权的主体地位。将我国的检察官比喻为流水线作业中的操作工毫不为过，除了刑事案件起诉书和出席法庭的公诉人在法律文书和履职中表现为一定的检察官主体身份特征，其他一概以检察长或检察机关的名义出现。"检察官作为鲜活的个体从刑事诉讼法的条文中消失了，取而代之的是给人一种庄严、威严但难以实定化的人民检察院。刑事诉讼法规定的行使检察权的主体为人民检察院，仅仅在个别地方出现了检察人员应当履行职责的字眼，给人一种检察官在刑事诉讼中无足轻重的感觉。"[1]

检察官、检察机关的性质、定位及上下级之间的关系问题，历来没有法官、审判机关清晰，我国现行人民检察院组织法、检察官法和刑事诉讼法等法律文本中确定的检察官制既未按照行政官制亦未按照司法官制来规定。我国的检察官、检察机关是在高度完备的检察一体体制下行使法律监督权的，我国的检察权独立是整体独立，与检察权运行的司法规律性是不符的，与检察官客观义务的要求是对立的，检察一体与检察官个体独立存在制度冲突。

当前各地在试行主任检察官办案责任制的过程中，对主诉检察官的权力下放还停留在欲放不放、想放不敢放的状态，以至于出现了从开始的有限授权到实施过程中逐步收权、限权的改革逆转的情形，主任检察官在这种制度夹缝中难以独立。

在检察人员分类管理、员额制等改革背景下，检察官的个体独立依然存在一定程度的缺失。尽管我国检察机关内部以"三级审批"行政模式为特点的

---

[1]　陈卫东、李训虎：《检察一体与检察官独立》，载《法学研究》2006年第1期。

办案体制正在退去，但检察机关内部行政权力和司法权力的界限模糊，两者交织在一起，容易造成权责不清。此次《关于完善人民检察院司法责任制的若干意见》对权力与责任的分配原则进行了变革的同时，仍保留了监督管理者的较大权力，这种保留未能完全消除监督管理者不当干预的可能。

三、我国检察组织的改革方向

（一）上下级关系改革

我国上下级法院之间是监督指导关系，理论上，法院设置不同审级，其目的并非是为了实现上级法院对于下级法院的控制。上级法院改判只是为了减少一审裁决中的错误，增加当事人的救济性渠道。但实际运作中两审终审制决定了上级法院对下级法院事实上的制约性，法院内部对于上诉率、改判率等审判业务指标的不当考核异化了正当的上下级关系，上下级法院之间的"监督与被监督"的关系，异化为事实上的"领导与被领导"的关系。在国外，上下级法院之间通过法院职能分层，法律适用和事实认定的分离以及上下级法院之间的相互独立等在实现审级制度的基本价值和基本功能。我国法院之间并未实现有效的职能分层，法律适用和事实认定也未做根本区分，审级关系和审判监督行政化等，这些问题的存在成为上下级法院之间监督指导关系正常化的障碍。如果能兴利除弊，上下级法院之间符合司法规律的监督指导关系下的司法行为将更加规范。

检察一体是国外为抵制政党干扰等特殊历史问题下的产物，并不完全适用于我国。实践也表明，检察一体下我国上下级检察院之间的领导关系也侵蚀了不同层级检察院的相互独立性。检察权与审判权同样具有司法属性，同样应该选择监督指导型的符合司法规律的上下级关系模式。现行的上下级领导关系模式使得下级检察院的独立性受到侵蚀，业务缺乏程序上的必然制约关系。个人认为检察上下的领导关系也应改为监督指导关系，确保各级的相对独立性。具体而言，当前上下级检察院关系的制度重构需要对以下几个方面的要素给予足够的注意：一是去行政化。二是防止人财物改革中的另外一种倾向。三是对不同层级检察院进行职能分层。

（二）检察长权力的改革

按照"权、责、利相统一"原则，进一步明晰员额检察官、检察长、检察委员会在司法办案工作中的职责界限，建立权力清单，确保各自按照法定权限和程序行使权力，实现司法办案决定主体与司法风险责任承担主体协调一致，抑制"机会主义行为"和运行成本、监督执行成本、协调成本与矫正救济成本的无控制增长，形成以员额检察官为核心的权力责任体系。员额检察官应对所办案件的事实和证据负责，检察长作出决定的，员额检察官对该决定不承担责任；检察长或主管检察长对员额检察官的决定和意见改变或部分改变的，员额检察官对改变的部分不承担责任，真正做到谁决策、谁决定，谁承担风险责任。

规范检察长审批、指挥、指令权。检察长在办案审批、指挥、指令过程中，应当依据确实充分的案件材料，全面了解熟悉案情，依法作出决定。对于需要检察长审批、指挥、指令的事项，员额检察官应当提供确实充分的案件材料，全面、客观地汇报案件情况。检察长对执法办案的决定和指令，应当记录在案，其中作出重大决定和指令应当采取书面形式。员额检察官认为检察长作出的决定、指挥、指令违反法律和相关规定的，有权提出异议；检察长不改变该决定、指挥、指令并要求立即执行的，员额检察官应当执行，但明显违法的决定、指挥和指令除外。①

另外，检察长仍负有一定的监督和管理责任。检察长签字不改变主任检察官意见的，对于签字部分仍然负有监督和管理责任。在这里要明确办案权和监督权的关系，办案权是关键，监督管理权是辅助，监督和管理应以维护主任检察官的主体地位为原则。因为检察官办案责任制是以检察官为主体的办案组织享有一定范围的办案决定权，独立承担相应责任，并受到监督制约和职业保障的检察业务工作机制。

再有，检察长负责制甚为明确，但副检察长应具有何种职权，也是一个需要关注的后续问题。副检察长既为一法定的职务，即必须赋予其法定的职权。将副检察长定位于以检察长的身份在授权范围内代行一定的管理事务，还是检察机关一级独立的决策主体，这些问题的解决都会影响到检察责任的分配和检察权的独立行使。现行检察院组织法中对于副检察长职能的定位是空缺的，当前的司法实践中，副检察长却作为一级决策主体而存在。因此，建议在将来检察院组织法的修正过程中对检察长的职责定位作出明确规定，并以检察长为首长勾勒出检察院内部的组织权力关系。除保留现行检察院组织法规定的检察长负责制外，针对副检察长、部门负责人、员额检察官、检察员以及检察辅助人员在案件流转程序上的关系应予以明确。建议规定上级对于下级的指令权以书面形式进行规范，明确检察长对案件的介入权与转移权行使的方式，以及对所有权力的责任一并进行明确。

---

① 参见林必恒：《主任检察官办案责任制实践思考与路径选择》，载《人民检察》2014 年第 11 期。

（三）检察委员会改革

关于检察委员会（以下简称检委会）的性质和运行机制问题。根据检察院组织法规定，各级人民检察院设立检委会，在检察长的主持下，讨论决定重大案件和其他重大问题。由此可见，检委会是我国各级检察院进行科学民主决策的法定机构，是人民检察院的业务决策机构，同时也是人民检察院实行民主集中制、坚持集体领导的一种组织形式。检委会的性质可以从三个层面来认识：一是检委会的法律属性。在我国检察制度架构中，检委会是一个具有鲜明法律属性的机构，其具体表现在检委会的地位、组成人员、职责、决议的法定性。二是检委会的权力特征。检委会作为检察机关最高业务决策机构，是检察权实现的基本组织形式之一。三是检委会的政治原则。检委会制度的优越性在于贯彻民主集中制、实行集体领导原则，从而避免检察长个人决定问题而可能发生的片面性。

随着司法体制改革的不断推进，我们需要思考和解决的一个问题就是如何在检察官与检委会之间合理界定职权的范围和边限的问题。做到既不制约检委会业务决策职能的发挥，影响检委会对重大案件和重大问题的讨论；又能保障检察官相对独立地行使办案职权的主动性和积极性，促进检察官办案责任制的落实与推广。为此，我们认为，必须通过改革和完善检委会的职责定位，减少对一般性案件或单纯程序处理案件的审议，重点放在重大疑难复杂案件、社会影响巨大案件以及重大业务决策指导上。具体来说，除法律明确规定应当由检察长、检委会行使的职权外，根据相应的司法体制改革方案形成职责权限清单，经检察长授权，由检察官依法独立行使，并且明确检察官受检察长领导，如果对于检察官作出的案件处理决定，检察长有不同意见，则应当提交检委会决定，检察官对检委会的决定必须服从。同时，还应当明确，属于检察长或检委会决定的司法办案事项，检察官只对事实和证据负责；检察官的决定被全部或部分改变的，对改变的部分不承担责任。

关于检察长在重大问题上不同意多数检委会委员意见的处理。在审议"重大事项"时检察长意见与多数委员不一致的立法处理问题。检察院组织法规定，对于"重大问题"争议以提交本级人大常委会决策的方式解决。2008年《检委会议事和工作规则》采取了模糊的处理方法，规定上级检察院和本级人大常委会对"重大问题"具有同等的决策权，但上级检察院和本级人大常委会对"重大问题"产生分歧，最终由谁决定，并未明确。人大常委会实行的是定期会议制度，按照人大常委会的议事规则，议案应在会议召开前15日提交人大常委会，而检察长在重大事项上不同意多数人的决定，往往是重大、疑难、复杂事项，如果按规定程序报请本级人大常委会决定，有可能降低检察工作决策效率。所以，遇到这类问题报请上级检察院决定更为合理。

检察机关贯彻落实司法责任制，就是要按照"谁办案谁负责、谁决定谁负责"的要求，明确检察人员职责权限和完善检察权运行机制，突出检察官主体地位，使检察官成为司法办案的主体，也成为司法责任的主体。而当前我国检委会实行的是"集体负责与个人负责相结合"的责任追究机制。依据《人民检察院错案追究条例（试行）》规定，检委会讨论决定的案件有错误的，由检委会集体承担责任。检委会主持人违反有关法律和议事规则作出错误决定的，由主持人承担责任。因案件事实、证据认定错误导致检委会讨论决定案件出现错误的，承办人、审核人、主管检察长或副检察长应当承担相应责任。这种实际运作中的责任追究机制表现出设计的缺陷及规制的不足，"应然人人负责，实然无人负责"以及"办案者不负责、决定者无法真正负责"的责任承担分散，难以落实的局面一直延续。且这种集体负责制也使得案件承办人将检委会当作减轻办案责任的避风港。改革后，司法责任制与检委会的责任追究机制之间的矛盾更加凸显。

如果将检委会制度设计成与检察官办案责任制并列的办案机制，那就是司法的民主性侵害到了司法独立与司法权威，损害了检委会制度的正当性基础。因此，在当前司法责任制改革的背景下，应当对检委会制度进行让步性改造。

对检委会制度的改造应当坚持实事求是，兴利除弊，一方面，从制度上仍然保留检委会可以为检察官办理重大、疑难、复杂案件提供智力上的支持；另一方面，主动适应司法责任制的要求，改进检委会的决策方式，赋予检察官作为司法办案主体应有的权力和责任，这是司法改革形势下检委会制度的理性选择。

第二节 检察组织纵向结构的层级设置

一、跨行政区划检察院设置问题

跨行政区划检察院是将司法管辖适度分离于行政区划，体现的是司法管辖与行政区划之间的关系。刑事管辖权是管辖在空间上的效力，体现的是行使刑事管辖的分工关系。刑事管辖是建立在法定主义基础上的程序正当和权力制衡，在司法资源配置、司法权独立行使及人权保障等方面具有重要价值。刑事管辖权是刑事诉讼中的基础性权力，跨行政区划检察院刑事管辖的赋权状况，在一定程度上决定着跨行政区划检察院的规模和属性。刑事管辖权是跨行政区划检察院设置的基础性问题，在跨行政区划检察院试点改革深化阶段，确有必要对其刑事管辖权进行系统研究。

（一）价值层面跨行政区划刑事管辖的功能

对任何一项新生制度的考量和设计，必定离不开对其功能的评断和预设。该制度最初设立的动机中，无疑可以直接推出其建制的目的，为实现此目的所应具备的功能便成为这项制度的重要功能。同时，任何一项制度的构建和发展完善过程中，必然与其他制度产生必然的或动态的关联。这些关联中同样会包含着制度与制度之间的若干需求与被需求。在此过程中，基于目的产生的功能之外便会需要赋予若干其他功能。此外，脱胎于最初设计的任何一项制度，通常会进行自我选择和扬弃，以此获得先进的发展和独特的禀赋。因此，基于初始动力、基于外在联系、基于发展需求三层意义的制度功能承载，才得以构成新生制度的完整内涵与独立价值。

首先，跨行政区划包含司法权去地方化的初始动力。近年来，伴随着司法权地方化问题的兴起与演进，其负面作用力逐渐清晰。从检察权运行层面，地方化一直成为制约检察权独立行使的主要因素。司法权地方化，主要在两种意义上使用，一层意思是，现有体制环境下，地方各级检察院人、财、物保障很大程度上受制于同级行政权力，为行政权力干预司法提供了便利。另一层意思是，中国作为人情社会的长期、稳定性存在，民间力量同样构成干扰司法权独立行使的不可忽略因素。检察院人财物省级统管在去除地方行政权干预方面的作用毋庸置疑，但对于民间干扰力量的预防却作用甚微。

因此，案件管辖范围基本按照行政区划，势必使检察机关与地方各界形成千丝万缕的联系和制约。如果司法活动做不到独立，也就很难确保公正，进而影响法律的统一正确实施。虽然司法权是中央事权，但司法权的行使包含和体现地方性。要辩证看待司法权地方化和司法权地方性的关系，不能脱离地方性谈中央事权。司法权地方化是司法权的空间表达，其不同于司法权的地方性。设置跨行政区划检察院的初衷，即在于通过司法区划与行政区划的物理隔离，从根本上切断司法与地方的联系。去除司法权的地方化，避免行政权对检察权的干预，促进检察权独立行使，是跨行政区划检察院设置的最初动机。

其次，跨行政区划包含司法权去行政化的内在条件。改革的直接目的产生于制度设计的最初动机，支配着制度设计的原始形态。但任何一项制度的成长发展史都离不开制度的自我完善、融合发展与动态调整。并且，一项制度的诞生常常还会在弥补他项制度缺陷方面发生作用。检察院人财物省级统管的去地方化措施，也会在一定程度上强化检察上下级领导关系的行政化。检察机关不同于审判机关，上下级领导关系中包含着一定的行政性，这可以从检察一体中得到印证。检察一体是现代国家从根本上完成检察权集中行使的基本策略，符合国家意志贯彻的技术趋势。但当代的检察一体却有过犹不及之状况，其中的行政性也随之向行政化方向演进。检察一体应固守法治的精神与理性，防止其中的行政化逾越程序正当的边界。

现有检察院体系下刑事管辖方面的不足，应是跨行政区划刑事管辖的功能延伸方向。现行刑事管辖体制下，重大职务犯罪案件的查办一般实行指定管辖。这种指定管辖通常缺少明确的法律规定，体现出较强的行政化特征。刑事管辖权具有天然的秩序性格，指定管辖的标准和程序不明，有违法律的可预期性和指引性。并且，跨行政区划刑事管辖的行政化消解了重大职务犯罪案件去地方化的功能。因此，将来在跨行政区划刑事管辖中，应减缩重大职务犯罪案件指定管辖的范围，以明确的程序规则增强此类案件管辖的法定性。

最后，跨行政区划包含司法权专业化的发展需求。改革都会产生溢出价值，跨行政区划检察院除了在去地方化和行政化方面的功能之外，还将在强化司法权的专业化等方面产生预期价值。可以说，跨行政区划检察院"为构建公正、高效和权威的司法体制的改革之路提供新的思路或突破口，因为事实上的司法体制改革也正因缺少新的动力和路径而基本处于一种观望状态。司法区划自身的内容，决定了其具有一种纲举目张的功效，即其对于整个司法体制改革来说，可以起到牵一发而动全身的作用"[1]。司法资源具有稀缺性，司法资源的集约化行使应成为一种原则理念。无论如何定位跨行政区划检察院，与普通检察院相比，其办理的案件类型都属于小众类型，在数量上占比不高。与此同时，是否设立海事、知识产权、金融等特殊案件的专门检察院的讨论可谓热烈。理论上，以刑事职能为主的检察权区别于审判权，不宜设立过多专门检察院。"专门检察制度产生的初期制度背景，其实是社会主义计划经济对专业管理部门区分过细产生的结果。这类问题的出现，源于我们在学习苏联的专门检察制度而进行制度创设时，没有能够进行细致的规划，缺少通盘考量，……各种专门检察院因时而立，而未有性质上的归类与改革思路上的统一并举。"[2]实践也证明，司法资源也因司法改革而呈现供给失衡扩大的倾向。

"决定检察机关专门性的关键并非设置什么组织系统，而是与下列因素息息相关：专门设置的必要性；发案领域的特殊性；案件管辖的专属性；以及所

---

① 吴志刚：《我国司法区划调整问题研究——以跨行政区划设置法院为视角的分析》，载《北方法学》2014年第3期。

② 谭波：《宪政视角下的中国专门检察制度改革》，载《青海社会科学》2010年第1期。

保护社会关系的特定性。"① 依托铁路运输检察院进行跨行政区划司法改革不仅提供了一种模式，也提供了一种价值取向。以司法权的集约行使促进司法权的专业化，司法权的专业化是社会分工的专门化在司法领域的反映，同时还为不同类型的案件适用不同的诉讼程序和解决方法提供了条件。强化跨行政区划检察院的专业化，也契合了现代司法机关专门化发展的趋势。因此，可逐步将拟由专门检察院办理的案件划入跨行政区划检察院管辖。通过司法资源的集约化行使，强化司法权在人才队伍、履职方式等方面的专业化。

（二）事实层面跨行政区划刑事管辖的案件

跨行政区划检察院是以不同属性案件的区分性管辖为依托，达到其制度功能的实现。同时，作为相对独立的跨行政区划检察院体系，需要一定的案件规模作为支撑，以此统筹作为保障的人财物。因此，以不同属性案件为载体实现跨行政区划的制度功能，前提就是要对其进行明确。按照《试点方案》的规定，跨行政区划检察院的案件管辖范围主要包括六类，既包括原涉铁路运输案件，又包括重大职务犯罪、环境资源保护、食品药品安全和民航、水运、海关公安机关侦查的重大刑事案件。此六类案件基本反映了跨行政区划刑事管辖的功能，但具有探索性。需要把握司法规律，宏观上对普通案件和特殊案件进行理论界分和体系化，体现跨行政区划管辖的案件具有的专业性、特殊性及地域性。

1. 以增强独立性必要的案件推动司法权去地方化

（1）刑事申诉案件。刑事申诉检察办理不服检察机关不批捕、不起诉、撤销案件等具有诉讼终结效力的处理决定，修改后的刑事诉讼法赋予检察机关更多的监督制约职能，特别是全面承担不服法院生效刑事裁判申诉的审查办理职能，更加彰显了申诉检察的纠错和监督职能。现行体制下，刑事申诉案件由原人民检察院或上级检察院负责办理，具有明显的自我纠错特征。这种"自查自纠"的做法，从根本上违背"任何人都不得做自己案件的法官"的程序正义理念。事实情况也表明，基于部门利益、责任追究甚至国家赔偿等因素考量，原有申诉体制下的自我纠错存在诸多现实阻力。因此有学者提出刑事申诉案件的异地管辖制度构想，跨行政区划检察院恰恰契合了这种理论上的需求。跨行政区划所具有的独立行使检察权的优势，更容易客观公正地办理刑事申诉案件，更容易赢得公民信赖，也因此可以减少重复申诉和越级申诉。

（2）易受地方干扰的"跨地区、重大"刑事案件。一些符合"跨地区、

---

① 苏华平：《铁路案件管辖问题实务研究》，载上海市人民检察院检察专网。

重大"标准的刑事案件，普遍会受到地方党政的干预。《试点方案》中规定的跨地区重大破坏环境资源案件、跨地区重大食品药品安全案件即属于这类案件。这类案件容易受到党政的干预。除此之外，还有几类案件也应纳入。有利于维护法律的统一正确实施，均衡各地检察资源，增强司法力量，克服目前地方检察院的地域管辖局限，有利于跨行政区划检察院与公安机关的无缝对接、形成打击合力，消除法律监督盲区。

2. 以增强法定性必要的案件推动司法权去行政化

（1）重大职务犯罪案件。之前的重大职务犯罪案件指定异地管辖，根本上是为了去地方化。十八届四中全会决定起草组集体编著的学习辅导材料在介绍设置跨行政区划法院、检察院的考虑时，特别提到：检察机关近年来查办职务犯罪的数量大幅增加，很多犯罪嫌疑人位高权重，保护层厚，关系网密，反侦查能力强，案件查办过程中来自同级地方党政部门及有关领导的干扰阻力大。因此，过去的实践中需要经常采取指定异地管辖、异地羁押、异地办案的方式，而指定异地管辖具有随机性，成本较高，需要规范化。① 但去地方化的过程缺少程序规制，充满了不确定性，更需要增强其法定性。根据诉讼法的一般原理和法治原则，管辖原则上必须事先依照一般的、抽象的法律标准来决定，应当以法定管辖为基本原则，以裁定管辖或指定管辖为例外情况。② 这是实现现代法治和法定法官原则的基本要求，避免司法行政"以操纵由何人审判的方式来操纵审判结果。"③ "从实践情况看，无论地方党政领导干预司法，还是司法机关、司法人员基于自身利益考量在司法办案中体现地方党政机关（领导）意图，通常都会比较隐蔽，既无法统计，也不容易发现，甚至不可能把它们归为一类案件划入跨行政区划检察院管辖。"④ 因此，应明确重大职务犯罪案件跨行政区划检察院管辖标准，确立法定管辖的原则。从制度层面对异地管辖司法机制进行程序规范，首先应当设定；异地管辖的案件适用范围。改革探索期应对以下主体的重大职务犯罪案件进行明确：一是本地同级四套机构（党委、政府、人大、政协）领导班子成员的案件；二是涉案当事人是受案司法机关的法官、检察官和其他工作人员的案件；三是中央企业及其派驻机构高

---

① 参见本书编写组：《党的十八届四中全会〈决定〉学习辅导百问》，党建读物出版社、学习出版社2014年版，第83页、第84页。

② 参见林钰雄：《刑事诉讼法（上册）》，中国人民大学出版社2005年版，第89页。

③ 参见林钰雄：《刑事诉讼法（上册）》，中国人民大学出版社2005年版，第89页。

④ 张步洪：《跨行政区划检察院案件管辖》，载《国家检察官学院学报》2015年第5期。

级管理人员职务犯罪案件；四是承担特殊案件办理的行政执法人员。对以上人员重大职务犯罪应重点加大跨行政区划规理，从规则上进行明确。

（2）具有一定行业性质的特殊案件。除前文提到的易受干扰的两类"跨地区、重大"刑事案件，其他符合此标准的案件也宜纳入跨行政区划检察院管辖，典型的如跨地区有组织犯罪案件、跨地区恐怖性犯罪案件、跨地区毒品犯罪以及跨地区严重金融诈骗类案件。此类案件纳入跨行政区划检察院管辖的原因在于，我国法律对于该类案件的管辖规定较为原则，当管辖权发生冲突时指定管辖的适用情形和适用程序都不够明确，指定管辖的自由裁量权过大，不利于当事人诉权保护和司法的公正、效率。在经济增速换挡，城市化进程加快的背景下，人口高频流动推动了跨地区刑事犯罪的高发。大量复杂的新型刑事案件的出现，突破了原有刑事管辖权的配置框架。以跨行政区划检察院设立为契机，对"跨地区、重大"刑事案件管辖进一步明确，完善管辖权冲突解决机制，降低司法成本，实现司法资源的合理配置。

3. 以增强专业性必要的案件推动司法权去粗放化

（1）具有明显跨地区性质的特殊案件。当前跨行政区划检察院改革，主要依托铁路运输检察院开展改革试点，实现部分案件集中管辖。从中央对跨行政区划检察院改革顶层设计的内涵出发，铁路运输检察院本身就具有"跨行政区划"的制度特点和体制优势，跨行政区划检察院与铁路运输检察院在改革试点中的关系应该是工作的联系体、改革的结合体、命运的共同体。① 因此，原来由铁路检察院管辖的刑事案件，仍由跨行政区划检察院管辖。此外，民航、水运等"大交通运输类"刑事案件也宜划归跨行政区划检察院管辖。

（2）专门检察院办理的刑事案件。检察院组织法修改之际，一些关于设立专门检察院的探讨愈加热烈。笔者认为，检察机关与审判机关不同，设立过细的专门检察院，不利于检察机关专业化的发展。"多元化的专门检察机关设置并不符合司法专业化的演进方向，不利于司法资源的最优化配置，海事、知识产权、少年、金融等专门检察机关的设置缺乏足够的实践经验支撑。"② 可将专门性的刑事案件划入跨行政区划检察院管辖，比如海关侦查的刑事案件、涉及知识产权犯罪的案件以及划入跨区划检察院管辖范围。理论上，以专业性为导向的管辖制度，必然导致司法管辖与行政区划的分离。通过跨行政区划检

---

① 参见上海市人民检察院第三分院课题组：《跨行政区划检察院设立模式及前瞻性研究》，载上海市人民检察院检察专网。

② 甄贞：《特殊检察机关设置问题研究》，载《人民检察院组织法与检察官法修改——第十二届国家高级检察官论坛论文集》，中国检察出版社 2016 年版。

察院的专门管辖，强化专业人员和专门机构的配置。此外，还可将林业、农垦、矿区、油田等领域的刑事案件逐渐划归跨行政区划检察院管辖，以此整合优化司法资源。

（三）技术层面跨行政区划刑事管辖的统筹

价值和事实层面的论证分析，最终有赖于技术层面的方案落实。基于功能体系分析和案件体系的对应，跨行政区划检察院改革的方案需要满足当前改革的现实需求。方案是对改革要求的具体构建，对于一项体制层面的全新改革，把握改革的方向性和问题性尤为重要。"跨到哪里"、"特在哪里"以及如何增强改革的稳定性等问题，是当前改革阶段的方案设计中仍需考量的核心内容。鉴于现有试点改革方案对改革的根本问题尚未较深触及，本部分尝试从中观层面对方案体系进行论证。

首先，以物理隔离提升检察权行使独立性。跨行政区划检察院的设立是通过司法区划和行政区划的错置，避免行政干预司法。由此可见，两种区划的分离主要起到一种物理隔离的作用，而物理隔离作用的大小取决于物理距离的远近，即如何跨的问题。中国的行政权力渗透和辐射空间极为广阔，相近物理距离之间的行政权之间以及行政权与司法权之间权力纠缠已远超出了我们的想象。可以说，现有的去地方化改革无法从根本上撼动地方政治与地方司法的依附关系。按照我国行政区域的地理分布和物理距离来看，只有遵循跨区县、跨市、跨省设置和同级设置的原则才可有效排除地方行政权的不当干预。如果只有跨市设置的检察院，由其办理的一审刑事案件的上诉、抗诉又会回到属地的省级检察院。这种模式下的跨行政区划管辖是不彻底的，会带来单一诉讼层级设置与案件回流地方的矛盾，并不能起到完全的去地方化功能。

依托铁路检察院的构架进行改革，可在原有两级铁路检察院的基础上再设置跨省级行政区划检察院。跨区县、跨市两级检察院可基本按照现有布局进行适当改造，原有 59 个基层铁路检察院可改造为跨区县检察院，原有 18 个铁检分院改造为跨市的检察院。跨省级行政区划检察院则可考虑在华北、东北、华东、中南、华南、西南、西北设置 7 个检察院。此外，在原来没有设置跨区县、跨市级行政区划检察院的，可根据辖区的人口分布、地理位置和交通状况、经济发展以及案件数量等因素，合理补充设置两级跨行政区划检察院。在未设置铁路检察院的区域，可对林区、农垦、油田等检察资源进行整合，在此基础上改造为跨行政区划检察院。

其次，以刚性的规则程序增强检察权行使法定性。跨行政区划检察院的设立，是要形成普通案件在行政区划检察院，特殊案件在跨行政区划检察院的刑事诉讼格局。现代法治国家强调管辖制度的预定性，跨行政区划检察院特殊案件应形成长期、稳定的确定关系。跨行政区划检察院是新型检察院，应当与其他相关制度安排形成协调配套，需要进一步解决与其他检察院内部配套协调等方面的问题。因此，对于特殊案件在跨行政区划检察院办理时，要明确案件范围和程序标准等。改变现有跨行政区划检察院被动等待受案的现状，改变其单一的公诉职能。跨行政区划检察院改革的目标应是建成案件受理法定和侦查监督、审查起诉等功能完备的检察院。当前试点跨行政区划检察院管辖的部分案件属于基层检察院管辖，"这类案件的管辖在司法实践中不可避免会遇到前述不同诉讼机关之间的关系龃龉。有鉴于此，北京的试行管辖规则无奈采取了前文所述的'分段处理、酌情移送'的方式缓解矛盾"①。鉴于试点跨行政区划检察院管辖中遇到的问题，应对案件受理的案件标准、程序标准等以意见形式予以明确。

建议改变目前试点院采取的检察院向检察院移送的模式，实行公安机关直接向检察院移送的模式。在确定的管辖案件范围内，跨行政区划检察院与普通检察院一样，享有完整的检察职能。对于原来属于基层院管辖的案件，明确由跨行政区划检察院管辖以后，也根据跨行政区划检察院的级别，统一标准。当然，这些改革措施的实现前提是建立三级建制的跨行政区划检察院，理顺不同层级跨行政区划检察院及其与行政区划检察院之间的关系。

最后，以特殊案件推动检察权行使专业性。无论将跨行政区划检察院定位为最高人民检察院的派出检察机关还是专门检察机关，其本质上都属于特殊检察院。跨行政区划检察院应区别于行政区划检察院，以办理特殊类型刑事案件为主，避免二者管辖的交叉和同化。同时，对于跨行政区划检察院，其设置的最初动机在于排除特殊案件办理中的地方干扰，相对于行政区划检察机关办理的普通刑事案件而言，特殊案件毕竟只是"小众"，在数量上远远不及普通案件。因此，跨行政区划检察院案件管辖范围的圈定不仅应考虑去地方化，还应对司法资源的配置等问题进行考量。在此基础上，如何圈定跨行政区划检察院的案件管辖范围，体现跨行政区划检察院设立的特殊意义，就显得尤为重要。

林业、农垦、矿区、油田发生的刑事案件既有专门检察院办理的性质，许多案件还属于环境保护类刑事案件。将此类案件纳入跨行政区划检察院管辖既有集约管理的必要，也有去地方化的必要。当前，除矿区以外，林业、农垦和油田都已经设置二级司法辖区，且办案机制运行得较为顺畅。在此基础上进行资源整合，具有重要的现实基础。"十三五"期间，我国许多地区检察机关在

①　唐立、叶宁：《跨行政区划检察院刑事案件管辖的合理模式——从实践探索看改革前景》，载《西南政法大学学报》2015年第6期。

推行未成年人检察、知识产权检察、生态环境保护检察等一体化办案方式。理论上，一体化的办案方式与跨行政区划检察院的集约功能具有内在的一致性。实践中，知识产权、未成年人、金融证券等领域刑事案件的专门化探索已较为成熟，将此类案件纳入，可以促进发展。此外，海关等领域的刑事案件尽管存在一定的整合难度，可探索逐步分批纳入。

司法改革的本质属性就是将司法权的配置和运行模式最优化，使司法权的价值在机制改革和体制改革中得到充分的发挥。跨行政区划检察院刑事管辖权改革，对司法去地方化、去行政化，强专业化，促进司法机关独立公正地行使检察权具有重要的价值。但应当注意改革的步伐与当前的国情相适应，过于激进的改革不但起不到保障司法独立，维护司法公正的效果，甚至可能引起现有司法制度的混乱。需要在一定的时间内施行分阶段的、渐进式的司法管辖制度改革，从而实现权力的科学分配和有效制约，减缓新制度对社会的冲击，保障管辖制度的有效实施和社会的稳定发展。

二、专门人民检察院设置问题

专门人民检察院是在特定的组织系统内设置的检察机关，以其专属的管辖权和所保护的特定社会关系而有别于其他检察机关。专门人民检察院的设置、组织和职权由全国人民代表大会常务委员会另行规定。目前我国设置的专门检察院包括设置在中国人民解放军系统中的军事检察院和铁路系统中的铁路运输检察院以及林区、垦区、兵团检察院等。实践证明，专门检察院是检察机构的重要组成部分。检察机关建构专门检察院，使自身构成了严密完整的组织体系，从组织机构上确保了法律监督职能得以有效行使。

专门检察院可以根据特殊系统和领域设立，但如前文所述，知识产权和少年检察事务等可以由现有的检察体系和机构设置来承担和解决，不必单设，避免机构设置繁多和重叠。

三、派出检察院设置问题

从种类来看，派出检察院主要包括铁路运输检察院、农垦区检察院、林区检察院、监所派出检察院、工矿区检察院、油田区检察院、开发区检察院、坝区检察院等。

根据现有行法律和司法解释，除最高人民检察院外，省级院、市级院、县级院均可以依法设置派出检察院。针对这种现状，有人提出，应当修改组织法中关于县级检察院可以设置派出检察院的不合理规定，建议规定"省一级和自治州、省辖市一级检察院可以根据工作需要，报经最高人民检察院批准并提请本级人大常委会决定，可以在特定区域、场所设置人民检察院，作为派出机构"。这种建议具有合理的成分。除省级院、市级院外，最高人民检察院也可以根据工作需要，提请全国人大常委会决定，在特定场所、行业、区域设置人民检察院，作为派出机构。县一级人民检察院虽然没有权力设置派出检察院，但可以根据工作需要，设置一些派驻乡镇、社区检察室和派驻公安局看守所检察室，履行法律监督职能。除县一级人民检察院外，市一级人民检察院也可以根据工作需要，在一些监狱设置派出检察室。

四、派驻检察室设置问题

检察院组织法规定"省一级人民检察院和县一级人民检察院，根据工作需要，提请本级人民代表大会常务委员会批准，可以在工矿区、农垦区、林区等区域设置人民检察院，作为派出机构"。根据最高人民检察院有关规定，派驻检察室的设置布局重点是人口较多、信访总量较大、治安问题突出、辐射功能强的地区，原则上可与人民法院派出法庭对应设置。我们认为，在基层设置派驻检察室客观上为检察机关联系民众、倾听基层民众的呼声、获知基层民众的诉求建立了渠道，也为检察机关及时回应民众诉求、帮助民众解决问题搭建了一个平台，具有必要性和可行性。但不宜简单地对应法庭派驻检察室设置，如截至2015年山东全省实现派驻检察室与派出法庭对应设置。

派驻检察室的设置应坚持以下几个原则：一是法定设置原则。明确派驻检察室须依照检察院组织法规定设立，不得随意设置、合并和撤销。二是合理设置原则。精简派驻检察室的种类和数量，杜绝派驻检察室的不合理设置。三是科学规划原则。在派驻检察室设置之初，对其职能定位、工作范围、职员规模等问题要有超前意识，用发展、动态的眼光看待派驻检察室设置，为未来发展留足空间，并根据所管辖区域面积大小、案件数量多少等合理规划派驻检察室的总体布局，确有需要和必要的，可在重点乡镇、街道设立派驻检察室，并管辖周边 2~3 个乡镇、街道的具体工作，实现全区域的覆盖。四是管理规范原则。理顺派驻检察室管理体制，坚持谁派出谁管理，同时对派驻检察室的名称、组织机构等方面进行统一规范管理。

关于派驻检察室的职能问题，虽然2010年最高人民检察院《关于进一步加强和规范检察机关延伸法律监督触角促进检力下沉工作的指导意见》（以下简称《指导意见》）对派驻检察室职能作了概括规定：如发现、受理职务犯罪线索；法律监督职能，包括对公安派出所执法过程中的违法问题依法进行法律监督、对人民法庭的司法活动进行法律监督、对刑罚执行监督等；参与社会综合治理等。但是在检察实践中，各地派驻检察室职权配置并不一致，主要有以下几种模式：综合全能型职权配置模式、业务突出型职权配置模式、突出诉讼监督型职权配置模式、服务型职权配置。目前派驻检察室的职权配置模式适宜以业务突出型职权配置模式为主，即在全面履行职务犯罪案件协查、预防、法律监督、社会综合治理等职能的同时，结合自身实际，突出某项业务职能。

五、不同层级检察机关的职能应有所侧重

当前，我国四级检察机关的组织设置表现出浓厚的"职责同构"色彩。所谓"职责同构"，是指从中央到地方各个层级的组织纵向上职能、职责、内设机构设置上高度统一、一致，地方组织几乎是中央组织的完全翻版，"上级控制和影响下级组织的一个重要手段就是通过各职能部门的纵向领导"，机构设置也因此表现为"上下对口，左右对齐"。[①] 学界认为，职责同构模式的存在，是计划经济在社会管理体制方面的历史遗留，是权力划分刻板的表现，是机构改革困境的主要症结所在；新的历史时期推进管理资源的最优化，就要打破"职责同构"，从中央到地方进行职责和机构的再设计、再整合。[②]

党的十八届三中全会提出"全面深化改革的总目标是完善和发展中国特色社会主义制度，推进国家治理体系和治理能力现代化"，首次将"治理"提升到国家改革的战略层面。国家是否能够实现有效治理，体系的搭建至关重要。"现代化的治理体系可以充分协调国家与社会不同治理主体的关系，并将不同层次和领域的治理子机制连接起来，各司其职，有序互动，进而实现治理的民主化、法治化和高效率，也为治理能力的提升奠定制度基础。其中，治理层级结构涉及政治领域内各个层级间的职权配置，具有重要影响。而中央与地方之间的关系又是治理层级结构的关键核心。"[③]

对于检察组织纵向结构的层级设置而言，去"职责同构"化同样重要。组织纵向结构的层级设置除具有去地方化的功能外，还具有职能侧重的自然属性。应打破职责同构的平面景象，而转向立体化的职责异构或职责旋构。在一国的司法体制中，检察权在国家层面的权力配置中应表现出一定层级性，即检察权的层级配置。我国不同层级检察院职能不同，各有侧重，例如，具体检察

---

① 参见刘双、赵岩：《职责同构下的地方议事协调机构》，载《中国城市经济》2011年第18期。

② 参见金鑫：《检察组织体系和办案组织建设》，载《"十三五"时期检察宏观发展思路——基本制度和基本理论体系》，"十三五"时期检察工作发展规划专题研讨会调研材料之二（2015年2月武汉）。

③ 桑玉成、鄢波：《论国家治理体系的层级结构优化》，载《山东大学学报（哲学社会科学版）》2014年第6期。

职权在直辖市院和分院的配置不具有重合性、包容性或吸收性等。以检察组织体制中的决策机构检委会为例，根据权力的对峙原理，检委会在职能配置过程中所显现的层级性与一个国家对检察权的配置层级相对应和保持同层级间权力的对偶性。各层级检委会应根据自身决策和管理权限的不同，在履行职能时有所侧重。检委会职能应既呈现体系化，又表现为层级化，这样才符合检察发展规律、检察管理规律等。省级院和最高人民检察院的检委会主要是以讨论通过检察工作总体思路、检察政策、规范性检察文件、司法解释等形式，划定检察权的运行空间，为检察职权的微观运行提供制度规范层面的依据。分市院和区县一级检察院的检委会，则以讨论决定重大疑难复杂案件为主。

第三节　检察组织横向结构的内设机构设置

检察机关的内设机构是检察机关的组织分解和检察官的行政组合形态，是承担检察职能和检察工作的载体。检察权的有效行使和法律职能的充分发挥，需要具有符合检察权运行规律的机构设置和内部分工，检察机关内设机构设置是否科学和合理，直接影响检察职能的发挥。

一、检察机关内设机构设置的核心问题是检察权优化配置问题

检察机关内设机构是检察职权运行的载体和形式，检察权内部配置是检察机关内设机构的前提和基础。"在应然层面，检察职权的内部划分或者内部配置，是影响检察机关内部机构设置的重要杠杆。检察机关内部机构的设置状况，又可以作为衡量和判断检察职权内部配置是否科学合理的因素。"[1] 当前对于检察机关内设机构设置方面存在的分歧本质是检察权定位和划分不准确的问题，而检察权定位和划分又应基于各项具体检察权的法律特性、价值目标和运行规律进行分解。"中国检察权的根本特点在于，它是一项以法律监督权为本质属性的集合性权能。以横向划分，检察权由侦查、起诉、诉讼监督等职权构成，这些权能是需要彼此制约，同时也有不同的运行规律的职权。比如侦查强调一体化、起诉强调检察官的相对独立性、诉讼监督包括多个环节的监督，需要不同的监督途径和监督手段，更需要协调进行等等。"[2] 2009 年最高人民

---

[1]　向泽选：《检察职权的内部配置与检察机关内设机构改革》，载《河南社会科学》2011 年第 5 期。

[2]　徐鹤喃、张步洪：《检察机关内设机构设置的改革与立法完善》，载《西南政法大学学报》2007 年第 1 期。

检察院发布了《2009—2012 年基层人民检察院建设规划》，其中规定："科学设置基层检察院内设机构，规范基层检察院各业务部门之间职能划分，优化检察职能配置，整合检察资源，使基层检察院的法律监督能力得到进一步增强。"该规定也从侧面反映了高层早已对于检察机关内设机构存在的问题有了深层次的认识并着手解决该问题。

二、检察机关内设机构改革的问题及实践

当前，我国检察机关内设机构设置的基础是依据 1983 年的人民检察院组织法，后经过 2000 年的内设机构调整和后续的不断改革完善。随着检察制度的不断完善和检察改革的不断深化，检察机关内设机构存在的设置标准不统一、机构职能重叠等问题日趋突出，在一定程度上制约了检察职能的充分发挥。从目前各级、各地检察机关的实际状况来看，内设机构的名称较为混乱。纵向设置上，四个层级检察机关的名称尚未统一，"厅、处、科"的内设机构称谓仍显示出浓厚的行政色彩。横向设置上，同一级别检察机关以及同一个检察机关内部内设机构的名称也尚未统一。如最高人民检察院的内设机构中，"厅、局、室、所"等名称并用，再如同一级别检察机关中的渎职侵权检察部门，"渎职侵权检察局"、"反渎职侵权局"等名称混用。

我国检察机关在 2000 年进行了内设机构改革，针对内设机构庞杂、行政事务管理部门臃肿的现象，最高人民检察院提出充实加强业务部门，精减、合并各级检察院司法行政管理部门的改革。2001 年，××省人民检察院印发《××省市县人民检察院机构改革的意见》，明确市级检察机关内设机构一般设置 13 个，任务较重的可以增加 1 ~ 2 个；基层院一般设置 8 个，任务较重的可以增加 1 ~ 3 个。但从目前的机构设置情况看，随着检察职权的不断扩展和细化，内设机构呈现越设越多的趋势，均已突破了文件明确的机构数量上限。由于机构设置过多、分工过细，个别基层院甚至出现了"一人科、二人科"的现象，导致人员力量分散、一线办案力量缺乏、工作效能不高的问题比较突出，内设机构的改革势在必行。

在内设机构设置改革方面，湖北省检察机关的"大部制"探索具有一定的前瞻性和代表性。"湖北检察机关遵循'检察工作一体化'、'两个适当分离'等原则，就内设机构的优化调整进行了一系列探索，省、市两级院侧重精细化分工和专业化建设，基本形成了执法办案、诉讼监督、综合业务、综合管理、检务保障等五类机构；根据基层院的不同规模，探索实行'四部制'、

'五部制'、'七部制'、'九部制'等多种运行模式。"① 在基层检察院，按照横向大部制、纵向扁平化、突出检察官主体地位、体现适当分离的思路推进基层检察院内部整合改革试点，根据不同情况对试点院内设机构进行整合，探索实行"四部一局"、"六部一局"、"八部一局"② 等运行模式，实现诉讼监督、批捕公诉以及职务犯罪侦查部门分别负责的工作模式。

湖北检察机关不仅创新了诉讼职能与诉讼监督职能的适当分离，还结合司法责任制和人员分类管理在检察权和司法行政事务管理权适当分离模式方面进行了探索。一是统一设置专门机构和领导职务。在各级检察院设置司法行政管理局，具体负责司法行政事务管理，但职能有所区别。其中，省、市两级院的司法行政管理局与办公室、政治部分开运行。在基层院中，100人以下院由司法行政管理局负责本院办公室、干部人事、计划财务装备等司法行政事务管理工作；100人以上院司法行政管理局与人事管理部门分别履行职能。二是在省院和市级院业务机构只设置一名分管司法行政事务的副职，由检察官助理或司法行政人员担任，负责本部门的行政事务管理。三是在基层院业务部设置行政主任，专门负责该部的司法行政事务，行政主任可由司法行政人员或检察辅助人员担任，在副检察长和司法行政管理局局长的双重领导下开展工作。③

三、内设机构改革的建议

本轮司法改革中，最高人民法院、最高人民检察院均提出科学、精简、高效的工作目标，并按照扁平化管理的具体要求，推进内设机构改革。最高人民检察院发布了《关于深化检察改革的意见（2013—2017年工作规划）》（2015年修订版），指出要规范内设机构设置，明确设置标准，整合相关职能，形成科学合理、规范有序的内设机构体系。最高人民检察院"十三五"规划纲要

---

① 徐汉明：《论司法权和司法行政事务管理权的分离》，载《中国法学》2015年第4期。

② "四部一局"指批捕公诉部、职务犯罪侦查部、诉讼监督部、案件管理部和司法行政管理局；"六部一局"，指批捕部、公诉部、职务犯罪侦查部、刑事诉讼监督部、民事行政检察部、案件管理部和司法行政管理局；"八部一局"，指批捕部、公诉部、贪污贿赂犯罪侦查部、渎职犯罪侵权侦查部、刑事诉讼监督部、民事行政检察部、案件管理部、人事管理部和司法行政管理局。

③ 参见廖旭、罗志勇：《检察权运行机制——以"三个适当分离"为视角》，载《"十三五"时期检察宏观发展思路——基本制度和理论体系》，"十三五"时期检察工作发展规划专题研讨会调研材料之二，2015年12月29日"十三五"时期检察发展规划专题研讨会（湖北武汉）。

提出，实施《省以下人民检察院内设机构改革试点方案》，重点推进基层检察院内设机构改革试点，按照精简、务实、高效原则，坚持扁平化与专业化建设相结合，整合内设机构，优化资源配置。坚持机构设置重点向业务部门倾斜、人力资源重点向业务部门配置，提高法律监督效能。将内设机构设置与司法责任制、分类管理改革统筹考虑，科学设置办案组织、划分部门职责，加强监督管理，推动检察组织创新。推动司法体制改革中有关减机构但不减编制、不减领导职数政策落地。① 一些省级检察机关的"十三五"规划也提出，加快推进基层检察院内设机构改革，实现大部制管理等模式。"大部制"改革可以有效破解内部机构层级繁多、职能碎片化、案件层层审批等问题，促进工作效率的提升。

内设机构改革总体应当遵循"统筹谋划、深度融合"的原则，就是在检察机关内设机构的设置上，首先要做好顶层设计，由上而下作统一规划部署，在具体机构设置时总体上要保持统一规范，名称上也要尽量统一，同时，根据各级检察院的编制规模、案件数量、辖区经济情况等因素，在设置时有所区别，灵活掌握。最高人民检察院曹建明检察长指出，内设机构改革的重点在基层检察院，要按照精简、统一、效能的原则，理顺各项检察职能之间的关系，打破原有机构职能和业务条块划分，对部门的职能任务、运行方式、工作流程、力量配备进行深度融合，稳步推行大部制改革，以突出司法属性，实行管理扁平化。这样的设置，强化了检察院作为司法机关的法律监督职能，淡化了内设机构的行政色彩，更加突出司法属性，减少了管理层级，有利于形成专业、规范、高效的司法办案运行模式。在实践操作中，可考虑由上而下作统一规划，机构名称应相对统一规范，机构的设立由省级院根据所辖市院、基层院的实际情况具体确定。

检察机关内设业务机构名称改革应遵循以下几个原则：一是彰显国家法律监督机关性质。法律监督是我国检察权的宪法功能所在，是检察权的根本属性。而检察机关各内设机构的设置尤其是各业务部门的划分即是对法律监督职权进行具体分工和落实的体现，在法律监督的意义上概括和分解检察权能。所以，内设业务机构名称要能够彰显检察机关作为法律监督机关的宪法地位和性质。二是淡化行政色彩。检察机关作为司法机关应当具有区别于行政机构的独立、中立与超然的形象，至少在感官层面要去除强烈的行政色彩。三是增强司法属性。检察机关内设机构的设置必须保障检察职能行使上的司法属性与要求，其机构命名必以此为基础和依据。四是纵横对应统一。这种统一包括纵

---

① 参见最高人民检察院：《"十三五"时期检察工作发展规划纲要》。

向上下级检察院在对应部门名称上的一致，也包括同一检察院在各内设机构命名方式上保持一致，以有利于合理配置人员力量与办公资源，有利于各级检察院之间开展有效的领导、管理以及业务活动上的指导、衔接工作。

第四节　检察组织体系的相对分离

一、当前检察机关内部管理体制的核心问题是去行政化

去行政化，应先厘清检察权与行政权的深层次关系。一是作为成熟权力形态的行政权及检察权的复合运行。行政权作为产生时间最早、运行时间最长、运行机制最为成熟的权力形态，其不仅成为对外获取资源最有力、最直接的手段，而且成为对内配置资源最有效、最经济的方式。"三权分立学说"区分了司法权与行政权，然而司法权与行政权绝非"非此即彼"的关系，严格划分司法权与行政权的界线只是一种理论假设。司法权与行政权的分立并不意味着权力作用方式的断然决裂。权力的实现机制存在共通和交融，规则预设、规则判断与规则实现等权力运行的基本要素同时存在于司法权与行政权中。判断的组织与实施并不能仅凭判断自身，司法权的运作离不开行政方式的参与配合，行政方式为司法权运作提供必要的保障。司法权与行政权的区分体现的仅是国家职能的划分，绝非权力实现机制的分立。因此，以权力复合运行原理审视检察权，国家检察职能的实现不仅依托单一的判断过程抑或诉讼关系，同时必须依赖行政方式的支撑来对内配置资源与对外获取资源。

二是检察权与行政权的异化结合。检察行政事务的自治和自理注定了检察机关不是单纯的"法律监督机关"，检察权管理与检察行政权管理，共同构成了检察机关管理的完整内涵。检察机关管理的双重内涵与检察机关的职能定位并不冲突，二者统一于检察权的权力特质之中。但是，长期以来行政主导一切的制度传统与制度惯性，导致了检察权与检察行政权关系的异化。检察行政权的扩张与渗透，使检察权距离其权力特质渐行渐远并产生运转困境，检察权行政化弥漫在整个检察体制内：检察系统内部，科层制的行政内控机制被套用，检察系统的组织机构、管理方式、运行机制等，均呈现明显的行政化和官僚化特征；检察系统外部，检察机关为获取生存资源，必须积极向资源分配者靠拢，对作为资源占有者和配置者的权力主体，特别是行政权力系统产生过度依赖，检察系统被行政系统渗透、牵制、支配，构成了检察权外部行政化的主要特征。由于以检察权为中心，以检察行政权为辅助的权力生态遭到破坏，致使检察机关呈现系列异常表现：其一，检察机关的业务机构和行政机构设置不均

衡；其二，检察决策受控制于检察行政首脑；其三，检察行政权对检察权的过度渗透；其四，检察独立缺乏体制性前提。

三是检察权的运行不能完全去行政化。当下，对"检察体制行政化倾向"的批评是所有问题中最集中也是最尖锐的。有学者明确指出，检察体制行政化倾向就是检察机关组织体系在程序的设置和管理方面采取了类似行政机关的模式。对于把检察体系中存在的主要问题归纳为"检察体制的行政化倾向"的观点，笔者认为应一分为二地看待这个问题。上述观点虽然在一定程度上揭示了检察体系中存在的部分突出问题，但是，这种研究方法和研究结果实际上阻碍了对检察体制问题的深入讨论。严格地说，把检察机关的问题简单化为"检察体制行政化倾向"恰恰掩盖了检察机关存在的真实问题。

当前，无论检察职能机构如何改革都无法在本质上脱离行政特点的事实说明，检察权内含检察行政权的权力本质决定了检察权的运行不能完全去行政化。因此，我们应该深刻把握权力本质，充分尊重权力运行规律，一方面，实现检察组织体系和检察行政组织体系的分立。现行的检察组织体系中没有对检察组织体系和检察行政组织体系进行分立，检察组织体系内的机构设置和程序安排缺乏理论基础和法律依据。按照权力运行规律与权力构造相互作用的观点，检察组织体系内应建立两套相对独立的组织体系，确保检察权和检察行政权在各自的组织体系内运转，实现各自的价值和功能。① 另一方面，确立检察官控制检察机关的组织模式。检察官享有对整个检察组织体系的最终决定权，检察组织体系内的检察行政体系处于服务和隶属地位。在检察机关内成立由检察官组成的检察官委员会，选举出首席检察官作为检察组织体系的代表。首席检察官与检察官委员会的关系方面，应强化检察官委员会权力的实体化运作，限定首席检察官的集权。在以首席检察官为代表的检察官委员会领导之下，设立秘书长，专门负责处理检察行政事务。

---

① 检察组织体系和检察行政组织体系的建立主要围绕检察事务和司法行政事务展开。检察事务，就是围绕法律赋予检察院的法律监督职能，与司法活动直接相关的检察业务性工作，包括对国家公务人员履行职务进行监督，对公安机关的侦查、人民法院的审判工作、司法行政机关的监狱工作进行监督等。司法行政事务，是围绕司法活动而展开的各种保障和服务的统称，主要体现在三个方面：一是对人的管理，如检察官人选的考察、推荐以及现任检察官的派遣、考评、晋升等；对检察官的培训、惩戒；检察院其他人员包括行政人员、辅助人员的编制、工作分配、考评等。二是对财、物的管理及后勤保障，如经费预算与执行、信息化办公、工作场所维护、安全保卫、课题研究等。三是外部事务的协调，包括检察机关与人大、政府之间的关系协调，上下级检察院之间的事务协调等。

二、当前改革措施的过渡性

尽管上述改革模式更符合检察运行规律，但改革的力度超出了当前检察体制条件的可承受能力，在本轮司法改革中只能顺势而为，采取过渡性措施。2015 年 9 月 28 日，最高人民检察院公布了《关于完善人民检察院司法责任制的若干意见》，明晰了各类检察人员职权，明确了检察长和业务部门负责人应履行的职责。其中明确了检察长对案件的处理决定权和行政管理权职能，具体有十项职责：（1）决定是否逮捕或是否批准逮捕犯罪嫌疑人；（2）决定是否起诉；（3）决定是否提出抗诉、检察建议、纠正违法意见或提请抗诉，决定终结审查、不支持监督申请；（4）对人民检察院直接受理立案侦查的案件，决定立案、不立案、撤销案件以及复议、复核、复查；（5）对人民检察院直接受理立案侦查的案件，决定采取强制措施，决定采取查封、扣押、冻结财产等重要侦查措施；（6）决定将案件提请检察委员会讨论，主持检察委员会会议；（7）决定检察人员的回避；（8）主持检察官考评委员会对检察官进行考评；（9）组织研究检察工作中的重大问题；（10）法律规定应当由检察长履行的其他职责。《意见》也明确了业务部门负责人除作为检察官承办案件外，还应当履行相应的司法行政事务管理权：（1）组织研究涉及本部门业务的法律政策问题；（2）组织对下级人民检察院相关业务部门办案工作的指导；（3）召集检察官联席会议，对重大、疑难、复杂案件进行讨论，为承办案件的检察官或检察官办案组提供参考意见；（4）负责本部门司法行政管理工作；（5）应当由业务部门负责人履行的其他职责。根据上述《意见》，在人财物省级统管和主办检察官责任制的条件下，检察长、业务部门负责人也应是员额制内的检察官，在履行相应行政管理职能的同时，应该摆脱司法行政事务的过多干扰，把主要精力集中到司法办案上来，但是改革仍具有不彻底性，部门负责人仍负有行政事务管理职能。笔者认为，业务部门负责人对于检察事务和司法行政事务统一管理的模式不能从根本上去除行政化，不能从根本上实现检察官控制检察机关的组织模式，只能作为一种过渡措施。

三、检察机关内部管理体制中去行政化仍需关注的问题

部门负责人对于检察事务和检察行政事务管理的兼顾，这种改革的不彻底性仍会在较大程度上制约检察权的独立运行。人财物省级统管和员额检察官责任制改革的核心是将检察机关传统的行政管理模式转化为司法业务运作模式，将集体负责制转化为检察官个人相对负责制，实行员额检察官直接对检察长负责的办案体制。我们认为，在新模式下要进一步理顺检察官同业务部门负责

人、检察长之间的关系。检察长是检察机关的首长，享有广泛的职权，检察机关内部的检察事务和司法行政事务都要对其负责。检察业务类的工作机制实行在检察长领导下的检察官独立办案责任制，检察行政事务类实行在检察长领导下的部门首长责任制。业务负责人的权限则主要在司法行政事务方面，如本部门政工党务、装备管理、生活管理等，不再对本部门检察官办案有当然的审核权，无权干涉其他检察官的具体办案活动，而只有检察长授权下的组织、协调、指导、监督权。当部门负责人具备主任检察官资格时，也只在自己承办案件范围内有相应的决定权。

具体而言，检察机关内部管理应建立相对分离的体系，让检察的归检察，行政的归行政。建立以主办检察官依法独立办案为中心的检察组织体系，其行使检察权的职能机构与检察官合二为一。这就是构建以检察官四等十二级的司法能力等级为核心、以依法独立办案为中心环节、以主办检察官负责制为基础平台、以单独职务序列工资与职业保护为保障，检察长领导下的检察委员会、主办检察官（刑事检察官、监所检察官、民事检察官、行政检察官、公益诉讼检察官）、主办检察官办公室（职务犯罪检察官、预防犯罪检察官）类型化检察组织体系及其运行机制。与此相适应，需要建立健全员额检察官、检察委员会委员、副检察长、检察长的权力清单、责任清单、义务清单制度，实行检察官专司检察职能，不再兼任司法行政事务的职务，不负责组织管理司法行政事务、监督执行、督察协调司法行政事项，以保证以检察官为主体的检察人员（检察辅助人员）聚精会神、一心一意从事检察权行使所涉法益事项，形成评价、问责、惩戒、退出机制与保障机制有序衔接的检察组织体系及其运行机制。

建立科学高效运行的司法行政事务组织体系。按照司法行政事务（包括综合、政工、纪检监察、计财等）"一条边、扁平化"模式科学建立司法行政事务组织机构。遵循"精简、效能、集约、廉洁"的要求，省级以上法院、检察院可设办公室、政治部和计划财务装备局三个部门，市、州可设办公室（兼计划财务装备）、政治部两个部门，县（市、区）可设综合管理服务部一个部门（负责办公室、政工、计划财务、后勤服务职能）。相应设置以秘书长、主任（局长）为主导、以司法行政事务权力清单、责任清单、义务清单为核心，以岗位责任制为约束，以综合类公务员工资福利为保障的司法行政组织体系和司法行政事务管理权运行体系。①

---

① 参见徐汉明：《论司法权和司法行政事务管理权的分离》，载《中国法学》2015年第4期。

第十二章 检察保障建设

检察保障本质上是社会公共资源在检察机关的分配问题，其主要调整检察权运行中的物质保障关系。检察保障是检察事业科学发展的物质基础，是中国特色社会主义检察制度的重要组成部分。检察机关保障体制改革作为优化检察资源配置的重要内容，不仅构成检察改革的重要部分，并且对于其他检察改革具有基础作用。深刻认识检察保障制度的内在价值和基本规律，对于提升检察保障工作法治化、现代化水平具有重要的现实意义。

第一节 检察保障的法理依据

一、检察保障是履行检察宪法职能的内在需求

我国的检察机关是宪法和法律规定的专门的法律监督机关，其根本职责是维护国家的法制统一。检察机关承担着反贪污贿赂、反渎职侵权、诉讼监督等职能，是维护国家安全稳定和司法公正的重要力量。履行检察宪法职能，就需要有与之匹配的物质条件作为履行职能的基础保障。"财政是庶政之母，财政观念的好坏、财政制度的优劣、财力水平的高下都深刻影响着国家各项职能活动的开展。"① 随着检察权运行的不断成熟和检察权理论的不断发展，检察权正不断地完善与细化，检察权的提升必然要求检察保障的水平提升。

根据公共产品的理论，维护国家法制统一这一公共产品的受益范围是全国性的，检察机关是国家的司法机关，不是地方的司法机关，检察权运行中的经济基础也应该由国家公共财政支出。"有关司法职权的事项，属于全国人大及其常委会的专属立法权，是完全意义上的中央事权，地方不得染指；司法职权中央性的根本特征是执行全国人民的意志，这是司法职权最大的中央性。"②

---

① 唐华彭、鲁宽：《司法公正的财政根源：历史经验与现实应对》，载《中共天津市委党校学报》2015 年第 2 期。
② 刘松山：《地方法院、检察院人事统一管理的两个重大问题》，载《法治评论》2014 年第 8 期。

1983 年《司法独立世界宣言》中规定："国家应以最高的优先提供允许适当司法行政之适当资源，包括适当的硬件设备，以维护司法独立、尊严、效率、法官及司法行政之人事及执行预算。"1985 年联合国《关于司法机关独立的基本原则》第 7 条规定："向司法机关提供充足的资源，以使之得以适当地履行其职责，是每一会员国的义务。"一个国家宪法制度的实现受到多方面因素的制约。公民权利得到司法保障，国家权力受到制约，国家的法律得到正确、统一的实施等，这些都是宪法实现的必要条件。而这一切都需要具有能够充分行使宪法和法律赋予其职责的有效的检察制度体系。

二、检察保障是检察独立行使检察权的必然要求

检察权独立运行不仅是宪法对于检察权的要求，更是检察权权力性质和权力运行规律决定的，检察权独立运行也是司法公正的根本保证。权力运行离不开物质基础的保障，权力的独立运行同样离不开物质基础的保障。作为中央事权的检察权，完善的检察保障体系更是其独立运行的必然要求。曹建明检察长多次强调："检务保障是检察工作不可或缺的重要组成部分，是人民检察院依法独立公正行使检察权的物质基础，也是推动人民检察事业科学发展的重要支柱。在检察工作总体格局中，业务工作是中心，队伍建设是根本，检务保障是基础，三者相辅相成，相互促进，密不可分。"

当前正在推进的司法改革是以司法的公平正义为价值取向、以权力优化配置和机制体制完善为重点的改革，核心在于保障检察权的独立运行。检察权运行中对于地方政府财、物的依赖是检察权独立运行成为事实上的不可能，政府以权压法、干预司法的行为屡见不鲜。检察权运行地方化的主要原因就在于检察物质保障的地方化，检察物质保障成为制约检察权独立运行的基础性条件。陈永生教授认为，我国司法界出现错案的诸多原因中，许多问题归根结底都是因司法经费配置不合理造成的。

三、检察保障是检察官客观义务的现实需求

检察官客观义务不仅是一种检察理念或职业自觉，更应是一种制度效应。检察官超越控诉立场"不仅是在承认客观义务'先天不足'的同时，通过'后天改良'弥补缺陷使其能够茁壮成长。而'后天改良'的方法是除了为客观义务注入必要的、合理的制度和程序因子外，还必须为其生长培育一个良好

的体制和机制环境。"① 检察人员首先作为自然人而存在，检察人员的职业身份和自然人身份没有绝对的界限，检察人员的生存需求与检察司法行为之间不存在断然的决裂。"组织中的行动者，抑或能动者，天生具有米歇尔·克罗齐耶所称的'策略本能'，这意味着他们的行为不仅仅归于以往的社会化，也归应于他们对行动领域里给予的制约力量的感知，还应归因于他们对其各自短期利益或长远利益的理解。"② "尽管理论上一直强调检察官的角色排除了任何输与赢的观点，检察官与案件结局并不存在利害关系，检察官也不应涉及案件最后的诉讼结果，但实践中检察官的个人利益实际上是与诉讼结果紧密地缠绕在一起。"③

黄东熊教授即以德国检察官为例反问性地指出："检察官究竟能否固守'在世界上最有客观立场之官员'、'帮助法院发现真实之机关'之地位，实不无疑问。试想在西德究竟有几个检察官不关心自己之前途，自己之晋升？又究竟有几个检察官在上命下从之官僚组织中，胆敢得罪其上司？在实习生、实习检察官、候补检察官，此一连串之 8 年之久期间所施行之上司监督及受训与勤务态度之评审，果真对其毫不生效果？"④ "就人类天性之一般情况而言，对某人的生活有控制权，等于对其意志有控制权。"⑤ 深刻体悟人性与制度之间的辩证关系，不以人性考验制度的缺陷，应以尊重人性的制度约束人的行为。完善的检察保障制度，是避免检察官不良司法行为的有效工具，是检察官客观义务的现实需求。

四、检察保障是规范司法行为的客观要求

司法行为是检察保障关系中的主要客体，检察保障体系的完善与否与司法行为的规范程度密切相关，检察保障是检察权规范运行的前提和基础。通过加强检察保障，可以遏制检察保障困难导致的司法利益驱动，从源头上消除检察保障性因素对于司法行为的负面影响。在缺乏充足的检察保障情况下，检察权

---

① 韩旭：《检察官客观义务：从理论预设走向制度实践》，载《社会科学研究》2013年第 3 期。

② [法] 埃哈尔·费埃德伯格：《权力与规则——组织行动的动力》，张月等译，上海人民出版社 2005 年版，第 215~216 页。

③ 郭松：《检察官客观义务：制度本源与实践限度》，载《法制与社会发展》2009 年第 3 期。

④ 黄东熊：《中外检察制度之比较》，中国台湾"中央"文物供应社 1986 年版。

⑤ [美] 汉密尔顿等：《联邦党人文集》，程逢如等译，商务印书馆 1980 年版，第396 页。

运行过程中很可能沦为实现集体利益和个人利益的工具。亚当·斯密在《国富论》中提出："使司法行政有助于获取收入的目的，难免弊端丛生。以重礼申请裁决的人所得到的可能会公正，以轻礼申请裁决的人所得到的可能就不太公正。而且裁决常常被拖延以期得到更多的礼物。"① 因检察保障困难导致的检察机关靠办案创收、办案考虑利益因素以及因经济利益引发的部门之间工作不平衡的现象曾经非常普遍的发生在检察机关中，因财政依赖而产生的行政干预成为许多错案的重要原因。"现行的由同级政府提供检察经费的保障体制必然带来检察司法者的司法犹豫，检察司法决策者往往因担心同级政府削弱对检察经费的供给量，而不得不顾及行政机关或者同级党政领导个人对检察办案的态度，由此而造成了不敢大胆司法，或者造成相同的事项不能相同对待，类似的案件不能按同一标准处理等非法治现象。"②

另外，通过加强检察保障，提升办案基础设施和科技装备建设水平来促进司法行为的规范。"司法经费的多寡是决定案件处理质量的一项重要因素。在诉讼程序、司法体制、刑事政策等其他因素保持不变的情况下，案件司法经费越充足，案件处理质量通常越高，误判率越低；反之，案均司法经费越少，案件处理质量通常越低，误判率越高。在我国刑事错案中出现的刑讯逼供问题严重、忽视科技手段运用等与司法经费不足之间的关系非常明显。"③ 实际上，从域外国家和地区的情况来看，经费投入与司法产品质量之间明显呈现正相关的关系。在我国，一段时期的自侦权过度发挥与经费保障不充分具有明显的因果关系，通过追赃的方式来缓解办案经费紧张的做法曾经成为司法实务中的潜规则。

第二节　检察保障的现实情状

一、检察保障的现实情状描述

（一）检察保障困境逐步缓解

检察保障问题的日益显现，引起高层对检察保障问题的关注和重视。中共中央〔2006〕11 号文件明确指出，"要高度重视并切实解决人民检察院经费保

---

① 〔英〕亚当·斯密：《国富论》，唐日松等译，华夏出版社 2005 年版。
② 向泽选：《检察管理与检察权的公正行使》，载《政法论坛》2015 年第 1 期。
③ 陈永生：《我国刑事误判问题透视——以 20 起震惊全国的刑事冤案为样本的分析》，载《中国法学》2007 年第 3 期。

障问题，根据经济社会发展水平，人民检察院的检察工作任务和国家财政保障能力，逐步建立和完善人民检察院经费保障机制"。2008 年的《中央政法委员会关于深化司法体制和工作机制改革若干问题的意见》提出建立"明确责任、分类负担、收支脱钩、全额保障"的政法保障新体制。2009 年中办、国办《关于加强政法经费保障工作的意见》以及财政部《政法经费分类保障办法（试行）》两份文件正式确立了政法保障新体制，我国的检察保障在体制层面发生了重要转变。2010 年的全国检察经费保障工作会议针对落实经费保障体制改革任务、全面加强和改进检察保障工作作出了全面部署，进一步明确了"分类负担"的检察保障体制，中西部市、县级检察机关办案（业务）经费、业务装备经费和业务基础设施建设经费的保障责任改由中央、省级和同级财政分类负担。即人员类经费和日常公用类经费仍由同级财政保障，办案（业务）经费和业务装备经费则由中央、省级和同级财政按比例负担。在一系列改革措施的实施下，检察保障的整体水平不断得到提升，各地检察机关面临的检察保障困境在不同程度上得到缓解。

（二）检察保障成为制约检察工作的体制性障碍

在中央和地方各级财政部门的共同努力下，各级检察机关经费保障困难问题得到一定程度的缓解。但随着检察工作的不断发展，检察机关经费保障体制中存在的问题已经严重制约了检察工作的科学发展。当前检察经费实行的是"分级财政、分灶吃饭"的检察经费管理体制以及以财政预算拨款为主体，财政补助以及财政返还罚没款为补充的检察经费来源构成，这种检察保障体制不符合检察权运行规律，与检察权性质相冲突。作为检察权运行基础的检察经费保障体制中存在的障碍，已经严重制约了当前的检察改革，主要体现为检察权的独立运行、检察人员的职业保障以及检察机关的科技信息化等几个方面。检察机关经费不足、地区之间保障水平不平衡以及由此导致的司法不规范等成为检察经费保障体制问题的集中体现。

（三）检察保障改革受现实条件制约

十八届四中全会通过的《中共中央关于全面推进依法治国若干重大问题的决定》指出："确保依法独立公正行使审判权检察权。改革司法管理体制，推动省以下地方法院、检察院人财物统一管理，保证国家法律统一正确实施。"孟建柱指出："我国是单一制国家，司法职权是中央事权。考虑到我国将长期处于社会主义初级阶段的基本国情，将司法机关的人财物完全由中央统一管理，尚有一定困难。应该本着循序渐进的原则，逐步改革司法管理体制，先将省以下地方人民法院、人民检察院人财物由省一级统一管理。地方各级人民法院、人民检察院和专门人民法院、人民检察院的经费由省级财政统筹，中央财政保障部分经费。"① 检察权作为中央事权，与检察权有关的事物应由中央一级检察机关负责，这在理论上基本达成共识，但是受制于我国经济发展水平等现实条件，检察保障体制改革仍不能一步到位。

二、检察保障的制约因素分析

（一）检察保障缺乏刚性

检察机关作为宪法规定的国家法律监督机关，在独立行使权力时应该有与其权力地位相匹配的检察保障制度。但是我国检察保障却缺乏刚性，《中华人民共和国预算法》对于保障法律监督权力实施的财政预算并未单列，《中华人民共和国人民检察院组织法》和《中华人民共和国检察官法》对检察机关财政来源和保障也尚未作出规定。

域外法治成熟的许多国家都将检察保障通过立法进行明确，如美国联邦法律即规定，"包括立法和司法部门合计之支出与拨款之预算，应在每年10月16日之前送达总统，由总统纳入国家总预算，不得删改"，检察保障体现出相当程度的刚性。巴西还在宪法中专门规定了"法院、检察院等司法机构获得独立预算的权利，使司法独立在经济上有了强有力的保证"。② 在日本，根据宪法第73条第5项规定，"内阁有做出预算提交国会的权力，而法院的预算也可以独立编制。内阁纵使对法院预算有不同意见时，也不能直接否决法院的预算，只能以附记的方式提出意见，最后交由国会议决"③。"在德国，尤以联邦宪法法院的预算为代表。在德国因为宪法法院是独立的联邦级别的机关，有权自行编制预算草案，再由联邦财政部提交联邦众议院，联邦财政部没有表示意见的权力。"④ 由此可见，大多数国家的司法预算均存在共同之处，立法机关都会以法律的形式对司法预算的程序和效力作出明确规定。

（二）检察保障体制的弊端

我国目前实行的是"分级负责、分灶吃饭"的检察经费管理体制，经费

---

① 孟建柱：《深化司法体制改革》，载《人民日报》2013年11月25日。

② 贾新怡、唐虎梅：《借鉴有益经验　构建符合我国国情的司法经费保障机制》，载《财政研究》2006年第4期。

③ 蔡润月：《我国司法经费预算独立性缺失研究》，天津商业大学2013年硕士学位论文。

④ 朱大旗、危浪平：《司法预算制度应以司法公正为基石》，载《法学》2012年第1期。

保障不仅受地方财力限制而且受地方政府权力牵制。各级检察机关的经费主要由本级政府财政部门根据当地经济发展水平进行拨付，具有随意性且地区间保障水平严重不平衡。地方政府往往将检察机关视为行政机关，在创收等方面并未考虑到检察机关的运行特点。在我国，根据预算法第 15 条、第 16 条，县级以上地方各级政府负责编制本级预算、决算草案和本级预算的调整方案，并决定本级预算预备费的动用，负责组织本级总预算的执行；同级政府的财政部门负责"具体"编制本级预算、决算草案和本级预算的调整方案，并"提出"本级预算预备费动用方案，"具体"组织本级总预算的执行。在财务预算事务上，我国的司法机关经常面临来自政府及其财政部门的经费删减压力，却没有任何制度性的防御和救济手段。"在这种控制取向的财政改革中，我国各级政府的财权管理权力都在逐步扩充，财政部门则成长为各级政府的核心预算机构。"[1] 现行财政体制将司法部门牢牢嵌入行政预算过程，助长了司法的行政化和地方化。对于检察机关，尤其是基层检察院，财政投入的严重不足及由此导致的检察机关对政府及其财政部门的单向度依赖，深刻地影响了检察机关在政治权力格局中的地位。

我国检察机关财政供给的多级性与检察权独立行使之间的矛盾的根源在于国家权力分立的宪法结构与多级结算的财政分配体制之间的冲突，深层次原因则是现行国家公共资源的分配体制与宪法框架之间的冲突。这种宪法框架下公共资源分配体制与国家公权力行使之间的不适应，已经在体制层面制约了检察权的发展。事实上，世界上许多国家早已意识到经费保障体制对于司法权运行的影响，并在体制层面采取了排除行政和地方干扰的措施。英德两国司法机关的经费保障体制即与本国的财政体制无关，而是作为本国司法体制的一部分，目的就是避免司法机关因财政问题受制于地方政府使司法权的独立性受到侵害。

（三）检察经费使用与管理机制

随着司法程序的不断精细运作，以及职务犯罪案件侦破成本的不断增加，检察经费的绝对需求呈不断增加的趋势。同时，随着通货膨胀的螺旋式上升，检察经费的供给保障事实上呈现一种绝对下降的趋势。在两种作用共同作用之下，检察经费保障的水平与实际需求已经出现较为严重的失衡。另外，对于检察经费的使用和管理机制存在一定的不科学之处，使本不平衡的检察保障经费

---

[1]　参见於莉：《省会城市预算过程的政治：基于中国三个省会城市的研究》，中央编译出版社 2010 年版，第 42～54 页。

更是常常缩水。由于部分检察经费的取得是沟通协调结果下的近于随机的数额，因此经费的使用也会相应出现随意的现象，检察经费有时没有体现良好的使用效益。

司法保障触及民主、法治等原则的冲突与平衡，司法保障体系的建设早已为域外所关注。近 10 年来，各国针对司法预算制度进行了多项改革。美国、英国及德国等国家都注重司法专项资金的使用效益，对资金的使用进行全面的评估和监督。整体而言，域外司法机关的财政自主权在不断加强，司法机关的独立性不断得到强化。"由于对比较法上司法行政组织的发展趋势关注不够，同时对本国的制度实践缺乏理论上的提炼和反思，目前的研究对行政部门在处理司法部门的预算请求时可能遭遇的制度限制缺乏清晰的认知，以致面对新一轮司法体制改革的顶层设计时不能建设性的予以跟进，提出适切国情同时兼具国际视野的制度解决方案。"[1] 检察保障的顶层设计与机制安排的不足，成为制约检察保障科学发展的重要因素。

第三节　检察保障的完善

一、检察保障的法治化

（一）检察权具有法定性

我国的检察权作为行使宪法规定的法律监督权，其权力本身来源于法律的明确授权，在法律规定的程序内行使权力。检察保障作为保障检察权运行的基础性条件，其工作权限和原则要求均应纳入法制化的轨道，按照法律规定和法治精神开展保障工作。检察保障作为与检察权运行高度相关的检察因素，是检察权优化运行的应有内涵，加强和改进检察保障体制具有正当性。因此，检察保障体制法定性必然要求相应位阶法律的立法保障。

（二）体制改革的过渡性

十八届三中全会通过的《中共中央关于全面深化改革若干重大问题的决定》提出："确保依法独立公正行使审判权检察权。改革司法管理体制，推动省以下地方法院、检察院人财物统一管理，探索建立与行政区划适当分离的司法管辖制度，保证国家法律统一正确实施。"对此，中共中央政法委员会书记孟建柱在《深化司法体制改革》一文中进一步解释，"我国是单一制国家，司

---

① 张洪松：《司法预算中的府院关系：模式评估与路径选择》，载《四川大学学报》2014 年第 1 期。

法职权是中央事权。考虑到我国将长期处于社会主义初级阶段的基本国情，将司法机关的人财物完全由中央统一管理，尚有一定困难。应该本着循序渐进的原则，逐步改革司法管理体制，先将省以下地方人民法院、人民检察院人财物由省一级统一管理。地方各级人民法院、人民检察院和专门人民法院、人民检察院的经费由省级财政统筹，中央财政保障部分经费。"① 谈到法院、检察院的财物统一管理方面，孟建柱在文章中提出改革的思路，地方各级人民法院、人民检察院和专门人民法院、人民检察院的经费由省级财政统筹，中央财政保障部分经费。"具体来讲，今后各级法院、检察院的工资、办公经费由省级财政负担。办案业务经费、业务装备经费由中央财政负责。追缴的赃款赃物、诉讼费用，由省级财政统一管理，上交国库。"

（三）法律修改的兼顾性

"虽然具体的改革方案尚不清楚，但省以下地方法院、检察院人财物统一管理改革可能涉及《宪法》的 6 个条文、《地方各级人民代表大会和地方各级人民政府组织法》的 6 个条文、《各级人民代表大会常务委员会监督法》的 11 个条文、《民族区域自治法》的 1 个条文、《人民法院组织法》的 4 个条文、《法官法》的 2 个条文、《人民检察院组织法》的 7 个条文、《检察官法》的 5 个条文。总体而言，此次改革所关涉到的宪法与法律的相关条款具有层级高、范围广、数量多的特点，因而直接涉及我国人民代表大会制度和民族区域自治制度的修改问题。"② 检察保障体制的过渡性与需修改的高位阶法律的稳定性和权威性将产生冲突，需要我们在具体修改时以法治思维兼顾当下需求和长远发展，以最小的制度代价最大程度地解决检察保障的最现实问题。司法机关财务的管理体制的法律确认，本质是宪法和法律层面对公共资源进行的首次制度性分配，不仅需要取得利益各方的基本共识，更需要深入的调研和成熟的试点经验。

二、检察保障的纯洁化

（一）严格落实"收支分离"管理机制

应严格落实"收支分离"管理机制，合理使用检察经费，可以从以下几个方面加强机制建设：一是加强财务制度建设。从部门综合预算编制改革和非

① 孟建柱：《深化司法体制改革》，载《人民法院报》2013 年 11 月 26 日。

② 高其才：《省以下地方法院、检察院人财物统一管理改革的法律障碍》，载《苏州大学学报》2014 年第 1 期。

税收收缴制度改革着手，做到收支分离。二是切断司法创收的做法。应从理念上消除司法机关可以创收的认识误区，更不能将罚没收入与办案机关或办案部门甚至办案人员相联系，应将检察机关罚没收入统一上交省级财政管理，杜绝执罚部门以收定支的情况。三是通过检务公开等防止因加强"收支分离"机制出现检察机关罚没收入非正常减少的问题。

（二）改革检察保障体制

改变现有"分灶吃饭"的检察保障体制，去除检察保障地方化对检察权独立运行的牵制。一是坚持事权与财权统一原则。按照十八届三中全会提出的"中央和地方按照事权划分相应承担和分担支出责任"的原则，明确以人财物的省级统筹管理为过渡，以中央承担检察保障经费为最终目标的改革线路。在过渡期间，"除加强对地方财政的监管和督促外，中央财政应进一步加大转移支付力度，尽快提高承担地方司法机关的办案经费和装备费的比重，直至完全承担。"[1] 二是要专门制定跨行政区划检察机关的检察保障方案。提出"探索设立跨行政区划的人民法院和人民检察院，办理跨地区案件"。目前地方人民法院、人民检察院均主要由该同级财政支持，那么，跨行政区划的人民法院、人民检察院应由哪级财政支持？是由跨行政区划的上级财政支持，还是跨行政区划的相应财政共同承担？这些问题都需要统筹司法改革和财政改革的关系。在跨哪一级行政区划设立检察机关的具体方案尚未出台之前，检察保障方案的去地方化仍是改革的精神要旨。三是克服两种方案的体制缺陷。正是由于检察保障本身的行政法律属性特征以及由此决定的检察保障工作方式方法的行政法律工作规律，人财物省级统管更要防止从去地方化到强行政化的演变，应以人财物专门机构设置等思路防止改革只是病变转移的无意义的反复。"公开报道的试点改革方案中明确表示，省级统管地方法院财政并非由省一级完全决定一切，而是先由市、县法院形成初步预算方案，再直接向省级财政部门编报。"[2] 建议设立由全省检察系统、省级人大、省级政府财政部门等相关部门人员组成的司法财政委员会，在每年初编制司法预算草案，然后提交省级政府及财政部门审查，再由其提交人大决定；同时，对省级政府及财政部门的权限进行必要的限制，对于司法财政委员提交的司法预算草案中预算经费的删减必须附有详细的说明理由。另外，要改变"中央转移支付资金到达省级财政部门后，大

①　唐华彭、鲁宽：《司法公正的财政根源：历史经验与现实应对》，载《中共天津市委党校学报》2015 年第 2 期。

②　邓新建：《广东公布司法体制改革试点方案》，载《法制日报》2014 年 11 月 28日。

多数是由省级财政部门按照因素分配法进行分配"①，畅通中央转移支付资金的使用通道。

三、检察保障的效率化

（一）降低司法成本，提高使用收益

其一，应尝试建立替代性司法程序，通过协商性司法等机制降低个案成本。"协商性司法通过恢复性司法、辩诉交易、刑事和解等具体的刑事司法制度形态而获得内涵表达，并且这种价值理念也兑现在刑事司法程序的各个具体阶段之中。恢（修）复性司法、辩诉交易（认罪协商）、不起诉（暂缓起诉）制度等，都应该归结到协商性司法名下。"② 在非法证据排除、以审判为中心的刑事诉讼制度改革等司法改革过程中，个案的司法成本呈现阶段性的增长趋势，因此，应通过建立替代性司法程序，对案件进行有效分流，才能降低案件的运行成本。尽管美国等国家实质上一直以来实行的是庭审为中心，但真正进入这一环节的案件比例极低，在美国高达95%的案件都通过"辩诉交易"得以解决。另外，在美国针对在校学生等特殊群体犯罪、首次吸食毒品犯罪、一些企业的犯罪等会通过暂缓起诉机制，该机制不仅对于案件本身有着积极意义，而且司法程序之外的处理机制也极大地减轻了国家司法负担。通过辩诉交易、暂缓起诉等协商性司法机制来实现刑事诉讼效率的提高和司法成本的控制，目前已经得到广泛认可。其二，应注重检察改革的有机性。检察是由检察主体、组织机构、司法程序等一系列要素组成的统一有机体，司法成本的控制与这些要素的优劣密切相关。检察改革必须着眼于整体，注重要素之间的关联性，不仅注重对具体程序的改造，还要着眼于检察公信力的提升，不仅注重对检察权力的配置，更应加强检察理念的塑造。"实践证明，局部性的改革由于与旧制度之间相互排斥，往往无法达到预期的效果，即使有效果，多数也会被其所带来的负面影响所掩盖。"③ "如果说单纯依靠经费投入和将司法成本简单地在不同类型的案件中进行分配反映了一种'粗放型'的司法资源配置方式，这一思路则寻求在司法资源不可能过分投入的情况下，在兼顾公正与效率的前提下，通过法院内部的运作方式的改革，寻求某种'集约型'的资源配置方

---

① 孟建柱：《深化司法体制改革》，载《人民日报》2013年11月25日。

② 韩德：《协商性司法：理论内涵、实践形态及其语境》，载《南京社会科学》2010年第5期。

③ 齐树洁：《英、德民事司法改革对我国的启示》，载《厦门大学学报（哲学社会科学版）》2004年第1期。

式，实现效益的最大化。"①

（二）保障经费的分配增长机制

无论从检察权自身发展的改革性、公正性、文明性等阶段需求还是从政治、经济、文化等领域的因素变化角度，检察保障的标准都应呈现逐渐递增的趋势。随着证据裁判等以庭审为中心的诉讼机制改革，检察机关"全程同步录音录像"等司法规范监督机制不断健全，检务公开力度不断加大，这些都会加大检察机关司法成本。社会经济发展变量特别是人均 GDP、CPI 等基础数据的变化，也会对检察机关物质资源保障标准产生变化影响。预算法第 37 条规定，"各级一般公共预算支出的编制，应当统筹兼顾，在保证基本公共服务合理需要的前提下，优先安排国家确定的重点支出"。《国务院关于深化预算管理制度的决定》提出，"对重点支出根据推进改革的需要和确需保障的内容统筹安排，优先保障，不再采取先确定支出总额再安排具体项目的办法"。一个国家或地区的财政支出结构并非静止恒定的，司法职能，经济发展所处阶段以及决策面临的问题和选择等变量都要求支出结构不断调整和优化。建立和完善各级检察机关各类经费标准，在此基础上根据地区差异进行修正，在满足当前司法改革和司法公正的基础上建立具有符合经济社会规律和检察工作规律的发展特性动态及正常的增长机制。

（三）强化权力机关对检察保障的监督

我国以人民代表大会为核心的政体形式要求检察机关对人大负责，受人大监督，因此，人大及其常委会是对检察保障进行监督的法定机关。公开透明是现代财政制度的基本特征，在预算资金使用过程中，人民代表大会能否对预算资金使用发挥有效的审批和监督作用至关重要。依据宪法规定，"全国人大负责审查和批准国家的预算和预算执行情况的报告；在全国人民代表大会闭会期间，全国人大常委会负责审查和批准国家预算在执行过程中所必须作的部分调整方案"。2014 年修改后的预算法进一步规范和明确了人大对预算的审查和批准权，加强了预算的透明度和法制化。比如，规定"财政部门应当在每年人代会会议举行的 45 日和 30 日前，将中央和地方的预算草案的初步方案提交全国人民代表大会财政经济委员会和地方人大财经委进行初步审查"。人民代表大会对检察保障进行监督具有充分的法律依据和坚实的法理基础。然而长期以来同级人大对于检察机关的财务运行状况的监督缺失，检察机关每年的工作报

---

① 沈明磊、蒋飞：《资源配置视野下的司法效率》，载《人民司法·应用》2008 年第 17 期。

告中并不向人大报告财务管理和使用的情况。只有加强人大及其常委会对于检察保障经费的监督才能保证经费的有效使用，在人财物省级统管的检察保障体制改革过程中，省级人大及其常委会更应该加强对检察机关经费使用和财务管理情况进行监督检查，确保检察保障水平的不断提高。

四、检察保障的现代化

（一）提升检察信息化建设

一是以系统化的思维进行整体推进。检察信息化建设是一项系统性工程，对于检察信息化的建设项目、阶段性目标、标准和规则以及组织保障与应用实施等均需要以系统化的思维推进。检察信息化的系统化推进需要顶层设计与各地检察实际的统筹和协调。二是以大数据的思维进行技术支持。维克托·迈尔－舍恩伯格在其著作《大数据时代》中提出，大数据不仅是技术，更是思维。要按照曹建明检察长提出的"各级检察机关一定要高度重视大数据基础设施建设"的要求，发挥大数据在行政执法和刑事司法衔接、职务犯罪侦查、强化诉讼监督以及检务公开、队伍信息管理、检察决策中的作用。三是以程序化的思维进行技术应用。一切技术都是在制度下发挥作用，技术作为一种工具，必定也是一把双刃剑，其作用效果关键还是取决于应用它的主体及配套机制。尤其是职务犯罪侦查活动中的技术应用，应遵循必要性原则、司法审查原则以及权利救济原则等原则精神，对技术侦查措施进行必要的程序设定和法律规制。

（二）完善检察机关"两房"建设

检察机关恢复重建 30 多年来，办公用房和"两房"建设取得了显著成效，尤其是 2002 年 6 月 1 日《人民检察院办案用房和专业技术用房建设标准》施行以来，实现了从基本满足办公、办案需要到专业化、标准化、规范化的转型，但实践中依然存在仅满足办公现代化要求，办公、办案、技术用房混合使用中功能区分不清晰，检察元素不突出等问题，需要进一步解决。

首先，要统筹办公、办案、技术用房的功能特点，突出办案功能。办公用房和技术用房应当围绕办案用房规划、设计和建设。实践中，容易模糊三者之间的关系，尤其是办公、办案、技术用房一体化建筑的建设中，往往侧重于办公用房的建设，挤占办案、技术用房的建设标准，导致功能设置不全，规划、设计不到位，常常出现大楼刚建好，就开始不停改造的现象。为此应科学规划，设计办案、技术用房功能区域。实践中"三房"混用的建筑模式比较常见，当然在不具备单体建筑建设条件的情况下也未尝不可，但是应充分考虑办案、技术用房的功能特征。事实上，很多地方办公、办案用房不分，以致办案人员在办公区域接待律师、案件当事人，询问证人或讯问嫌疑人。

其次，重点建设统一的、相对独立的办案功能区。经过多年的努力，控告、申诉专用接待室的建设已取得明显成效，但侦监、公诉、民行及侦查部门在办公室接待律师、接受申诉，乃至制作询问、讯问笔录的现象还比较普遍。因此，应当规划、整合、建设统一的办案功能区，以保障控告、申诉的候访、接待、听证、律师谈话、阅卷、复印、询问证人、讯问嫌疑人、人民监督员案件评议等办案的需求。这个办案功能区应保证与办公区域的物理隔离，应保证检察人员办案的公开和被监督的功能，应配置全程监控设备，应在显著位置公开当事人权利、义务和检察人员纪律要求的规定等。建设统一独立的办案功能区，要遵循以下原则。一是有利于办公区域的安全；二是有利于保密规定的落实；三是有利于办案规范化要求的落实；四是有利于管理科学化，如案件的统一受理、告知、送达和法警力量的统一使用等；五是防范检察人员廉政风险隐患；六是保障当事人权利义务的落实；七是有利于检务公开要求的全面落实。

最后，要兼顾检察文化建设的要求。一是整合院史陈列室的建设和使用功能。目前修建的办公楼，基本都会配置院史陈列室，保留、整理检察事业发展历程的实物、文字、图片、影像资料并加以展示，本无可厚非，但应考虑同一区域的基层院不能雷同。可按照小型检察博物馆的要求，在同一区域内统一规划建设，并对外开放，同时发挥其对外宣传的功能。二是统一视频会议室标识、标语、装饰风格。每次召开全国检察系统电视电话会议，视频转移扫描各地各院实况时，各地各院视频会议室的标识、标语和装饰风格可谓五花八门，因此统一和规范十分必要。三是统一建筑物外观标志性标识。这方面公安机关、税务部门、金融机构的经验可资借鉴，以达到让公众一眼就能在众多建筑物中分辨出检察机关的效果。

建筑是凝动的诗，是立体的画，是无声的音乐，是物质文明和精神文明的和谐统一。要通过建筑承载检察文化的展示传播，展示检察机关的良好形象。检察机关办公、办案、技术用房建设，既是检察制度、检察体制的重要载体，也是检察事业发展的重要组成部分，是检察事业发展"形而上"和"形而下"要求的高度契合，是履行检察职能的物质保障和基本条件，也是保障检察执法规范化、管理科学化、形象文明化和廉洁公正执法的重要手段之一，切不可等闲视之。

第十三章　检察公共关系建设

任何组织都作为关系而存在，检察组织同样作为内外关系的统一体在运行，检察公共关系是一种特殊的检察关系。虽然我国目前在官方正式文件中尚未出现"检察公共关系"一词，但其却以广泛而深刻的方式影响着检察权运行的各个方面。如何处理好检察公共关系之间的各种冲突和矛盾，需要具备对于检察公共关系的基本认知以及对于检察公共关系作用规律的深刻把握。因此，重视与深入检察公共关系的建设与发展已成为检察机关十分紧迫的任务。

第一节　检察公共关系的内涵和特征

"'公共关系'一词来源于英文：Public Relations，简称 PR，也可以译作'公众关系'。依照不同方面的功能，学术界存在管理职能论、传播沟通论、社会关系论、现象描述论与表征综合论等五种论断。"[①] 1807 年 10 月 27 日，美国第三任总统 Thomas Jefferson 在其第七次国会演说上首次使用了"Public Relations"一词。著名公共关系教育家杰夫金斯如此诠释："公共关系工作包括了一个组织与其公众之间各种形式的、有计划的对内对外交往，旨在获取与相互理解有关的特定目标。"[②] 20 世纪 60 年代，具有现代意义的公共关系开始传入我国香港和台湾地区，并被迅速运用到政府机构。在现实中，检察组织与公众之间存在相互的、双向的以及动态的作用关系，按照公共关系定义，此乃为检察管理与公共关系的基本原理相结合的现实结果，即检察公共关系。

一、检察公共关系的内涵

对于检察公共关系，在思想认识和具体行动上还存在误区，在理论层面和实际操作中的许多问题仍尚未达成共识。当前，关于检察公共关系的内涵，可

---

① 穆潇：《警察公共关系问题导向研究》，西南政法大学 2014 年硕士学位论文。
② 张龙祥主编：《中国公共关系大百科全书》，中共中央党校出版社 2002 年版，第108 页。

以在以下几方面进行讨论。

一是检察公共关系的主体特异性。检察机关是检察公共关系的主体，其通过履行国家的法律监督职能，实现特定的组织目标。检察机关是掌握国家公权力的国家机关，属于独占性非营利组织。检察机关的特殊性质，决定检察公共关系的最终成果主要体现于检察的公信力方面。公共关系主体是公共组织而非个人，在针对公共关系主体的检察活动中，检察人员的行为代表检察机关并最终由检察组织承受。"根据公共关系学的有关研究，由于该类型组织本身具有的缺乏自身利益的驱动、缺乏竞争的压力的特点，使得该类组织在公共关系的管理工作方面一般比较薄弱，这就容易造成对组织自身受众的忽略或者形成'脱离自己受众'的局面。"① 深刻认知检察公共关系主体的特异性，就要充分关注检察人员与检察组织之间的剥离与融合机制，就要对检察人员的个体性、组织性、群体性和检察组织对于检察人员的利益分析、引导、反馈机制之间的张力给予更多的管窥和体察。只有深刻认知检察公共关系主体的特异性，才能在主体建设层面找到检察公共关系建设的切入点，才能在检察公共关系的自我建设层面给予更多回应。

二检察公共关系的客体对应性。公共关系客体指在公共关系中与公共关系主体产生关系的组织和个人，其在与主体对应的关系中具有某种内在的共同性。这种内在共同性可能是共同的社会背景、面临共同的问题或者是共同的价值目标、共同的利益需求。这种共同性决定了公共关系主体与客体之间的对应性，这种对应性也成为我们正确框定检察公共关系客体的主要标准。对应性的本质在于，检察公共关系主客体之间包含着"利益、需求、目标甚至兴趣、背景、问题"等共同元素。这些元素是维系和构成检察公共关系中主客体关系的基本元素，其体现了检察公共关系的"公共性"或"社会性"，而不是"权力性"或"政治性"。对于检察公共关系的客体对应性的认知，为我们重新划定检察公共关系的客体范围提供了理论基础。"公共关系管理的目的是建立公众和司法之间的良好互动关系，因此公共关系不是工作关系，所以其与党政、人大政协以及其他政法部门之间的关系不是公共关系管理研究的范畴。"② 检察公共关系的客体可以作如下分类。

---

① 穆潇：《警察公共关系导向问题研究》，西南政法大学 2014 年硕士学位论文。

② 蒋超：《法院公共关系管理：社会管理创新大背景下的一项新课题》，载《社会管理法治化理论与实践研讨会论文集》（2012 年上海）。

检察公共关系客体分类[①]

公共关系	外部公众
从属关系	地方党委、政法委、人大及其常委会等
对等关系	同级司法机关（公安机关、司法院、法院及监管单位等）、政府各部门
相对关系	犯罪嫌疑人、被告人、证人、申诉人、律师等诉讼当事人及其代理人、近亲属等
媒体关系	新闻媒体、网络平台等传播媒介等
关联关系	人大代表、政协委员、人民监督员、特约检察员、法学教学研究人员
群众关系	社区群众

由上表可以直观地感受到检察公共关系的"公共性"或"社会性"，尽管其中包含一定的"权力性"或"政治性"，但"公共性"或"社会性"才能从事物本质属性层面涵摄检察公共关系的客体性质。

三是检察公共关系的管理特定性。"管理学认为公共关系具有管理职能，其目标在于使资源配置和关系管理产生社会效益和经济效益。"[②] 检察公共关系同样具有管理职能，其目标在于使检察的制度资源、人力资源和文化资源配置和检察公共关系管理产生检察公信效益。反言之，树立良好检察组织形象是检察公共关系理论的核心概念，是检察公共关系建设和构建的根本目标。检察组织的形象树立不仅是贯穿检察公共关系理论与运作的一条主线，同时也是优化配置检察各种资源的最高管理者。

四是检察公共关系的决定特殊性。检察公共关系水平的提升决定于体系性要素，包括微观的执法行为、中观的检察权运作及宏观的政治体制。宏观的提升表现为深化司法体制改革，中等层面则集中于优化检察权配置的机制改革，微观具体方面的提升主要指规范检察行为，提升检察公信力。其中，检察权的优化发挥着承上启下、融贯体制与行为的作用。当代中国政治民主化、经济市场化、法治建设和文化重建的各种社会公共关系的交互错综，构成了我国公共关系的复杂性，同样，提高了建设和构建高水平的、良好的检察公共关系的难度。在我国要提升检察公信力，"关键的问题是要进行政治体制改革，理顺党和法律的关系，以及司法同其他机关的关系"[③]。一个国家的政治制度和政治

---

① 参见王建宁：《公共关系语境下检察公信力的提升》，载《中国检察官》2013 年第 12 期。

② 王芳：《公共关系学基础理论的核心定位》，载《当代传播》2009 年第 4 期。

③ 蔡定剑：《论法律支配权力》，载《中国法学》1998 年第 2 期。

体制，既是经济因素和文化观念最终决定或影响法律制度的枢纽，又是法律制度规范和发挥功效的核心对象。检察权优化配置是司法体制改革和检察工作科学发展的必然要求，是检察权高效运行和职能充分发挥的前提和基础。如何通过检察权优化配置，使我国检察机关发挥出与其在我国宪治体制中地位相匹配的检察职能，不断提升检察公共关系建设水平，具有重要的现实意义。

二、检察公共关系的特征

一是检察公共关系的多样性。检察职能自身和对象组织的多样性决定检察公共关系的多样性类别。例如，有观点即将检察公共关系进行了如下划分，"根据关系本身的偶然性和必然性特征，可以将检察公共关系分为偶然性的检察公共关系和必然性的检察公共关系；根据关系的必要性和非必要性特征，可以将检察公共关系分为必要的检察公共关系和非必要的检察公共关系；根据检察机关的位阶特征，可以将检察公共关系分为基层的检察公共关系、中层的检察公共关系和高层的检察公共关系；根据与检察机关发生关系的主体特性的不同，检察公共关系又可以分为组织性的检察公共关系和个体的检察公共关系"①。从不同的角度，可以将检察公共关系划分为不同的类别。不同的时期和地域，不同的检察价值和目标，不同类别的检察公共关系的作用和角色也不尽相同。我们应根据不同类别检察公共关系的作用机理和不同类别检察公共关系在特定时空的作用多寡来加强对检察公共关系的动态管理。

二是检察公共关系的外在性。"经济学里称'没有反映在市场价格中，但可以影响其他生产者或消费者的某一生产者或消费者的行为'为'外在性'（externality）。"② 外在性可以是消极的——当一方的行动使另一方付出代价时，或者是积极的——当一方的行动使另一方受益时。虽然影响检察关系的因素可能存在于检察机关或检察权运行内部，但是其对检察公共关系的作用结果均体现于检察机关或检察权运行的外部。检察公共关系的外在性有时体现为检察内部关系的主客体会转化为检察外部关系的主客体，检察公共关系的外在性体现了检察内部关系的延伸。检察人员个体的司法行为总有它的承受者，比如案件当事人作为司法行为结果的直接承受者，其行为又会对检察外部的社会群体产生影响。"在公共经济学中，经济学家通过外部性的内在化——改变激

① 《认知检察公共关系及其建设之利弊》，载 http://xianzhuangzhifannao.fyfz.cn/b/28723，最后访问日期：2015 年 11 月 24 日。

② ［美］罗伯特·S. 平狄克、丹尼尔·L. 鲁宾费尔德：《微观经济学》，中国人民大学出版社 1998 年版，第 560 页。

励，以使人们考虑到自己行为的外在效应，同样地，在法学中也存在着这样一种外部性——因个体行为而对旁观者利益产生影响。"① 所以，通过检察公共关系对此类间接承受者了解到怎样的行为正在发生、发生的进程如何，这种行为将有可能会对自己及自己将要进行的行为产生怎样的影响，从而做出决策，指导其行为。因此在实践中，我国某些区域检察机关内设犯罪预防与公共关系部门。在刑事诉讼中，参与者包括国家专门机关、有罪的嫌疑人和不幸被牵涉进来的无辜嫌疑人。各参与者通过对信息的占有和分析来制定各自在诉讼中的行为策略，通过行为策略的运用以及对于其他参与者的潜在影响来达到其在诉讼活动中的利益最大。其中，参与者对于其他参与者产生的潜在影响具有或然性，刑事诉讼中的伪证和刑讯逼供常常是这种司法关系中消极型"外在性"的体现。

三是检察公共关系的冲突性。作为履行法律监督职能的检察权，其中包含的许多职能具有司法权的性质，要求司法行为必须具有客观性和中立性。虽然检察公共关系与检察机关的司法行为本身不完全具有同一性，但是检察公共关系要求的主动性和检察司法行为的中立性之间必然会产生冲突。检察司法行为应该遵循的是以司法工作规律为主的检察工作规律，检察公共关系应该采用的则是行政化的运行模式，其首要追求的价值应该是效率和实体结果。虽然检察公共关系与检察权运行密切相关，但是二者在运行模式、变化规律及结果追求等方面不尽相同。尤其是检察权运行与检察公共关系的内容发生重合之时，更是需要仔细甄别并处理好二者之间的冲突。例如，检察权运行中的部分不公开导致的神秘性与公众的知情权之间就会产生一定的冲突，在处理二者之间的冲突时就需要我们运用智慧对冲突进行消弭。

第二节　检察公共关系的现状

一、检察公共关系建设中存在的问题

一是关于对检察公共关系的认识不到位。由于检察公共关系的理论和经验储备不足，检察人员对于检察公共关系的认识尚不到位。一种是没有认识到检察公共关系在检察建设中的应有作用，对检察公共关系重要性的认识不到位。认为检察公共关系可有可无，即使有也只是接待、文秘、公关等行政事务，与检察司法实务的关系不大。将检察公共关系看作检察传统工作的附属活动或专

---

① 牛宇燕：《法学中的"外在性"》，载《吕梁教育学院学报》2008 年第 1 期。

门机构的职责，而不认为其与每个检察体制内的人员密切相关。另一种是对检察公共关系的认识存在庸俗化倾向，将"检察公共关系"等同于"检察人际关系"，认为检察公共关系就是与外界搞好关系。将检察公共关系看作是检察与公众之间的以检察为主体的单项沟通和传播行为，没有意识到检察公共关系是一种双向互动的过程和行为。事实上，检察公共关系发展的历史阶段也体现了这种认识上的偏差。"从公共关系的历史发展来看，公共关系观念经历了私利、互利阶段，应该走向公利阶段。"① 在私利阶段，是以公共关系主体的利益为中心的，为实现公共关系主体组织的利益，公共关系中的媒介更强调其工具性价值，通常更惯性地采用说服、影响甚至是愚弄、欺骗的方式方法来处理公共关系。在互利阶段，这种思维模式发生了改变，公共关系主体组织意识到只有真正有利于公共关系对象的利益才能最终有利于公共关系主体组织的利益。检察权作为一项国家公共权力，检察公共关系应区别于其他公共关系领先进入互利阶段，我们对于检察公共关系的观念也应与互利阶段的理念相匹配。

二是检察公共关系管理中存在不足。对于检察公共关系认识缺陷导致了检察公共关系管理不足。检察工作实践中最突出的表现就是检察人员司法行为与检察公共关系建设的割裂，二者没有发展成为一种互补型或者互促型的关系。这种割裂也体现为检察公共关系管理中事后被动的应对性方法，缺少事前主动的策略性方案。"'司法广场化'的状态下，民众以传统习惯、社会习惯、道德情感等作为判断标准，以更直观、更感性的方式去评价司法活动。"② 也因此检察公共关系主要体现为对检察公共危机的处理，在此意义上，当前尚不能称之为完全意义上的检察公共关系管理。另外，由于检察公共关系建设的意识缺乏，检察人员检察公共关系管理的能力也不足。不仅表现为危机事件中化解矛盾的能力不足，也体现为检察司法过程中言行的不恰当表达对于检察公共关系的潜在负面影响。事实上很多检察公共关系中的矛盾都萌芽于检察人员日常的司法言行细节中，所以我国香港特区对警察个体和公共关系的管理之间还做出过专门规定。在《香港警察通例》的有关章节和《香港警察程序手册》中明确规定了"警察与市民及传媒媒介的关系"、"警察单位与警察公共关系科的联系"，明确警察公共关系是警务工作的组成部分，每一位警员无论是工作时间还是非工作时间都有责任推进和维护良好的公共关系。当前我国部分地区的检察机关也出台了一些检察如何面对媒体、当事人、民众等各方面的规定，

---

① 陈先红：《公共关系原理》，武汉大学出版社 2006 年版，第 6 页。
② 李森红、张雯：《司法广场化与涉检网络舆情应对》，载《西南政法大学学报》2011 年第 2 期。

但这类规定或者由于检察公共关系意识不足或者由于规定本身的理念问题而在实际运作中效果不佳。

三是检察公共关系机制不够完善。检察公共关系的建设需要建立完善相应的机制体系，然而，我国检察机关关于检察公共关系的机制建设却远不能适应形势的发展。当前检察机关关于检察公共关系建设的机制也主要是存在于检察宣传和检务公开工作中的零散的机制，对于检察宣传和检务公开工作之外的双向公共关系机制的建立尚比较少。仅有的检察宣传和检务公开工作机制与检察司法机制之间的关系度不高，少有关注检察司法机制与检察公共关系机制之间的关联。同时，缺乏专门、整体、联动的公共关系机制。从整体公共关系角度，检察公共关系与国家公权力整体的公共关系具有同向性，检察公共关系管理不应是检察组织单一主体的行为。当前的检察公共关系机制尚处于单独发挥效应阶段，未能与其他主体的公共关系机制形成合力。

二、检察公共关系建设将面临的阻力

一是公共关系观念的束缚。当前的检察工作理念和检察公共关系理念之间还存在一定程度的不一致性，检察公共关系理念的发展仍滞后于检察工作理念的发展。检察工作理念和检察公共关系理念貌似都与检察有关，但正如检察权与检察公共关系的运行模式、发生规律以及追求结果等方面均存在不同一样，检察工作理念与检察公共关系理念分属两个不同的领域，检察工作理念本质为检察权运行中的指导思想，检察公共关系理念实为公共关系运行中的精神原则。因此，检察工作理念的树立不必然导致检察公共关系理念的产生，检察工作理念的执行也不必然导致检察工作理念的施行。严格说，我们尚未完全确立正确的检察公共关系理念，我们对于检察公共关系的思想或想法还只能称之为观念。观念或理念存在于内心并形成一种确认，对于检察公共关系的建设自觉起到基础作用。当前检察公共关系观念发展的滞后性，仍成为检察公共关系建设将面临的阻力。

二是检察司法行为的制约。规范的检察司法行为是良好的检察公共关系建设的前提和基础，决定着检察公共关系建设的水平。我国检察公共关系中问题源的产生在检察组织主体和公民、其他社会组织客体之间均有分布，检察司法行为不规范带来的关系客体的负面反馈常常成为影响检察公共关系的重要方面。尽管关系客体在规则的理解和价值的判断方面与检察组织客体之间存在不一致的地方，但不可否认的是，更多情况下不规范的检察司法行为是产生关系异化的内因和问题的本质，无论如何异化的关系客体反映只不过是一种外在表现形式而已。检察司法行为规范化不是一蹴而就的事情，需要整体司法环境的改善、检察人员专业化的提升以及检察机制的完善等诸多条件，这些条件的实现都是渐进的，需要一个长期过程，因此，检察司法行为规范性问题对于检察公共关系将在较长时期产生制约。

三是检务保障程度的限制。检察公共关系应然状态的建立需要在人、财、物等方面提高保障的程度。但是仅对于正在进行的关于检察人员分类管理等核心体制改革，当前的检务保障水平尚不足以支撑，更何况长期处于尚未开发的检察公共关系建设。检察组织在人、财、物等方面的检务保障水平满足不了检察公共关系建设的需求，检察公共关系的建设就无从谈起。检务保障能力与检察机关之外的体制等因素有着较为密切的联系，长期以来检务保障能力也一直成为制约各项检察改革的前提性条件。因此，检务保障水平对于检察公共关系建设的限制应成为我们实践检察公共关系建设过程中关注的一个重要方面。

第三节　检察公共关系的建设

一、转变管理理念

由于检察机关具有的对检察权这一公权力的垄断性以及司法行为的保密性，检察公共关系并未如中介机构、商业实体等社会组织一样注重公共关系的建设。一直以来，检察机关更加注重对检察权司法过程中的检察行为、行为依据以及行为结果的关注，对于自身表达方面没有给予应有的重视。只有真正树立起现代的检察公共关系理念，做到在理念与认识上的与时俱进，才能在行动上推进检察公共关系的建设。

转变管理理念，就要将检察公共关系提高到检察软实力的高度进行认识。20 世纪 90 年代初，美国哈佛大学教授小约瑟夫·奈率先提出了"软实力"理论。检察实力不仅包括检察权的执行力、规范力等"硬实力"层面，同时也包括检察公信力、检察素质力等"软实力"层面，检察"软实力"对于检察组织而言不是可有可无，而是检察组织实力的一体两面，检察"软实力"对于检察"硬实力"起反作用。并且，作为检察"软实力"重要内容的检察公信力，在社会信用体系结构中，检察公信力等同属于社会公共信用体系的组成部分，是社会信用体系中的高级形式。一个国家或区域的政府公信力、司法公信力及检察公信力等水平的高低，决定着这个国家或区域的社会信用体系稳固程度的高低。检察公信力的下降，将严重损害社会信用体系的制度支撑，导致社会陷入检察信用危机，给整个社会的信用体系带来的往往是釜底抽薪式的冲击。因此，检察公信力对于检察组织的整体实力提升具有重要的作用，而检察公共关系管理是检察组织赢得社会信赖能力的必经途径。

要转变管理理念，就要将检察公共关系提高到制度信任的高度进行认识。"信任是社会资本的一种形式。"① 社会资本是在社会经济、文化活动中形成的社会资源，作为社会资源之一的信任关系在社会发展过程中逐渐演化为信用资源，人们从这种关系模式中能够获得约定和预期的利益，信任关系就是作为表达个体行动自由与集体控制之间关系的社会资本的一种形式而存在的。检察机关在履行法律监督职能过程中，社会个体、社会组织、组织内部即可以对其外在行为产生的后果进行预判并获得利益。检察公信力是社会公众对检察机关所表现出的一种普遍认可、信任的角色期待和角色要求，是检察机关所享有的基于检察制度的正当性所派生出的社会资源。检察公信力是检察权与检察权威理性契合的产物，它兼具权力和权威的双重特色，维持着利益与主体的制度均衡。其基于检察制度，一方面，信任分为人际信任和制度信任，前者建立在熟悉度及人与人之间的感情联系的基础上的人格信任，后者则是外在的，以法律的惩罚或预防机制来降低社会交往的复杂性。伴随着现代化的发展，传统的人格信任已经无法维系人与人之间的关系，制度信任就产生了。② 公信力权力主体与公众之间的非平等性、信息不对称性以及其以强制力作为约束条件决定了其只能是一种制度化的社会信任。另一方面，尽管检察公信力包含社会个体对检察机关执法个体的信任。如果缺乏相应的检察制度保障，这种个体之间信任的形成很大程度上取决于执法者的个人能力及品性。检察公信力的生成与维系必须建立在一定的制度保障的基础之上，体现社会公众对于检察制度的认可和信任。再一方面，法律制度安排可以保障对未来事态的确定化。检察行为对法律规范起着恢复性保持和创造性发展的功能，构造讲信用的制度环境是检察机关等司法系统向社会提供的公共产品或者说无形资产。检察活动作为社会资本的救济性生产，表明检察活动与社会资本之间有着本质性的高相关度。检察公信力是信用概念从德性伦理到制度伦理的跨越，是具有社会资本属性的制度信任。社会的发展产生了公共权力，公共权力在与社会的互动中同样需要信用资源，也同样存在资源的短缺，因此我们应该深刻理解提升检察公信力的必要性以及检察公信力缺失的危害。

---

① ［美］科尔曼：《社会理论的基础》，邓方译，社会科学文献出版社 1999 年版，第 360 页。

② 参见［英］安东尼·吉登斯：《现代性与自我认同》，赵旭东译，三联书店 1998 年版，第 48~50 页。

二、固化长效机制

"1952 年，美国著名学者斯科特卡特里普和艾伦森特合作出版了一本公共关系学方面的权威著作《有效的公共关系》，提出了'双向公关'的关系模式，把组织与公众之间看成一个互动过程，揭示了现代公共关系的真正本质，并确立了公共关系的四步工作法——公关调查、公关策划、公关实施、公关评估，直至今日仍在沿用。"① 尽管检察公共关系在量上只是公共关系的一小部分，但是从检察公共关系的影响力角度，检察公共关系对于整个国家的公共关系建设而言作用显著。因此，对于检察公共关系的"有效"有必要以"双向公关"模式将其分解为不同的工作步骤，并建立不同的工作机制。

提升检察公共关系的水平应以长效机制固化。提升检察公信力应当着眼于机制的建立完善，努力实现其在更高层面的系统整合，注重发挥制度的整体功效，着力构建固化的制度体系。检察公信力提升的因素不应仅形成孤立的、动态的机制，而应更多地关注如何加强制度间的联系和对接，对制度的功能进行整合，形成固化的、良性的机制。只有通过固化的机制提升检察公信力的因素才是常规的稳定的机制，这一特点与我国以前经常采用的非常规、非稳定的群众运动方式相比较，其制度化的稳定性保障其社会控制功能的稳定发挥，并且，具有公信力品质的要素提供为行为人提供了可预测性，这些机制包括健全完善规范化的办案机制以提高队伍执法监督能力以及健全完善制约型的监督机制以确保队伍廉洁从检等。

具体而言，检务公开、"互联网＋"、新闻发言人制度、网络安全等方面的已建机制、拟建机制以及可建机制中，与检察公共关系机制关联的机制都可以对其整合并加以固化，在运行中逐渐完善后上升为更高层次的规定。尤其是要抓住司法改革中给检务公开带来的发展契机以及大数据时代网络发展带来的历史机遇，建立符合当代检察发展情势和信息传播形势的检察公共关系新机制。

三、明确具体方式

（一）开展公共关系调查与评估

公共关系调查是进行公共关系实施的前提和基础。"只有搞好了调查研究，探明了事实真相，掌握了组织的活动和政策，以及公众认知、观点、态度

---

① 陈彬：《公共关系学视角下的司法公信力构建与管理研究》，载《云南警官学院学报》2012 年第 6 期。

和行为，确定了组织所面临的问题，公共工作其他诸环节才有可能卓有成效的进行下去。"①

应明确公共关系调查的目的和要求。检察公共关系调查的直接目的就是发现检察组织的形象定位，为检察公共关系提升决策提供参考依据。

需要确定调查的内容和形式。调查内容和形式应该按照不同层次的调查对象分别设定，以保证调查结果的真实性和和目的性。之所以需要对调查对象的层次进行区分，是因为不同调查对象由于其对法律认识程度的差异、在与检察机关的关系中角色的不同以及社会、公共角色的差异带来的反馈方面的差别。"检察公关公众调查，首先要把握内部公众的外部特征、需求以及与检察机关的关系程度等。尤其是在外部公众调查时，要明确作为检察公共关系公众的顾客公众、社区公众、媒介公众、政府公众、名流公众的特殊性。在网络时代，也应将意见领袖纳入检察机关的名流公众。"② 但总体而言，检察公共关系调查内容基本集中在以下几个方面：一是司法机关自身状况调查；二是不同层级公众状况调查；三是检察机关与公众之间的关系调查；四是检察司法行为所处的社会环境调查。在进行调查之前要抓住那些检察公共关系的基本构成要素作为调查指标，并且明确其对检察公共关系产生哪些影响。

检察公共关系调查只是第一步，对调查结果进行数据分析并在此基础上依据特定的标准和方法进行评估才能达到调查的目的。评估不只是对调查结果进行评估，还应该对实施之前的策划方案进行论证。应对实施方案是否优化、实施项目的必要性、实施方案所包含信息是否全面以及实施效果进行全面的论证。

（二）开展公共关系实施与修复

公共关系实施是指将公共关系策划的目标和内容变成现实的过程，是整个公共关系工作程序中最为关键的环节，直接决定着检察公共关系的成效。检察机关应在依托检察公众和检察服务的基础上实施各项公关活动，一般可以分为征询型公共关系活动、宣传型公共关系活动、防御型公共关系活动以及矫正型公共关系活动。检察公共关系不仅在检察机关遇到检察舆情、公共关系风险或者组织形象受到损害时所采用的一种公共活动模式，其更体现为一种日常化、制度化的常态运作。

依照不同活动类型选择合适模式以适应检察公共关系实施。例如，"宣传

---

① 杨国兰、黄爱华主编、肖云副主编：《公共关系实务》，北京师范大学出版社2011年版。

② 蓝向东：《试论检察公共关系建设》，载《人民检察》2011年第20期。

型是指主要利用各种传播媒介直接向公众宣传自己，以求最迅速地将组织信息传输出去，形成有利于自己的社会舆论，包括新闻发言人制度、记者招待会、印发宣传材料、刊物等；服务型是指以提供各种实惠的服务工作为主，以实际行动获得社会公众的好评，树立组织形象，以采集信息、调查舆论，收集民意为主，目的是通过掌握信息和舆论，为组织的管理和决策提供参谋。"[1]

公共关系的实施过程中会受到不可控的外界因素的干扰，并会受到公共关系各方的不确定性因素的影响。检察公共关系实施的结果有时与检察公共关系设置的目标会有一定的差距，这时就需要对检察公共关系进行修复。检察公共关系的修复与实施不同，修复具有事后性。无论是主动性修复还是应对性修复，修复过程中所处的关系与环境都变得更为复杂。

进行检察公共关系的修复，要对修复本身具有的局限性有充分的认知。检察公共关系的修复不只是单纯的公共关系的维护，其受到检察权和检察行为本身的制约。检察公共关系的修复需要检察公信资源的支撑与个案公正的支持，而公信资源的获取却具有长期性，个案是否公正具有一定的主观性，检察公共关系的修复具有不可超越的客观限制。因此，检察公共关系的修复应理性、务实，认知修复的可能与不能，防止检察关系修复过程中的"过犹不及"。

第四节　关于检务公开的特殊性

作为检察公共关系建设方式之一的检务公开，性质具有特殊性。检务公开，与审判公开不同，并非法律之明确规定与要求，而属检察政策之范畴，是检察机关为建立良好的公共关系、树立检察公信力而主动向社会所作出的政策性决定。检务公开既然属于检察政策，那么在公开的内容和方式上就不能违背法律的明文规定及诉讼法之法理，而只能依法公开，换言之，依法（理）不能公开或不宜公开之内容，皆不能公开。且政策与法律不同，法律在制定时即已经对各方利益进行过权衡，司法机关在针对具体个案适用法律时，无须再考虑利益权衡问题，但政策在执行中仍需注意对各方利益尤其是被追诉方的合法权益进行权衡。此为检务公开的限度之一。[2]

检务公开是保障检察民主的基本方式之一，更是先进法治理念的体现。在实施检务公开过程中，应严格把握检务公开的特定内涵，把检务公开放在检察机关的宪法定位、诉讼环节和办案效果上考虑，注重与相近范畴的区分，做到

---

① 张践：《公共关系学（第二版）》，中央广播电视大学出版社 2011 年版。
② 参见万毅：《检务公开注意三个限度》，载《检察日报》2015 年 4 月 30 日。

公开有据、公开有度、公开有效。

一、注重区分司法公开与法律传播

二者的行为方式和价值追求不同。公开是相对于保密而言的，是保密行为的"不作为"，其不主动追求受众知晓的结果，具有消极被动的属性。传播是信息的交流活动，其典型特征是行为的双向性和交互性，具有明显的让受众知晓的"主观故意"。司法公开是满足受众"想知道"的司法信息需求，是长期以来"司法神秘"的一种法治进步。法律传播则是"想让受众知道"特定的法律信息，这些特定信息的角色定位不仅是"信息源"，更是重要的"影响源"。法律传播通过信息的取舍和加工对舆论进行有意识地控制，对受众的导向施加影响。法律传播对信息选取、传播的角度不同，体现了其背后的组织机构对于某一价值观的倾向性选择。司法公开与法律传播的不同，要求我们在公开应公开的全部信息的前提下，适度把握检务公开的载体、公开方式及公开强度，防止过犹不及，将检务公开异化为法律传播。

二、注重区分检务公开与审判公开

二者的义务来源和公开程度不同。审判公开是我国的一项重要诉讼制度，也是域外大多数国家进行诉讼活动时必须遵守的法定原则。检务公开则是从法律监督权的本质要求出发，是检察权自我监督的客观要求，属于检察自觉。我国刑事诉讼分为侦查追诉和法庭审判两大阶段。在侦查追诉阶段实行的是以国家为主的原则，当事人不参加辩论，采取不公开形式进行，审判阶段才采取直接讯问和言词辩论的方式进行。并且，侦查追诉阶段的很多司法信息是非终结性的，法院判决生效才具有终结意义，处于前诉讼阶段不当的检务公开对于审判活动的公正是存在风险的。因此，检务公开无论是公开的范围，还是公开的程度，均应有异于审判公开。正如有学者所言，就刑事诉讼而言，正是由于检察机关自始至终参与刑事诉讼的全程性，检务公开不能像审判公开那样彻底、全面。检务公开与审判公开的区别，要求我们只能公开检察环节可以公开的信息，对于不能公开的信息进行公开，就会对审判权及当事人权利造成侵害。

三、注重区分检务公开与信息发布

二者的信息范围和功能定位不同。司法信息发布不仅要求公开司法层面的信息，而且还要公开司法机关在行使职权过程中获取的与案件事实无关的司法信息。《检察机关新闻发布制度》规定，检察机关新闻发布包括检察机关查办的重大犯罪案件有关情况、与检察机关有关的重大突发性事件以及对有关报道及舆情的回应等内容。司法信息发布为传媒与司法的互动开通了一条规范的沟通渠道，排除了法律传播中信息的干扰性和媒体的主观性，具有消弭某些法律传播产生的负面效应的独特作用。同时，司法信息发布是对检务公开及审判公开的完善，是巧妙平衡检务公开与不公开的有效工具。认识检务公开与信息发布的区别，可以使我们充分发挥信息发布对于检务公开与法律传播之间关系的"平衡器"作用，在公正行使检察权与充分保障公民知情权之间作出有效平衡。

如今，"更加重视公开"的检务公开制度已明显发挥作用，但是，检务公开是在动态与开放的复杂环境中实施的，其在制度进化过程中必然面临被扩张、被挤压甚至被误读的风险，因此，推进检务公开应注重三个区分，做到合理公开、理性公开、智慧公开。

第十四章 检察官职业建设

检察官是司法制度价值和制度功能的实现者，检察官职业建设的状况决定着检察权运行的成效。著名法学家哈耶尼曾断言："对正义的实现，操作法律的人比操作的法律的内容更重要。"① 埃尔曼甚至认为："法律专业人员负有塑造法律制度的结构与类型的使命，并在很大程度上确定法律运作于其中的一般趋势。"② 从实践来看，现行检察官管理体制的发展日趋规范化、制度化、精细化。当前，大部分地区检察机关的检察人员分类管理制度和检察官员额制度都已进入正式运行阶段，真正意义的检察官专业化建设时期正式开启。检察官职业化建设进入关键节点和历史拐点，各种理论问题和实践面向均需要我们重新梳理和思考。

第一节 检察官职业素能建设

一、检察官职业素能的基本要求

（一）检察官职业基本素能的主要内容

检察官职业素能，是检察官在行使检察权过程中体现出来的素质和能力。加强检察官职业素能建设，内在要求所有检察官都必须具备胜任岗位职责所需的知识和技能，在本职岗位上力求过硬，精益求精。检察官基本职业素能，归根结底是检察官具备基本的法律知识体系和法律思维能力。而法律思维能力是最能体现检察官基本职业素能的核心要素，提升检察官职业素能要以提升法律思维能力为根本。

检察官职业素能的标准体系，是检察官职业素能建设的一项重要内容。2016 年最高人民检察院通过了《检察机关岗位素能基本标准（试行）》，具体

---

① EvanHaynes, TheSelectionandTenureofJudges, Newark, NJ, NationalConferenceofJudi-calCouncils, 1944J. p. 5.

② ［美］埃尔曼：《比较法律文化》，贺卫方、高鸿钧译，生活·读书·新知三联书店 1990 年版，第 134 页。

包括通用标准和专业标准，专业标准由通用专业素养、通用专业能力和岗位专业能力三部分内容构成，涵盖检察业务 10 个业务条线内容，共 227 个素能项目。据最高人民检察院的权威解读，该标准是运用现代人力资源管理理论和方法，在对检察机关各类岗位所应具备的素质能力要求进行提炼、概括和归纳的基础上，对岗位核心素质能力进行不同层次的定义和相应层次的行为描述而制定出来的岗位素质能力标准体系。

（二）检察官职业基本素能的培养困境

我国的检察官职业素能的培养，在法学基础理论与法律实践能力方面出现明显的断裂。我国当前的法学院教育缺少法律实践的内容，学生对于法律的理解是孤立、静止的，基本不会做与社会经济生活关联的实践想象。作为我国司法职业群体准入资格之一的全国统一司法考试，也只能算作法学院教育的再考试，只是对于法学基础理论或法律基础知识的再考核，虽然是准入资格考试，但并未参照司法职业群体的能力标准。

初入司法职业群体的司法主体，其职业能力的提升和职业操守的养成深受其司法的院、部门尤其是"师傅"的影响。在当前司法过程与司法结构因人而异，因案而殊的整体司法水平下，缺少共同的职业群体的知识体系、思维方式与行为模式，"同样问题同样处理"几乎是一句空话。

在司法人员的在职培训中，培训内容和培训方法大多类似于法学院教育的一种继续，单方传授的授课方式对于培训对象的实践感并不会产生多少质的提升。虽然培训过程中，会有司法实务部门富有实践经验的人员参与培训教学，但是更多的则是聘请法学院老师进行授课，在法学院与司法部门知识单向流动的知识传播方式中，司法实务部门的实践成果或者问题意识并不会反馈到法学院的老师知识体系中，许多司法实务中的问题长期无法解决并无法在理论上找到出路。

（三）检察官职业素能的提升路径

法学属于应用学科，从书面的法到实践中的法需要经过法律适用主体的转换，法律适用主体接受的教育必须包括深厚的法学理论和丰富的法律实践，二者缺一不可。美国等英美法系国家的法学教育均具有浓厚的职业训练导向，注重法学教育中的技能培训。"18 世纪，哈佛法学院院长朗代尔将案例教学法施用于法学课堂，并逐渐成为全世界最具代表性的法学教学方法之一。之后，法律诊所、模拟法庭、法学评论、校外实习等极具创新和特色的教学模式和方法被不断创设和传承。"① 较之美国，德国更偏重法学的基础理论教育，但随着政治经济形势的变化及欧洲一体化和全球化的深入，对应用型法学人才的需求越来越高，德国法学教育也开始进行基础理论教育与法律实务训练的"双轨制"改革。德国等大陆法系国家的法学毕业生在从事法律职业以前必须经过严格的职业训练。

检察系统一直注重检察官的职业教育培训，2013 年最高人民检察院制定的《关于加强和改进新形势下检察队伍建设的意见》提出，构建专业化检察教育培训体系。同年最高人民检察院又印发《关于制定检察机关岗位素能基本标准进一步完善检察教育培训体系的意见》，旨在进一步提高检察教育培训科学化水平，促进检察队伍专业化建设，推进检察教育培训改革。

当前，我国检察培训中仍存在一些问题亟待解决：一是如何建立法学院教育与检察职业教育相互衔接的培养机制；二是需要改变现有类似于法学院的教育培训方式，创设出适合法律实践的独特教育培训方式；三是法律实践教育培训应侧重哪些内容。

就建立检察教育培训机制而言，必须注重法学院教育与检察职业培训的互补性方向。首先，应该系统充实司法方法、司法技能等实践知识，对现在的法学院教育体系进行改革，使其更符合由感性认识上升为理性认识的认知规律。其次，全国统一司法考试应该增加面试内容或者在笔试中增加针对案例的司法处理能力的考察。最后，对现行的检察职业培训模式进行改革，将知识型培训改变为应用型培训，着重培养司法主体的法律运用能力。

就检察教育培训方式而言，同样需要关注法学院教育与检察职业培训的衔接性方向。应从单方传授、论文写作等法学院式的重在教育的方式转换成情景式教学、讨论式教学和实际操作式教学的重在实践的训练方式。

就检察教育培训内容而言，尤其需要关注法学院教育与检察职业培训的区别性方向。"法学家应从丰富的法律实践中获得知识理性的原始材料，更多的研究中国的法律问题，研究法律方法与法律技术，为法律家提供可资实践的理论支持；法律家则应将法律实践中的经验进行总结，从法律的知识理性中获得创造的源泉与动力，并为法学家提供可以上升为理论的实践基础。"②

---

① 张莉：《基于学生感受的美国法学教育改革及启示》，载《黑龙江教育》2014 年第 4 期。

② 吕忠梅：《论法律实践理性养成与法学教育改革——以建立专门法官培训体系为视角》，载《湖北经济学院学报》2010 年第 3 期。

二、专业化、职业化、精英化的发展方向

（一）专业化、职业化、精英化的界定

专业化意指一种职业或其他系统的分化形成独立的业务素质标准并获得专业地位。职业化是指一个行业具备独立的职业精神、职业规范、职业技能和职业保障体系等。专业化与职业化是互相联系、互为存在并互相促进的两个概念。专业化是职业化的前提和基础，职业化是专业化的发展目标和结果。简言之，职业化等于专业化加上职业精神和制度规范等。检察官职业化既是社会分工和职业细分的历史产物，也是特定社会和法律体系选择的结果。检察官职业统一于共同的理念信仰和规则制度之下，通过独立的保障体制、专业的运行程序、独特的法律技术形成区别于其他职业的特征。从我国检察队伍及检察工作实际出发，检察官职业化包括四方面内容：一是以行使检察权为专门的职业；二是具备履职的职业素能和职业操守；三是具备与检察官履职相匹配的物质保障；四是具有鲜明特色的检察文化。

检察官承担着维护国家法制统一的特定职责，这种责任的特殊性和复杂性决定了检察官职业不应定位为大众职业，检察官职业化在一定程度上意味着检察官精英化。检察官精英化是指检察官主体适应现代法治的要求，以专业化和职业化为背景，在法律素能和职业操守等方面具有高度的卓越性，通过检察权的行使获得较高的职业声望，具有法律保障下的优厚地位。西方国家的司法制度设计，普遍体现出司法主体强烈的精英化色彩，司法主体的选任具有十分严格的程序规定。我国的检察官分类管理、员额制以及检察官办案责任制等改革，必将促进检察官专业化、职业化向检察官精英化的转化。

（二）专业化、职业化、精英化的必要

检察官是行使检察权的主体，检察权在我国主要是指法律监督权，其中既有司法权属性的权力又有行政权属性的权力。检察权通过行使专门的法律监督权，对行政权和审判权等国家公权力进行监督。检察权的复合性权力属性和法律监督的特殊客体对象，决定了检察官必须具有专门的业务知识和规范的职业行为。检察官的专业化和职业化是检察权运行的基础，是检察权独立行使的前提条件。检察权行使的过程与结果表明的是一种国家立场，现代法治国家的价值追求决定了检察官的专业化和职业化。

检察官的精英化符合检察队伍专业化、职业化建设的要求，是检察制度改革和发展的必然方向。作为法律精神、法律技术和法律文化的实施者，检察官群体的职业要求不能仅停留于专业化和职业化的层次。十八届四中全会提出

"以司法公正引领社会公正"，赋予司法公正更重要的使命。检察官案件办理过程中认知、推理、判断的专业思维以及客观、中立、独立的职业理性，都决定了检察官精英化的必要。检察官精英化是检察权运行的内在要求，是检察改革的客观需要，是顺应国际社会发展趋势的必然要求。

（三）专业化、职业化、精英化的发展

司法专业化和职业化并非西方文明的特有产物，只是西方三权分立下司法权的独立权力形态凸显了司法的专业化和职业化特征。从司法官员设置的专门化及司法职权行使的制衡化两个角度，我国古代既已形成不完全意义的司法专业化和职业化。作为法制文明兴盛的唐宋时期，司法官职位的设置及相互之间的制衡都已较为完备。到了近代，对于司法专业化和职业化的思路则更加明显。"司法职业化的改革思路，早在清末司法改革中就已逐步萌发并形成，如沈家本等人遵循的就是以职业化的司法发展模式来推进司法改革。"①

但是在法制建设初期，由于我国司法主体职业素能总体偏低，司法人员独立和法律职业自治的模式以及司法人员身份保障制度等受到严格的限制，司法机关内部基本采用的是行政管理模式。"当法律职业无法提供高质量的司法服务，乃至出现了制度性的司法腐败时，社会一方面更强烈地抵制司法独立，另一方面则只能从强化监督中寻找医治的良方。然而，尽管监督和制约能够在一定程度上遏制腐败、规范法律家的行为，但是很难促成该共同体内部职业道德和自治能力的形成；同时，由于监督往往与干预不可分，则不仅效果有限，甚至可能诱发更大的不公正。"② 由于司法的公信力没有建立起来，司法职业化的目标也越来越远。

改革开放后，随着我国市场经济的深入发展、民主法治水平的提升以及客观司法情势的变化，决定了司法职业化成为我国法治进程中的一种必然选择。因此，我国司法体制内开始建立具有共同的法律思维与法律技能的法律职业共同体，并希望该共同体在规则和程序适用的过程中免除外界的干扰，进而实现法律职业对社会建构和改造的主导作用。但是，社会的发展却不能给司法职业化的发展提供足够的生存空间。公民对于司法职业化下的司法结果无法形成正面反馈，实质公正、社会效果以及执行程度等都成为判断司法是否公正的民间标准。社会对于司法职业的不当认知，导致司法职业化的发展目标、行动准则和评价标准的错位，法律职业努力追求的一些现代司法理念、制度规则和改革

---

① 杨建军：《司法改革的理论论争及其启迪》，载《法商研究》2015 年第 2 期。

② 范愉：《当代中国法律职业化路径选择——一个比较法社会学的研究》，载《北方法学》2007 年第 2 期。

措施也就更难以被社会接受。"历史证明，现代法治的建立不仅仅是法律家自治及其努力的结果，更多地是取决于社会经济政治发展的需求和选择。法律职业如果不能适应社会发展的需要，不仅难以取得支配地位，本身也可能遭到社会淘汰。在当代，法律自治及法律职业的垄断更是不断受到社会的挑战。"①

1999 年我国确立了司法职业化的改革方向，但是随着"能动司法"主张的提出，人们的司法理念更多地渗透了现实的中国因素，在事隔十年之后，我国的司法职业化改革方向已悄然演化为司法的大众化与司法的职业化近于对立的两种主张。"但总的来说，这种研究是在党的执政能力建设这个大背景下对司法环境和司法制度的反思与重构，缺乏对司法能力本身的概念辨析、理论探讨，从而影响了这场大讨论的深度和广度。"②

检察官法将提高检察官素质作为首要目的，提出了检察官专业化、职业化的要求。2001 年，《中华人民共和国检察官法》进行重新修订，明确了检察官职业化的发展方向，从而使"检察官"这一词汇从职业名称提高到专业化建设层次，这是 21 世纪我国社会主义法治建设的迫切需要，也是检察工作根本属性的必然要求，2013 年最高人民检察院《关于加强和改进新形势下检察队伍建设的意见》提出以专业化、职业化建设为方向。提出"要坚持以解决现有突出问题为基点，以提高执法办案能力为核心，以健全职业保障机制为重点，以搞好顶层设计为前提，遵循检察工作和队伍建设内在规律，大力推进检察队伍专业化、职业化建设，不断推动检察队伍建设取得新成效"的纲领性意见。

《中国共产党第十八届中央委员会第四次全体会议公报》提出，司法公正对社会公正具有重要引领作用，司法不公对社会公正具有致命破坏作用。为实现司法公正，要推进司法队伍建设的正规化、专业化、职业化。要以深化司法体制改革为动力，以现代科技手段应用为支撑，以制度建设为保证，着力破解制约政法队伍建设的体制性、机制性、保障性难题。"新一轮规范化司法改革的思路总体是，职业化改革与规范化建设相结合，保障司法机关依法独立行使司法权与严格的监督、责任制度相结合，职业化的司法与司法民主相结合。"③可以说，检察官职业化的命题是对我国法治建设和检察改革的一种反思性、批判性的视点转换。

---

① 范愉：《当代中国法律职业化路径选择——一个比较法社会学的研究》，载《北方法学》2007 年第 2 期。

② 宗会霞：《法官司法能力研究》，南京理工大学 2013 年博士学位论文。

③ 杨建军：《司法改革的理论论争及其启迪》，载《法商研究》2015 年第 2 期。

（四）专业化、职业化、精英化的困境

从检察职业化自身角度，检察官职业化的基础和条件尚不完全具备。法条主义、终身责任追究机制以及由检察上下一体带来的自上而下的检察政策执行机制等，国家对检察职业的全面管理使检察具备职业化的一些特征。然而，独立检察体制，基本的检察官录用、培训和晋升机制以及完善的检察职业保障机制等在不同程度上的缺失，我国的检察职业化水平远未达到真正的职业化。

从社会对于检察职业的认同角度，检察职业被附加了许多非法律色彩。多元化、民间化的案件处理机制在某种意义上弱化了检察职业的权威性，诉讼便利、诉讼效率的观念在一定程度上降低了检察程序的严肃性，社会效果、政治效果的追求在一定意义上消解了检察职业的法治性。随着检察职业中非法律色彩的附加，检察职业的标准体系已经趋于模糊，社会对于检察职业的认同也会相对淡化。检察职业在对亲和力、责任感的追随中，独立的检察价值和检察文化也在逐渐偏离检察的方向。

从检察官生存的体制环境角度，符合检察官职业规律的职业激励体制尚未形成。检察权的行政化运行模式决定了检察官职业思维模式的行政化，"体制内"的思维使检察官的行为逻辑并无异于行政官。在行政化的绩效考核评价体系以及以"行政晋升"和"科层监督"为要义的集权控制型管理激励下，检察官的行为逻辑产生了一定的异化。"如果检察机关是由一个倡导者、少数成功的权力攀登者和大量底层保守者组成的行政官团体，不能给予与其司法官定位相契合的激励约束，便注定难以担负实现司法公正、高效的时代重任。"[1]

种种现实都表明，我国的检察职业化与域外检察职业化比较，存在许多特殊之处。当前，我国检察职业化问题已经成为制约检察制度科学发展的重要影响因素。检察官专业化、职业化、精英化建设中遇到的问题，既包括单纯的理念或观念层面的问题，又涉及法律实施和司法权威的司法体制问题，需要以系统的思维加以解决。

（五）专业化、职业化、精英化的进路

一是建立可接受的现代司法保障体制。我国当代检察改革的矛盾主要集中于体制层面，同时体制层面的改革又面临着司法自身无法解决的政治、经济等方面的现实制约。只有建立符合我国检察制度本质内涵和符合检察权运行基本规律和基本原理的检察体制，才能实现检察制度的制度价值，也才能为检察机

---

[1]　刘万丽：《我国检察官管理制度重构——以激励理论为研究视角》，湘潭大学 2014 年博士学位论文。

制的顺畅运行提供体制框架。以我国目前的体制改革的现实情势而言，"在制度的建构中，国家决策层、社会公众、当事人与法律职业存在不同的利益需求和价值取向，因此，需要经过一个充分对话、论证和博弈的过程，并应对必须付出的公共资源、成本风险和代价作出客观评估。"①体制层面的基础性改革主要集中于为检察权运行提供充分的财政资源并建立完善的检察官职业保障制度，建立保障检察权的独立运行的体制以及检察职业准入和科学的教育培训体制等。

二是从改善具体机制着手。改革一方面受到检察改革以外客观条件的限制，另一方面改革自身具有一定程度的主观能动性。这种主观能动性主要通过作用于科学的具体检察权运行机制来产生一种破除体制性障碍的张力。并由此从具体检察权运行机制的完善和优化运行入手，积极改善检察权运行的实际成效并逐渐改善检察权的司法公信力和社会认同度。从目前检察权运行的实际状况以及其与公安机关、审判机关和律师乃至社会公众的关系进行体察，机制层面的改革可以更加关注法律职业间的分工与制约。无论从公权力运行的权力惯性还是司法主体的思维惯性角度，司法权运行过程中不同主体的配合程度高于相互之间的制约。因此，应更加重视有利于相互间制约以及检察权对于其他权力的监督机制的建立完善，可以阻断司法权内部因互相配合而导致的司法腐败等不断损害司法机体的若干可能，并让司法机体沿着健康、可持续的路径发展最终以抵御法律之外的非正常因素的干预与干扰。

三是增强社会对职业化的认同。毋庸置疑，检察改革只有凝聚各方共识才能深入推进。检察改革反复带来的外部不独立以及内部腐败、公信力低等问题必须通过阶段性的内外部改革以形成良性的发展趋势，以此来获得社会认同和支持。我国目前所处的转型期阶段不仅面临建立法治、巩固市场经济的任务，加速与国际经济体系的接轨，也面临着深化法治的任务，需要"借政治依附性的斩断来提升人民对司法的信赖与尊崇"，②需要确立检察或司法与行政权等其他国家公权力之间的平等作用机制并以独立检察的形式对国家权力结构产生正面影响。

（六）民主化与精英化之间的关系

如前文所述，检察官精英化是检察权运行的内在要求，是检察改革的客观

---

① 范愉：《当代中国法律职业化路径选择——一个比较法社会学的研究》，载《北方法学》2007年第2期。

② 苏永钦：《飘移在两种司法理念间的司法改革》，载《环球法律评论》2002年春季号。

需要，是顺应国际社会发展趋势的必然要求。"相比较而言，职业司法改革总体上是一种精英化的司法改革主张。"① 国外法官精英化制度，不论是大陆法系还是英美法系，都将其作为一项最基本的司法制度。

汉密尔顿在阐述分权学说的同时也提出了精英理论。关于分权学说，他指出"司法机关为分立的三权中最弱的一个，与其他二者不可比拟。司法部门绝对无从成功地反对其他两个部门；故应要求使他能以自保，免受其他两方面的侵犯"。汉密尔顿主张司法不是所有人都可以从事的，只有少数人具备从事司法工作的条件，应当给精英分出权力，让精英牵制民主，"社会上只有少数人具有足够的法律知识，可以成为合格的法官。而考虑到人性的一般堕落状况，具有正直品质与必要知识的人数自当更少"②。

检察官精英化在法治社会具有行为示范作用和价值引领作用，检察官司法的过程即是司法规则和检察价值生动演示的过程，检察官司法过程中包含的行为技术与人格操守会对社会公众的行为与人格会产生潜移默化的影响。检察官精英化与整个社会的发展方向相联系并对其产生重要的促进作用，以此为基础，检察官在社会公众观念和社会结构中享有崇高的地位。

检察官精英化是司法民主化的充分条件，检察官精英化与司法民主化是对立统一的关系。检察官精英化并不等于司法的垄断，司法的民主化也不表明将司法权直接交由民众行使。检察官精英化是历史的必然选择，对司法民主化的追求只需在司法的过程中贯彻民主精神和促进民主思想的传播。检察官精英化与司法民主化的道路选择中，应当坚持检察官精英化的路径，同时兼顾民主成分，探索公民有序参与司法的途径。

第二节　检察官管理建设

"司法管理体制是国家司法权力配置、组织和运行的机制和制度，其中司法人员如何产生和履行职务是司法管理体制的重要制度内涵。"③ 作为检察管理体制中的重要内容，检察官管理在检察体制中具有基础性的建构作用，其对检察运行机制产生直接的影响。当前我国检察运行体制中存在的若干障碍性因

---

① 杨建军：《司法改革的理论论争及其启迪》，载《法商研究》2015 年第 2 期。

② ［美］汉密尔顿、杰伊、麦迪逊：《联邦党人文集》，程逢如、在汉、舒逊译，商务印书馆 1980 年版，第 391 页、第 396 页。

③ 莫纪宏：《论我国司法管理体制改革的正当性前提及方向》，载《法律科学》2015 年第 1 期。

素，很多都是由于检察官管理建设中存在问题所致。因此，只有不断地改革和完善检察官管理建设，才能保证检察运行机制的顺畅，并以此实现司法公正。

一、检察官的宏观管理

"管理是指一定组织中的管理者，通过实施计划、组织、人员配置、指导与领导、控制等职能来协调他人的活动，使别人同自己一起实现既定目标的活动过程。管理是在发现、探索、总结和遵循客观规律的基础上实施的规范化的理性行为。"[1] 检察官管理制度是指通过确定检察官的法律地位、权利义务、职责权限等内容，采用符合管理学科特点和检察职业规律的管理方式，保障检察官依法规范行使检察权的制度的总称。我国对检察官的管理是检察业务管理、人事管理、行政管理的总称，是在党的领导、人民代表大会的监督下，检察系统运用计划、组织、指挥、协调、控制等功能，发挥法律监督职责的一系列国家活动；是检察系统自我调整和完善的内在机制，表现为决策制度管理和办案活动管理的微观统一，具有行政性和司法性双重属性。

十余年来，高层围绕检察官管理中的重要问题提出了系列改革项目和措施。2000 年 1 月最高人民检察院发布《深化检察革的三年实施意见》，提出"改革检察官办案机制，全面建立主诉、主办检察官办案责任制"；"改革检察机关干部人事制度，实行检察官、书记员、司法警察、司法行政人员的分类管理"；"实行统一招考制度，坚持凡进必考（考试、考核）原则。各级检察机关录用主任科员以下职务的工作人员，一律实行考试录用制度"；"逐步实行最高人民检察院、省级人民检察院业务部门的检察官从下级检察院优秀、资深检察官中选任的制度"等重要改革项目。

2005 年最高人民检察院又发布了《关于进一步深化检察改革的三年实施意见》，提出"改革和完善检察干部管理体制，建设高素质、专业化检察队伍"的总要求。主要涉及"逐步建立上级人民检察院检察官从下级人民检察院检察官中择优选拔的工作机制"；"完善检察官教育培训制度，建立与国家司法考试、检察官遴选制度相配套的任职培训制度"；"推行检察人员分类改革，对检察人员实行分类管理"等重要改革举措。

2014 年十八届四中全会审议通过的《中共中央关于全面推进依法治国若干重大问题的决定》专门提出"加强法治工作队伍建设"，具体涉及"推进法治专门队伍正规化、专业化、职业化，提高职业素养和专业水平。建立从符合

---

[1] 朱三平：《管理学基础》（21 世纪高等院校经济管理类规划教材），人民邮电出版社 2012 年版。

条件的律师、法学专家中招录检察官制度，加快建立符合职业特点的法治工作人员管理制度，完善职业保障体系，建立检察官专业职务序列及工资制度。建立检察官逐级遴选制度。初任检察官由省级人民检察院统一招录，一律在基层检察院任职。上级人民检察院的检察官一般从下一级人民检察院的优秀法官、检察官中遴选"等重要改革措施。

最高人民检察院在《关于深化检察改革的意见（2013—2017 年工作规划）》（2015 年修订版）中也明确提出建立符合职业特点的检察人员管理制度，"实行检察人员分类管理，将检察人员划分为检察官、检察辅助人员和司法行政人员三类，完善相应的管理制度；建立检察官员额制度，合理确定检察官与其他人员的比例；制定相关配套措施"。提出"初任检察官由省级检察院统一招录，一律在基层检察院任职，上级检察院的检察官一般从下一级检察院的优秀检察官中遴选"；"建立检察官遴选委员会制度"；"完善检察人员职业保障体系"；"建立完善专业化的检察教育培训体系"等重要改革规划。

尽管各项改革在促进检察官管理水平方面取得了一定的成效，但是，检察官在职业准入、权力行使、职务保障、考核惩戒以及职业培训等方面的管理仍存在一定的不足，制约着检察官管理的科学化。检察官管理体制改革中存在的深层次问题，仍然成为制约检察官管理水平提升的重要原因。检察官管理中的去行政化、去体制化、去地方化，仍然成为检察官管理中的重要课题。

2016 年最高人民检察院在《检察工作"十三五"规划纲要》中提出，要深入实施《检察人才队伍建设中长期规划（2011—2020 年）》，完善检察官人才、检察辅助人才、司法行政人才工作规划，明确各类人才需求和标准。在"深化检察队伍管理改革"一章中提出完善检察队伍管理体系和完善检察职业保障体系等，具体包括推进检察人员分类管理改革，完善检察官、检察辅助人才、司法行政人员分类管理办法、单独序列和工资制度，合理确定各层级各类检察人员比例，实行检察官员额制，完善检察官职业准入制度，建立检察官逐级遴选制度，以及建立与检察官单独职务序列相配套的薪酬制度，建立检察官按期晋升和择优晋升相结合的等级晋升制度，健全检察人员依法履职保护机制等职业保障的规定。[①]

二、检察人员分类管理

在检察人事管理上，分类制度是一个基本的共同的价值取向。美国行政学

---

① 参见最高人民检察院：《"十三五"时期检察工作发展规划纲要》。

家韦洛毕认为，"全部人事行政制度的基础和起点，都是建筑在分类及标准上"①。检察人员分类管理主要体现了两个分离：一是外部的检察人员与行政机关公务员相分离，二是内部的检察官与辅助人员和行政人员相分离。检察人员分类管理符合检察权运行规律，有利于检察工作的科学发展。

1999年，最高人民检察院制定了《检察工作五年发展规划》，首次提出对检察人员实行检察官、书记员、司法行政人员、司法警察和专业技术人员的分类管理规划，随后确定在上海市浦东新区人民检察院、重庆市渝中区人民检察院、山东省济南市天桥区人民检察院、山东省平邑县人民检察院四家单位进行试点改革。2000年的《检察改革三年实施意见》，2003年的《检察人员分类改革框架方案》再次对检察人员分类管理进行了明确。

自2004年的《2004—2008年全国检察人才队伍建设规划》提出将检察人员进行三分法，包括2013年的《人民检察院工作人员分类管理制度改革意见》，直到2015年最高人民检察院印发的《关于深化检察改革的意见》等文件中，一直都延续了将检察人员划分为"检察官、检察辅助人员和司法行政人员"三类的三分法。实践中，检察人员分类管理主要有以下三种改革模式：以检察人员种类划分为主的小改模式；以科长（主任）负责制为主的中改模式；强调检察官独立的大改模式。②

近20年来，部分地区的检察机关对检察人员分类管理进行了尝试，取得了一定的成效。但整体上没有达到分类管理的本质要求，主要体现在以下两个方面，一是分类管理没有体现专业化、职业化、精细化的分类管理目标。大多地区的分类较为粗疏，只笼统分为检察官、检察辅助人员和行政人员三类；对于检察官没有根据检察职能做进一步的细分，民事、刑事等检察官的职业区分没有体现，检察官的司法序列与检察长、副检察长的行政序列并存，主任检察官与处长、科长等的部门负责人关系没有理顺；检察辅助人员中检察官助理与书记员的职责权限没有进一步细分。二是没有建立与分类管理匹配的职业保障机制。仍然延用原有行政职级模式下的薪酬体系，与分类管理对应的薪酬体系尚未建立；仍然实行垂直的利益分配模式，仍然以行政职务的"晋升"通道为主；没有实施不同序列的单独管理，与不同类别人员相匹配的职业规划和职业发展通道尚未畅通；检察官的权责利并不匹配，检察官的核心主体地位没有得到体现。

---

① 曹志：《各国公职人员分类制度》，中国劳动出版社1990年版，第1页。

② 参见苏正洪、张庆立：《检察人员分类管理制度改革若干问题辨析》，载《主任检察官办案责任制——第十届国家高级检察官论文集》，中国检察出版社2014年版。

究其原因，检察人员分类管理，不只是对检察人员进行简单的分类，而是对检察人员权力、责任和权利、义务的再分配。这就涉及检察人员分类管理需要不同体制、机制层面规定的重新整合，需要理顺与其他改革的关系。具体而言，检察人员分类管理要重点理顺以下两种关系：

一是检察人员分类管理与主任检察官、员额制改革。检察人员分类管理与主任检察官、员额制分属最高人民检察院推进的内容不同的改革项目，但这几项改革存在高度的契合，根本目的都在于去行政化，实现检察官的专业化、职业化、精英化。检察人员分类管理本身即包含对不同类别和层次的职位员额比例的管理，而主任检察官又是员额制内的检察官承办案件的有效载体。[①] 主任检察官和员额制都是通过增强检察官的司法属性来驱动检察人员分类管理。可以认为，检察人员分类管理与主任检察官、员额制改革具有三位一体性。十八届四中全会提出检察官员额制改革，检察官分类管理改革也自然转换成以员额制改革为关键和依托的一项改革。

二是检察人员分类管理与内设机构改革。检察人员分类管理必须与内设机构改革相结合，因为内设机构是为检察机关办案工作服务的，检察人员分类管理中包含的办案组织改革等必然要求内设机构进行改革；还因为"内设机构的改革，不仅直接关系到检察职权的行使，而且必然影响到检察机关的人事管理制度和检察权的运行机制"[②]。各地改革的实践也一再验证，没有内设机构改革的配合，检察人员分类管理的孤立改革就无法达到预期效果。本轮司法改革中，最高人民检察院提出科学、精简、高效的工作目标，并按照扁平化管理的具体要求，推进内设机构改革。在进行内设机构改革时，要充分考虑检察人员分类管理的内在需求，要重点考量不同检察职能的内容与特点。

2015 年至 2016 年以来，以员额制改革为抓手的检察人员分类管理改革在全国大部分地区推进。至此，既往检察人员分类管理改革中的问题积存被重新梳理，并在顶层设计层面获得规范的统一。此次改革在体制和机制层面相继推进，改革的顶层精神与具体落地得到了有效统一。可以说，"检察人员分类管理改革成为提高检察管理效能、提升检察产品质量、还原检察权本质属性、维

---

① 当前官方将主任检察官定位为，"主任检察官不是一个职务，也不是一种等级，而是员额制内的检察官承办案件的有效载体"。摘自 2015 年 5 月江苏省人民检察院《全省检察机关检察权运行机制改革试点工作推进会上的讲话》。

② 张智辉主编：《检察权优化配置研究》，中国检察出版社 2014 年版，第 122 页。

护司法公正的一个关键点和突破口"①。

三、检察官员额制改革

检察官员额制改革旨在实现检察官主体的专业化、职业化、精英化，并以此实现检察司法行为的规范化和公正性。检察官员额制改革是检察人员分类管理的关键，是检察官办案责任制的基石，也是此次司法改革中关涉各方利益的核心体制改革，事关司法体制改革的成败。根据高层关于员额制改革的方向设计、各地进行改革的实践分析，以及整体司法改革的面向，对以下几个方面的改革应进行重点完善。

（一）改革执行操作层面的策略与选择

员额制改革作为整体的司法改革的核心环节，其成效关系到整个司法改革的成败。改革的关键在于改革的执行，执行的成效如何往往取决于细节的差异。在对接顶层设计与技术设计的过程中，我们需要在不同层次，站在不同立场考虑问题。

我国的检察官员额制改革仍然遵循组织运作的一般原理，以内部委托—代理关系为主要方式的"发包"成为检察改革的主要实施方式，改革的执行者和改革的参与者身份是部分重合的。这种内部委托—代理关系式的"发包"改革往往层层消解改革的目标实现，在每一层委托—代理关系中都会受到相关利益的牵制，这种错误的前提决定了改革面临的较大风险。

因此，谁来执行改革就显得非常重要，改革执行者的选择可以说成为改革走向成功的一个基本的前提条件，从此角度，检察官员额制改革首要就是改革的"执行隔离"。考虑到改革执行者需要对改革对象相对熟悉，因此，改革的执行者与改革对象的部分重叠不可避免，因此，一方面我们要最大程度地保持改革执行者的中立地位，去除改革的利益关联，另一方面，我们要最大程度地保持改革对象的参与水平，以此保证改革的最大程度的公正性。

就目前而言，员额制改革过程中设置了入额人员遴选委员会，但是遴选委员会仅仅在微小的力量上对改革结果产生影响，因此，仅仅设置遴选委员会远远不能满足整体改革公正性的需要。因此，需要设计更多执行者与参与者分离意义上的改革措施，这是改革公正执行的一个前提性保障措施。

具体的改革过程中，入额的方式和入额的结果决定了员额制改革的主要成

---

① 黄维智、王沿琰：《检察人员分类管理改革研究——兼论"员额制"的落实》，载《四川大学学报（哲学社会科学版）》2016 年第 1 期。

效。不同的入额方式会产生不同的效应，可以产生分化效应的两种方式主要是"选入式"和"选出式"的区别，如果不能找到一种客观公正的选择办法，或者被选择群体的集体弱化，入额的人员不能够圈定优秀的检察人员，入额人员只是相对精英化，甚至出现良币驱逐劣币的现象，一则没有入额的检察官会因改革的公平性影响今后的工作热情，二则侥幸入额的人员会不再具有被出局的危机感，职业素能的提高也基本不再可期，以此两个方面同向的负效应，在改革中应尽量避免。

采取短兵相接还是迂回战术，改革的成效会截然不同，从各地试点的做法看，无一例外都选择了前者，那么在这种情形下，我们则应采取尽可能减少牺牲、降低改革成本的应对策略。入额即选择，主要包括主观性的经验选择和客观性的程序选择，最大程度去除经验选择，以客观性的程序选择保证选择的正确。如果基本具备改革的条件，则要降低"错误性选择"带来的负面效应。当前以考试为核心的程序性选择机制在先期试点的遴选过程中还是一种主要的方式。事实上，"任何考试都只具备一定特质的基本考察要求，而不可能承载准确的识别用途"。这里最核心的问题就是如何设计出一套科学、理性的客观性程序，在尚未找到比考试更合适的选择办法的时期，当务之急是在考试的内容和组织上取得突破。将进入检察队伍的基础性考试转换为入额的选拔性考试，从注重知识性考试到注重知识与技能结合的考试，事实上已逐渐成为许多地区员额制改革的选择方向。

（二）员额制及相关改革的联系与牵制

作为改革内容之一的员额制改革贯穿于此次整体司法改革的关系区域中。员额制改革处于立体改革的整体框架中，这一目标从宏观到微观涉及体制改革、程序改革、机制改革等各个方面。比如，在体制上实行检察院内部去行政化改革和检察人员分类改革，在程序上进行四级检察机关职能分层及程序事务合理分类，与机制上保障实现检察官"依法独立公正行使检察权"是三位一体、相互牵制的。检察权独立运行机制中，员额检察官和办案组织对案件有多少决定权并相应承担多大的责任，在其他外部条件和检察资源给定的情况下，在很大程度上依赖于检察人员分类改革能否合理配置和科学利用给定的人力资源，并调动有限资源向检察官倾斜。

检察权运行机制改革作为员额制改革的前提条件，必然成为我们研究员额制改革必须先行解决的问题。作为检察权运行机制改革的核心和基础，完善检察官办案责任制及突出检察官在办案中的主体地位，又是我们重点应该解决的问题。要把检察官办案责任制提升到整个检察权的运行机制改革中来谋划和部署，以办案责任制改革为核心和基础，推动检察权运行机制整体改革。2015

年 9 月刚刚出台的《关于完善人民检察院司法责任制的若干意见》（以下简称《意见》）提出了人民检察院司法责任制目标，奠定了本文继续研究检察权运行机制关系区域的起点，并试图在以下几个方面进行完善。

一是健全法律意义上的办案组织。办案组织是检察权运行机制的载体和细胞，也是司法责任制的基础。离开办案组织这个细胞，检察机关与检察工作也就失去赖以运行的基础。不同的组织形式，会形成不同的责任机制和不同的检察权运行机制。因此，完善检察办案组织在检察权运行机制改革中居于基础性地位，也是员额制改革的关键。长期以来，检察机关采用的是"三级审批"的行政化办案模式，并没有建立法律意义上的办案组织，检察院的内设机构无论在承担的权利和义务以及具体运作方式方面都不能称之为办案组织。最高人民检察院《"十三五"检察工作发展规划纲要》中提出，"突出检察官司法办案主体地位，健全检察办案组织，建立案件承办确定机制；推行各类办案人员权力清单制度，建立上级人民检察院对下级人民检察院办案工作、检察长对检察官办案工作的指令、指示书面化制度，明确办案权限和司法责任；完善司法责任认定体系，建立检察官惩戒委员会及其工作机制"。

《意见》规定了"健全司法办案组织形式"。同时，《意见》还从检察机关司法办案不同类型、特点和性质出发，分别规定了审查逮捕、审查起诉案件、人民检察院直接受理立案侦查的案件及诉讼监督等其他法律监督案件的办案组织形式。但对于办案组织内人员如何分工、职权职责如何配置，主任检察官如何产生以及如何发挥组织领导办案的作用，其他人员如何各得其所、各展其长，形成合力，《意见》尚未进行细化。可探索确立"以部门负责人为核心的事务管理模式和以主任检察官为核心的办案组织模式"，尝试对行政人员和检察人员进行实质的划分，区分二者工作任务的内容和属性。

二是明确内部层级权限。此次《意见》明确了检察长、检察官、主任检察官、业务部门负责人及检察官助理的各类检察人员职责权限。同时提出，"省级人民检察院结合本地实际，根据检察业务类别、办案组织形式，制定辖区内各级人民检察院检察官权力清单，可以将检察长的部分职权委托检察官行使"。当前，大多省级人民检察院各类检察人员的权力责任清单基本明晰。

各类检察人员的权力和责任清单以及检察官、检察长和检委会之间的关系是检察权运行机制改革的一个难点。当前，检察官法虽规定检察官是依法行使国家检察权的检察人员，但并没有确立检察官在司法办案上的独立地位，并且，我们国家宪法法律规定的是人民法院、人民检察院独立行使审判权、检察权，而不是法官、检察官独立行使审判权、检察权。因此，应采取检察长授权的方式来突出检察官的主体地位，下放一部分办案中的决定权，针对各类别业务制定各层级权力清单。例如，批捕、起诉业务，对一线办案组织一般案件（如简易程序或速裁程序案件）的放权幅度可以大一些。而侦查业务中，一线办案组织是不是主要是承办权，重要节点的决定权还是在检察长，应在不同部门实行不同的责任制模式。

三是健全司法责任体系。此次《意见》提出严格司法责任认定和追究，明确了司法责任的类型和标准，并分别列举了各类司法责任的具体情形，以及免除司法责任的情形。根据检察官主观上是否存在故意或重大过失，客观上是否造成严重后果或恶劣影响，将司法责任分为故意违反法律法规责任、重大过失责任和监督管理责任三类。同时，《意见》还完善了司法责任追究程序。该规定将逐步解决目前存在的"责任分散、主体不明、责任难追"和"逐级层层把关、集体负责而无人负责"的状况。

此次《意见》没有将司法瑕疵列入责任追究范围，对于司法瑕疵依照相关纪律规定处理。对于司法瑕疵的处理规定，仍然体现出从严要求的精神。2014年《人民检察院司法瑕疵处理办法（试行）》，对检察环节司法瑕疵的发现和处理进行了详细的规定。应以责任追究机制和纠错机制为核心构建有层次性的司法责任体系，增强司法责任体系的层次性和系统性。

（三）改革需要遵循的检察规律与特性

检察改革作为司法改革的部分而存在，但检察改革又有其矛盾的特殊性。作为检察改革必须遵循法律监督的特殊性，曹建明检察长2015年6月在江苏调研时指出，与法院审判权相对单一与相对固定、清晰不同，我国检察机关不仅拥有批捕权、公诉权、侦查权，还有法律监督权、司法救济权等，内涵越来越丰富。与国外、境外检察制度相比较而言，大陆法系检察机关设在法院，英美法系检察机关设在司法部，我国检察机关检察权的司法属性更加突出。曹建明检察长要求，既要尊重司法的一般规律，也要研究和尊重检察规律。

总体而言，以员额制为基础的检察官、检察官与司法辅助人员的比例结构，是以促进办案合理分工和工作模式优化为基点的，因此，员额制的方案设计与法院的司法审判以及检察机关的提起公诉更为契合，更符合司法办案工作的需要。但是，检察机关作为法律监督机关，案件办理只是行使法律监督职能的方式之一，除此之外，检察机关还履行其他法律监督职能。以现有检察业务为例，检察机关的职务犯罪预防的业务，尽管是依托职务犯罪案件的办理对案例的分析、调研和宣讲来达到犯罪预防的目的，但是其工作方式和思维模式与案件办理完全不同，其更包含着一种行政的工作方式和思维模式，刑罚执行监督业务的工作亦如此，有的一项权力兼具几种职能属性。十八届四中全会提出的检察机关提起公益诉讼、行政违法行为监督和行政强制措施监督，都是新增的职能，而且行政监督的很多内容已经超出一般意义上的监督。不仅如此，即使同样作为案件办理业务，检察机关也存在以中立审查判断为主要方式的公诉、民行等检察业务和以主动侦查发现为主的职务犯罪侦查活动，这两种检察活动也遵循完全不同的工作规律。

因此，在检察机关的员额制改革中，要充分考虑检察机关法律监督的特性，充分考虑不同检察业务对于员额制改革的要求。例如，可以考虑检察官员额比例计算的动态基础。除考虑不同地域案件数量和辖区人口等综合因素外，还要考虑检察机关非办案部门员额比例的计算，以及检察机关正在或将要增加的新职能。

四、检察官遴选制度

建设专业优秀的检察官队伍，是确保司法公正、高效、权威的重要保证，把好检察官的准入，是保证高素质检察官队伍的重要前提。组建检察官遴选委员会和惩戒委员会，既是贯彻落实中央司法改革的要求，也是司法实践的现实需要。

检察官遴选委员会的主要职能应该有两项：首要工作就是遴选检察官，根据检察官的缺额情况，从检察官助理中遴选符合条件的人员，提出建议名单，或从优秀的律师和具有法律职业资格的法学学者等法律职业人才中公开选任检察官；其次是对高级别的检察官进行综合考察，并择优选升。

检察官遴选委员会的组成，应当具有广泛代表性。从上海公布的检察官遴选委员会名单看，既有专门委员，又有专家委员，共15人组成。其中专门委员7名，由市委政法委、市委组织部、市纪委、市人大内司委、市公务员局、市高级法院、市检察院等单位的分管领导组成，同时，从资深的法学专家、业务专家、律师代表中择选8名同志组成专家委员。不仅体现了广泛性的原则，还充分体现了专业性的特点。因此，在确定检察官遴选委员会人员构成时，既要有经验丰富的检察官代表，又要有律师和法学学者等社会人士代表。

在检察官遴选方式上，要建立逐级遴选制度，即上级检察院的检察官原则上应从下一级检察院择优遴选，既为优秀的基层检察官提供晋升通道，又保证了上级检察院的检察官具有较为丰富的司法经验和较强的司法能力。同时，要扩大检察官的选任渠道，实行有别于普通公务员的招录办法，招录优秀律师和具有法律职业资格的法学学者等法律职业人才进入检察官队伍。

检察官惩戒委员会最好单独设立，因为其功能与遴选委员会完全不同，如由同一个委员会承担遴选、惩戒两种功能，存在职能上的冲突，可能会对检察官依法履职造成干扰，因此，两个委员会应当由不同人员组成，遵循不同的议事程序。

惩戒委员会制度要与检察机关现有纪检监察体制衔接，其主要职能应当是对当事检察官有无故意违反法律法规或重大过失责任进行审议，从专业方面提出无责、免责或给予惩戒处分的建议，对司法责任的调查处理等，仍然按照现有的规定和程序，由纪检监察部门以及检察院党组、检察长办公会等决定。

第三节　检察官职业伦理和职业精神建设

一、检察官职业伦理建设

职业伦理是指针对某种具有专业教育背景、专业技能、承担特殊责任、拥有从业特权的职业从业人员的角色规范和责任伦理。这种基于特定职业的规范与伦理比之道德，具有更强的约束力，在指引从业人员方面，对违反者具有惩戒作用，具备一定的强制性。职业伦理正是通过规制职业成员自身的行为及其与同行、当事人和社会大众等的关系，维护职业的自治以及社会的秩序。

检察官无疑是一种专门的法律职业，应该对自己的制度角色的职业道德和职业伦理有所自觉。检察官只有自觉依照其职业伦理规范去行使检察权，才能做到行止得当，才能处理好与当事人、同行、检察官、警察等主体的关系。

（一）检察官职业伦理的文本规定

1. 国际关于检察官职业伦理的规范文件

20 世纪下半叶，国际社会逐渐将检察官职业伦理作为规制和引导检察官行为的辅助性措施。20 世纪 90 年代以来，国际社会在检察官伦理规范构建方面逐渐达成共识，检察官伦理的基本要素和框架在联合国及区域性国际组织的文本规定中逐渐清晰。其中具有代表性的分别是 1990 年第八届联合国预防犯罪和罪犯待遇大会通过的《检察官角色指引》，详细列举了"迅速而公平地依法行事，维护人的尊严以及人权"，"不偏不倚地履行职能，避免任何形式的歧视"，"保证公众利益，按照客观标准行事，适当考虑犯罪嫌疑人和被害人立场"等检察官在刑事诉讼程序中的伦理规范指引；1999 年国际检察官协会制定的《检察官专业责任标准和基本职责及权利声明》，其中许多伦理规范指引与《检察官角色指引》内容近似，并从独立、公正、合作等多方面重申了检察官在刑事司法中的伦理要求；2000 年欧洲理事会部长会议通过的《刑事司法体系中公诉之原则》，从检警关系、检法关系角度对检察官行为作出伦理上的规定；2005 年欧洲检察长会议通过的《检察官伦理及行为准则》，包括检察官"基本职责"、"一般职业行为""刑事诉讼体系中的职业行为"、"私人行为"四个部分，为检察官履行职责提供了极为详尽的伦理规范指引。①

2. 我国关于检察官职业伦理的规范文件

我国关于检察官职业伦理的规范，散布于检察机关恢复重建以来的检察官法、《检察官职业道德规范》及其他规范性文件之中。21 世纪初，我国的检察官伦理规范体系初具雏形。这些规范文本包括，自 1984 年《检察机关工作人员奖惩暂行办法》中规定的"忠诚、公正、效率、廉洁、敬业、保密"，到 2000 年的《检察人员廉洁从检十项纪律》中蕴含的"保密、廉洁、公正以及禁止参加不当社交活动、禁止以不当方式参与商业活动"的精神，再到 2001 年修订的检察官法要求的"忠实法律、秉公执法、清正廉明、保密、接受监督、禁止从事非本职事务、任职回避、效率"，以及 2002 年《检察官职业道德规范》提出的忠诚、恪尽职守、乐于奉献、公正、客观求实、独立、清廉、严明，直到 2009 年的《检察官职业道德基本准则》明确的"忠诚、公正、清廉、文明"，检察官职业伦理的基本元素相对清晰。

另外，在 1989 年的《检察人员纪律（试行）》中提出"八要八不准"的规定；2007 年修订的《检察人员纪律处分条例（试行）》中提出"遵守政治纪律、遵守组织、人事纪律、遵守办案纪律、廉洁奉公、遵守财经纪律、恪尽职守、遵守社会主义道德"的要求；2007 年的《检察人员执法过错责任追究条例》中提出"遵守办案纪律、恪尽职守"的规定；2010 年的《检察官职业行为基本规范（试行）》中提出"坚定职业信仰、依法履职、遵守职业纪律、发扬职业作风、慎重职务外行为"的要求。这些规范文件进一步从职业信仰、履职行为、职业纪律、职业作风和职务外行为等方面确定了检察官伦理规范的范围。

可以说，我国检察官伦理规范内容散布于各类法律、条例、规定、办法、纪律、通知、准则之中。检察官伦理规范以检察官职业修养、职业信仰、职业道德、职业责任以及检察官处理与当事人、同行以及法官、警察和律师关系的准则等不同的形式出现。尽管我国检察官伦理规范存在的载体庞杂，称谓不一，但检察官伦理规范的基本元素相对清晰，基本范围相对明确。

（二）我国检察官职业伦理建设的评析

1. 鲜明的政治特色

我国检察制度的发展历史和文化传统决定了检察制度的鲜明政治特色。对于中国特色社会主义检察制度而言，坚定的政治信仰是职业信仰的应有之意。

---

① 参见张志铭、徐媛媛：《对我国检察官职业伦理的初步认识》，载《国家检察官学院学报》2013 年第 5 期。

检察制度是政治制度的重要组成部分，其在本国宪法或者宪法惯例支配的政治制度框架中向前发展，实属历史的必然。

诸如《检察官职业道德基本规范（试行）》职业信仰部分中"坚定政治信念，以马克思列宁主义、毛泽东思想、邓小平理论和'三个代表'重要思想为指导"，"坚持中国共产党领导，坚持党的事业至上"，"坚持服务大局"等表述；《检察官职业道德基本准则（试行）》中"坚持党的事业至上、人民利益至上、宪法法律至上"，"忠于党、忠于国家、忠于人民、忠于宪法和法律"，"坚持检察工作政治性、人民性、法律性的统一，努力实现执法办案法律效果、社会效果和政治效果的有机统一"等表述。

西方的多党制和三权分立的政体结构，要求检察官必须保持政治中立，超然于政党行使权力。我国的政治制度不同于西方国家，独立行使检察权并不意指独立于政治，而是"不受行政机关、社会团体和个人干涉，自觉抵制权势、金钱、人情、关系等因素干扰"。

域外检察官的中立还体现在对公民利益的代表，其不仅代表国家利益，还代表公众利益行使检察权。社会公益性是检察权发展的时代特征，近代检察制度形成后，检察权在民主法制的制约下，由过去代表国家利益进化到代表公众维护社会公益阶段，对公众利益的关注已成为当代检察权的时代特征。而我国检察官代表的是国家利益和最广大人民的根本利益，检察官职业伦理中没有关于公众利益的表述。

2. 打击犯罪的职业倾向

尽管我国的检察官职业伦理中不乏公正、客观以及尊重和保障人权等国际通用的职业伦理规范，但这些规范缺少具体的规范约束。伦理规范中的原理性、原则性和抽象性的表述，缺乏规则具有的外部强制性特征，无法将检察官的活动严格限制在职业伦理要求的范围内。

国际文本中对于检察官的公正、客观要求更为详尽，例如《刑事司法体系中公诉之原则》中规定，"面对毫无根据的指控不应开始或继续起诉，不提交基于违法手段获得的证据，要求法院不予采信存在疑点的证据"；《检察官伦理及行为准则》中规定，"检查证据是否通过非法手段获得，拒绝采用这样的证据，并将使用非法手段的人绳之以法，适当考虑证人和受害人的利益；协助法庭作出公正的判决"；美国的检察官《专业行为准则》中规定，"证明被告人有罪并不是检察官的首要的职责，其首要职责乃在于实现正义"。与此相比，我国的伦理规范在有利于犯罪嫌疑人方面的规定不够，不利于检察官的客观、中立。

域外检察官职业伦理中，不仅对于检察官与犯罪嫌疑人的伦理关系进行了规范，对于检察官与律师的伦理关系也进行了明确。许多国家都制定了关于检察官正确对待辩护律师的伦理准则。我国的检察官职业伦理中对于检律伦理关系的规范，更多地是一种防守性规范，对于保护律师辩护权的规定不足。

3. 内容与形式的非典型性

检察官职业伦理规范的非典型性，突出体现为规范内容的空洞化与口号化。对于具有典型性检察职业特征的伦理规范缺少体系化的规定，责任伦理、法治伦理、规范伦理的检察职业伦理典型性体现不足。例如，检察官职业伦理的规定中就检察的监督职权，仅有"敢于监督、善于监督"这样一些标语式、口号式比较空洞的表述，缺乏具体明确而有约束力的规范。

再如，2009 年《检察官职业道德基本准则》中"明礼诚信，在社会交往中尊重、理解、关心他人，讲诚实、守信用、践承诺，树立良好社会形象"的规定，与其说是检察官职业道德，不如说是每一个公民的基本道德准则。类似泛道德化的检察官职业伦理不具备基本的检察职业的典型性特征，与检察官专业化、职业化、精英化的要求背道而驰。

检察官职业伦理规范的非典型性，同时还体现为规范形式的碎片化和重复化。我国检察官职业伦理规范以不同的称谓散布于不同的载体之中，不具备检察职业伦理形式方面的典型性。没有将检察官职业伦理规范化和体系化，专门规定检察官职业伦理的规范性文件缺失。伦理规范的碎片化、重复化，不利于形成统一规范的检察职业伦理，过多的重复化的"禁令"、"纪律"不利于形成检察队伍的职业荣誉和职业神圣感。

有超过 20 条的伦理规范，分散在法律（如检察官法）、条例（如《检察人员纪律处分条例（试行）》）、规定（如《九条"卡死"硬性规定》）、通知（如《关于检察机关和检察干警不准经商办企业等若干问题的通知》）等各类文件当中，直接以职业伦理名义出台的文件前后有 3 个：《检察官职业道德规范》（2002 年）、《检察官职业道德基本准则》（2009 年）、《检察官职业行为基本规范（试行）》（2010 年），如果算上具有实质性内容的职业伦理规范文件（《关于政法干部的"四条禁令"》、《九条"卡死"硬性规定》、《检察人员廉洁从检十项纪律》等）则达到 6 件。

（三）检察官职业伦理建设的价值取向

1. 强化人权保障

检察官职业伦理具有特殊的内在规定，其与检察职业的内在要求密切相关。加强检察官职业伦理的建设必须将职业伦理与个人伦理相区分，只关注"奉献"、"淡泊"等一般职业伦理的内容，就会淡化检察官职业伦理的特殊性。"检察官职业伦理的构建应该基于一种'内在的视角'，立足于检察官职业自身的特性，而不是混同于社会大众伦理或一般常人的伦理要求。"① 加强检察官职业伦理建设，就要将检察官伦理建设与职业内涵相关联。从法治和宪制的角度出发，一个国家政府必须承认和保护公民的基本权利，并且通过构建完善的法律体系来保护公民的基本权利。而检察官在代表公权力进行司法活动，充当法律监督者的角色，在制约权力和保护权利方面堪当重任。这种职业要求决定了必须加强检察官职业群体的制度规范和内心自律。这种自律应融汇人权保障的基本精神内涵，做到客观和中立。从对检察官职权的行使过程分析，我国的检察权运行实际上更偏重追诉和打击犯罪的职能，这在职业伦理中即表现为检察官对有利于被告人的证据收集的不够等。我国检察官职业伦理建设的关键就是要在整体上基于检察的职责定位，体现检察职业的内在规定。通过人权保护职业伦理的建设，彰显检察官职业伦理的职业特性，促进检察官依法履职、保障人权，维护职业地位和职业尊严，是我国检察官职业伦理建设的重要内容。

2. 强化程序独立

检察官职业具有专业性，检察官职业伦理是基于职务行使而产生的一种责任伦理。如果说人权保障体现出检察官职业伦理的特殊性，程序独立则体现出检察官职业伦理的专业性。检察权属于程序性权力，检察权主要通过程序性权力的行使进行司法活动。因此，检察官职业伦理中应贯穿对于程序独立的精神追求。长期以来重实体、轻程序的观念仍限制着检察官职业伦理的发展。程序在保证司法公正方面具有无可替代的作用，程序独立对于司法产品的产生具有重要的控制功能。我国司法实践中，部分检察人员程序观念淡化，缺乏对于程序独立的敬畏和尊重，成为影响办案质量的重要因素，也是部分冤假错案产生的重要原因。由于政治、经济及法律文化等方面的原因，我们的理念与关于程序正义的共同理念、制度和国际准则之间还有一定的距离，也由于意识形态限制和传统的重负，我们对共同理念、制度和国际准则认同、接受的主动性、自觉性还存在一定的欠缺。因此，应将对于程序的尊重和遵守内化为检察官职业伦理的内在元素，只有在把程序本身的正当、合理、民主、科学、人道作为独立的价值看待和追求，才能将职业要求转换为内在的职业道德。

3. 强化检察官人格独立

我国上下级检察机关实行的是较为严密的检察一体化，检察机关工作方式也具有强烈的行政化色彩。"在之前曝光的多起冤假错案中，也有司法人员发

---

① 张志铭、徐媛媛：《对我国检察官职业伦理的初步认识》，载《国家检察官学院学报》2013 年第 5 期。

现案件中的证据疑点，但却无人敢于坚持自己的判断，也无人敢于对抗和挑战上级领导的不当指令，部分司法人员的这种明哲保身态度，虽然有某种身为'体制内'人的无奈，但却是司法职业伦理的道德滑坡。"① 因此，加强我国检察官职业伦理建设，应加强检察机关和检察官的独立性，尤其应当褒扬司法官的独立品格、塑造司法官"不服从"的传统。在当前司法改革全面去行政化的过程中，对于检察官权力的下放以及检察机关扁平化管理等方面的改革将为检察官人格独立创造更多的条件。在此基础上，应进一步健全检察官独立司法的职业保障机制，完善检察官独立司法的监督制约机制，从根本上增强检察官的人格独立。

二、检察官职业精神建设

检察官职业精神是检察官专业化和精英化的内在要求和神圣召唤，检察官职业精神建设是检察官意识形态领域建设的重要组成部分。检察改革背景下，正确界定检察官职业精神的内涵，提炼检察官职业精神的内容以及加强检察官职业精神的建设，对于检察事业的可持续发展具有重要的现实意义。

（一）检察官职业精神的内涵

检察官职业精神，是指检察职业中形成的，反映检察职业性质和特征的思想、观念和情感、意志的取向。检察官职业精神以对检察的职业认知为基础，以对检察的职业情感为纽带，以检察职业中形成的意志为核心，以引导检察职业行为为目的。检察官职业精神是人的精神和灵性在检察职业实践活动中的延伸，一方面，检察官职业精神体现出检察从业者职业中被激发出来的灵性和意志，具有强烈的职业特征；另一方面，检察官职业精神也是检察从业者职业道德素质的具体反映，具有一定的主观特征。检察官职业精神是社会精神职业化和个体精神成熟化的共同结果。检察官职业精神属于思想上层建筑，是人类精神体系的重要组成部分。最高人民检察院《关于加强检察文化建设的意见》中对检察官职业精神界定为检察文化的内容，认为"检察官职业精神是检察文化的精髓和一定灵魂，是检察文化建设的核心"。

检察官职业精神属于历史范畴，其与检察职业活动和检察职业发展密切相关。检察官职业精神是在检察职业活动和检察职业发展过程中形成的，当时从业者普遍具有的、认可的、追求的思想、观念、信仰等精神元素，具有明显的历史印记。检察从业者在检察职业生涯中能动地表现自己，并形成一定的职业

---

① 万毅：《检察官职业伦理的划分》，载《国家检察官学院学报》2014 年第 1 期。

精神。

检察官职业精神具有检察特质，其与检察职业要求和检察职业方向密不可分。检察官职业精神鲜明地表达检察职业的责任、职业行为上的精神要求，是在特定的、具有特殊运行规律的检察职业实践基础上形成的。"敬业"、"勤业"、"创业"等通说认为的大多职业应具有的职业精神，不仅不能体现检察官职业精神的特质，有些还与检察官职业精神相悖。作为一项具有司法、行政等不同属性的独立权力形态，"忠诚"、"客观"、"独立"等职业精神不仅反映了检察官职业精神的特质，更彰显出与其他从业群体的职业精神的根本不同。

检察官职业精神具有政治价值，其在社会控制、政治制度化等方面具有政治价值。美国学者麦克基认为，精神生活同样具有政治价值。检察与司法同源、与政治同源，政治是推动法治的载体，法治会对政治形成反向保护。检察官职业精神具有政治价值还在于，"法律与政治在事实和内在逻辑上的密切联系是客观存在而非人为构建的，其逻辑的共通基点在于他们都面对着共同的社会公共利益要求而担负着建立和维护共同的社会秩序责任"[①]。

检察官职业精神与检察官职业道德、检察官职业伦理等检察软实力具有本质的区别。检察官职业精神渊源于检察官职业道德、检察官职业伦理以及检察官职业理念，但又不是它们的复制品。检察职业精神是由情感到意志的升华，其植入了检察官主体的理性思维和信仰追求。成熟的检察官职业精神成为检察意识体系中具有本质性特征的一部分而稳定存在，成为检察职业区别于其他职业的重要标志之一，属于检察意识体系中的高级形式。

（二）检察官职业精神的内容

1. 忠诚。从检察权的运行规律角度，"忠诚"的客体对象具有一定的排他性。根据现有规范性文件的精神要求，检察人员的"忠诚"是要忠诚于"党"、忠诚于"国家"、忠诚于"人民"以及忠诚于"宪法和法律"。对于"党"、"国家"、"人民"以及"宪法和法律"的"忠诚"，共同统一于对"履行法律监督职责"的"忠诚"。简言之，检察官职业精神中的"忠诚"，在于对"履行法律监督职责"的"忠诚"。检察人员的"忠诚"，体现于"法律监督职责"内涵中包含的对若干客体的"忠诚"。检察官制度的创设即在于承担"法治国守护人"的责任和使命，"法律监督职责"的终极目标即为"守

---

① 姚建宗认为：法律的存在始终体现着政治逻辑主线，即整治作为法律的存在根基、现实目的、实践背景和发展动因的。参见姚建宗：《法律的政治逻辑阐释》，载《政治学研究》2010 年第 2 期。

护法治国"。

2. 客观。作为"革命之子"的检察官，其创设的直接目的即在于对审判权和警察权的制约，以此实现对人权的保障。"也因为中国检察权行使的司法制度框架以及检察权的权能内容有比较法上的类同性，需要设定检察官的客观义务；还因为中国刑事司法制度的国家主义要求检察官的客观义务。更因为中国检察制度的特殊性质与内容，并不消解客观义务，反之还要求强化这一义务。"① 因此，检察官职业精神中必然包含"客观"的取向。检察官在担当控诉角色、强化举证责任的同时，也应保持客观公正的立场。客观义务不仅是一种理论或一项制度，最重要的是其作为检察官职业精神的必要组成部分。客观义务的真正履行，首先要求其内化为检察官的职业精神。客观义务的实现需要检察官个体的"人格分离"，如果不内化为职业精神，这种"人格分离"很难从抽象走向具体。唯有内化为职业精神，客观义务才能走出理论的神坛，回归到现实的检察实践之中。

3. 独立。根据现有法律规定，我国检察权独立行使的主体是检察院。检察权是一项复合性权力，兼具行政、司法等属性的权能。检察权的性质决定了其运行的独特规律，决定了检察决策的独立性。检察官的个体独立是检察机关整体独立的条件和基础，同时，其又是克服"检察一体"弊端的重要保障。新一轮检察改革，正赋予检察官更多的独立性。但是检察权又与审判权不完全相同，检察官的独立是相对的独立。从检察官独立状况的域外考察可见，检察官的独立都是有限的独立。检察"独立"精神要求，检察官在其权限范围内对案件有独立的决定权，对外不受任何机关、团体和个人的干涉，对内在监督程序下保障决定权的正确行使。检察"独立"精神的培育，有赖于检察机关办案的组织形式改革、检察一体的法治化程度以及检察内部监督制约机制的完善等条件的不断成熟。

（三）检察官职业精神的建设

1. 职业化是检察官职业精神培育的前提。检察职业精神来源并蕴含于检察官的职业化，职业化是检察官职业精神培育的基本前提。职业化是不同行业借以区分的主要标志，职业理念、职业伦理以及职业精神等职业中包含的"软实力"，均构成不同职业的内在规定。良好的职业精神首先应基于正确的职业定位，职业定位与职业精神具有高度的一致性。因此，只有实现检察官职业化，才具备培育检察官职业精神的前提条件。检察官职业化包括检察官履职

---

① 龙宗智：《检察官客观义务论》，法律出版社 2014 年版，第 25 页。

保障的职业化、检察官履职规则的职业化以及检察官价值体系的职业化等，其中的检察体制与机制、检察官主体责任、检察思维方式与行为模式等，都构成检察官职业精神培育的重要条件。

2. 法治化是检察官职业精神养成的支撑。检察职业精神依托并强化于国家治理体系的全面法治化，法治化是检察官职业养成的重要支撑。国家治理体系的全面法治化，包括深厚的民主法治根基、强烈的人权保障意识以及有效的法律规则实施等，这些法治化的标志性要素是法律职业精神养成的重要支撑。检察官职业精神的养成，以对国家法治化的内心高度认同为情感基础。因此，只有实现国家治理的全面法治化，才具备检察官职业养成的背景条件。任何法律职业精神都离不开国家治理体系的全面法治化，法治化与检察官职业精神的养成同样密不可分。

3. 共识化是检察官职业精神内化的根本。检察官职业精神属于意识形态领域，意识形态领域的问题需遵循意识形态领域的规律。意识形态存在于共识与一些哲学趋势中，或者是由相对独立群体中的权威者对所有成员提出的一组观念。因此，"共识"成为检察官职业精神凝聚并被广泛接受的关键，共识化是检察官职业精神养成的根本。检察官职业精神的共识，需要历经依法治理方式的充分发展、不同法律乃至话语体系的充分磨合以及理论到实践的充分验证等长期、复杂的过程。

第十五章　基层检察院建设

　　基层检察院作为履行法律监督职能的最基础单位，处于法律监督的第一线。基层检察院不仅面临着检察建设中的共性问题，更面临着其独有的个性问题。检察改革的顶层设计必须与基层实践相结合，基层检察院是校验改革方案的直接场所。加强基层检察院建设既是事关检察事业发展的重大战略性问题，又是当前务必大力加强的重点工作，是做好全部检察工作的基础。

第一节　基层检察院建设的历史方位

　　当前，基层检察院建设处于十八届三中、四中、五中全会之后的历史战略机遇期，国家的依法治国的方略和落实方略的举措发生了深刻的变化。在全面深化改革的时代背景下，司法改革被视为政治改革的突破口。检察机关作为国家的法律监督机关，所依存的制度格局和治理环境发生了深刻的变化。基层检察院在检察体系中处于基础性、战略性地位，如何着眼基层检察建设实际，顺应改革发展趋势，在更高起点、以更高思维、在更高层次上，针对检察基层基础的发展理念、发展思路、内部结构、运行机制、发展方式凝聚新的共识、形成新的发展动力，是必须直面的时代课题。

一、全面建成小康社会的目标定位，要求基层检察院为经济社会发展提供强有力的司法保障

　　"十三五"时期是全面建成小康社会的决胜阶段，也是我国发展面临的各方面风险不断积累甚至集中显露的时期，社会安全风险错综复杂，传统犯罪和网络犯罪并存。经济增速换挡、结构调整阵痛、动能转换困难交织，经济发展表现出速度变化、结构优化、动力转换等特点。检察机关服务大局与履行检察职能是相辅相成的关系，检察工作服务科学发展与自身科学发展是有机统一的整体。检察机关作为国家法律监督机关，其职责和任务取决并服务于党和国家工作大局。经济社会发展新形势、新任务、新要求，需要我们进一步认识新常态、适应新常态、引领新常态。基层检察院需要自觉把检察工作摆到经济社会

发展大局中进行思考，积极应对影响社会安全稳定和经济发展的各种风险挑战，不断提升服务发展大局和防范风险隐患的司法能力；充分履行检察职能，维护和谐稳定的社会治安环境；依法平等保护各种所有制经济主体的产权和权益，推动形成公平竞争的市场环境。

二、推进国家治理体系和治理能力现代化的宏伟目标，要求基层检察院深入推进司法体制改革和检察改革

在历经三轮检察改革之后，基层检察院从检察工作体制到机制、方式等方面都不断得到了完善，但发展中普遍遇到了难以破解的难题，检察发展到了瓶颈期。当前正在进行的司法体制改革和检察改革，触及司法体制层面，抓住了司法和检察发展过程中的问题要害，改革涉及诉讼制度、司法组织体制、司法职能体系、司法管理体制、司法运行体系以及司法职业体制改革等广泛而深刻的内容。当前，以跨行政区划检察院设置、检察人员分类管理、员额制、主任检察官、内设机构改革、司法责任制、职业保障、省以下人、财、物统一管理为主要内容的司法体制改革正在逐步推进；以审判为中心的诉讼制度改革、律师辩护制度的完善、刑事诉讼中认罪认罚从宽制度以及律师参与化解和代理涉法涉诉信访案件制度等配套改革也势在必行；检察权地方化、检察权行政化、司法弱职业化、司法权配置异化、司法保障"分灶"固化、人权司法保障弱化等相沿成习的体制性障碍、政策性难题都需要逐步解决。全面深入司法改革的时代背景下，随着检察人员分类管理的实施，以及新的办案组织和司法责任制的建立，基层检察院将面临着从职能配置、人力资源优化到办案组织改革、司法责任制改革等多方面的根本性转变，面临着从单纯的资源投入型到精干效率型、从管理粗放型到管理精细化的深刻调整。如何统筹推进司法办案、队伍建设、检察保障等各项工作，着力解决影响司法公正、制约检察工作发展的深层次问题，对于基层检察院而言是机遇，更是挑战。

三、人民群众对于公平正义的迫切期待，要求基层检察院积极回应和不断满足社会的司法需求

随着我国民主法治进程的加快，人民群众法治意识、权利意识和参与、监督司法的愿望不断增强，对有法不依、执法不严、违法不究问题更加关注，对检察机关强化法律监督、维护执法司法公正要求强烈。十八届五中全会提出，发展为了人民，发展依靠人民，发展成果由人民共享。当前形势下，如何提高基层检察队伍的素质能力，不断满足人民群众不断增长的司法需求，及时回应人民群众的关切，成为一个严峻的挑战。近年来，随着各项检察专项整治教育

活动的开展，检察司法活动不断得到规范，基层检察干警的司法理念得到进一步更新。但作为履行法律监督职责的检察一线干警，程序理念和行为的规范程度与法律监督的职责定位、还存在一定的距离，重打击、轻保护，重实体、轻程序以及疑罪从有、疑罪从轻的观念短时期内尚未完全转变。检察人员的专业化、职业化和精英化水平还不够高，与法治国家对于检察人才的标准还存在较大距离。有些干警做群众工作的能力还不够强，风险意识还不够敏锐，少数干警在廉洁从检方面还存在一些问题，等等。需要基层检察机关不断提高专业化的履职能力和重大疑难复杂案件的攻坚能力，全面加强对诉讼活动的法律监督，努力让人民群众在每一个司法案件中感受到公平正义；积极开展行政检察监督，深化违法行为监督、行政强制措施监督以及行政公益诉讼等新增职能的履行；通过履职，推动社会规则意识的普遍确立；认真落实对权利的司法保障、对权力的司法监督要求。

四、检务保障和科技强检的战略机遇，要求基层检察院充分发挥检务和科技对检察工作的支撑作用

十八届三中全会提出的"推动省以下地方法院、检察院人、财、物统一管理"，不仅成为克服司法地方化的有力举措，同时也为基层检察院加强检务保障水平和实施科技强检战略提供了契机。基层检察院人、财、物统管，计装工作管理模式将会发生很大变化，包括经费保障、部门预决算、财务核算、收支结算、资产采购管理等都有不同程度的变化和调整。那么，如何与新的管理模式相适应，建立一套更加科学、更加规范、更加完善的计装工作机制。如何进一步完善和健全计财职责范围、工作规范、考核标准、惩罚机制等具有长效性的规章制度，使其具有理论指导意义，而且具有一定的实践性、可操作性。如何加大制度执行力度，取得领导认可和支持，赢得广大干警的理解和拥护。利好政策下，如何立足于工作实际，从部门实际出发，认真履行职责，探索计装工作改革发展新途径、新方法、新举措，树立崭新形象，如何立足于长远效益。从全局的角度思考问题，从更高的层面开拓思维，从长远的利益谋划计装工作。如何提升检务保障水平，实现基层检察院司法办案、科技装备、教育培训等经费合理有序增长，如何发挥科技装备对基层检察工作的支撑保障作用，提高基层检察院信息化应用能力和水平，对基层检察院而言都是一个新课题。

第二节　基层检察院建设的目标定位

一、基层检察院建设的顶层设计

最高人民检察院一直重视基层检察院建设，1998 年提出《关于加强基层检察院建设的意见》，2000 年印发《关于进一步推进基层检察院建设若干问题的意见》，2009 年颁布《2009—2012 年基层人民检察院建设规划》，提出"司法规范化、队伍专业化、管理科学化和保障现代化"的基层检察院建设方向，2013 年颁行《2014—2018 年基层人民检察院建设规划》（以下简称《规划》），指出基层检察院是检察机关全部工作和战斗力的基础，这是巩固基层检察院建设成果，提升基层检察院建设水平，推动检察工作科学发展的重要文件，是今后一段时期指导基层检察院建设的纲领性文件。《规划》对未来 5 年基层检察院建设的发展目标、主要任务和措施要求作出明确规定。

第一，《规划》明确了基层检察院建设的发展目标。上一轮基层建设规划提出了司法规范化、队伍专业化、管理科学化、保障现代化的工作目标，对基层检察院建设发挥了重要的导向作用。随着形势任务变化和基层实践发展，各地普遍感到这一目标内容亟待充实、完善和深化。对此，在深入调研、总结实践、征求意见的基础上，《规划》提出了新的发展目标，即司法规范化标准化明显进步，队伍专业化职业化明确提升，管理科学化信息化明显增强，保障现代化实用化明显推进。这一目标，既体现了基层检察院建设的新形势、新任务、新要求，也保持了基层检察院建设的连续性，是推动基层建设与时俱进、创新发展的内在要求，构成了新时期基层检察院建设的新内涵、新要求、新载体。

第二，《规划》明确了基层检察院建设的主要任务。《规划》将基层检察院和上级检察院在基层建设中的职责任务进行了区别规定。《规划》第二部分着重就基层检察院自身能够完成的工作，针对目前建设中存在的突出问题，比如程序性违法问题在一些地方比较普遍、基层检察文化建设整体层次不够高、信息技术应用需要进一步推广普及等，从思想政治建设、检察业务建设、人才队伍建设、检务保障建设、检察文化建设和纪律作风建设等六个方面，明确了基层检察院建设的工作重心和着力方向，包括坚定理想信念、深化规范司法、提升整体素质、强化科技应用、铸造职业精神、塑造良好形象等。《规划》第三部分则重点从加强组织领导、完善工作机制、坚持分类指导、强化督导落实等四个方面，明确了上级在基层检察院建设中的职责任务，突出强调了要增强服务基层意识、切实减轻基层负担、着力强化制度执行，等等。

第三，《规划》明确了基层检察院建设的措施要求。围绕推动基层检察院存在突出问题的逐步深入解决，《规划》有针对性地提出了强化科学理论武装、严格办案流程管控、实施人才重点工程、运行统一业务应用系统、提升检察文化建设层次、严格执行各项纪律规定等一系列制度性、规范性措施要求，并确定了一系列发展硬性指标。《规划》还明确提出组织开展五项系列活动，即理论素养提升、规范司法强化、人才建设重点工程落实、技术信息应用和司法作风转变年系列活动，目的是在不给基层检察院增加新的负担前提下，通过上述活动统揽未来5年基层检察院建设的相关工作任务，坚持一年一个系列活动、一年一项重点工作，推进基层检察院建设任务全面落实，推动基层检察院建设发展持续深入，这可以说是《规划》在丰富基层检察院建设抓手和载体方面的新尝试、新设计，这也是来自基层检察院建设中的实践经验和成功做法。①

二、"十三五"时期基层检察院建设的新要求

（一）"十三五"时期基层检察院建设的总体思路

党的十八届五中全会描绘了我国未来5年经济社会发展的宏伟蓝图，围绕全面建成小康社会的战略目标，提出了一系列重大战略、重大工程、重大举措，对检察机关依法履行法律监督职能提出了新的更高要求。推进检察工作，应适应形势任务发展变化，找准目标定位，根据"十三五"时期检察工作的新任务、新要求，落实中央、最高人民检察院重大部署，调整工作思路，指引基层检察院建设工作体系。应围绕党和国家工作大局谋划"十三五"时期基层检察院建设的总体思路，"高举中国特色社会主义伟大旗帜，以马克思列宁主义、毛泽东思想、邓小平理论、'三个代表'重要思想、科学发展观为指导，深入贯彻习近平总书记系列重要讲话精神，以'四个全面'战略布局为统领，以全面深化改革为动力，聚焦全面建成小康社会和构建发展新体制，以探索建立职能配置、司法办案、检察管理、队伍素能、检务保障新机制为重点，推进理念思路创新、发展格局创新、司法办案工作模式创新、队伍管理创新、司法责任体系创新、管理机制创新、保障体系创新、检察文化创新，努力打造适应经济社会发展、适应法治建设需要、适应人民群众新要求新期待、适

---

① 参见最高人民检察院政治部有关负责人解读《2014—2018年基层人民检察院建设规划》。

应检察事业全面发展进步的新型检察院。"①

（二）"十三五"时期基层检察院建设的目标任务

依据基层检察院建设的总体思路，分解出基层检察院建设的目标任务。

一是司法规范化标准化明显进步。司法模式有新转变，司法办案转型发展、诉讼监督制度化、规范化、程序化、体系化建设取得明显成效。

二是队伍专业化职业化明确提升。队伍素质有新提升，政治过硬、业务过硬、责任过硬、纪律过硬、作风过硬的要求全面落实，检察人员整体素质得到全面加强和改进。

三是管理科学化信息化明显增强。管理水平有新提高，司法管理、队伍管理、政务管理、后勤管理机制健全、高效有序。

四是保障现代化实用化明显推进。检务保障有新改善，努力实现经费保障充足、设施功能完善、业务装备精良、科技应用领先。

第三节　基层检察院建设中的特殊矛盾及化解

一、基层检察院建设中的特殊矛盾

（一）上级检察院对基层检察院的无形压力

当前我国的上下级检察机关之间是领导与被领导的关系，上下级检察机关之间体现为较为严密的检察一体关系。尤其随着反腐形势的不断深化，检察一体关系又被不断得到强化，这种被强化的检察一体已经演化为上下级检察机关的过度行政化。当前，上下级检察机关的过度行政化主要体现为，一是检察机关的上下级领导关系已经基本演变为下级检察机关对上级检察机关的绝对服从关系；二是上级检察机关的有些指令权缺少法律依据或者与现行法律规范冲突；三是上级检察机关的领导权缺少程序制约和内部监督。过度行政化对检察权的运行带来一定的负面作用：一是上级检察机关的行为无法得到有效的监督制约，检察权滥用情况会有发生；二是基层检察院的主体意识不断弱化，司法能力不断退化；三是基层检察院的权力被不断架空，独立性不断丧失。

不仅如此，实行省以下检察院人、财、物统一管理后，检察的过度行政化趋势还会进一步发展。检察地方化的负面效应会以检察行政化的形式进行转

---

① 闫利国、朱建桦：《关于"十三五"时期进一步加强和改进基层检察院建设的调研报告》，"十三五"时期检察工作发展规划专题研讨会调研材料之一《"十三五"时期检察宏观发展思路——总体目标和基本任务》（2014年12月武汉）。

移，检察行政化的程度难免会加剧。司法权与司法行政事务管理权的混同，必然导致上级检察机关对基层检察院业务的"管理"，基层检察院的主体地位在一定程度上会被消解。

（二）同级人大和党委政府对基层检察院的无形压力

当前，同级人大和党委政府掌握着基层检察院人、财、物方面的重要权力，职级配备、编制核定等人事安排以及办公经费等财力保障受控于同级人大和党委政府。基层检察院在围绕经济社会发展大局开展检察工作的同时，会被安排承担法律监督之外的职能。不仅如此，基层检察院在开展检察工作尤其是办理职务犯罪案件时，还离不开同级人大和党委政府的支持与配合。基层检察院对于同级人大和党委政府的依赖，也导致检察权运行过程中同级人大和党委政府对检察权行使的干预。

将来检察权去地方化的改革过程中，基层检察院对同级人大和党委政府的依赖会在一定程度上减轻，但检察权运行的社会环境不会改变，检察权的部分地方事权属性不会因此完全消失。况且，根据目前顶层的设计，省以下检察机关人、财、物统一管理等改革的实施，也不必然代表检察院的人、财、物与同级人大和党委政府的断然决裂。即使基层检察院与同级人大和党委政府脱离关系，同级人大和党委政府对于基层检察院在司法办案过程中的支持与配合也不会同步消失。

（三）上级检察院与同级人大、党委政府权力的冲突

基层检察院在司法的过程中，不仅要面对上级检察院或同级人大和党委政府单方面的压力，有时还要面对二者之间的权力冲突。同级人大和党委政府往往从当地政治、经济和社会的角度考虑，做出有利于地方发展的处理意见；而上级检察院则通常会从法定职权的角度出发，做出有利于检察权行使的处理意见。在二者的意见冲突中，基层检察院不仅要在公正司法与排除干扰之间做出权衡，更要平衡各种外来意见对于司法行为的影响。

尽管上级检察院与同级人大、党委政府在基层检察院的权力运行中没有发生正面冲突，但是作为他们下级的基层检察院却成为了间接冲突的焦点。基层检察院既要接受上级检察院的领导，在人、财、物等方面又要依赖同级人大、党委政府，基层检察院的独立性受到一定程度的减损。不仅如此，在上级检察院与同级人大、党委政府的权力博弈中，往往后者具有更强的控制权。在此情形下，检察机关的整体独立性就受到了一定程度的侵蚀。

（四）熟人逻辑对基层检察院司法行为的影响

中国社会是典型的熟人社会，中国的司法运行于这种熟人社会。费孝通先

生曾深刻解剖我国的熟人社会，形象地对中国社会的"差序格局"做出描述："我们的社会结构本身和西洋的格局是不相同的，我们格局不是一捆一捆扎清楚的柴，而是好像把一块石头丢在水面上所发生的一圈圈推出去的波纹。每个人都是他社会影响所推出去的圈子的中心。"① 他指出，"在这种社会中，一切普遍的标准并不发生作用，一定要问清了，对象是谁，和自己有什么关系之后，才能决定拿出什么标准来"②。我国的熟人社会中的"关系"文化，不仅渗透到生活的各个方面，对司法权的运行也产生一定的影响。

基层检察院的地理位置一般处于行政辖区之内，本地籍贯的检察官一般都处于熟人社会的关系网络之中。熟人社会中，检察官不仅要被动地消化熟人思维下的不当干预，有些检察官潜意识中也会将熟人规则应用于法律秩序。在这种关系网络中，以"情分"、"情义"为关键词的思考潜意识中将"给予"、"亏欠"取代"权利"、"义务"。是按规则办事还是按情感办事、是按关系办事还是按照法律办事，是熟人逻辑下基层检察院司法实践中需要直面的问题。

二、基层检察院建设中的特殊矛盾化解

（一）积极稳妥推进检察权去地方化

在现有体制环境下，基层检察院人、财、物保障很大程度上受制于同级人大、党委政府，为其他权力干预司法打开了方便之门；案件管辖范围基本按照行政区划，势必使检察机关与地方各界形成千丝万缕的联系和制约。因此，检察权的行使受到地方有关部门的很大影响。如果司法活动做不到独立，也就很难确保公正，进而影响法律的统一正确实施。

将去地方化作为检察改革方向，正确性毋庸置疑。但制度变革通常牵一发而动全身，所以必须坚持遵循司法规律和从中国国情出发相结合，全面估量局面的复杂性、关联性、系统性，率尔操觚或裹足不前都有违改革审慎推进的本意。在此语境下，基层检察院在去地方化过程中遇到的问题和困难，一部分可以经由去除地方保护主义来解决，另一部分则必须考虑因地制宜问题，着眼构建司法公正与地方政治生态的良性互动，进行政策细化。

坚决去除检察权运行中的地方保护主义。检察权地方化是地方保护主义在检察领域的反映，主要体现为地方党政机关将国家赋予的检察权力当作谋取地方不正当利益的工具。检察权地方化的主要诟病在于导致以下两方面的问题：一是检察权地方化导致地方权力对检察机关司法办案的不当干预，造成司法不

---

① 费孝通：《乡土中国　生育制度》，北京大学出版社1998年版，第26页。
② 费孝通：《乡土中国　生育制度》，北京大学出版社1998年版，第36页。

公；二是检察权地方化削弱了检察权对行政权的监督和制约，导致行政权扩张。四中全会提出改革司法机关人、财、物管理体制，省以下人、财、物统一管理，探索实行司法行政事务管理权和检察权相分离，建立领导干部干预司法活动、插手具体案件处理的责任追究制度，探索设立跨行政区划检察院，都是保障和落实检察机关宪法地位、促进司法公正、重塑社会公信力的英明举措。

可以通过跨行政区划检察院的案件管辖划定，部分去除检察权运行的地方化。进一步扩大基层检察官异地任命范围，将副检察长纳入异地任命范围，切断基层检察院领导队伍与熟人社会的网络关系。如果副检察长异地任命不能一步到位，可先将分管侦监、公诉和职务犯罪侦查的副检察长异地任命，增强了基层检察院在案件办理中的独立性。

基层检察院在检察权去地方化的过程中，还必须考虑检察履职方面因地制宜的问题。因地制宜属于任何改革进行中的常态，强调社会环境的不断变化和法律规范的具体实现。因地制宜行使检察权是检察职能履行方式的地方化、多样化、实效化的表现，是我国目前的国情决定的。我国各地区经济社会发展存在巨大差异，任何一个省、市下辖的基层检察院面临的问题都有复杂性、特殊性，这种发展不均状态必然影响到包括司法在内的上层建筑。因地制宜，不仅合乎政治经济理论与实践，也合乎当前社会治理的需要。

在考虑因地制宜时，还要关注几个问题：一是合理有效、循序渐进地重构省级检察院与基层检察院之间的协调机制，促进全面、统一、权威的法治秩序形成。二是明确上级检察院在对基层检察院人事考评、晋升以及经费预算方案审查方面的管理权限，对司法去地方化可能导致的上级检察机关对基层检察院行政化属性获得强化，有预设的制度应对。三是因地制宜要体现在检察履职方式的地方化，充分关注街道社区检察工作与农牧区、林区、军事检察工作的不同，避免履职中的教条主义。

（二）积极稳妥推进检察一体法治化

检察一体是一个题域有限的原理性表述，源于西方国家的检察一体化原则是在检察权不独立的情况下为形成合力抗衡外来力量而产生的，我国是在检察权存在地方化倾向的情况下强调检察一体化原则的。但在省级垂直管理改革的今天再强化检察一体化原则不但无益于检察权的独立反而会加速检察权力的过度集中。在有利于实现检察职能的同时，检察一体化机制也会带来权力集中和权力滥用问题，检察一体化的过度强调也将致使基层检察官个体能动性的减损。正是由于检察权独立在司法运行中的重要作用，在许多实行检察一体化原则的国家，检察官独立的价值被不断强调，上级检察机关的指令权被不断约减。① 当前中国受检察一体化原则影响，检察权运行过程中已经出现内部干预大于外部干预以及上级对下级权力不断扩张等倾向，因此，检察一体化原则在当前检察改革中的地位需要我们重新考量。

我国的检察权具有司法权的属性，同时，我国上下级检察机关又是领导与被领导的关系，检察权的运行既要遵循司法权的运行规律，又要在一定程度上贯穿检察一体的精神，但是，检察一体化原则应严格受到法治原则的限制。

遵循检察一体的法治化要求，就是要将上级检察机关的指挥权和领导权纳入法治化轨道。上级检察机关对基层检察院的指挥权和领导权不能超出法律的范围，避免领导权和指令权的随意性；上级检察机关对基层检察院案件办理中的指令权，应该遵守司法程序并以书面形式完成；上级检察机关对基层检察院之间也应严格遵守权力和责任的比例性原则，上级检察机关的不当指令不宜由基层检察院来承担责任。

检察一体法治化的关键是正确把握检察一体与基层检察院独立的对立统一关系。"检察权统一行使和检察权独立行使原则是我国法律规定的检察制度的基本原则，也是检察权宏观运行和微观运行机制的现实选择。在检察权宏观和微观运行层面，始终充斥着检察一体与检察独立之间的张力，两者的对立统一构成了检察制度所独有、且最能反映检察职能特点的基本规律。"② 在检察权宏观运行机制中，要妥善处理好上级检察机关与基层检察院之间的集权与分权的辩证关系。

（三）积极稳妥推进检察权去行政化

长期以来行政主导一切的制度传统与制度惯性，导致了检察权与检察行政权关系的异化。检察行政权的扩张与渗透，使检察权距离其权力特质渐行渐远并产生运转困境，检察权行政化弥漫在整个基层检察体制内：检察系统内部，科层制的行政内控机制被套用，检察系统的组织机构、管理方式、运行机制等，均呈现明显的行政化和官僚化特征；检察系统外部，检察机关为获取生存资源，必须积极向资源分配者靠拢，对作为资源占有者和配置者的权力主体，特别是行政权力系统产生过度依赖，检察系统被行政系统渗透、牵制、支配，

---

① 甚至在十分强调检察一体、上命下从的德国、日本、意大利以及我国台湾地区都是非常强调检察官独立行使检察权的，意大利甚至将检察官独立类同于法官独立。

② 王煜、徐华、赵刚：《〈人民检察院组织法〉修改应体现司法改革时代精神——对党的十八届三中全会关于司法改革论述的研读与历史省思》，载《第十五届全国检察理论研究年会论文集》（2014年福建福州）。

构成了检察权外部行政化的主要特征。由于以检察权为中心，以检察行政权为辅助的权力生态遭到破坏，致使基层检察院呈现系列异常表现：其一，基层检察院的业务机构和行政机构设置不均衡；其二，案件决策受控制于基层检察院的检察长；其三，基层检察院行政权对检察权的过度渗透；其四，基层检察院独立缺乏体制性前提。

尽管检察权与检察行政权关系发生异化，但不可否认作为成熟权力形态的行政权及检察权的复合运行常态。行政权作为产生时间最早、运行时间最长、运行机制最为成熟的权力形态，其不仅成为对外获取资源最有力、最直接的手段，而且成为对内配置资源最有效、最经济的方式。"三权分立学说"区分了司法权与行政权，然而司法权与行政权绝非"非此即彼"的关系，严格划分司法权与行政权的界线只是一种理论假设。司法权与行政权的分立并不意味着权力作用方式的断然决裂。权力的实现机制存在共通和交融，规则预设、规则判断与规则实现等权力运行的基本要素同时存在于司法权与行政权中。判断的组织与实施并不能仅凭判断自身，司法权的运作离不开行政方式的参与配合，行政方式为司法权运作提供必要的保障。司法权与行政权的区分体现的仅是国家职能的划分，绝非权力实现机制的分立。因此，以权力复合运行原理审视检察权，基础检察职能的实现不仅依托单一的判断过程抑或诉讼关系，同时必须依赖行政方式的支撑来对内配置资源与对外获取资源。

因此，检察权的运行不能完全去行政化。当下，对"检察体制行政化倾向"的批评是所有问题中最集中也是最尖锐的。有学者明确指出，检察体制行政化倾向就是检察机关组织体系在程序的设置和管理方面采取了类似行政机关的模式。对于把检察体系中存在的主要问题归纳为"检察体制的行政化倾向"的观点，笔者认为应一分为二地看待这个问题。上述观点虽然在一定程度上揭示了检察体系中存在的部分突出问题，但是，这种研究方法和研究结果实际上阻碍了对检察体制问题的深入讨论。严格地说，把检察机关的问题简单化为"检察体制行政化倾向"恰恰掩盖了检察机关存在的真实问题。

当前，无论检察职能机构如何改革都无法在本质上脱离行政特点的事实说明，检察权内含检察行政权的权力本质决定了检察权的运行不能完全去行政化。因此，我们应该深刻把握权力本质，充分尊重权力运行规律，一方面，实现基层检察组织体系和检察行政组织体系的分立。现行的检察组织体系中没有对检察组织体系和检察行政组织体系进行分立，检察组织体系内的机构设置和程序安排缺乏理论基础和法律依据。按照权力运行规律与权力构造相互作用的观点，检察组织体系内应建立两套相对独立的组织体系，确保检察权和检察行政权在各自的组织体系内运转，实现各自的价值和功能。另一方面，确立基层检察官控制检察机关的组织模式。检察官享有对整个基层检察组织体系的最终决定权，检察组织体系内的检察行政体系处于服务和隶属地位。在基层检察院内成立由检察官组成的检察官委员会，选举出首席检察官作为基层检察组织体系的代表。首席检察官与检察官委员会的关系方面，应强化检察官委员会权力的实体化运作，限定首席检察官的集权。在以首席检察官为代表的检察官委员会领导之下，设立秘书长，专门负责处理检察行政事务。

第四节　加强基层检察院综合体建设

一、规范化的业务管理

按照《2014—2018 年基层人民检察院建设规划》提出的"司法规范和标准体系建设深入推进，司法监督制约机制不断健全，司法操作规程更加明确，司法办案工作更加精细，司法透明度和公信力切实增强"的目标要求及检察改革的精神原则，进行规范化的业务管理。

一是强化规范司法意识。2010 年最高人民检察院制定颁布的《检察机关执法工作基本规范》，是检察机关业务部门、业务岗位的基本操作规程。该规范对每一个司法行为、司法环节、司法措施都作出明确、严密、标准、可操作性的规定，实现了司法标准统一化、司法环节具体化、司法要求明确化。各基层检察院要积极开展专项培训和考核，全面提高司法办案能力，强化干警的规范司法意识。要将《检察机关执法工作基本规范》作为司法办案的操作流程，并贯穿司法活动全程，对照司法流程、司法程序和司法标准，加强对司法规范执行情况的监督检查，及时纠正司法不规范的突出问题，促进司法规范化水平的提高。

二是完善规范司法机制。其一，完善案件质量保障机制。要建立符合各项检察业务运行机理的案件质量保障机制，其涵盖各业务部门案件质量的计划、控制、改进等各方面，具有案件质量管理保障的动态性、整体性与有机性。例如蚌埠市检察院建立的民事、行政抗诉案件的质量计划、控制和改进机制等。其二，完善司法责任追究机制。根据 2015 年最高人民检察院《关于完善人民检察院司法责任制的若干意见》中的责任追究原则，进一步完善司法责任追究机制。依据各类检察人员的权力和责任清单以及检察官、检察长和检委会之间的关系，进一步完善司法责任追究机制。基层检察院应当按照司法责任制的内涵要求，建立司法责任公示制、司法情况报告制以及司法过错追偿等机制。

三是加强规范司法监督。各基层检察院要紧紧依托统一业务应用系统，强化对案件办理的流程监管，从源头上防范和减少信息不准、数据不实问题发生。业务部门流程监管员应当每周对统一业务应用系统内案件信息填录与修改、案件删除、文书制作、案件审批等网上业务办理活动进行监督检查；各业务部门对案管部门提出的监管意见，要迅速整改并反馈结果；案管部门对发现的问题和整改情况要定期进行通报，举一反三、引以为戒；要建立案管与业务部门例会制度，定期交流案件监管情况，共同研究改进办案工作、确保案件质量的措施；案管部门对涉案财物监管中发现的疑难问题，应及时报检察长或提交检委会讨论决定，同时报上级院案管部门备案，确保涉案财物的扣押、冻结、保管符合规定、处理及时合法。

二、精英化的队伍管理

按照《2014—2018 年基层人民检察院建设规划》提出的"符合检察工作规律和基层队伍实际的专业化职业化建设完整体系有效建立，队伍专业素质能力大幅提升，职业发展制度机制不断完善"的目标要求及检察改革的精神原则进行精英化的队伍管理。

一是适应检察队伍"量"的矛盾新变化。正确处理好基层检察院员额制改革与"案多人少"的检察队伍"量"的矛盾新变化。按照目前的检察改革目标要求，改革后基层检察院入额检察官基本保持在 30% 左右的比例，基层检察院案多人少的矛盾将会更加突出。可探索四级检察机关从上往下员额内检察官逐层递增，检察辅助人员逐级递减的动态员额比例。要对有限的司法资源进行优化配置，对检察干警进行科学的分类管理和考评机制，将业务性工作和事务性工作相分离，实现检察人员管理的职业化。可以根据不同地区基层检察院的主要职能和实际办案量、案件量增长幅度等因素，对基层检察院人均办案量进行综合评估，合理确定检察官的绝对数量并适当增加检察人员总体数量。

二是适应检察队伍"类"的矛盾新变化。在人员管理过程中，可以根据各人的具体情况，制定检察人员发展总体战略和个人发展定制方案。首先，制定检察人员发展总体战略。出台检察人才发展战略等一系列聚才规划和聚才政策，明确检察人才建设的目标和举措。完善人才成长的培养机制，建立岗位轮岗制度，并注意分析每个检察干警的比较优势，有意识地促进干警在各部门间的合理流动。其次，分类制定检察干警个性化发展定制方案。可对检察人员进行合理定位，将检察人员划分为岗位能手型、业务标兵型、竞技领先型等几个种类，根据每个干警的经历、专业、潜质、个性特点定制个性化成才方案。

三是适应检察队伍"质"的矛盾新变化。在全面实行检察官逐级遴选制度之后，基层检察院的人员流动性将进一步加强。上级检察官从下一级检察院的优秀检察官中遴选的制度应用，将引发基层检察院检察队伍"质"的矛盾新变化。该制度实施后，在实现人才流动的同时，也加剧了基层检察院优秀检察官流失的困境。要充分考虑基层检察院的实际情况，全面考量初任检察官的工作要求，设计出公正、客观的选任方式，实现上下级检察院检察队伍的良性流动。科学核定各级检察院的检察官员额，建立健全符合检察官逐级遴选制度内在要求的配套制度。逐步建立和完善从优秀的律师、法律学者等社会上符合资格的优秀法律人才中公开选拔或调任检察官的制度。

三、效率化的政务管理

基层检察院的机构设置和人员群体较大，检察管理的层面较宽，如何进行科学高效的政务管理至关重要。

一是优化机构设置。各基层检察院可以从权责分明、协调有序的要求出发，以办公自动化系统为工作平台，整合全院综合资源，打造一个涵盖业务、队伍、事务各方面的扁平化管理体系，设立相应的专门机构作为中心枢纽负责推进。优化机构设置应当与检察人员分类管理的最新成果结合起来，在内设机构精简的同时优化人力资源配置，提升检察机关的管理效能；同时也可以通过内设机构改革对检察人员进行重新整合，形成不同类型的专业办案组织，实现专业化的办案模式。

二是完善考评机制。要准确把握检察业务考评要求，要坚持正确的考评导向，明确考核评价主要内容，掌握业务考核评价方法。要按照立足全局、突出重点的原则，科学调整设置基层检察业务考核主要数据。要改进和完善检察业务考评方法，（1）强化工作措施，确保考评项目数据的客观准确；（2）完善工作机制，进一步改进和加强案件质量评查工作；（3）开辟多种渠道，不断改进社会各界对基层检察工作的评价方法，（4）坚持客观公正，进一步规范基层检察院业务部门点评和检察业务评价工作。

三是强化内部监管。完善检察业务内部监督机制，完善包括上级检察机关对基层检察院、检察长及检察委员会对全院、业务部门之间以及案件管理和纪检监察的内部监督机制。同时，完善检察行政内部监督机制。坚持从严治检，成立检务督察室，扩大督察范围，对办公办案场所安全、廉洁自律、车辆管理等事项进行督察，并将情况进行通报。对督察中暴露的问题认真分析总结、对症下药，及时纠正，并且要举一反三，防患于未然，以构建正规有序的办公办案秩序。

四、现代化的后勤管理

按照《2014—2018 年基层人民检察院建设规划》提出的"公用经费正常增长机制有效落实，'两房'建设继续深化，科技装备适度超前、突出实用，厉行节约、量力而行，基层检务保障更加务实、有力"的目标要求及检察改革的精神原则，进行效率化的政务管理。

一是积极争取支持，保证后勤工作的经费来源。既要"开源"，积极争取各方面的支持，在编制、经费、装备等方面对基层检察院的支持力度，保证充盈丰富的物质基础。又要"节流"，合理安排财物开支计划，合理使用资金，提高资金使用效益，努力做到少花钱多办事。

二是全面完成"两房"建设，改善办公、办案条件。提高办公大楼的装备水平，以现代化标准高质量装备车辆、电脑、打印复印机、录音录像设备等办公、办案设备。完善办公大楼的安保监控系统，确保办公、办案区的安全。注重文体设施建设，专门设立图书馆、健身房等学习娱乐场所，为干警提供一个良好的工作生活环境。

三是大力加强科技创新和信息化建设。要加快"电子检务"工程的立项和建设，打造"智能化"检察综合业务大楼，充分利用物联网等先进技术，完善局域网建设，建立数字化监控、同步录音录像、视频会议系统等信息化创新项目。通过计算机网络，逐步实现司法情况的网上录入、司法行为的网上管理、司法活动的网上监督、司法质量的网上考核，对所有司法活动开展全程、实时、动态监督和管理。